CERVELAT UND TAFELSPITZ

Martin Jenni
Marco Aste

CERVELAT
UND TAFELSPITZ

Einfach gut essen im Dorf, im Quartier und auf dem Land
100 stimmungsvolle Beizen in der Schweiz

Für Ursula

Das Geschick der Nationen hängt von ihrer Nahrung ab. Was haben wir Glück.

Herzlich + viel Spass beim Ausprobieren

AT Verlag

BITTE VOR DEM ESSEN LESEN

Nach 17 Monaten und 12 000 verkauften Exemplaren halten Sie die vierte Auflage von «Cervelat und Tafelspitz» in Ihren Händen. Wir sind nochmals durch die Schweiz gereist, haben rund tausend Kilometer abgespult und für Sie zwölf neue Beizen besucht, bei denen wir Ihnen jeweils eine regionale Übernachtungs- und Einkaufsempfehlung mit auf den Weg geben.

Zeit für Sie, wieder auf Entdeckungsreise zu gehen. Per pedes, mit dem Velo, der Bahn oder im Automobil. Damit Sie keine anderthalb Kilogramm Buch mitschleppen müssen, ist im Umschlag ein **federleichtes Faltblatt** beigelegt. Mit allen Adressen des Buches und einer Übersichtskarte.

Aber Vorsicht, nicht jede Beiz ist mehrheitstauglich, sie haben ihre Eigenheiten und eignen sich je nachdem nur für eine Wurst und ein Glas oder zwei. Lassen Sie sich von den schönen Bildern von Marco Aste inspirieren, lesen Sie meine Texte, die Ihnen sagen, was Sie erwartet, und hören Sie zuletzt auf Ihr Bauchgefühl. Dann kommt's gut.

In den bisherigen drei Auflagen haben wir uns von achtzehn Gastgebern verabschieden müssen. Die Gründe sind unterschiedlich und zeigen, dass wir in bewegten Zeiten leben. Dies, obwohl wir Ihnen keine Trendsetter vorstellen, sondern Gastgeber mit Bodenhaftung.

Wir wählen die Beizen sorgfältig aus. Unsere Auswahl ist aber immer eine Momentaufnahme. Also bitte, liebe Leserbriefschreiber und -schreiberinnen, falls Sie sich in einer Beiz mit einer zähen Leber auseinandersetzen müssen, reklamieren sie sofort vor Ort. Ist sie butterzart, zögern Sie nicht mit Lob. Und für alle Leser, die in den Sommerschulferien Lust auf einen Besuch in La Chaux-de-Fonds haben ... lassen Sie es bleiben. Die meisten Beizen und Läden haben dann geschlossen, die Stadt ist wie ausgestorben.

Warum ist «Cervelat und Tafelspitz» ein Bestseller? Ist es der Wunsch vieler Beizengänger, wieder einfacher zu essen? Weg vom Gourmettempel, hin zur reellen Beiz, zum zahlbaren Genuss? Wir denken schon und freuen uns auf noch so manche Auflage und neu zu porträtierende Beiz.

Apropos Spitzengastronomie: Wir machen uns nicht lustig über sie. Im Gegenteil, wir zollen allen Spitzenköchen Respekt. Einige zählen zu unserem Freundeskreis. Dieses Buch bewertet auch nicht mit Punkten, Sternen oder Herzen, sondern erzählt zu jeder Beiz eine Geschichte.

Noch ein persönliches Wort zu unserem «Beizengang 2013», der uns in vierzehn Beizen aus diesem Buch geführt hat: Es waren spannende und herzliche Momente. Dafür danke ich Ihnen. Mein Dank gebührt auch meinen Begleitern Christoph Schwegler, Dänu Wisler und seinen Musikern und im Speziellen dem Klarinettisten und Saxophonisten George Richie, der mit seinem englischen Humor unsere poetischen, musikalischen und kulinarischen Begegnungen bereicherte. Und nun viel Vergnügen bei Ihrem persönlichen Beizengang.

Cheerio
Martin Jenni

Verpassen Sie nicht unser neu erschienenes Buch über die kulinarischen Geheimnisse der Schweiz. «Buttenmost und Ochsenschwanz» erzählt von 84 Originalen und ihrem Handwerk.

TEMPI PASSATI

Sie heissen «Bären» oder «Leuen», «Adler» oder «Sternen», «zum Kreuz» oder «Auberge Communale», sie stehen vornehmlich gross und stattlich an zentralen Dorfkreuzungen und deuten schon von aussen ihre Wichtigkeit für das Gemeinwesen an. Sie waren seit Jahrhunderten das Zentrum gesellschaftlichen Austauschs. Man hat sich in der Dorfbeiz getroffen, sich ausgetauscht, gestritten, Lösungen für kommunale Probleme diskutiert und später an der Gemeindeversammlung beschlossen. Man traf sich nach der Probe des Männerchors auf einen Cervelatsalat in der Gaststube, und wenn jemand im Dorf das Zeitliche segnete, wurde im «Stübli» bei kaltem Braten, «Buurebrot» und gemischtem Salat noch lange über Cousins und Cousinen getratscht. Restaurants waren von jeher ein zentraler Bestandteil des dörflichen Lebens.

Ich habe einen Grossteil meiner Schulferien in der Dorfbeiz meiner – viel älteren – Schwester im Welschland verbracht. Ich bin als Zwölfjähriger am Morgen früh aufgestanden, habe Brote mit meiner unnachahmlichen Senf-Butter-Mischung gestrichen und Schinken-Sandwichs gemacht, die Nussgipfel beim Dorfbäcker geholt und dann Punkt 8.15 Uhr die Türe den Handwerkern geöffnet. Dann stritt sich Bauer Leyvraz mit dem Elektriker über die Anschlüsse für die neue Melkanlage und Madame Chaubert beklagte sich beim Gemeindeangestellten über die schräg parkierten Autos vor dem Gemeindehaus. Dorfleben halt, unaufgeregt und alltäglich.

Tempi passati! Die traditionelle Dorf- oder die städtische Quartierbeiz werden immer häufiger verdrängt von Fast-Food-Schuppen am Dorfeingang, der «Hirschen« heisst jetzt «Da Angelo» und im «Adler» werden Frühlingsrollen vom Cash & Carry oder Chicken Wings vom Discounter aufgetischt. Dem Stammtisch in der Gaststube macht der Stammtisch im virtuellen Raum, genannt Facebook, den Garaus. Und für den Znüni-Kaffee hat schon gar niemand mehr Zeit, weil der Wirtschaftsmotor brummt, die Leute um halb sieben auf den Zug gehen und spät abends erst nach Hause kommen.

Doch es gibt sie noch, trotz allem. Wirte und Wirtinnen, die in diesen so ungastlichen Zeiten einen Weg gefunden haben, diese Art der Gastronomie zu retten – oder neu zu erfinden. Die mit viel Leidenschaft und Engagement, mit Liebe zum Handwerk und zu authentischer Küche solche Oasen des Geniessens und des Lebens bieten. Menschen wie Max Eichenberger im «Bären» im aargauischen Birrwil, dessen Felchenfilets aus dem Hallwilersee an brauner Chilisauce Legende sind. Oder die Crew im «Baseltor» in Solothurn, die beweist, dass Ökologie, moderne Gastronomie und Gastfreundschaft zusammengehen können. Oder Alex Rufibach im «Zum Brunnen» im bernischen Fraubrunnen, der dem fast in Vergessenheit geratenen Sonntagsbraten wieder neues Leben einhaucht.

Tja, und dann ist am Schluss noch ein leidenschaftlicher Mensch nötig, der uns Normalsterblichen den Weg zu diesen Oasen der Gastlichkeit weist. Jemand, der sein Leben der Suche nach dem Feinen, Guten, Natürlichen gewidmet hat. Ein im besten Sinne Besessener. Jemand wie Martin Jenni eben.

Lieber Martin, danke, dass du deine Liebe und deine Leidenschaft mit uns teilst!

Hans Schneeberger
Chefredaktor Migros Magazin

DIE BEIZ – EIN DAHEIM

Nein, eine Gourmetfibel hat Martin Jenni nicht geschrieben. Würde auch nicht zu ihm passen. Vielmehr hat er ein Buch verfasst über unbekannte und weniger bekannte Beizen. Die Texte sind salopp, witzig, ironisch, verlieren aber nie den Respekt gegenüber seinen Darstellern. Ich wollte immer Wirtschaft studieren, mein Freund Martin tut es mit dem Instinkt eines Trüffelschweins. Einmal mehr findet er individuelle Beizen und Gastgeber, die überraschen.

Eigentlich ist «Cervelat und Tafelspitz» eine Hommage an alle «Verrückten», die mit Herzblut in der Gastronomie arbeiten. Verrückte, die täglich hinter dem Herd stehen und Gas geben, Verrückte, die ihren Beruf ernst nehmen und Verrückte, die dem Gast ein Daheim geben. Auch meine Lebenspartnerin und ich sind Verrückte.

Die Beiz ist schon lange unser Daheim. Unser Privatleben läuft auf dem Pannenstreifen. Wir arbeiten, wenn unsere Freunde frei haben, und kulturell ist bei uns nicht viel los, es sei denn, wir holen die Kultur in die Beiz, in unser Wohnzimmer, unser Zuhause, unseren Mikrokosmos, in dem sich unser Leben vorwiegend abspielt.

Die Gäste sind unsere «Accessoires», sie sind ein täglich wechselndes spannendes Element, sie sind unsere Frischluft und unsere Inspiration! Sie ersetzen uns den Fernseher und die Tageszeitung. Sie sind Teil unseres Lebens, sie geben uns Ansporn und Antrieb, und sie können uns gewaltig nerven.

Man wird Koch. Zum Bratkünstler ist man geboren. Ich möchte nichts anderes sein. Es ist die schönste Berufung, die ich kenne. Beizen sind mehr als ein Ersatz für die schöne Ferienerinnerung mit der kochenden Nonna oder dem weiss geschürzten Cuisinier. Beizen sind Oasen, kleine Fluchten zum Glück. Und wer glücklich ist, bleibt, trifft sich, tauscht sich aus, jasst, trinkt und isst. Die Beiz ist das Leben, ein Daheim, in dem sauber und ehrlich gekocht wird. Egal ob Wurstsalat oder Sonntagsbraten, Cordon bleu oder Hackbraten, gut muss es sein, wie das Bier, der regionale Wein, der Kaffee mit Schuss, so darf es, so muss es sein. Punkt und Schluss.

Lieber Martin, herzlichen Dank für Deine Arbeit, für Dein Engagement, das Du in dieses Buch und in Deine anderen Beizenbücher investiert hast. Ganz offensichtlich bist auch Du ein Verrückter …

Dein Freund und Beizer
Werner Tobler, «Braui», Hochdorf

Nebenbei: «Cervelat und Tafelspitz» gehört ins Auto, auf den Velogepäckträger, in den Rucksack und nicht ins Bücherregal … und zwar definitiv.

MIT HERZ UND WURST

Eine Beiz im solid-bürgerlichen Bereich zu reellen Preisen zu finden, gehört in der Bündner Herrschaft nach wie vor zu den anspruchsvolleren Disziplinen.

Seit elf Uhr morgens ist die «Traube» offen, seit elf Uhr herrscht hier Hochbetrieb. Zu den Eingeborenen gesellen sich Wandergruppen und motorisierte Ausflügler, die glückselig und weinselig mit Appetit gesegnet den Bündner Salsiz schneiden oder am Walliser Hobelkäse knabbern. Die Frage nach dem Warum von Letzterem beantwortet der Dialekt der Wirtin. Einmal Walliserin, immer Walliserin, auch in der Bündner Herrschaft, wobei die sympathische Gastgeberin mit einem «Bü-Wa»-, mit einem Bündner-Walliser-Vesperbrett die Kirche im Dorf behält. In der Küche steht Erika Ulrich, die gute Fee des Hauses, die für die Gäste kocht. Die Hauswurst, nach einem Geheimrezept von Inhaber Georges Zimmermann, und die einmal jährlich aufgetischte Treberwurst, eine im Brennhafen auf dem Trester parfümierte grobe Saucisson, gehören zum Pflichtprogramm eines jeden Frischlings. Übrigens: Das mit der Treberwurst haben die Bündner erfolgreich von den Weinbauern rund um den Bielersee abgekupfert.

Wenn der Kachelofen raucht

Zwei Stuben, ein Torkel und einige Gästezimmer, die «Traube» hat Potenzial für Feste, wobei die Kachelofenstube den Rauchern vorbehalten ist. Hier wärmt nicht nur der Ofen, sondern auch Villiger und Co. Hier wird politisiert, über Weine philosophiert und über geplatzte Olympiaträume debattiert. In der «Traube» werden auch Trinklieder gesungen, es wird lustvoll gejasst und gelacht. Wer eine funktionierende Dorfbeiz erleben will, ist in der «Traube» gut aufgehoben. Auch wenn für den patinierten Beizengänger alles ein wenig zu sehr herausgeputzt ist. Wer im Rudel anreist, landet im Torkel und labt sich an dem vom Laib gestrichenen Raclette. Bei den Kuchen, Capuns und Suppen wird im Hause ein wenig getrickst, bei den guten «Prättigauer Fleischknödli» und beim hauseigenen Kartoffelstock nicht. Die Weinkarte macht Freude und bietet gute Provenienzen aus dem Wallis und vornehmlich aus der Bündner Herrschaft. Bis zur letzten Runde, droht Gastgeberin Sybille Steinkeller ihren Gästen, die je nach Tagesform der Wirtin und je nach den Flaschen auf dem Tisch früher oder später eingeläutet wird. Wohlan denn.

Gasthaus zur Traube
Unterdorf 1
7307 Jenins
081 302 18 26
www.traube-jenins.ch
Geöffnet: Freitag bis Dienstag ab 11 Uhr bis zur letzten Runde
Geschlossen: Mittwoch und Donnerstag
In der Beiz: Sibylle Steinkeller
Am Herd: Erika Ulrich
Küche und Keller: Von der Salatschüssel bis hin zur Bündner-Walliser-Platte mit Spezialitäten aus den beiden Kantonen. Im Keller lagern zahlreiche Flaschen diverser Winzer der Bündner Herrschaft.
Gäste: Originale, Ausflügler, Winzer, Bauern, Jäger, Fischer, Reiter mit und ohne Pferd und fremde Fötzel.
Atmosphäre: Behäbig, gemütlich.
Frischluft: Gartenlaube mit Morgensonne.
Nicht verpassen: Die Hauswurst oder die «Prättigauer Fleischknödli» mit Kartoffelstock.
Applaus: Für die erstklassigen Produkte wie Salsiz oder Walliser Hobelkäse.

Na ja: Beim Klassiker Gerstensuppe dürfte die Köchin einen Zacken zulegen. Schön wäre auch, wenn die Suppe täglich frisch auf dem Herd blubbern dürfte.
Und da wäre noch: In der Bündnerstube heizt nicht nur der Kachelofen, sondern heizen auch die zahlreichen Stammgäste mit Villiger und Co. ein.

Stuhl und Bett
Die «Traube» verfügt über fünf angenehme Gästezimmer zum Freundschaftspreis. Herzbettwäsche inklusive.

Einkaufskorb
Natürlich sind Weine das Thema in der Bündner Herrschaft, in der es nur so von exzellenten Winzern wimmelt. Warum also als Unterländer nicht gleich selbst auf Entdeckungsreise gehen. Mehr Informationen unter www.graubuendenwein.ch und www.offeneweinkeller.ch.

VON ÄRZTEN EMPFOHLEN

Aus dem Prospekt der Jahrhundertwende: ««Weisstannen» ist von hervorragenden Ärzten bestens empfohlen und in der Zeitschrift ‹Vom Fels zum Meer› als Kurort lobend erwähnt». Wir loben auch.

Wer Lust auf eine sehr einfache Unterkunft im historischen Stil hat, die von zwei sympathischen Spinnern betreut und geführt wird (anders kann man diese Abenteurer gar nicht bezeichnen) und gewillt ist, einige Tage in Weisstannen zu vertrödeln, dem lege ich diese «Baustelle» sehr ans Herz. Die Zimmer sind zum Teil wundervoll, ursprünglich, mit altem Lavabo, die Toiletten und das Bad je nach Zimmer meilenweit entfernt. Die Lesestube im Parterre ist urgemütlich, stilvoll renoviert, der Rest, inklusive Beiz, soll vom aktuellen Zustand wieder in seine ursprüngliche Form gebracht werden. Wann, wie und mit welchen Mitteln wissen im Augenblick nur die Auguren, und die sagen nichts. Diese abenteuerliche Zeitreise, bei ausgezeichneter, bodenständiger Küche und einigen interessanten regionalen Weinen, ist für Historiker, Geschichts- und Alpengänger ein idealer Platz. Wer den perfekten Service und eine moderne Spa- und Wellnessanlage sucht (vor der Türe fliesst der Bach!), der möge erst gar nicht auf die Idee kommen anzurufen.

Vielleicht eine Stiftung

Weiss Gott, welcher Teufel die Macher und Besitzer des «Alpenhofs», den Musikalienhändler Andreas Gubler und den Landschaftsarchitekten Marcel Frey, geritten hat, dass sie sich auf dieses waghalsige Abenteuer eingelassen haben. Nun, sie haben es getan, und es gebührt ihnen dafür höchster Respekt, diesen angeschlagenen historischen Zeitzeugen retten zu wollen. Allerdings besteht die Befürchtung, dass sie es vielleicht nicht allein schaffen könnten, was bedauerlich wäre. Es bedarf also der Hilfe von Menschen, die Freude an der Geschichte und an alter Bausubstanz haben. Aber keine Angst, wer als Feriengast oder Wochenendausflügler den «Alpenhof» besucht, wird weder bedrängt noch fragend angesehen, sondern herzlich empfangen, liebevoll umsorgt und wundervoll bekocht. Andreas Gubler und Marcel Frey wären auch viel zu diskret und zu bescheiden, als dass sie mit irgendeiner fremden Person über ihr Grossprojekt sprechen würden. Wohl eher reissen sie mir den Kopf ab, dass ich hier so etwas wie einen Aufruf lanciere. Ich ziehe den Helm an und schreibe weiter. Der Schweizer Heimatschutz hat den «Alpenhof» in seine überarbeitete dritte Auflage von «Die schönsten Hotels der Schweiz» aufgenommen, was einem Ritterschlag gleichkommt. Kompliment und weiter so! Wäre doch gelacht, wenn der «Alpenhof», dessen Hauptgebäude 1787 im bäuerlich-alpenländischen Barock-Biedermeier erbaut und 1914 durch das im Stil der französischen Belle Epoque gehaltene Saalgebäude erweitert wurde, nicht wieder eine blühende Oase würde. Wohlan ...

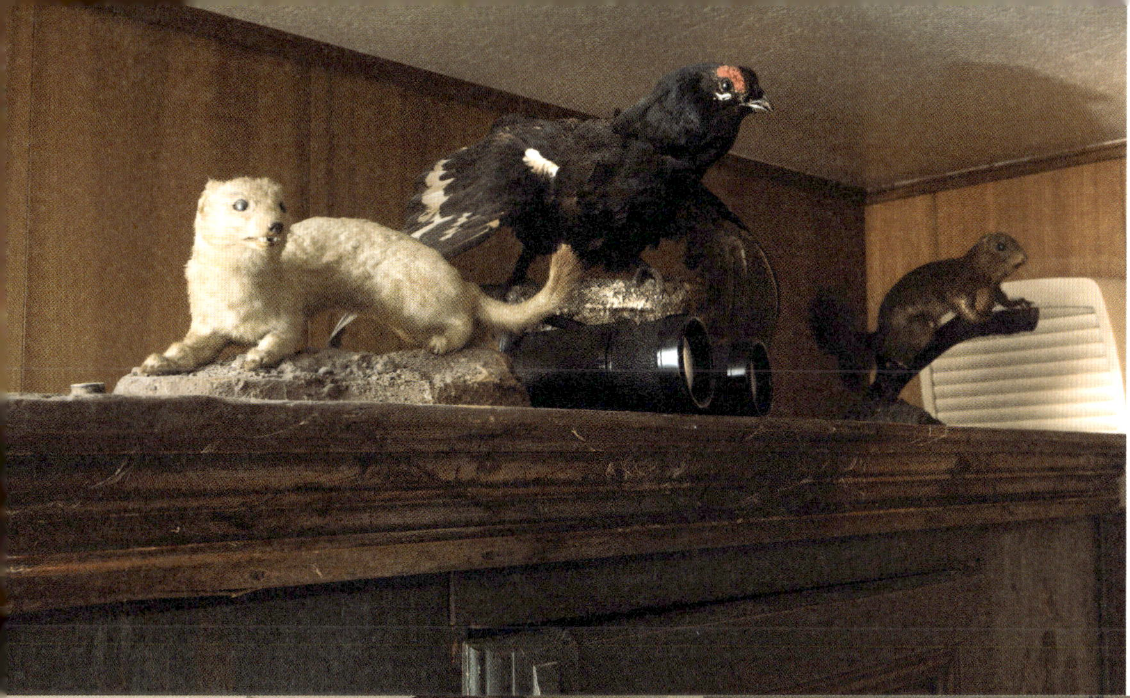

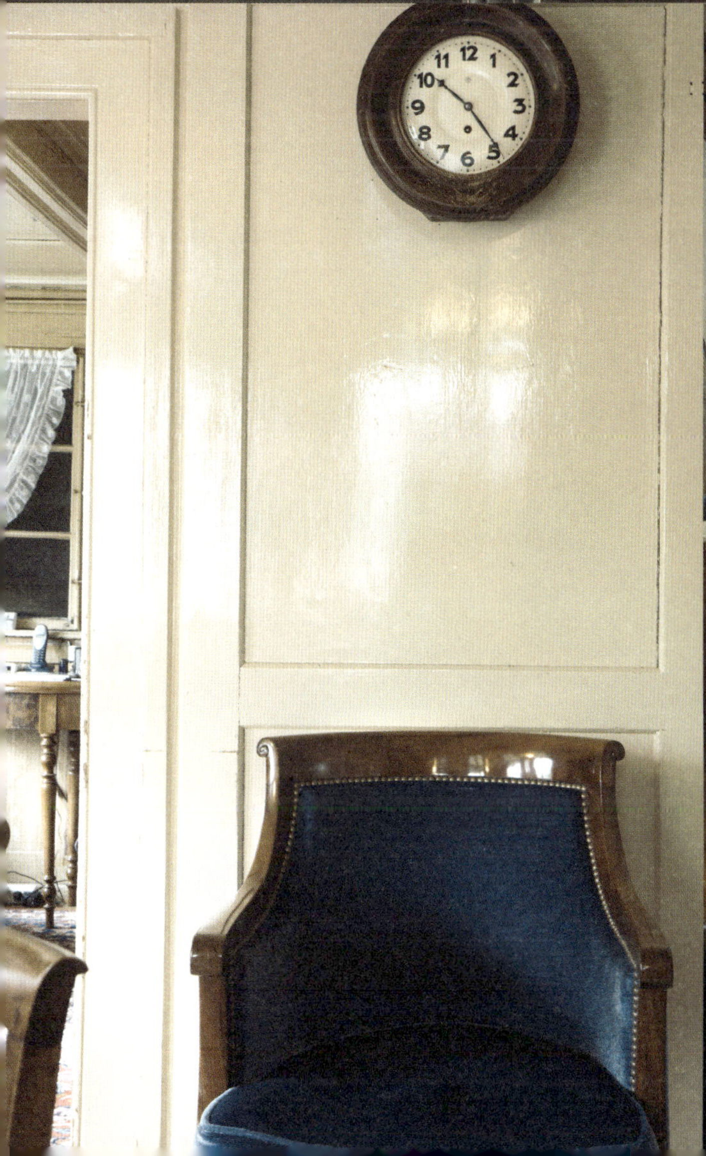

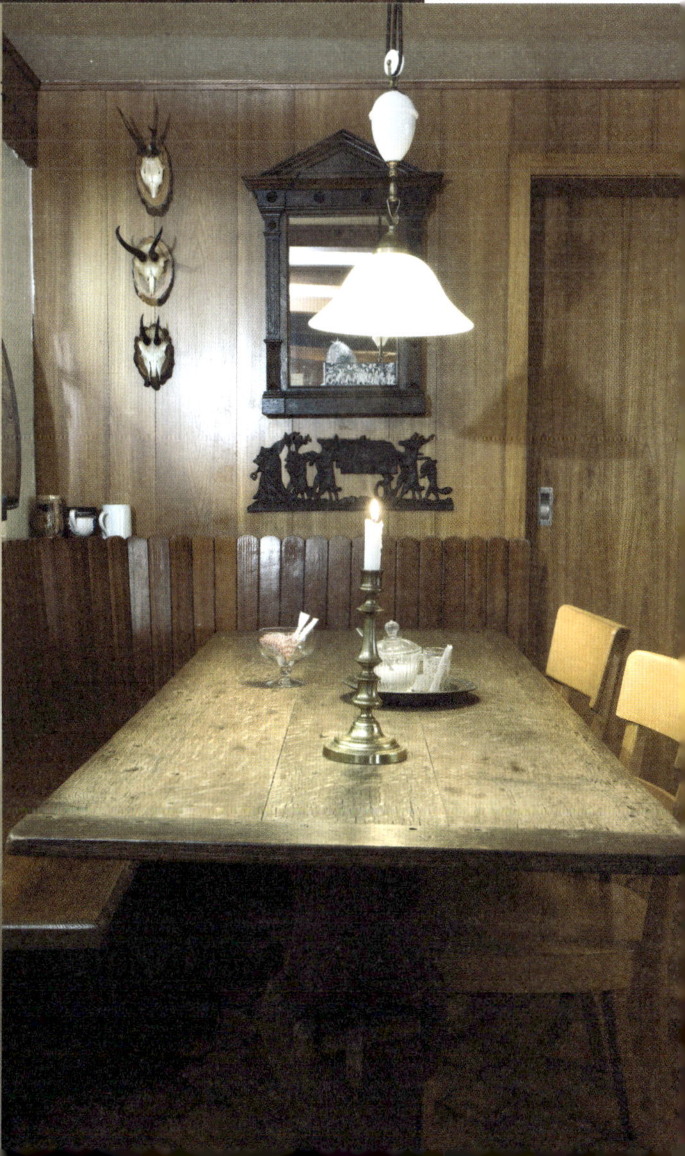

Hotel Pension Alpenhof
Oberdörflistrasse 16
7326 Weisstannen
081 723 17 63
www.alpenhof-weisstannen.ch
Geöffnet: Zur Zeit noch mehr geschlossen als offen. Die aktuellen Öffnungszeiten finden sich auf der Website oder sind telefonisch nachzufragen.
In der Beiz: Marcel Frey
Am Herd: Andreas Gubler. Ist das Haus voll, hilft Mama Gubler in der Küche mit.
Küche und Keller: Am Sonntag duftet aus dem Holzofen die «Züpfe», am Nachmittag der Apfelkuchen oder sonst eine süsse Versuchung.

Gäste: Realisten und Träumer halten sich die Waage. Oldtimer-Freaks, die historisch korrekt übernachten wollen, Architekten, Historiker, Lebenskünstler und Romantiker, Wanderer und Naturmenschen.
Atmosphäre: Patiniert, historisch, an gewissen Ecken verbaut, an anderen mit wunderschönen Details.
Frischluft: Die Natur liegt vor dem Haus, inklusive Gartenterrasse und Garten.
Nicht verpassen: Der Krustenbraten.
Applaus: Für den Hackbraten.
Na ja: Das Ganze ist ein sympathischer Wahnsinn.
Und da wäre noch: Hier mit Freunden den Silvester zu verbringen, wäre keine schlechte Idee. Der Aperitif wird stilvoll in der Lesestube serviert, bevor es in der Beiz an die Tafel geht.

Stuhl und Bett
Vor Ort im geschichtsträchtigen «Alpenhof»
Tipp: Kein Zimmer gleicht dem anderen. Nachfragen!

Einkaufskorb
Con amore
St. Gallerstrasse 5
7320 Sargans
081 723 13 07 (Montag bis Samstag)
www.con-amore.ch
Donnerstag und Freitag 14 bis 19 Uhr, Samstag 8 bis 15 Uhr

Tipp: Wieder so ein innovativer Laden, dessen Name einen auf die falsche Fährte locken kann. Natürlich hat es italienische Produkte, die Pasta wird im Haus produziert, und der Kaffee ist perfekt. Aber die regionale Käseauswahl ist gigantisch, hervorragend. Das Ganze gefällt und macht Spass zum Einkaufen. Und auf Voranmeldung gibt es vor Ort donnerstags und freitags einen wunderbaren Teller «Pasta fatta in casa».

ACHTUNG, FERTIG, PAOLO

Matt im Sernftal ist von allem etwas: Aussenposten, Ausgangspunkt und Militärstützpunkt. Da hilft nur die Flucht. Am Tag in die Berge, am Abend zu Paolo Cortesi.

In Matt wartet keine Touristenfalle, die Ahnungslose mit «Dialogen» von Edelfischen umgarnt, in Matt steht auch kein hochstilisierter Trendschuppen im Glarner Spätbarock, in dem Bluff mit Können verwechselt wird. In Matt steht nur das unscheinbare Gasthaus Elmer, dessen Standort sich mit der Zeit zunehmend verschlechtert: Gegenüber dem Gasthaus steht die Militärkaserne, hinter dem Haus die Hochspannungsleitung. Warum um alles in der Welt nach Matt? Berge, Schnee und Langlaufloipen finden sich an schöneren Plätzen. Die Antwort liegt nicht im Kaffeesatz, sondern steht in der Küche. Paolo Cortesi ist leidenschaftlicher Koch mit klarer Ansage: Kleine Karte, spezielle Gerichte, Frische und Qualität. So was spricht sich rum, selbst im Glarnerland. Die «Extremlage» der Beiz hat aber auch ihr Gutes. Es kommen nur Gäste, die sich nichts beweisen müssen. Für Trendsetter ist es das Falsche, für geübte Beizengänger das Richtige. Wer will, bleibt in der Glarner Hausklasse bei Brotsuppe, Kalberwurst oder Zigerhörnli mit Apfelmus. Wer es etwas spezieller liebt, lässt den Koch machen und gibt ihm Anzahl Gänge und Budget durch – Paolo Cortesi ist in beiden Ligen zuhause. Apropos Glarner Spezialitäten: Zwar ist Paolo Cortesi Puschlaver, aber mehr Glarner als die meisten Einwohner des Kantons, was auch mit seiner Lebenspartnerin Gret Bäbler zu tun hat, die ihre Gäste unprätentiös bedient.

Kein Besuch ohne Capuns

Im Herbst kommt Wild aus heimischer Jagd auf den Teller, vorwiegend Gams, vielleicht für Freaks mal ein Dachs oder Murmeltier, an Ostern wird das Lamm in den Ofen geschoben, und an kalten Tagen schmoren die Kutteln in der Tomatensauce. Des Schweizers Liebling, das Cordon bleu, das nur zu oft mit Industrieschinken und -käse zur Massenware degradiert wird, gibt es im «Elmer» nur auf Vorbestellung und mit entsprechend viel Zeit. Das Meisterwerk brilliert mit hauseigener Panade, bestem Alpkäse und würzigem Bein- oder Rohschinken. Kein Gang für Schnellesser, die mittags das «Elmer» für den Tagesteller aufsuchen. Abends, wenn Kerzen die einfache Gastube ausleuchten, wird es ruhiger. Ja, und dann wären da noch die exzellenten Capuns, die zwar nichts mit dem Glarnerland, aber umso mehr mit Paolo Cortesi zu tun haben. Der Puschlaver ist nicht nur ambitioniert, sondern auch ein Könner. Das weiss der Gast spätestens nach den Capuns oder etwas einfacher nach der Gerstensuppe, die Ehrensache und Visitenkarte des Kochs ist. Fazit: Das «Elmer», ein Haus für alle Fälle.

Gasthaus Elmer
Dorfstrasse 68
8766 Matt
055 642 59 59
www.gasthaus-elmer.ch
Geöffnet: Freitag bis Mittwoch ab 8 Uhr
Geschlossen: Donnerstag
In der Beiz: Gret Bäbler
Am Herd: Paolo Cortesi
Küche und Keller: Verschiedene Spezialitäten wie Kalbsnieren, Hackbraten und Glarner Landsgemeindegericht.
Gäste: Arbeiter, Bauern, Stammgäste, Bündner, Offiziere, Soldaten, Wanderer, Ausflügler, je nach Tageszeit.
Atmosphäre: Einfach, patiniert, da und dort findet sich noch der Charme vergangener Tage.
Frischluft: Mit Blick auf Kaserne und Berge, je nachdem wohin der Kopf sich dreht.
Nicht verpassen: Die Capuns – die besten.
Applaus: Für die perfekte Einmannshow in der Küche.
Na ja: Bitte aufpassen, dass die alten Relikte nicht zu sehr der Moderne weichen.
Und da wäre noch: Neben der gemütlichen Gaststube gibt es noch einen Raum für Raucher und für die Hotelgäste eine angenehme Lounge.

Stuhl und Bett
Vor Ort im «Elmer»
Tipp: Die preiswerten Zimmer sind frisch renoviert, modern eingerichtet und nicht ohne Charme. Sie verfügen über Bad, TV und haben alle einen schönen Holzboden.

Einkaufskorb
Hofladen Marti
Margrit Marti-Marti
Wiese 17
8767 Elm
055 642 19 67
Tipp: Der Hofladen ist immer am Freitag von 8 bis 20 Uhr geöffnet.
Ein wunderbares Mikroeinkaufsparadies mit exzellentem Alpkäse, gesottener Butter, Trocken- und Frischfleisch und anderen kleinen Köstlichkeiten.

SCHWANENTANZ

Sehr herzlich, sehr natürlich, sehr familiär. Der «Schwanen» ist mehr gute Stube als Restaurant, das Ganze ist so einfach wie wünschenswert, unkompliziert aber qualitätsvoll.

Mistkratzer und Hackbraten für ein und denselben Gast. Wie soll das gehen? Ganz einfach! Vier Freunde mit Appetit setzen sich an den Tisch, bestellen alle das Gleiche, nehmen zwei Vorspeisen, Entenleber mit karamellisierten Apfelschnitzen und Karotten-Ingwer-Suppe zum Beispiel, und lassen sich das knusprige Stubenküken als dritte Vorspeise servieren. Etwas zum Knabbern in der Hand macht immer Freude und löst die Stimmung. Und mit einer Hand am Knochen ist es selbst nach Knigge «comme il faut». Danach geht es in den Keller zum Diskutieren und Philosophieren, welcher Wein sich für die nächste Runde eignet. Denn die Tafel setzt noch einen drauf und delektiert sich an zwei kleinen Zwischengängen: hauchdünne Nudeln mit Morcheln und ein sämiger Sauerampfer-Risotto mit Biss. Dann, ja dann kommt sie, die «Pièce de Resistance» des Hauses, der berühmte Hackbraten. Den Abschluss bildet ein Stück Rhabarberkuchen, der sich auf der Zunge perfekt zwischen Säure und Süsse einpendelt. Oder auch etwas anderes, denn alle auf der Schiefertafel aufgeführten Speisen variieren nach Jahreszeit. Mistkratzer und Hackbraten aber bleiben, da sonst die Stammkundschaft rebellieren würde. Und ich auch. Dabei lässt sich Monika Hörler gerne von ihren kulinarischen Reisen inspirieren, was sich im «Schwanen» dann in einem Fisch- oder Lammgang oder in einem Curry zeigen kann.

Queen Monika

Dass der britische Prinz Philipp stets einige Schritte hinter Queen Elizabeth einherschreitet, weiss alle Welt. Dass er die wichtigste Person für die Queen ist, ebenfalls. Dass Harry Hörler im «Schwanen» dezent im Hintergrund mitkocht und mitwirkt, weiss man schon weniger. Die Bühne überlässt er seiner Frau, die die Gerichte austüftelt, abschmeckt und im entscheidenden Augenblick Harry zur Hand geht. Im Service wird Monika Hörler von Marianne Frischknecht unterstützt, die zuvorkommend die Gäste bedient. An kalten Tagen knistert im Kamin das Feuer, die Gäste unterhalten sich gedämpft oder lebensfroh, je nach Stimmung am Tisch. Einige steigen hinab in den Weinkeller, um sich für den Verlauf des Abends einzudecken, andere trinken hier vorgängig den Aperitif. Was im «Schwanen» überrascht, sind die fairen Preise trotz der imposanten Wagenflotte der Gäste auf dem Parkplatz.

Dennoch ist hier alles angenehm unverkrampft, was auch mit der Lebensfreude der Gastgeberin zu tun hat. Und mit Harry.

Restaurant

Schwanen
Steinerstrasse
9052 Niederteufen
071 333 17 25
Das Haus befindet sich direkt an der Verbindungsstrasse zwischen Teufen und Stein.
Geöffnet: Mittwoch bis Freitag 11 bis 14 Uhr und ab 17 Uhr
Geschlossen: Samstag bis Dienstag
In der Beiz: Monika Hörler und Marianne Frischknecht
Am Herd: Monika und Harry Hörler
Küche und Keller: Drei Klassiker und immer wieder saisonal etwas Neues. Der begehbare Weinkeller verursacht Freude bei Besitzer und Gästen. Gute Auswahl, gute Weine, freundschaftliche Preise.
Gäste: Appenzeller Geldadel und Träumer.
Atmosphäre: Die gute Stube.
Frischluft: Terrasse mit Blick zu den Schafen auf der Weide und in den Autos, von denen manche die Steinerstrasse mit einer Formel-1-Rennstrecke verwechseln.
Nicht verpassen: Weinkeller, Mistkratzerli und in der Saison die Morchelsauce.
Applaus: Die Liebe zum Detail, die Passion zu kochen und Gastgeberin zu sein.
Na ja: Manche Gäste nehmen sich sehr wichtig. Sie als Dandys des Essens zu bezeichnen, wäre dann aber doch zu viel der Ehre.
Und da wäre noch: Ohne telefonische Reservierung läuft nichts, auch wenn nichts läuft, was eh die Ausnahme ist.

Stuhl und Bett
Helene Niederer-Fässler
Oberdorf 28
9055 Bühler
071 793 15 91
Tipp: Helene Niederer ist die Herzlichkeit in Person. Ihre Gästezimmer sind einfach, aber trotzdem komfortabel und nicht ohne Charme. Das Bad liegt um die Ecke, das grosszügige, formidable Frühstück wird in der guten Stube serviert. Am Sonntag ist sie als Sigrist tätig. Das Frühstück gibt es vor oder nach der Kirche.

Einkaufskorb
Holzofenbäckerei Brotkorb
Anneliese Allenspach
und Christof Engetschwiler
Mooshaldenstrasse 35
9104 Waldstatt
071 351 22 62
Tipp: Eine unscheinbare Holzofenbäckerei, leicht zu übersehen, da sie nach einer Kurve liegt. Wer wissen will, wie gut Brot noch schmecken kann, legt hier einen Boxenstopp ein.

BITTE ANHALTEN!

Viereckige Teller sucht der Gast im «Schwarzen Adler» vergebens, Schäumchen und Häubchen ebenso, Designerscherze sowieso. Dafür findet er die schönste Innenhofterrasse der Stadt. Kurz, ein Gunstplatz.

Toilette

Vor der Beiz gibt es mehr Parkuhren als Parkplätze. Zumindest kommt es einem so vor. Und zuvor will das Navigationssystem einen durch die gesperrte Strasse jagen. Also anhalten und das Auto im Parkhaus abgeben, was in St. Gallen sowieso das Beste ist. Alles andere kostet Nerven und Parkbussen. Am Marktplatz, der nur freitags von April bis November von 8 bis 12 Uhr einer wird, steht der «Schwarze Adler». Ein Altstadtreihenhaus mit Innenhof und Terrasse, die an warmen Tagen zum Bleiben drängt. Aber auch das Innenleben besticht mit drei gemütlichen Stuben. Die Beiz wird von allen Schichten genutzt, von Jung und Alt, von Links und Rechts, von Vereinen, Einzelgängern und von erstaunlich vielen Frauen. Vielleicht hat das auch mit der Köchin und Gastgeberin Bernadette Eberle zu tun, die eine leichte Küche zelebriert, an der Vegetarier Gefallen finden, zumal sie auch ohne Fleisch innovativ kocht. An einem lauen Frühlingsabend steht eine Salbeirolle auf dem Programm, die sich aus einer Salbei-Ricotta-Füllung in hausgemachtem Nudelteig mit Tomatensauce und Parmesan zusammensetzt, oder der Gast geniesst panierten Mozzarella auf Spargeln an einer Dörrtomaten-Knoblauch-Vinaigrette. Zwei Gerichte, die locker ohne Fleisch auskommen, wobei im «Schwarzen Adler» auch Fleischtiger nicht leiden müssen: Lammrückenfilet, Kalbssteak oder Schweinsschnitzel lassen sie hörbar durchatmen.

Am langen Stehtisch

An wärmeren Tagen lässt es sich auf der Innenhofterrasse nicht nur ideal tafeln, sondern bei einem Glas oder zwei am einfachen Holztisch mit Eisenfüssen zum Beispiel über die Schönheit von Biberschwanzdachziegeln sinnieren. Bernadette Eberle ist eine würdige Nachfolgerin der legendären Eva Wittwer, auch wenn ihre Form der Frischküche eine völlig andere ist und eine neue Ära einläutet. Sie ist aber genauso eine Köchin, die nicht säuselt, sondern eine stimmungsvolle Einkehr mit Atmosphäre und Genuss bietet, wie sie sich in der Schweiz nur noch selten findet.

Schwarzer Adler
Marktplatz 12
9000 St. Gallen
071 222 75 07
www.schwarzeradler.ch
Geöffnet: Montag bis Freitag 11 bis 14 Uhr und abends ab 17 Uhr
Geschlossen: Samstag und Sonntag für Gesellschaften geöffnet
In der Beiz und am Herd: Bernadette Eberle
Küche und Keller: Leichte Frischküche mit mediterranem Einschlag: Feta in Nusskruste auf Sommergemüse, Basilikum-Mascarpone-Risotto, Rindshuftsteak. Gute Weine aus nah und fern.
Gäste: Pädagoginnen, Philosophinnen, Ärzte, Lehrer, Künstler, Alt-68er, Traditionalisten.
Atmosphäre: Alte, gemütliche Stuben.
Frischluft: Die Innenhofterrasse gilt unter den Einheimischen als die schönste der Stadt.
Nicht verpassen: Der Antipastiteller.
Applaus: Für die Einfraushow in der Küche.
Na ja: Die Küche ist gut, aber eigenwillig und versetzt mit einer Prise Genossenschaftsküche der Achtziger.

Und da wäre noch: Der Platz und die lockere Stimmung eignen sich auch für Einzelgängerinnen.

Stuhl und Bett
Hotel Wunderbar
Simone Siegmann und Eva Maron
Weitegasse 8
9320 Arbon
071 440 05 05
www.hotel-wunderbar.ch

Tipp: Die ehemalige, heute stillgelegte Kantine der Fabrik Saurer haben Eva Maron und Simone Siegmann mit viel Geschmack, Arbeit und Feingeist in das Hotel Wunderbar verzaubert. Mit gerade mal neun Zimmern und zwei Röhren (wörtlich zu verstehen), einem wunderbaren Garten, diverser Kunst und einem herben Hausbier inklusive. Mit gefallen alle Zimmer, sehr wohl fühle ich mich im «Philosoph» und im «Garten», dieses mit direktem Zugang ins Grüne. Von Oktober bis März finden verschiedene Konzerte statt; das Haus lebt, macht Spass und bereitet Freude. Tatsächlich wunderbar auch die kleinen, feinen Gerichte oder die feine Cervelat, die man selber über dem Feuer braten «darf».

Einkaufskorb
Bauernmarkt auf dem Marktplatz in St. Gallen
Tipp: Immer freitags ab 8 Uhr von April bis November. Wer um 11.30 Uhr kommt, geht danach zum Mittagessen in den «Schwarzen Adler».

Und fürs ganze Jahr:
Aemisegger Teigwaren
Langgasse 1
9008 St. Gallen
071 244 54 44
www.aemiseggerteigwaren.ch

Tipp: Wer sagt denn, dass es nur die Italiener können. Der Name ist Programm.

FAST ZU SCHÖN ...

Panoramalage! Es lächelt der See, die Weite, das Land. Die «Windegg» auf dem Rorschacherberg ist zu schön, um wahr zu sein. Auf den ersten Blick. Beim zweiten wird's reeller. Eine Gebrauchsanweisung.

Hunde haben keinen Zutritt. Auch gut erzogene Hunde nicht. Vor der Beiz, neben der Scheune gibt es einen Hundeparkplatz. «Bitte, anbinden. Danke.» Hoppla! Bobby Walser polarisiert. Auch mit dem Hundeverbot in einem Gebiet, das nur so von Hunden wimmelt. Die einen macht es glücklich, die anderen fuchsteufelswild. Ich verstehe den Patron, nachdem er mir einige tierische Dramen erzählt hat, die sich an seinem Traumfreisitz zugetragen haben. Bobby Walser ärgert aber nicht nur Hundehalter, sondern auch Gäste, die bei ihm in der warmen Jahreszeit als Gesellschaft mit Freunden Geburtstag, Jubiläum oder Hochzeit feiern wollen. Im Sommer hat die ganze Bodenseeregion viel zu feiern, aber es gibt nur eine solche Aussicht auf den See. Gäbe Bobby Walser nach, wäre seine «Windegg» permanent wegen einer geschlossenen Gesellschaft zu. Das will er nicht, also lässt er es bleiben. Die Aussicht ist für alle da, die Stammgäste danken es ihm. Aber sonst ist Bobby Walser ein zugänglicher und pflegeleichter Mensch. Er ist ein Wirbelwind, nie um einen Spruch verlegen und stolzer Vater, der spontan seiner Tochter einen alten VW-Käfer zum Geburtstag schenkt und sonst in seiner Schlosserei alte Blechtische in Form hämmert, schleift und malt. Arbeitet er nicht in der Schlosserei, hilft er seiner Frau die Gästeschar in Schach zu halten. Er begrüsst, empfiehlt, fragt nach dem Befinden und erklärt allen Frischlingen, wie auf der «Windegg» die Spielregeln sind.

Ruhige Momente

Nur wegen dem Essen muss man nicht in die «Windegg» kommen. Gastgeberin Erika Walser ist mit ihrem Frohsinn und mit ihrer Herzlichkeit der Sonnenschein des Hauses, auch wenn die Sonne im Nebel Pause macht. Das klingt zwar etwas pathetisch, ist aber so. Sowieso, was zählt, ist der Ort als Ganzes. Ob bei klarer oder unklarer Sicht ist egal. Jeder Augenblick hat seinen Reiz. Ebenso der Zeitpunkt des Kommens. Sehr ruhig ist es am Morgen. Dann, wenn die potenziellen Kuchenesser noch die Parkhäuser in St. Gallen füllen. Gegen Mittag fängt der Sturm auf der «Windegg» an, es sei denn, das Wetter spielt nicht mit. Bei stahlblauem Himmel kann sich das Ganze aber sehr schnell zum Orkan entwickeln, vorwiegend an den Wochenenden. Erstaunlich dabei ist, dass sich viele Gäste bei einem Besuch keine Zeit gönnen. Möglichst schnell einen Happen und dann weiter, lautet ihre Devise, die ich nie verstehen werde. Mit dem Sonnenuntergang, mit dem letzten Schluck und den ersten Träumen einer lauen Sommernacht kommt die Zeit der Romantiker. Allerdings finden sie ihre Bühne ausserhalb der «Windegg», die abtritt, wenn die Sterne auftreten, was bedauerlich, aber bei einem Familienbetrieb verständlich ist. Fazit: Wer als Zivilisationsmüder auf der Flucht ist, kommt unter der Woche früh oder spät aber nie am Wochenende.

Windegg

9404 Rorschacherberg
071 855 30 41

Geöffnet: Von März bis Weihnachten jeweils Donnerstag bis Sonntag von 10 Uhr bis Sonnenuntergang

Geschlossen: Januar, Februar und von Montag bis Mittwoch

In der Beiz und am Herd: Erika und Bobby Walser

Küche und Keller: Diverse exzellente regionale Produkte halten das eine oder andere Fragezeichen beim Angebot in Schach. Die Weinauswahl ist klein, regional, gut.

Gäste: Politiker, Ausflügler, Tagestouristen, Wanderer und Ornithologen, Wettermacher und verhinderte «Hündeler».

Atmosphäre: Sanft renoviert, zumindest fürs Auge, hinter den Kulissen wurde mächtig Gas gegeben.

Frischluft: Traumgarten mit einmaliger Aussicht. Dazu diverse alte Stühle und Tische aus vergangenen Tagen.

Nicht verpassen: Den Sonnenuntergang.
Applaus: Der Schalk und die Philosophie des Patrons.
Na ja: Wer fit sein will, soll zur «Windegg» wandern – der Fitnessteller gehört definitiv in die Mottenkiste.
Und da wäre noch: 1. Von Juni bis August nehmen die Walsers keine Gesellschaften an. 2. Telefonisch reservieren geht nie, der Gast kann aber telefonisch nachfragen, ob es Platz hat.

Stuhl und Bett

Schloss Wartegg
9404 Rorschacherberg
071 858 62 62
www.wartegg.ch

Tipp: Im entschlackten Renaissance-Palais eine Nacht anhängen lohnt sich. Eine der schönsten Unterkünfte der Region.

Einkaufskorb

Chäslaube Kündig
Matthias Kündig
Am Marktplatz 6
9400 Rorschach
071 841 17 75
www.bonfromage.ch

Tipp: Die Anlaufstelle für Käseliebhaber der Region. Hinzu kommt eine breite Palette an Delikatessen und einige vergessene Evergreens wie Süssholz oder Bärendreck.

EINFACH SO

Der Weg hört auf, das «Treichli» beginnt. Mit Weitsicht auf den Bodensee und Einsicht in eine klassisch-innovative Küche, die alltagstauglich ist.

Treichli, Wienacht-Tobel

Die Abzweigung nach Unterwienacht ist leicht zu übersehen, trotz Hinweisschild. Ist man endlich in der richtigen Spur, geht es geradeaus. Am Ende des Wegs steht ein Bungalow, der einen wieder zweifeln lässt. Nur, welche Privatperson hat einen Parkplatz, der weitaus grösser ist als die Fläche des Hauses. Also hinein in die luftig-leichte Welt von Rebekka und Lucas Costa, die mit Holzboden, offenem Kamin, knisterndem Feuer und Panoramafenster überrascht. So leicht und klar die Einrichtung trotz zahlreichem Krimskrams ist, so klar ist die Kochsprache von Michael Knellwolf und Lucas Costa. Wer einmal bei ihnen gegessen hat, will wieder kommen. Und dies möglichst bald. Zum Beispiel auch am Mittag, der dem Abend in Sachen Qualität in nichts nachsteht.

Das Tomatenbrot wird im Haus geknetet, das Gemüse in der Suppe ist aus der Region, die Polenta wird gerührt und nicht angemacht, die Kalbsleber ist zart, und der mit Kardamom dezent parfümierte Ziegenkäse bildet einen leichten Abschluss eines ausgewogenen Mahls zum Freundschaftspreis. Jedenfalls für Beizengänger, die städtische Preise gewohnt sind.

Liebe zur Tradition

Hier kochen zwei Jungköche angenehm unaufgeregt, sie setzen auf eine innovative klassische Küche, frei von Schäumchen aus dem Reagenzglas und frei von einer symmetrisch angeordneten Baukastenküche. Ihre Kochsprache ist dennoch alles andere als langweilig. Auch sind sie sich nicht zu schade, die jahrzehntelange beliebte Tradition ihrer Vorgänger, «Poulet im Körbli», beizubehalten, allerdings mit dem Unterschied, dass sie für die Pommes frites tatsächlich zur Kartoffel und nicht zur Schere greifen. Auch die «hiesige» Kalbshaxe, die sie mit Anis glasieren hat ihren Reiz, ganz zu schweigen vom gebratenen Zander auf Zitronenwirsing mit Lakritze-Verveine-Reis, der nicht nur originell klingt, sondern auch spannend schmeckt. Liebe zur Tradition, Mut zu Neuem und kompromisslos saisonal, so umreissen sie ihr Programm, das überzeugt. Eine perfekte Ergänzung zum Essen ist die Weinkarte, die mit heimischem Gewächs verblüfft. Und ist Luca Costas Papa Roberto zu Besuch, wird im «Treichli» mit Abstand der beste Caipirinha des Appenzellerlands kredenzt. Von Rebekka und Lucas Costa und von Michael Knellwolf wird man wohl in Zukunft noch so einiges lesen. Also schnell hingehen, bevor alle gehen, haben wir noch in der 3. Auflage geschrieben. GaultMillau ist uns auf die Spur gekommen und hat das »Treichli« in seine Ausgabe 2014 mit 13 Punkten aufgenommen. Nun denn …

Restaurant Treichli
Unterwienacht 451
9405 Wienacht-Tobel
071 891 21 61
www.treichli.ch

Geöffnet: Im Winter Mittwoch bis Freitag 10 bis 14 Uhr und ab 17 Uhr, Samstag und Sonntag durchgehend ab 10 Uhr; im Sommer Mittwoch bis Sonntag durchgehend ab 10 Uhr
Geschlossen: Montag und Dienstag
In der Beiz: Rebekka Costa und Sophia Frommelt
Am Herd: Lucas Costa und Michael Knellwolf
Küche und Keller: Poulet im Körbli mit Pommes frites «faites maison», Appenzellerkäsesuppe im «Bürli» oder Entrecôte vom jungen Weiderind mit Sauce Béarnaise. Die Weinkarte überrascht mit einigen unbekannten Provenienzen, allen voran eine Appenzeller Assemblage aus Riesling x Sylvaner, Räuschling und Freisamer.
Gäste: Träumer, Schauspieler, Käser, Wanderer, Ausflügler, Berggänger und Besseresser.
Atmosphäre: Modern, mit Panoramafenster und knisterndem Kamin.
Frischluft: Traumterrasse mit Weitblick auf und über den Bodensee.
Nicht verpassen: Einmal das «Poulet im Körbli».

Applaus: Für die klassisch-innovative Küche.
Na ja: Wer beim «Treichli» an ein Appenzeller Haus denkt, liegt falsch. Zwar wurde dem Bungalow-Zweckbau ein erfrischendes Lifting verpasst und das Innere mit viel Dekor aufgepeppt, was hier aber letztlich zählt sind die kulinarischen Resultate auf dem Teller.
Und da wäre noch: Wer Zeit hat, geht auf Erkundungstour, bleibt etwas länger, nächtigt in Heiden (siehe «Stuhl und Bett») und besucht am nächsten Tag Nella und Christian Gessler in der «Enoteca La Brenta» an der Poststrasse 19. Geöffnet hat das Kleinod Dienstag bis Freitag von 10 bis 12 und 15 bis 19 Uhr, am Samstag von 10 bis 17 Uhr. Mehr Infos unter www.la-brenta.ch.

Stuhl und Bett
Genossenschaft Hotel Linde
Poststrasse 11
9410 Heiden
071 898 34 00
www.lindeheiden.com
Tipp: Das Haus verfügt über elf individuell gestaltete Doppelzimmer samt stimmungsvollem Restaurant. Hinzu kommt ein wundervoller Saal, der für verschiedene kulturelle Anlässe genutzt wird.

Einkaufskorb
Schmid Wetli
Susanne, Kaspar Senior, Kaspar Junior, Matthias, Florian und Adrian Wetli
Tramstrasse 23
9442 Berneck
071 747 90 90
www.schmidwetli.ch

Tipp: Der Freisamer und der St. Johannis (Johanniter) der Familie Wetli sind zwei unkomplizierte, erfrischende Weissweine mit ausgeprägten mineralischen Noten.
Die Familie Wetli hat den Betrieb von Felix Lutz übernommen, der aus gesundheitlichen Gründen den Weinbau aufgegeben hat.

BONJOUR ARBON

Endlich wieder einmal eine Beiz, in der man sich ganz auf den Inhalt des Tellers konzentrieren kann. Kein patiniertes Innenleben, keine Historie, keine Aussicht, kein gar nichts lenkt das Auge ab. Gut so.

«O Land, das der Thurstrom sich windend durchfliesst ...», das war einmal. Auch im Thurgau wird kräftig zubetoniert. Es benötigt schon etwas Lokalpatriotismus, um sich in Arbon auf Dauer wohl zu fühlen. Es sei denn, man ist Hobbyangler oder pensionierter Seekapitän und den lieben langen Tag am oder auf dem Bodensee. Aber sonst? Die Wohnsilos rund um den Ortskern lassen einen am Berufsstand der Architekten zweifeln, und die Grünflächen zum Flanieren und Ausschwärmen sind rar oder mit Verbotstafeln belegt. Umso erfreulicher ist die «Ilge» in der Kappellgasse, die bereits um halb neun öffnet und von den Einheimischen schon morgens rege frequentiert wird. Ebenso am Nachmittag, wenn sich Sanitärinstallateur und Kaminfeger zu einer Flasche Brachetto von Giacomo Bologna aus Rocchetta Tanaro treffen, während am Nebentisch die Boutiquebesitzerin und die Metzgerin über das Geheimnis der unverschämt guten Erdbeerglace diskutieren – was im Übrigen aufs Gleiche herauskommt, schmecken doch der schäumend fruchtige Brachetto und die vor sich hin schmelzende Sorbetglace nach frischen Erdbeeren vom Feld.

Ausgebucht und ausgebucht

Während es am Morgen und am Nachmittag in der «Ilge» also noch überschaubar ist, ist mittags und abends der Teufel los. Es brennt nicht nur in der Küche, sondern auch an den Sohlen des Servicepersonals. Das mag leicht übertrieben sein, versinnbildlicht aber den täglichen Zustand in der Beiz. Die Küche ist einfach zu gut, als dass niemand oder nur wenige Gäste kommen würden. Michela Abbondandolo war zehn Jahre lang Privatköchin eines Barons, hat Kapaune mit Trüffel gefüllt und ein gutes Leben geführt, bis sie sich zur eigenen Beiz entschloss. Ein Glücksfall für Arbon. Wer sich gerne überraschen lässt, gibt Michela eine «Carte blanche» und lässt sich verwöhnen. Vielleicht mit einem toskanischen Brotsalat, mit einer Gemüsesuppe und einem Wachtelei, etwas Ratatouille mit Büffelmozzarella, gefolgt von einem Risotto nero mit Felchen vom Bodensee und einer Tagliata di Manzo mit Tomatensalat. Zum Dessert ein Kaffeeparfait mit Amaretti, ein Grappa, die Rechnung, Schluss und Danke.

Michelas Ilge
Kappellgasse 6
9320 Arbon
071 440 47 48
www.michelasilge.ch
Geöffnet: Dienstag bis Samstag ab 8.30 Uhr
Geschlossen: Sonntag, Montag
Am Herd und in der Beiz: Michela Abbondandolo
Küche und Keller: Frischküche, von der Pasta bis zur Salatsauce.
Gäste: Einheimische, Touristen, Arbeiter, Heimweh-Italiener und der Stadtammann.
Atmosphäre: Was will uns dieses Interieur sagen?
Frischluft: Angenehm auf der Gasse.
Nicht verpassen: Die mit Ricotta und Erbsenpüree gefüllten Ravioli an Minzenbutter (saisonal).
Applaus: Für die geradlinige, schnörkellose Küche und für die hervorragenden Suppen. Zum Beispiel eine Ofentomatensuppe mit Oliven-Crostini.

Na ja: Die Einrichtung, die Stühle, alles, was nicht mit dem Essen zu tun hat, wäre eine Überprüfung wert.
Und da wäre noch: Die Fonduta mit Trüffel. Immer spät im Altweibersommer.

Stuhl und Bett

Das etwas andere Hotel vor Ort:
Hotel Wunderbar von Simone Siegman und Eva Maron.
www.hotel-wunderbar.ch
(Siehe Seite 28.)

Einkaufskorb

Öpfelfarm
Roland und Monika Kauderer
Olmishausen 18
9314 Steinbrunn
071 470 01 23
www.oepfelfarm.ch

Tipp: Getrocknete Äpfel und Birnen, ja klar. Aber Erdbeeren, Kirschen und Mirabellen! Und dann – was für ein Glück – getrocknete Stangenbohnen, «made in Thurgau» nicht in China.

Die Familie Tobler ist für mich eine persönliche Angelegenheit. Onkel Werner ist ein Freund von mir und einer meiner Lieblingsköche. Bei ihm in der «Braui» im luzernischen Hochdorf am Küchentisch zu sitzen, ist ein lustvolles kulinarisches Schauspiel, frei von jeglichem erstickendem Luxusgehabe. Und was er über Beizen denkt, konnten Sie bereits am Anfang dieses Buches lesen. Sein Bruder Walter, der Papa von Christian, ist ein «Födlebürger», was in St. Gallen keine Beleidigung, sondern eine Ehrenbekundung ist (siehe www.ehrenfoedlebuerger.ch). Walter Tobler ist in St. Gallen Wirt des legendären «National» («Goldener Löwen»), ausgebildeter Biersommelier und Initiant der «Huus-Braui» in Roggwil. Bei so viel gastronomischem Blut erstaunt es nicht, dass Sohn Christian als Bratkünstler geboren ist. Gemeinsam mit seiner Frau Ramona hat er seine berufliche Karriere im wunderschönen «Ochsen» in Lömmenschwil erfolgreich lanciert – und beendet. Denn plötzlich gab es die Möglichkeit einer eigenen Beiz. Also ist Christian gezügelt, die Familie hat gehandelt und die «Linde» in Roggwil gekauft, renoviert und glanzvoll eröffnet. So geht das bei den Toblers.

IN DIE WIEGE GELEGT

Papa Tobler lässt in Roggwil Bier brauen und zapft es im «National» in St. Gallen. Onkel Tobler schreibt Kochbücher, Vorwörter und kocht in der «Braui» in Hochdorf, und Junior Tobler ist vom «Ochsen» in die «Linde» gezügelt. Eine Familiengeschichte.

Viel Rauch ums Fleisch

Christian Tobler versteht es, Innovation und Tradition gekonnt zu verbinden. Weder fehlen bei ihm die Schmorgerichte noch die Braten. Wichtig ist ihm dabei die saisonale Einbindung der Gerichte. Im Frühling mit heimischem Spargel, im Sommer mit zarten, saftigen Grilladen aus dem Oklahoma Smoker, serviert mit knackigen Salaten. Im Herbst zelebriert er seine grandiose Metzgete: Blut-, Leber- und Bratwurst, geschnetzeltes Schweinefleisch, «suuri Läberli», Kotelett, «Wädli», Rippli, Kesselfleisch, «Schnörrli» und so einiges mehr. Nicht zu vergessen sind Apfelmus, Sauerkraut und die knusprige Rösti, alle hausgemacht. Der junge Tobler praktiziert eine opulente Küche, die sorgfältig gekocht ist. Doch damit nicht genug: Wer sich von ihm überraschen lassen will, gibt Umfang des Menüs und Budget bekannt und staunt, was der talentierte Koch sonst noch so alles kann. Ab und zu kitzelt Christian Tobler seine Stammgäste mit Themenabenden. «Bier und so» lautet zum Beispiel ein Motto, bei dem es um das Bier als Ess- und Kochbegleiter geht. Fazit: Die «Linde» ist eine ambitionierte Adresse mit Potenzial, in der eine gehobene Thurgauer Landküche praktiziert wird. Und es sei der dumme Spruch zum Schluss erlaubt: «Der Apfel fällt nicht weit vom Onkel.»

Linde
Sankt Gallerstrasse 46
9325 Roggwil
071 455 12 04
www.linde-roggwil.ch
Geöffnet: Dienstag bis Samstag 11 bis 14 Uhr und ab 18 Uhr
Geschlossen: Sonntag, Montag
In der Beiz: Ramona Tobler
Am Herd: Christian Tobler

Küche und Keller: Consommé mit Flädli – wie früher, Currysuppe mit Roggwiler Pfirsich-Chutney, edle Fleischstücke mit Café de Paris, Wildsau-Ragout, in Bier geschmortes Rindsgulasch, Kalbsmilken mit Spargel und Morcheln. Dazu regionale Weine aus dem Thurgau, dem Rheintal und einige Spitzenweine aus Österreich und Italien.
Gäste: Wanderer, Velofahrer, Reiter, Biertrinker, Weintrinker, Gourmets, Vielesser, Schwätzer, Arbeiter, Vereinsmitglieder, Vertreter, Lehrer und Schüler.
Atmosphäre: Frische Landluft, gepaart mit gelungener Renovation.
Frischluft: Schöner, plastikfreier Garten neben dem Haus unter der Linde. Wo denn sonst!
Nicht verpassen: Der Siedfleischsalat.
Applaus: Für die vielen, feinen Details, von der hauseigenen Sauce Hollandaise über die Kraftbrühe bis hin zum zarten panierten Schnitzel.
Na ja: Ich würde Dialekt und Schriftdeutsch auf der Karte nicht mischen.
Und da wäre noch: Die «Linde» verkauft diverse eigene Produkte wie Bierpfeffer, diverse Sirupe, Bieressig, Cassislikör und andere schöne Dinge.

Stuhl und Bett
Aller guten Dinge sind drei. Weil es so wunderbar ist, hier als Tipp gleich nochmals das Hotel Wunderbar.
www.hotel wundorbar.ch
(Siehe Seite 28.)

Einkaufskorb
Huus-Braui
Marianne Hasler und Walter Tobler, der Papa von Jungkoch Christian Tobler
Schlossgässli 2
9325 Roggwil
071 455 06 36
www.huus-braui.ch
Tipp: Die Biere der «Huus-Braui» sind international unbekannt, national unbedeutend, aber regional verwurzelt und schmecken unverschämt gut. Die Brauerei ist für Bier, Wurst und Bretzel von Montag bis Donnerstag von 16 bis 19.30 Uhr, am Freitag von 16 bis 22 Uhr und am Samstag von 13 bis 17 Uhr geöffnet. Na dann Prost!

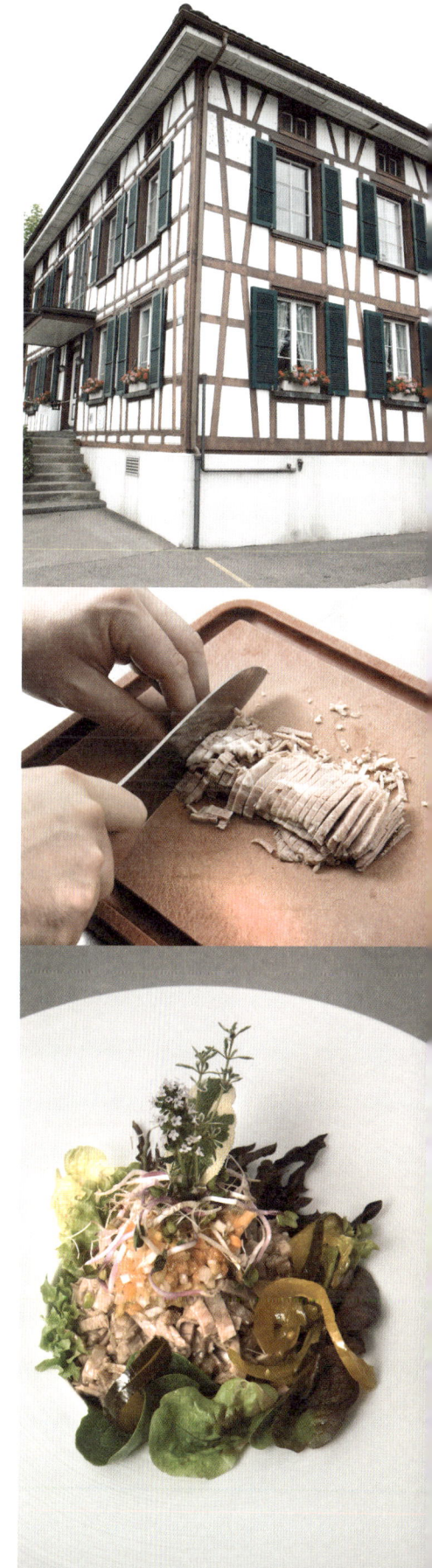

WENN DAS OBST RUFT ...

... hat das «Landhaus» geschlossen und die Wirtin ist in, auf und an den Bäumen. Auch sonst spielt die Beiz nicht die erste Geige, sondern der Obstbetrieb und die zum Haus gehörende Imkerei.

Wer eintreten will, klopft an. Vorher anrufen ist die sicherere Variante und für warme Thurgauer Spezialitäten wie «Härdöpfel-Pflute», «Stupfete» und «Saftplätzli mit Öpfel» ist eine Voranmeldung Pflicht. Auch für die authentische Paella, die an die spanische Heimat der Gastgeberin erinnert. Marie José Keller ist die eigenwillige, sympathische Wirtin des «Landhaus» in Betenwil bei Roggwil, das eine der schönsten, ursprünglichsten Beizen der Schweiz ist. Schon der von Arbeitsschuhen abgewetzte Flur ist eine Ansage. Durch die niedrigen Fenster blickt man weit ins Apfelland und sieht sich satt an Niederstammspalieren und Hochstamm-Obstbäumen bis hin zum Horizont. Nur der unbenutzte lauschige Garten erstaunt bei diesem wundervollen Wetter. Weit und breit gibt es keine Stühle und Tische. Das hat mit der dem Betrieb angeschlossenen Imkerei der Familie Keller zu tun. Um die Ecke lauert ein Schwarm Bienen auf Gäste, Saft und Speck. Also lässt man den Freiluftsitz sausen und setzt sich in die gute Stube, von denen es zwei gibt. Mit alten, schönen Holztischen und den dazu passenden Stühlen. Was auffällt, ist das schöne Täfer aus Tannenholz und der blassgrüne Kachelofen. Hier kann der passionierte Beizengänger gar nicht anders, als bei Saft und Speck sitzen zu bleiben.

Die Obstsortensammlung nebenan

Auf 320 Hochstammbäumen gedeihen im nahen Hofen auf vier Hektaren 320 verschiedene Sorten von Äpfeln, Birnen, Zwetschgen, Pflaumen und Kirschen. Wer will, kann beim 1994 gegründeten Verein Mitglied werden und unter kundiger Anleitung an den Bäumen schnipseln und zugleich viel Wissenswertes über den Obstbau und über Hochstammbäume erfahren. Zum Umschwung gehört ein Picknickplatz mit Feuerstelle. Ein idealer Ort für einen Frischluft-Aperitif ohne Bienen, bevor es dann ins «Landhaus» zu Thurgauer Spezialitäten geht. Am besten zu Fuss oder mit dem Velo. Autos passen nicht so recht auf die schmalen Landstrassen, welche die Weiler der Region miteinander verbinden und sich für ausgedehnte Streifzüge durch den ländlichen Thurgau anbieten.

Landhaus
Betenwil 9
9325 Betenwil bei Roggwil
071 455 12 21
Geöffnet: Dienstag bis Sonntag. Am besten und sichersten telefonisch anfragen, ob die Wirtin Zeit und ihre Beiz offen hat.
Geschlossen: Montag
In der Beiz: Marie José Keller und Rolf Keller
Am Herd: Marie José Keller
Küche und Keller: Thurgauer Spezialitäten und Paella.
Gäste: Wanderer, Reiter, Velofahrer, Heimweh-Spanier und passionierte Beizengänger.
Atmosphäre: Eine der ursprünglichsten Beizen der Schweiz im Originalzustand.
Frischluft: Fällt aus, obwohl vorhanden. Die Bienen haben Vorrang.
Nicht verpassen: Die authentische Paella.
Applaus: Für die Erhaltung und Pflege dieser wundervollen Wirtschaft.
Na ja: Der eigenwillige Charme der Gastgeberin kann, muss aber nicht gewöhnungsbedürftig sein.
Und da wäre noch: Die Obstsortensammlung Roggwil ist einen Besuch wert. Mehr Infos dazu unter www.obstsortensammlung.ch.

Stuhl und Bett
Marlenes Paradiesli
Marlene Schadegg
Almensbergstrasse 1
9314 Steinebrunn
079 857 57 43
www.marlenes-paradiesli.ch
Tipp: Zwei schöne Zimmer, «Oase» und «Romanze», mit Eichendielen und geschmackvoller Einrichtung. Hinzu kommt für beide Zimmer eine Küche und ein Bad. Wundervoller Bauerngarten und freie Sicht in die Natur.

Einkaufskorb
De Roggwiler Beck
St. Gallerstrasse 76
9325 Roggwil
071 455 12 26
www.deroggwilerbeck.ch
Tipp: Brote, die einen an das Gute im Bäckergewerbe glauben lassen. Wer schon lange ein schmackhaftes Sauerteigbrot sucht, wird hier fündig. Und überhaupt, das Ganze ist eine einzige «Schlaraffia», die am Montag geschlossen hat.

ERRICO VON WEBER

Keine drei Akte, sondern sechs Tische, keine romantische Oper, sondern eine schöne Beiz, keine Agathe, sondern Giovanni in der Küche und kein Carl Maria, sondern Errico am Tisch.

Der «Freischütz» ist eine romantische Oper in drei Akten von Carl Maria von Weber. Sie dauert rund drei Stunden und wurde 1821 in Berlin uraufgeführt. Der «Freischütz» in der Altstadt von Wil ist etwas jünger, keine Oper, sondern eine Beiz, die 1876 erstmals schriftlich erwähnt wird. Für diesen «Freischütz» reichen drei Stunden nicht aus. Wer sich bei Errico Mirto erst einmal hinsetzt, bleibt sitzen. Zu gut ist die Stimmung, zu gut das Essen und die Weine, zu angeregt das Gespräch mit dem Nachbarn. Nur wer das vertrauliche Liebesgeflüster in trauter Zweisamkeit sucht, sucht vergebens. Wer kommt, plaudert, trinkt und isst wie in einer grossen Familie. Das Leben findet im «Freischütz» in Gesellschaft statt. Mit drei Antipasti, einem Primo und einem Secondo oder manchmal nur mit einem Teller Pasta. Wer mag, bestellt sich nach dem Brasato ein Dolce oder eine Flasche Moscato d'Asti oder beides. Die Weinauswahl umfasst exzellente italienische Provenienzen zu fairen Preisen, was einige Stammgäste dazu animiert, den «Freischütz» schon am frühen Abend zum Aperitif zu entern.

Wunder gibt es immer wieder

Der «Freischütz» ist ein Beizenwunder. Und Wunder gibt es heute nur noch ganz wenige. Giovanni Logiurato kocht eine grundehrliche Küche, die bei den Einheimischen ankommt und die selbst Gäste aus Zürich, Sankt Gallen und Basel (Sie lesen richtig) anzieht. Was es zu essen gibt, steht auf der Wandtafel, den Wein lassen sich die Stammgäste blind von Gastgeber Errico empfehlen. Neulinge konsultieren die üppige Weinkarte, Amateurtrinker fragen nach, welche Provenienz zu welchem Gericht passen würde. Errico Mirto wählt in erster Linie nicht teure Weine aus, sondern interessante Provenienzen zu kulanten Preisen, was den Patron umso sympathischer macht. Fazit: Der «Freischütz» ist eine gradlinige kulinarische Zone, eine Beiz, die viel Spass macht und die den Gast vor jeglichen Allüren einer Trendbeiz bewahrt. Grazie.

Freischütz, Wil 47

Vinothek Freischütz
Marktgasse 51
9500 Wil
071 911 17 56
www.vinothek-wil.ch

Geöffnet: Dienstag bis Freitag 11 bis 14 Uhr und ab 17 Uhr, Samstag ab 10.30 Uhr durchgehend
Geschlossen: Sonntag und Montag
In der Beiz: Errico Mirto, Daniela Haas, Sabrina Fellner und Marco Bertusi
Am Herd: Giovanni Logiurato, Sabrina Brugger und Errico Mirto
Küche und Keller: Taufrische italienische Küche mit Spaghetti «fatto in casa» und mehr. Das Schwergewicht der Weine liegt im Piemont, Gastgeber Errico Mirto überrascht aber immer wieder mit unbekannten Provenienzen.
Gäste: Freidenker, Weintrinker, Philosophen, Arbeiter, Kauffrauen, Apotheker, Dirigenten und Bonvivants.
Atmosphäre: Marke Traumbeiz.
Frischluft: Neben der Beiz mitten in der Altstadt.
Nicht verpassen: Die Spaghetti «fatto in casa».
Applaus: Für die lockere, herzliche Atmosphäre und für die subtil zubereiteten Gerichte.
Na ja: Einige leichtere Weine wie Grignolino oder Vernatsch oder gar moussierende Rotweine wie Lambrusco oder Freisa vivace wären einen Versuch wert.
Und da wäre noch: Gegenüber dem «Freischütz» liegt die zum Betrieb gehörende Vinothek für Aperitifs und Degustationen. Am langen Tisch wird ab und zu auch für hungrige Gäste aufgetischt, die in der Beiz keinen Platz mehr gefunden haben oder explizit an diesem Tisch essen wollen.

Stuhl und Bett
Bett am Weiher
Marktgasse 64
9500 Wil
079 531 68 00
www.bettamweiher.ch

Tipp: Der Name der privaten Unterkunft ist sozusagen wörtlich zu verstehen. Über die Kellertreppe geht es in den Garten, der einen wundervollen Blick auf den Wiler Weiher bietet. In einer lauen Sommernacht am besten mit einer Flasche aus dem «Freischütz»; für den Sound sorgen die Glockenfrösche und für den Rest die Fantasie.

Einkaufskorb
Balik Räucherei
Im Moos
9122 Ebersol-Mogelsberg
071 375 60 60
www.balik.ch

Tipp: Das innovative Toggenburger Unternehmen mit Weltruf verkauft nicht nur seinen exzellenten Lachs, sondern veranstaltet in der historischen Küche seines wundervollen Anwesens auch spezielle Privatanlässe. Details auf Anfrage. Wer einmal so richtig intensiv am Luxus schnuppern will und seine Brieftasche gut gefüllt hat, reserviert und wird einen unvergesslichen Abend erleben.

GERUHSAME EINKEHR

Warum nicht einfach mal ablegen, mit oder ohne Boot? In den Untersee paddeln oder schwimmen und von Felchen im «Seegarten» träumen. Direkt Einkehren geht aber auch.

Gut, dass der Fisch in Zukunft analog zum Fleisch klassifiziert werden muss. Sein Vorname ist dabei nicht wichtig, seine Herkunft schon. Rund 11 000 Tonnen Egli werden jährlich in die Schweiz importiert. Die Nachfrage nach Schweizer Wildfang ist gross, der Ertrag zu klein. Sicher hat dazu auch die frühere Überdüngung der Schweizer Seen beigetragen, die das Aussterben diverser Arten von Felchen und Saiblingen zur Folge hatte. Heute sind es, sinnbildlich gesprochen, die Berufsfischer und Fischköche, die aussterben. Und wenn sich schon Jungköche mit Fisch auseinandersetzen, dann meist «nur» mit Edelfischen. Kabeljau oder Steinbutt zum Beispiel. Fische, die zu Ruhm, Punkten und Sternen führen. Dass es auch anders geht, zeigen Myrtha Graf und Luzia Graf Meier gemeinsam mit Rolf Meier in ihrem unprätentiösen «Seegarten» in Ermatingen.

Im «Anke» gebraten

Der «Seegarten» wirkt auf den ersten Blick wie eine Dorfbeiz in ihrem dritten Lebensabschnitt. Im Innern wartet die gute Stube mit niederer Decke, Kachelofen, Stammtisch und familiär-ländlicher Stimmung. Das Angebot ist so klein, wie die Küche gross ist und richtet sich nach dem Tagesfang von Berufsfischer Rolf Meier. Eine Friteuse sucht man in der Küche vergebens. Was an Fisch auf den Tisch kommt, wird in Butter gebraten – also nichts mit ausgebackenem Fisch. Dazu werden Blattspinat und Kartoffeln serviert, deren Qualität zum Genuss beitragen. Stehen Egli auf dem Programm, heisst es die Gelegenheit nutzen, da diese sich im Untersee, wie auch in allen anderen Schweizer Seen, sehr rar machen. Zu den stillen Attraktionen des Hauses tragen auch die anderen sorgfältig zubereiteten Speisen von Myrtha Graf bei, die ohne kulinarisches Geklimper auskommen und unter denen schon der knackig frische Salat Freude macht. Hinzu kommt eine ansprechende Weinkarte, die mit exzellenten lokalen Gewächsen überzeugt. Fazit: Wer auf Rituale und steife Oberlippen verzichten kann, wer frisch und gut in einem sympathischen Familienbetrieb essen will, sitzt im «Seegarten» richtig und in der ersten Reihe.

Restaurant Seegarten
Untere Seestrasse 39
8272 Ermatingen
071 660 06 21
www.seegarten-ermatingen.ch
Geöffnet: Dienstag bis Samstag ab 8.30 Uhr
Geschlossen: Sonntag und Montag
In der Beiz: Luzia Graf Meier, manchmal mit Mama Graf, der guten Seele des Hauses
Am Herd: Myrtha Graf
Auf dem See und im Hintergrund: Rolf Meier
Küche und Keller: Klein, fein, saisonal, mit Siedfleisch- und Wurstsalat und taufrischen, Salaten aus dem Garten von Papa Graf. Fisch nach Tagesfang von Rolf Meier, dem Profifischer und Ehemann von Luzia. Dazu zahlreiche exzellente lokale Weine, wie ein Elbling aus Ermatingen oder ein Eschenzer Federweisser.
Gäste: Touristen, Ausflügler, Eingeborene.
Atmosphäre: Beiz mit Reiz, so der Hausslogan.
Frischluft: Neben dem Haus. Leider werden die schönen Tische und Stühle von unnötigen Plastikkübeln eingezäunt.
Nicht verpassen: Das hausgeräucherte, zarte Felchenfilet.
Applaus: Für die wunderbaren aromatischen Kartoffeln zum guten Fisch.
Na ja: Wenn die Nebenstube mit alten Bistrotischen und -stühlen aufgewertet würde, wäre sie eine Alternative zur urgemütlichen Gaststube. Der Hinweis, dass die Toilettenbenützung ohne Konsumation Fr. 1.– kostet, passt irgendwie nicht zur sympathischen Gastfreundschaft des Hauses.

Und da wäre noch: Wer Berufsfischer Rolf Meier auf Fischtour begleiten will, muss früh aufstehen und wetterfest sein. Möglich ist das von April bis Oktober auf telefonische Voranmeldung. Das Frühstück nach dem Seegang ist im Preis von 100 Franken pro Person inbegriffen.

Stuhl und Bett
Seegärtli
Monica Zweifel
Seestrasse 232
8267 Berlingen
052 770 25 56
www.bnb-seegaertli.ch
Tipp: Vom «Seegarten» zum «Seegärtli». Garten, Ruderboot, ein üppiges Frühstück und drei angenehme Zimmer. Ich fühle mich im kleinen «Mohnzimmer» mit Balkon sehr wohl.

Einkaufskorb
Familie Jakob Meier
Herbigstrasse 42
8267 Berlingen
052 761 19 84
www.meier-wein.ch
Tipp: Ob Berlinger Müller-Thurgau oder Eschenzer Grüner Veltliner, ob «Sändli»-Blauburgunder oder Berlinger Pinot gris, die Weine von Jakob Meier überzeugen mit subtilen Noten, Frucht und Frische.

Seegarten, Ermatingen

RAUCHZEICHEN ÜBER STECKBORN

Was in Basel für rote Köpfe sorgt, ist in Steckborn Alltag. Im «Anker» wird gezecht, die Hühnersuppe geschlürft, diskutiert und geraucht. Gut so.

Auf den ersten Blick ist es im «Anker» wie in zahlreichen anderen Dorfbeizen der Schweiz: Die Bedienung steht etwas missmutig und verloren hinter dem Buffet, die Beiz ist leer, es ist einsam. Normaler Beizenalltag nach dem Rauchverbot. Doch das Brutzeln im Hintergrund lässt aufhorchen und macht neugierig. Der Blick auf den Bierstängel und der erste Biss davon heben die Stimmung. Selbst die Bedienung zuckt nach der ersten Servicerunde mit den Mundwinkeln. Der lokale Blauburgunder von Othmar Lampert schmeckt, wie ein einfacher, guter Landwein schmecken muss, der Salat ist frisch und gut, Suppe und Kalbsbratwurst sind Durchschnitt, und die Rösti ist aus dem Päckchen. Nach einer halben Stunde ist der «Anker» bis auf den letzten Stuhl besetzt. «Menü 1, bitte!» «Kommt gleich.» «Noch drei Rugeli für Tisch vier!» «Sofort.» «Zweimal ‹Chäsknöpfli›!» «Einen Moment, bitte.» Es läuft, und die Bedienung, die wir mittlerweile als Christine Odermatt kennen, lächelt, je mehr sie gefordert ist. Kaum haben die Handwerker, Lehrerinnen, Müssiggänger und Pensionäre gegessen, qualmt es aus der Pfeife eines 85-jährigen Stammgastes, der sich zum Jassen einfindet. In der anderen Ecke diskutiert die Gauloise- und Béret-Fraktion über «Die Liebe in den Zeiten der Cholera», alternierend mit dem letzten erfolgreichen Fussballspiel der Schweizer Nationalmannschaft. Alltag im «Anker» von und mit Rös Ulmer, die sich nach 32 Jahren in der Migros ihren lang gehegten Wunsch der eigenen Beiz erfüllt hat und heute auf Teufel komm raus kocht, fünf Tage in der Woche. Damit erhält sie eine lebendige Dorfbeiz am Leben, die nach der Pensionierung der langjährigen Vorgängerin,

Ursula Leuenberger, zu verwaisen drohte.

Einfach und gut

Übrigens, die Industrierösti war an diesem hektischen Mittag eine Ausnahme. Sonst ist die Rösti von Rös beste Handarbeit aus gelagerten Kartoffeln. Wie vieles im «Anker». Etwa die Hühnersuppe, die diesen Namen noch verdient, die Omelette aus Eiern und Mehl, wunderbar mit der sämigen Hackfleischfüllung, die gute Salatsauce oder die Fäden ziehenden «Chäschnöpfli». An den Wochenenden zaubert Rös in ihrer Küche alte vergessene Gerichte, wie etwa Kalbskopf an brauner Sauce oder ein Ragout aus Lunge und Herz, das seine zahlreichen Liebhaber hat. Einmal in der Woche ist der Seniorentisch im «Anker» zu Gast, allen voran Hans Vogel (siehe Bild Seite 52), der stets für einen Scherz zu haben ist. Und ab und zu wird, wenn die Segler vor Anker gehen, Seemannsgarn gesponnen und Fisch aufgetischt. Auf Voranmeldung und ab acht Personen ist man beim lokalen Hecht oder Felchen mit dabei. Übrigens: Wer den «Anker» am See sucht, sucht vergebens. Er liegt versteckt in einer Seitengasse und ist für Seebären wie Landratten nur zu Fuss erreichbar. Ahoi.

Anker
Spiegelgasse 7
8266 Steckborn
052 761 13 90
Geöffnet: Von Donnerstag bis Montag ab 9 Uhr
Geschlossen: Dienstag und Mittwoch
In der Beiz: Christine Odermatt
Am Herd: Rös Ulmer
Küche und Keller: Einfache Landküche mit urigen Spezialitäten am Wochenende.
Gäste: Raucher, Jasser, Segler, Fischer, das Dorf.
Atmosphäre: Patinierte Beiz mit einigen Schönheitsfehlern.
Frischluft: Vor dem Haus hat es eine Bank, eine Bank ...
Nicht verpassen: Der geniale Bierstängel und die Hühnerbrühe vom Suppenhuhn mit wundervollen Fettaugen.
Applaus: Für die Erhaltung einer echten Dorfbeiz mit einem Mittagsteller zum Freundschaftspreis.
Na ja: Frisch geschnittenes Brot im Plastiksack ist eine Marotte aus den Siebzigern.
Und da wäre noch: Im «Anker» darf geraucht werden, was auch zahlreiche Stammgäste tun. So auch die Jasser-Fraktion oder die zahlreichen Arbeiter über den Mittag. Wer rauchempfindlich ist, lässt es lieber bleiben.

Stuhl und Bett
Haus zum glücklichen Gast
Christina Glaus
Seestrasse 4
8273 Triboltingen
071 660 10 45
www.seminarhauszumsee.ch
Tipp: Der Name ist Programm. Gepflegte Gaststube, ein wunderbares Frühstück, ein schöner Garten und vier angenehme Zimmer. Das Haus lohnt sich auch als Ausgangspunkt diverser Erkundungen am Bodensee.

Einkaufskorb
Bulant's Käsespezialitäten
Beatrice und Philippe Bulant
Obertorstrasse 9
8266 Steckborn
052 761 23 81
www.bulant.ch
Tipp: Vom «Milchlädeli» zum Käsespezialisten. Rund 150 exzellente Käse warten darauf, entdeckt zu werden. Der im Angebot aufgeführte und in Portwein ertränkte Stilton ist allerdings eine Unsitte. Erst auf der Zunge dürfen Port und Stilton zusammengeführt werden, damit die grandiose Vermählung zwischen Blauschimmelkäse und süssem Wein im Gaumen spürbar wird.

FRAUENWIRTSCHAFT

Die Aussicht von der «Seehalde» ist grün. Wer Seesicht sucht, sucht vergebens. Egal. Grün beruhigt, Gastfreundschaft sowieso.

Obwohl der Aufstieg von Mammern zur «Seehalde» nur 200 Höhenmeter beträgt, ist er für ungeübte Wanderer eine sportliche Leistung. Weniger Ambitionierte benutzen vom Weiler Gündelhart den relativ ebenen Weg. Fussfaule Ausflügler fahren mit dem Auto vor, was aber langweilig und unlustig ist. Zudem gibt es in Gündelhart eine sehenswerte kleine Barockkirche, die sich für das Sonntagsgebet förmlich anbietet, bevor es in der «Seehalde» mit Geräuchertem zur Sache geht. Gleich fünf Frauen schwingen hier die Löffel: Hannelore, Rosemarie, Lina, Maya und Ruth Gerber sind nicht nur herzliche Gastgeberinnen, sondern auch vorzügliche Köchinnen. Jede hat ihre Spezialität, die sie nach Familienrezepten umsetzt. Da kommen Kuchen, Torten, «Tüne» (Wähe) mit Speck und Zwiebeln und andere Köstlichkeiten auf den Tisch. Je nach Lust und Laune und dem, was die Natur hergibt. Neben den fünf Schwestern helfen Felix und Walter mit, die flexiblen, handwerklich talentierten Ehemänner von Maya und Rosemarie.

Ob am Grill, im Garten, im Keller, in der Scheune, in der Brennerei, sie sind überall einsetzbar. Selbst am Abwaschtrog.

Der Salat aus dem eigenen Garten

Immer am ersten Sonntag des Monats, von Mai bis Oktober, kann man das «Seehalden»-Glück erleben. Im Sommer, bei schönem Wetter, wirft Felix den Grill an, Maya holt Schnittsalat, Bohnen und Tomaten aus dem Garten, die restlichen Schwestern backen, rüsten und schneiden, richten an, während über dem Feuer die saftigen Koteletts den Garpunkt erreichen. Nebenbei: Kein wandernder Stammgast verlässt die «Seehalde», ohne sich mit einem Glas hauseigenem Schnaps auseinanderzusetzen. Zur Auswahl stehen Gravensteiner, Berner Rose, Trester, Zwetschgen, Kirsch, Kräuter und Quitte. In der Summe ein idyllischer Aussenposten mit herzallerliebsten Gastgebern.

Seehalde
8265 Mammern
052 741 25 77
www.seehaldenhof.ch
Geöffnet: Immer am ersten Sonntag des Monats von Mai bis Oktober. Im Winter auf Anfrage für Gesellschaften von 8 bis maximal 22 Personen.
Geschlossen: November bis April
In der Beiz und am Herd: Lina, Maya, Rosemarie, Hanelore und Ruth Gerber
Hinter den Kulissen: Walter und Felix
Küche und Keller: Holzofenbrot, Kuchen, Torten, «Tüne» (Wähe), Geräuchertes, regionale Weine.
Gäste: Wanderer, Spaziergänger, Schleckmäuler, Literaten, Ausflügler, Familien und Vereine.
Atmosphäre: Urgemütlich in der guten Stube.
Frischluft: Mitten in der Natur.
Nicht verpassen: Der «Rosechueche» aus Hefeteig mit Nussfüllung und die von Rosemarie produzierten Glaces.
Applaus: Für die Herzlichkeit der Gerber-Schwestern und ihre konsequente Haltung, nur Kag-Freiland-Fleisch aufzutischen.
Na ja: Dass man nur einmal im Monat das «Seehalden»-Glück geniessen kann, ist hart.
Und da wäre noch: 1. Die hauseigenen Schnäpse, allen voran die Quitte.
2. Gesellschaften von 8 bis 22 Personen kommen vielleicht in den Genuss, im Spätherbst an einer der berühmten Seehalde-Metzgeten teilhaben zu dürfen. Beten und telefonisch nachfragen!

Stuhl und Bett
Schloss Klingenberg
Stefan Pfanzelt
Klingenbergstrasse 1
8508 Homburg
052 763 26 31
www.schloss-klingenberg.ch
Tipp: Das Schloss verfügt über einige preiswerte Gästezimmer und bietet eine regionale Küche zu vernünftigen Preisen an. Die «Seehalde» ist zu Fuss erreichbar.

Einkaufskorb
Vor Ort in der «Seehalde».
Tipp: Die Gerbers verkaufen in ihrem Hofladen wunderbare Spezialitäten aus eigener Produktion: Honig, Konfitüren, Sirups, Schnäpse, Dörrfrüchte, Essig, Nussöl und Teekräuter aus dem verwunschenen Kräutergarten. Neu hinzugekommen sind natursüsse Diabetiker-Konfitüren.

FEUER UND FLAMME

Das «Beizli 19» liegt an der Dorfstrasse 19 in Hemishofen. Die Schweiz ohne «li» ist unvorstellbar. Das «li» spielt im «Beizli» sonst keine Rolle, dafür aber der Flammkuchen.

Die Hausfassade ist verwittert, diverse Holzklappläden fehlen, der leuchtend weisse Gegenpol sticht einem zwischen Terrasse und Garten als verhinderter Schwimmbadkiosk mit Rhein-Postkarten entgegen. Leuchten tun auch die blauen Augen von Gisela Schalch, der guten Seele des Hauses, die ihren Liebsten manchmal zur Seite steht und im «Beizli 19» mithilft. Dann kann es durchaus sein, dass sie einen frisch gebackenen Mama-Apfelstreuselkuchen statt einer Früchtewähe serviert. Für die Salzfraktion raucht ab und zu im Garten der Oklahoma-Grill mit einem Tessiner Braten an Bord. Den gibt es leider nur auf Vorbestellung und für Gesellschaften oder zu speziellen Anlässen, wobei im «Beizli 19» immer irgendwelche speziellen Anlässe stattfinden. Es gibt Tage oder Abende für Musiker, Pontoniere, Ornithologen, Winzer, Hochzeiter, Kräuterhexen, Biker und, und, und … Die «19» ist eine friedvolle Oase mit Vogelgezwitscher, leisem Hundegebell (dazu später) und kulinarischen Kleinigkeiten wie Öko-Trockenalpfleisch aus der Südschweiz sowie Bauernspeck und -schüblig aus der Region. Die Hauptrolle spielt aber der hauseigene Flammkuchen, der gut in der Hand liegt, Haltung und Geschmack zeigt und sich krachzart verputzen lässt. Übrigens: Der Teigboden wurde in Zusammenarbeit mit Franz Marty von der Bäckerei Schaubmarkt in Stein am Rhein entwickelt.

Pack die Badehose ein

Getrunken werden im «19» lokale Weine und Biere aus dem nahen Schaffhausen. Bei Festen wird ein spezielles Bierfass aus Diessenhofen angezapft, so zum Beispiel an den hauseigenen Musiktagen. Zu hören waren da schon «The Reel Inn» aus Irland, das «Chinder Jodelchörli Hemishofen» oder die sehr beliebten «Thurgauer Galgenvögel». Und stets mittendrin Eli Hardegger und Röbi Schalch, die sich liebevoll um ihre Gäste kümmern. Berühmt ist die Beiz auch für ihr erfreuliches sonntägliches «Zmorge». Trotz der mageren Winteröffnungszeiten (die Gastgeber gehen noch anderen Beschäftigungen nach) macht es Sinn, dieses Kleinod zu präsentieren. Es ist ein kleines Paradies ohne Schlange, dafür mit Flöckli, einem «Hundecocktail» aus

West Highland White Terrier und Cairn Terrier, der neugierig in die Runde schaut und sich mit Eli Hardegger um die Gäste kümmert. Übrigens: Von Fremden lässt sich Flöckli sehr gerne streicheln. Nur Hundeskeptiker ziehen im Sommer lieber gleich Badekleid oder Badehose an – der Rhein ist eine Fussminute entfernt und zeigt sich hier von seiner schönsten Seite.

Beizli 19
Dorfstrasse 19
8261 Hemishofen
052 741 57 48
www.beizli-dorfstrasse19.ch
Geöffnet: Mai bis September: Dienstag und Mittwoch ab 17 Uhr, Donnerstag bis Sonntag ab 11 Uhr.
Oktober bis April: Freitag ab 18 Uhr und Sonntag ab 11 Uhr geöffnet.
Geschlossen: Mai bis September: Montag ganzer Tag, Dienstag und Mittwoch Mittag; Oktober bis April: Montag bis Donnerstag, Samstag.
Speziell: Nach telefonischer Vereinbarung ist ein Besuch ab sechs Personen auch ausserhalb der Öffnungszeiten möglich.

In der Beiz: Eli Hardegger und Röbi Schalch, Mama Gisela Schalch
Am Herd: Eli Hardegger
Am Grill: Röbi Schalch
Küche und Keller: Diverse Flammkuchen, Tessiner Braten (auf Vorbestellung), Würste, Speck, Käse, lokale Weine und spezielle Sirups aus Hirzel ZH (mehr Infos dazu unter www.puris-sirup.ch)
Gäste: Sommerfrischler, Wanderer, Biker, Pontoniere, Schwimmer und andere sportlich veranlagte Menschen.
Atmosphäre: Wie zuhause.
Frischluft: Herrlicher Garten mit buntem Allerlei.
Nicht verpassen: Der Flammkuchen in seiner klassischen Variante.
Applaus: Für den Apfelkuchen von Mama Gisela.
Na ja: Einige Plakate und Hinweise weniger würden nicht schaden.
Und da wäre noch: 1. Der Winter ist hart. Da hat das «Beizli 19» nur sonntags geöffnet und von Weihnachten bis Mitte März gar nicht. 2. Wer heiraten oder sonst ein Fest feiern will, kann das im «19» als geschlossene Gesellschaft auch ausserhalb der Öffnungszeiten tun. Mehr als 20 Personen gehen aber nicht.

3. Und wer gleich einige Tage in Hemishofen bleiben mag, mietet sich bei Silvia und Markus Diem ein. Mehr Infos unter www.zur-baumschule.ch.

Stuhl und Bett
Im Haus bei Eli Hardegger und Röbi Schalch
Tipp: Ein gemütliches Doppelzimmer mit allem Komfort. Zwei weitere Gästezimmer sind in Planung

Einkaufskorb
Diessenhofer-Stadtbräu
Rolf Tinner
Untere Mauer 14
8253 Diessenhofen
052 657 35 64
Tipp: Biere mit Charakter. Von Lager über Weizen bis hin zum Amber. Im Winter braut Rolf Tinner ab und zu sein «Schneeglöggliebier».

«MIR SIND NO MÜED»

Falls Sie einen Tisch reservieren wollen, rufen sie um Gottes Willen nicht vor zehn Uhr morgens an. Die Pensionäre, Köche und Gastgeber in Personalunion werden erst nach elf Uhr wach. Dann aber richtig.

Im «Wii am Rii» wird gegessen, was Madame kocht und Monsieur serviert. Wem das nicht passt, bleibt draussen. Tut aber keiner. In der Küche schiebt Gabi Winzeler den Braten in den Ofen, den Lebenspartner Ueli Münger mit launigen Worten auftischt. Ueli ist aber weit mehr als nur ein Sprücheklopfer. Er kauft ein, sucht und findet beste regionale Produkte, putzt das Gemüse, rüstet, kocht mit, nascht und schmeckt ab.

Sein Gaumen ist so fein wie sein Humor. Die Pointen sitzen, die Gerichte auch. Mit dem Hut geht er deswegen nicht herum, sondern mit den Weinflaschen, die er öffnet, degustiert, einschenkt und auf dem Tisch stehen lässt. Zum selber Nachschenken, logisch. «Das isch Läbenskultur», genauso wie das Vitello tonnato von Gabi. «S bescht, sägeds», so Ueli, der perfekte, liebevolle, eigenwillige Gastgeber, der Weltenbummler und Rückkehrer, der sich erst vor acht Jahren wieder in Schaffhausen niederliess und gleich die eigene Beiz eröffnet hat.

Bitte recht freundlich

Ueli sagt zu seinen Gästen Du und empfängt sie wie Freunde, sofern sich diese zu benehmen wissen. Ohne ein Lächeln haben sie bei ihm einen schweren Stand. Sie fliegen raus, bevor sie wissen, wie ihnen geschieht. Das war jedenfalls zu Beginn so, als Ueli einigen Herren mit steifer Oberlippe sagen musste, was bei ihm Sache ist. Heute ist seine Klientel justiert, neunzig Prozent der Gäste sind regelmässige Wiederholungstäter. In seiner kleinen Gaststube trifft sich eine illustre Gesellschaft mit Appetit und freut sich über das saftige «Schniposant», bei dem die Panade und die Pommes frites beste Handarbeit sind. Oder über die starken Stücke von Schwein und Rind. Oder über die Kalbsbrust, die bei Gabi vier Stunden im Ofen schmort und schlicht phänomenal schmeckt.

Jede Woche eine andere Spezialität

Und sonst? Ihr Kochrepertoire umfasst rund dreihundert Gerichte: Wildsauragout, Geschnetzeltes, «Kalbsbäggli», Kalbsrücken, Milkenpasteli, Mistkratzer und ... Was wann genau aus der Küche kommt, ist auf ihrer Homepage ersichtlich. Und «Schmalz mit Grüübe» oder ein der Länge nach aufgeschnittenes Markbein mit Meersalz und geröstetem Brot hat Ueli immer zur Hand. Fazit: Das «Wii am Rii» ist ein spektakulärer unspektakulärer Ort, wo die Gäste noch rauchen dürfen und sich die Nichtraucher trotzdem wohl fühlen. Dank der guten Lüftung und der guten Erziehung der Raucher. Wie schreibt Kollege Peter Peter in seinem Buch «Bodensee Eskapaden»: «Wer im Sommer im Rhein zur Arbeit schwimmt, ist einfach gut drauf.» Noch Fragen?

Restaurant Wii am Rii
Fischerhäuserstrasse 57
8200 Schaffhausen
079 259 92 47
www.wiiamrii.ch
Geöffnet: Mittwoch bis Samstag ab 16 Uhr
Geschlossen: Sonntag, Montag, Dienstag
In der Beiz: Ueli Münger
Am Herd: Gabi Winzeler und Ueli Münger
Küche und Keller: Das Menü wechselt wöchentlich. Im Keller liegen rund ein Dutzend Weine. Die Gäste trinken, was der Patron empfiehlt.

Gäste: Zu 90 Prozent Stammgäste. Wer einmal sitzen bleibt und hier isst, kommt immer wieder.
Atmosphäre: Klein, gemütlich, wie in der guten Stube. Und mittendrin und überall Ueli.
Frischluft: Eine Bank, ein Tisch vor dem Haus mit Blick auf Strasse, Parkplatz und Rhein. In dieser Reihenfolge.
Nicht verpassen: Hackbraten, Schweinebauch, Kalbsbrust und …
Applaus: Für den Markbeinknochen und all die wundervollen, ohne Firlefanz gekochten Gerichte.
Na ja: Bei der Weinauswahl dürften auch einige leichtere Tropfen berücksichtigt werden. Ein Riesling mit zehn Prozent Alkoholvolumen hat auch seinen Reiz.
Und da wäre noch: In der Beiz darf geraucht werden. Raucher und Nichtraucher sitzen friedvoll vereint am Tisch. Das geht tatsächlich. So wie früher. Der guten Lüftung wegen und dank des gegenseitigen Respekts. Und alles ganz ohne Vorschriften, dafür mit Verstand.

Stuhl und Bett

Hotel Parkvilla
Max Schlumpf
Parkstrasse 18
8200 Schaffhausen
052 635 60 60
www.parkvilla.ch
Tipp: Schräge Kultadresse mit berühmten Gästenamen, die in diesem Sammelsurium aus Kunst und Krempel schon genächtigt haben. Zum Ei wird stilvoll der Perlmuttlöffel gereicht, daneben stehen portionierte Hero-Konfitüren. Widersprüche werden im Haus von Patron Max Schlumpf persönlich gepflegt. Wenn hier übernachten, dann in den feudalen Zimmern im ersten Stock. Die Dachkammern als Nachtlager müssen nicht sein.

Einkaufskorb

Daniele
Fronwagplatz 7
8200 Schaffhausen
052 625 82 70
www.shop-daniele.ch
Tipp: Für den kleinen Hunger über den Mittag empfehlen sich die verschiedenen Pizze, für den Genuss zuhause diverse italienischen Spezialitäten, allen voran die hauseigene frische Pasta, die Gnocchi, Aceto Balsamico und Apfelessig aus eigener Herstellung.

Der «Hirschen» in Buch bei Frauenfeld ist ein rares Exemplar Dorfbeiz mit Herz und Tradition, ohne Scheuklappen und ohne elegante Abteilung, dafür mit Hausspezialitäten der besseren Art.

THURGAU GEFÜHLSECHT

Abseits von Mostindien und jeglichen kulinarischen Eskapaden findet sich in der Abgeschiedenheit der Thurgauer Provinz eine wundervolle Beiz. Vor sechs Jahren hat sie mir der Künstler Max Bottini empfohlen. Als Geheimtipp für Beizengänger mit Bodenhaftung. Heute mag der «Hirschen» national immer noch eine kleine Sternschnuppe am kulinarischen Firmament sein, regional ist die Beiz aber weit über den Geheimtipp hinausgewachsen. So muss Max Bottini seine Stube mehr denn je mit anderen Gleichgesinnten teilen. Apropos Max Bottini: Aufsehen erregte der regionale Künstler mit seiner Suche nach tausend gefüllten Einmachgläsern für eine Kunstausstellung in der Kartause in Ittingen. Hunderte haben im Laufe eines Sommers auf den Aufruf reagiert. Seine einmalige Rezept- und Mustersammlung hat das riesige Reservoir der Zubereitungsmethoden sichtbar gemacht. Das Publikum war gleichzeitig Produzent und Konsument der Installation. Neben seiner künstlerischen Tätigkeit als Maler befasst sich der Kulturpreisträger 2004 des Kantons Thurgau immer wieder augenzwinkernd mit dem Thema Genuss. Ohne Zwinkern, dafür mit Appetit ist er im «Hirschen» regelmässig anzutreffen.

Hackbraten und andere schöne Dinge

Die Spezialitäten des Hauses sind schnell aufgezählt, wobei das so nicht ganz stimmt, nur machen mich der luftige Hackbraten und das sämige Cordon bleu zum Wiederholungstäter. Und ohne Süssmostcreme geht es auch nicht. Speziell ist auch das Hechtessen mit Exemplaren aus dem Buchemer Hasensee, gefangen von der Abteilung Angler-Stammgäste des «Hirschen». Nicht anders verhält es sich in der Saison mit den Buchemer Spargeln, die von Edi Ritter gestochen und von Yvonne Harder mit Biss gekocht werden. Ab und zu landet schliesslich auch eine heimische Wildsau in der Küche, aus der Schnitzel, Kotelett und Ragout entstehen. In der neu ausgebauten Festscheune – der Name ist Programm – finden zahlreiche Hochzeiten, Taufen und andere Feste statt. Dann ist dezenter Rummel angesagt, wobei es unter der Woche so zugeht wie immer, friedlich und behäbig. Trinktechnisch sind die heimischen Weine von Weinbauer Hanspeter Wägeli eine Option, beim Käse sind die Spezialitäten von Susanne Tritten gefragt, wie etwa der Urkräuterkäse. Fazit: Der «Hirschen» tut nicht nur seinen Gästen, sondern auch dem Dorf und der Gegend gut. Das war während 48 Jahren mit Helen Harder so, und das geht seit acht Jahren nahtlos mit Yvonne und Benno Harder weiter. Kompliment.

Wirtschaft zum Hirschen
Hauptstrasse 15
8524 Buch bei Frauenfeld
052 746 14 28
www.hirschen-buch.ch
Geöffnet: Mittwoch bis Samstag ab 11.30 Uhr und Sonntag 9 bis 18 Uhr
Geschlossen: Sonntag ab 18 Uhr und jeweils der letzte Sonntag des Monats, Montag und Dienstag ganzer Tag
In der Beiz: Monika Bucher, Yvonne und Benno Harder
Am Herd: Yvonne und Benno Harder
Küche und Keller: Landküche mit Hackbraten und Co., in der alles von Grund auf selbst zubereitet wird – ausser den Pommes frites (schluchz).
Gäste: Wanderer, Sonntagsausflügler, Künstler, Einheimische, Bauern, Politiker.
Atmosphäre: Bürgerlich patiniert mit ursprünglicher Gaststube
Frischluft: Gartenterrasse vor dem Haus, für spezielle Anlässe hinter dem Haus am Weiher.
Nicht verpassen: Den Hackbraten.
Applaus: Für die Bouillon mit Fettaugen.
Na ja: Das mit den hauseigenen Pommes frites wäre eine Überlegung wert.
Und da wäre noch: 1. Mehr zu Max Bottini unter www.maxbottini.ch.
2. Auf telefonische Voranmeldung öffnet Susanne Tritten ihren fahrbaren Käseladen an der Hauptstrasse 2 in Buch, Telefon 052 740 41 81.

Stuhl und Bett
Seegärtli
Monica Zweifel
Seestrasse 232
8267 Berlingen
052 770 25 57
Tipp: Vom Hinterland zum Seeland. Das Haus unscheinbar, die Einrichtung zeitlos angenehm, das Frühstück grosszügig und das Highlight vor der Türe – der See mit Ruderboot und Badehaus. Ideal für sportliche Sommerfrischler.

Einkaufskorb
Kartause Ittingen
Kosterladen
8532 Warth
052 748 44 11
Tipp: Allein schon die Klosteranlage ist einen Besuch wert, der Klosterladen macht den Rest und überzeugt mit zahlreichen regionalen Produkten.

FROHLOCKEN!

Die liebsten Gäste kommen von selbst. Zumindest in den «Frohsinn», eine Landbeiz, die von Reisenden übersehen, von Einheimischen gepflegt und von Genussmenschen mit Appetit geschätzt wird.

Bereits in der dritten Generation führen Ruth und Markus Rindlisbacher den pulsierenden «Frohsinn» in Uesslingen. Eine auf den ersten Blick unscheinbare, durchschnittliche Landpartie, wie sie die Schweiz zur Genüge kennt. Doch der Schein trügt, hier ist alles anders, besser. Der Unterschied beginnt bereits beim Sandwich, das nicht lieblos mit banalem Hinterschinken, sondern mit hauseigenen subtil geräucherten Spezialitäten wie Speck, Coppa oder Rohschinken belegt ist. Und in diesem Stil geht es munter weiter: Alles, was Ruth Rindlisbacher in ihrer Küche zaubert (sie kocht noch auf dem Holzherd), ist frisch, regional und saisonal. Kein theoretisch laues Lippenbekenntnis, sondern normaler Alltag im «Frohsinn», in dem Instantverkäufer brotlos und Beizengänger glücklich werden. Schon ein banaler Käsesalat, eine Portion Kutteln oder eine Gemüsesuppe werden zum Geschmackserlebnis. Von der goldbraunen Rösti mit dem knusprig saftigen Schweinscarréebraten und den Karotten, die nicht nur wie Karotten aussehen, sondern auch danach schmecken, ganz zu schweigen. Bei allen Gerichten fallen die sorgfältige Zubereitung und die Geschmacksintensität auf. Auch bei der hervorragenden Hühnersuppe, die es immer am ersten Sonntag im Januar gibt und die nicht aus dem Würfel, sondern aus dem Suppenhuhn entstanden ist, verhält es sich nicht anders. Oder beim Suppenfleisch und dem wunderbaren Cordon bleu, das anstelle von Schinken mit Speck gefüllt ist. Es schmeckt so gut, wie bei meiner Grossmutter Rosa selig.

Frauenwelt in Frauenfeld

Wer das Reelle aus Küche und Keller sucht und schätzt und wer auf Schaulaufen und Schäumchen verzichten kann, sitzt im «Frohsinn» richtig. Hinzu kommt ein freundlicher, kompetenter Service in einer stimmungsvollen Atmosphäre. Kurz, das Ganze ist angenehm unspektakulär spektakulär. Was in der Region Frauenfeld auffällt, ist die grosse Anzahl Frauen, die in zahlreichen Beizen den Ton angeben und mit Qualitätsdenken, Gastfreundschaft

Restaurant Frohsinn, Uesslingen

und Herzlichkeit ihre Gäste pflegen. Ruth Rindlisbacher ist eine von ihnen, Brigitte Wiesmann von der «Aussicht» im nahen Iselisberg eine andere. Es ist ein gewöhnlicher Donnerstag und ein stetes Kommen und Gehen. Genau das zeichnet eine gute, lebendige Dorfbeiz aus. Und wenn sie dann erst noch so eine gute Küche hat wie der «Frohsinn», ja dann ...

Restaurant Frohsinn
Iselisbergstrasse 2
8524 Uesslingen
052 746 11 10
www.frohsinn-uesslingen.ch
Geöffnet: Dienstag bis Samstag ab 8 Uhr
Geschlossen: Sonntag, Montag
In der Beiz und am Herd: Ruth Rindlisbacher
In der Räucherkammer, am Herd und in der Beiz: Markus Rindlisbacher
Küche und Keller: Taufrische, ambitionierte Landküche mit Weinen aus der Region, vorwiegend von Roland Lenz, der neben seinem Schweizer Weingut noch eines in Chile hat (www.weingut-lenz.ch).
Gäste: Wanderer, bodenständige Genussmenschen, Puristen, Beizengänger, Künstler, Schriftsteller, Winzer, Käser, Bauern, das Dorf.
Atmosphäre: Luftig, aufgeräumt mit diversen schönen und anderen Details. Es lebt.
Frischluft: Auf dem Boulevard vor dem Haus und hinten bei der Scheune.
Nicht verpassen: Die Kutteln, die von Markus Rindlisbacher geräucherten Hausspezialitäten und die Metzgete.
Applaus: Für die grundehrliche, hervorragende Küche
Na ja: Wer als Fremder das erste Mal kommt, muss sich die Zuneigung der Gastgeberin erst erarbeiten – Supplement verlangen!

Und da wäre noch:
1. Zum vorgängigen Aperitif mit Aussicht eignet sich die «Aussicht» von Brigitte Wiesmann im nahen Iselisberg, das zu Uesslingen gehört. Ein sehr schöner Ort, der von Donnerstag bis Montag ab 10 Uhr geöffnet hat. Mehr Infos unter 052 746 10 90.

2. Eine Minute vom «Frohsinn» entfernt ist die Käserei Thalmann. Ihr Blauschimmelkäse kann es mit den Grossen, wie einem Blue Stilton, problemlos aufnehmen. Mehr Infos: Käserei Thalmann, Jörg Thalmann,
052 746 12 44.

Stuhl und Bett
Kartause Ittingen
8532 Warth
052 748 44 11
www.kartause.ch
Tipp: Wer das Intime sucht, liegt hier falsch. Die Kartause bietet 68 Zimmer im Oberen und Unteren Gästehaus an, die alle vor drei Jahren aufgefrischt wurden und mit klarer Struktur überzeugen. Das Ganze ist zwar kein Geheimtipp, aber ein eindrücklicher Ort.

Einkaufskorb
Biolenz
Bio Weinbau and beyond
Schulstrasse 9
8524 Uesslingen
052 746 12 44
In Uesslingen lebt und arbeitet Guido Lenz, ein Biowinzer der ersten Stunde, einer der sei Jahren «Vin naturel» produziert, bevor irgendjemand auch nur daran gedacht hat. Sein Macvin (eine Spezialität des französischen Jura) verblüfft nicht nur seine Kunden, sondern auch deren Erfinder rund um Arbois. Sie attestieren dem Schweizer Produkt Spitzenklasse. Alle anderen Weine gilt es im nahen Weingut zu degustieren. Die Zuneigung mag erst beim dritten Glas kommen oder auch gar nicht. Viele regionale Weinfreunde haben denn auch Mühe mit seinen natürlichen Methoden in den Reben, im Keller und deren Ergebnis im Glas. Offenen, neugierigen Weinnasen sei der Besuch dringend empfohlen, allen anderen rate ich ab. Und erschrecken Sie nicht, Guido Lenz ist nicht nur Winzer, sondern auch noch Reikimeister, Feuerlaufiehrer, Sonnentänzer – und vor allem ein sympathischer Zeitgenosse. Mehr Infos unter www.biolenz.ch.

SONNTAGS IMMER

Mitten durch das verwinkelte Dorf Wilen verläuft die Grenze zwischen den Kantonen Thurgau und Zürich. Die «Morgensonne» ist grenzenlos und für alle offen.

Das Dorf Wilen bei Neunforn erinnert an eines der witzigen Abenteuer der beiden gallischen Kult-Comicfiguren Asterix und Obelix: «Der grosse Graben». Zwar führt kein Graben durch das Dorf, aber die Kantonsgrenze zwischen Thurgau und Zürich. Und das verursacht so einige Besonderheiten, die amüsieren. Der Zivilschutzraum ist für beide Dorfteile zwar der Gleiche, bei den Betten hören die Gemeinsamkeiten dann aber auf: Der Thurgau stellt Holzbetten, Zürich Metallbetten zur Verfügung. Und sonst? Die Grundschule besuchen die Kinder im thurgauischen Neunforn, für die älteren Schulsemester führt der Schulweg ins zürcherische Stammheim, was früher aufstehen bedeutet. Wichtiger als die Politik ist aber eine gut funktionierende Dorfbeiz. Egal, wo sie steht. Die «Morgensonne» hat sonntags geöffnet und jeweils am ersten Mittwochabend des Monats. Da wird es schwierig mit der Morgensonne in der «Morgensonne».

Pssst, noch eine Rauchwurst

Wildschweine werden in der «Morgensonne» keine serviert. Aber eine sehr gute Rauchwurst mit feinem Brot aus dem Holzofen. Und einmal im Jahr, im Januar oder Februar, wird an einem Mittwoch und einem Donnerstag die berühmte Metzgete der Familie Stürzinger zelebriert, von Schweinen aus eigener Haltung, was den Unterschied ausmacht und einem eine wundervolle «Cochonaille» offenbart: Blut- und Leberwurst, Rippli, Gnagi, Chesselifleisch, Speck, Bratwurst, Leber und Geschnetzeltes. Und Koteletts? Die haben dann schlicht auf dem Kochherd keinen Platz mehr und werden eine Woche später, am Mittwoch danach aufgetischt. Was für glückselige Momente. Noch was? Bewusste Naturmenschen suchen Wilen an warmen Tagen auf und genehmigen sich vor dem Beizenbesuch ein erfrischendes Bad im romantisch gelegenen Dorfsee. Sommerfrischler schwimmen über Hecht, Zander, Rotfedern, Rotaugen, Schleien, Brachsmen und Karpfen. Nebenbei: Hobbyangler sollen nicht einmal daran denken, ihre Rute mitzunehmen. Angeln dürfen im See nur die Einheimischen.

Morgensonne
Dorfstrasse 38
8525 Wilen bei Neunforn
052 745 12 33
Geöffnet: Jeden ersten Mittwoch im Monat ab 17 Uhr und Sonntag von 10 bis 19 Uhr
Geschlossen: Montag, Dienstag und Donnerstag bis Samstag
In der Beiz und am Herd: Gabriela Stürzinger mit Unterstützung ihres Mannes Jakob
Küche und Keller: Speck, Rauchwürste, Wein und Saft (Most) aus der eigenen Landwirtschaft.
Gäste: Städter, Puristen, Wanderer, Sommerfrischler und Künstler.
Atmosphäre: Urige Bauernbeiz mit zwei, drei Schönheitsfehlern.
Frischluft: Im kleinen Garten.
Nicht verpassen: 1. Der in wenigen Minuten zu Fuss erreichbare romantische Wilenersee. Der Sprung hinein und eine Runde schwimmen sind unvergessliche Momente. Wer nicht springt, sondern geht, passt auf, dass ihn die Edelkrebse nicht zwacken. Hier den Sonnenaufgang zu erleben, spart die Ferien in der Südsee. 2. Das genaue Datum der Metzgete wird immer im Dezember festgelegt und kann telefonisch erfragt werden.
Applaus: Die herzliche Gastfreundschaft und der eigene Wein.
Na ja: Die kleinen Teppichläufer bei den Tischen müssten nicht sein.
Und da wäre noch: 1. Für Gesellschaften von 15 bis 20 Personen werden auf Vorbestellung auch warme Spezialitäten wie Hackbraten, Mistkratzerli oder Kaninchen angeboten. Auch ausserhalb der offiziellen Öffnungszeiten.
2. Gabriela Stürzinger ist diplomierte Homöopathin, ihre Praxis liegt gleich neben der «Morgensonne».

Stuhl und Bett
Gasthof zum Hirschen
Mirco und Petra Schuhmacher
Steigstrasse 4
8477 Oberstammheim
052 745 11 24
www.hirschenstammheim.ch

Tipp: Einst herrschaftlicher Landsitz, heute ansprechendes Lokal mit einer sehr guten marktfrischen Küche, mit verträumtem Garten und drei Zimmern, die historischen Erlebniswert bieten. Dusche und Toilette sind auf dem Gang, die Toiletten werden auch von den Gästen der Wirtschaft benutzt.

Einkaufskorb
Gasthaus & Metzgerei Harmonie
Erika und Ruedi Weber
8512 Thundorf
052 376 31 20
www.harmonie-thundorf.ch
Tipp: Madame kocht, Monsieur räuchert. Beide verstehen ihr Handwerk, das Ganze ist erstklassig. Hobbyköche kaufen in der Metzgerei ein und kochen zuhause, Kochfaule holen sich den Appetit in der Metzgerei und gehen im Gasthaus essen. Ausser mittwochs und donnerstags. Dann ist die «Harmonie» geschlossen.

20

Wädi Egli sagt, was er denkt. So kocht er auch. Gradlinig, klassisch und gut. Ein Wirt, der sich nicht zu schade ist, morgens den Arbeitern ihr «Yklämmts» frisch zu streichen und der aus seiner kleinen Küche wundervolle Gerichte hervorzaubert.

KLEINE KÜCHE, GROSSER KOCH

Restaurant zum Löwen, Winterthur-Veltheim

Die Berufsausbildung absolvierte Wädi Egli im Stadtcasino Basel, dann wanderte er nicht wie alle Berufskollegen in Richtung Süden, sondern nach Norden aus. In Dänemark landete er in Dragsholmslot in einem königlichen Schloss und brachte den Dänen das Kochen bei. Heute gehören die dänischen Köche zur Weltspitze. Ob das mit dem damaligen Besuch zusammenhängt? Ein weiteres hochkarätiges Angebot hätte Wädi Egli fast in die USA gebracht, doch die Liebe hielt ihn zurück und wohl auch der Gedanke, Chefkoch in einem Sternehotel sein zu müssen, schliesslich hatte ihm schon als jungem Koch die eigene Beiz im Hinterkopf vorgeschwebt. Mit seiner Frau Beatrice setzte er den mittlerweile gemeinsamen Traum um und eröffnete 1979 in Frauenfeld den «Torggel». Nach sechs guten Jahren wechselten die Eglis in den kleineren «Roten Ochsen», in dem sie erstmal so richtig Geld verdienten. Ihre nächste Station führte sie ins «Rössli» nach Oberwinterthur, bevor sie sich mit dem «Löwen» in Winterthur-Veltheim auseinandersetzten, sich in ihn verliebten und blieben. Die letzte Berufsstation, wie beide versichern, wobei sie ihre zahlreichen Winterthurer Stammgäste auch gar nicht mehr gehen lassen würden.

Jung und Alt

Wädi Egli ist ein Perfektionist, einer der zupackt, von Grund auf kocht und nichts einfach nur anrührt. Punkte und Sterne waren ihm nie wichtig, hätten ihn wohl mehr gestört als gefreut. So wie es heute ist, ist es gut. Seine Gäste haben Freude am «Löwen», er an ihnen, seine Küche wird geschätzt, man kennt sich, ist unter sich; das Leben findet täglich in der gemütlichen Beiz statt. Zahlreiche junge Gäste kommen gerne zu Beatrice und Wädi Egli, was den alten Kochhasen mächtig freut und ihm beweist, dass eine traditionelle keine unattraktive Küche sein muss. Wädi Egli ist kein Mann der grossen Worte, sie würden zu ihm und zu seiner Küche auch gar nicht passen. Und für ausgetretene Floskeln, wie «authentisch» oder «marktfrisch» hat er nur ein Schulterzucken übrig, wie er auch keine Sprechblase mit «meine Küchenphilosophie» formen würde. Lieber kocht er gut. Sehr gut.

Restaurant zum Löwen
Löwenstrasse 16
8400 Winterthur-Veltheim
052 212 53 90
Geöffnet: Montag bis Freitag von 9 bis 14.30 und ab 17 Uhr
Geschlossen: Samstag und Sonntag
In der Beiz: Beatrice Egli
Am Herd: Wädi Egli
Küche und Keller: Filet Stroganoff, Geschnetzeltes, Bachsaibling, kleine, durchdachte Weinkarte.
Gäste: Arbeiter, Banker, Architekten, Lehrer, Studierende, Jung und Alt, das Quartier.
Atmosphäre: Spartanisch gemütlich, mit Holztischen in einer aufgeräumten Stimmung.
Frischluft: Reizvoller Kiesgarten unter Kastanien.
Nicht verpassen: Der Bachsaibling vom Kundelfingerhof.
Applaus: Für die durchwegs guten und sorgfältig gekochten klassischen Gerichte und den herzlichen und zuvorkommenden Service von Beatrice Egli.
Na ja: Wädi Egli redet, wie er kocht – gradlinig. Diplomatische Floskeln sind nicht sein Ding.
Und da wäre noch: Das Talent zum Kochen liegt in der Familie. Charles Finance, ein Bruder der Mutter von Wädi Egli, lebte und arbeitete in den USA und wurde dort zum Koch des Jahres gewählt.

Stuhl und Bett
Guesthouse Hohmatt
Mirjam und Ueli Laib
Gassacherstrasse 12
8488 Turbenthal
052 385 24 24
www.guesthouse-hohmatt.ch
Tipp: Klein, fein, exquisit. Von den Daunendecken über die stilvolle Stube bis hin zur Gastfreundschaft. Formidabel.

Einkaufskorb
Brauerei zur Euelwies
Daniel und Kurt Reichlin, Jürg Weibel
In der Euelwies 7a
8408 Winterthur-Wülflingen
052 222 65 73
www.euelbraeu.ch
Tipp: Kleine Brauerei, grosses Bier. Mein Favorit ist das «Amber», gebraut mit einer Mischung von Pilsner-, Münchner- und Karamellmalz. Nach fünf Wochen ist das Amberbier trinkreif. Wunderbar. Direktverkauf ab Brauerei jeweils Freitag ab 16 Uhr und Samstag von 10 bis 14 Uhr – oder nach Vereinbarung.

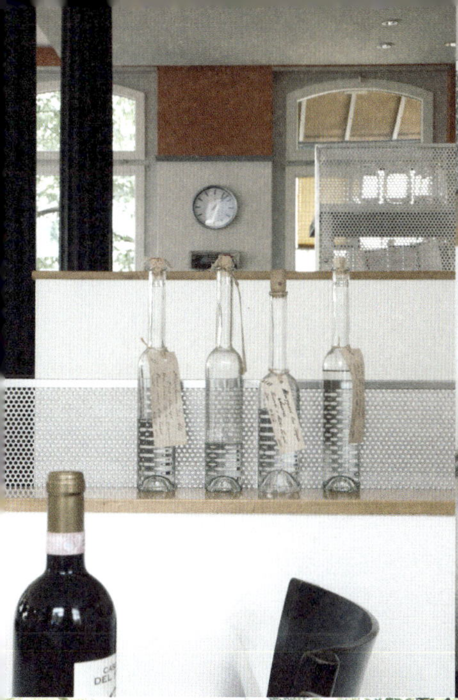

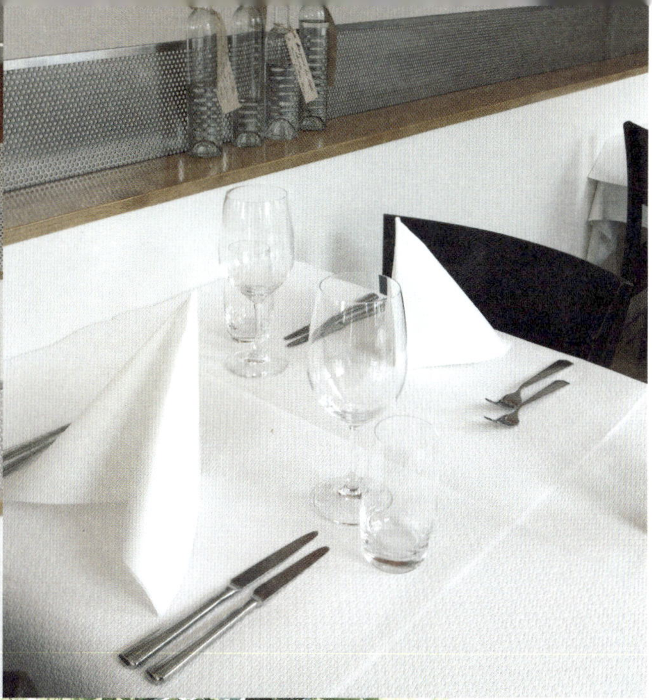

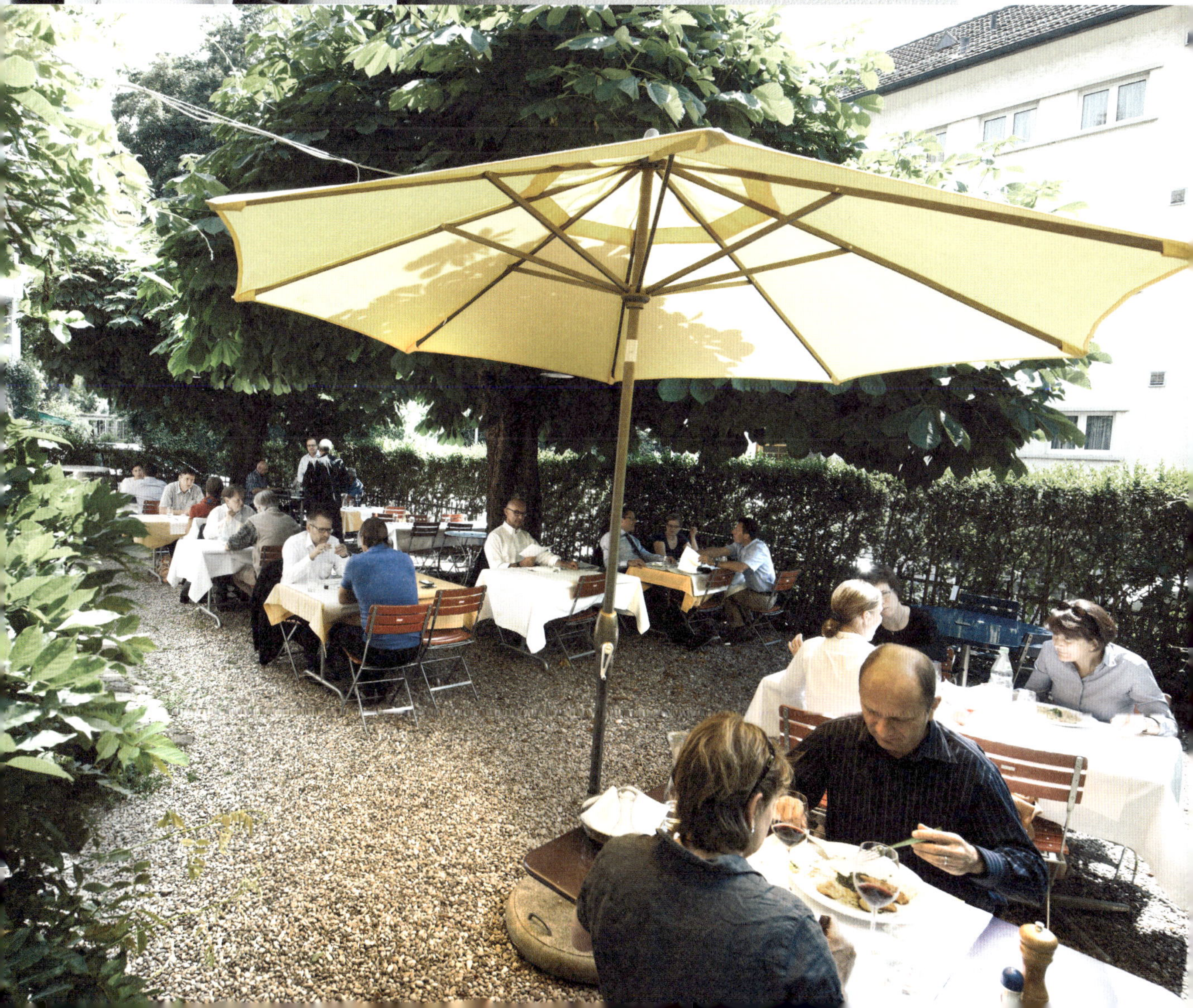

Wer erst einmal den «Neuhof» im Bachsertal gefunden hat, lässt sich treiben, trinkt vielleicht eine Flasche mehr als geplant, lässt den freundlichen Service von Tobias Weilenmann auf sich wirken, geniesst das entspannte Umfeld und das ordentliche, teilweise vorzügliche Essen. Nach Abschluss eines ausgiebigen Sonntagsmahls empfiehlt sich ein alkoholarmer Brachetto, den man in Flascheneinheiten und in Weissweingläsern trinkt, was eine gute Idee und ein leichter, bekömmlicher, angenehm schäumender und süsser Genuss ist. Dieser piemontesische Schäumer ist nicht zu verwechseln mit dem «Mousse rouge» von Guido Lenz (Biolenz) aus dem thurgauischen Uesslingen, der ein hervorragender, prickelnder, herber Essensbegleiter ist und perfekt zu eingelegtem Gemüse, Trockenwürsten, zu Brühwurst, Speck und Bohnen oder zu Bollito misto mit grüner Sauce und Senffrüchten passt. Das Brot der hauseigenen Bäckerei macht dem Namen Brot alle Ehre und wird dementsprechend heftig von den Gästen konsumiert. Das Kotelett vom Grill hat nach seinem Holzkohlenausflug immer noch Saft und ist subtil gewürzt, Chili-, Kräuter- und Orangenbutter schmecken, Maiskolben und Ofentomate ebenso – der laue Sommerabend nimmt einen

BÜHNE FREI

Wer im «Neuhof» einkehrt, kommt in den Genuss eines Gesamtpakets: Lehrwerkstätte, Bäckerei, Restaurant, Kultur – das volle Leben.

Neuhof, Bachs

endgültig gefangen. Selbst die normalerweise quäkenden Siruptrinker, die im Allgemeinen in einer Beiz nichts von Essen und Trinken wissen wollen, geben sich im «Neuhof» entspannt, was wohl mit dem allgemeinen Wohlbefinden vor Ort oder an diesem Abend mit den zahlreich niedergehenden Sternschnuppen (oder waren es nur Flugzeuge) zu tun haben muss.

Die Idee, die Umsetzung, der Erfolg

Der «Neuhof» ist eine Unternehmung der Rundumkultur, die Jugendlichen mit Startschwierigkeiten sozialpädagogisch, sozialtherapeutisch und individuell begleitete Ausbildungsplätze bietet (siehe «Und da wäre noch»). Und dies nicht als theoretisches Lippenbekenntnis, sondern als erfolgreich geführte Unternehmung, die in den Achtzigern mit einer Idee von Patrick Honauer begann. «Chapeau» für die Idee, die Umsetzung und das Resultat. Auf der «Neuhof»-Bühne lässt es sich gut festen und feiern, seminaren und einkaufen. Biologisch, saisonal, regional, überzeugend. Da der «Neuhof» über keine eigenen Zimmer verfügt, behilft er sich mit Gästezimmern in Bauernhöfen im Tal. Etwa auf dem Biohof «Rüebisberg der sympathischen Familie Weidmann, die nicht nur ein exzellentes Frühstück auftischt, sondern auch noch über eine eigene Käserei verfügt. Mehr Infos unter www.ruebisberg.ch. Wem das zu ländlich ist, der findet eine Unterkunft im nahen geschichtsträchtigen Eglisau, die bei offenem Fenster zwar etwas gar laut ist, aber durch Lage und Garten überzeugt (siehe «Stuhl und Bett»).

Neuhof
Sternenstrasse 30
8164 Bachs
044 858 11 80
www.neuhof-bachs.ch
Geöffnet: Montag und Dienstag 10.30 bis 16 Uhr, Mittwoch bis Samstag ab 10 Uhr, Sonntag 10 bis 18 Uhr
Geschlossen: Montag, Dienstag ab 16 Uhr, Sonntag ab 18 Uhr
In der Beiz: Tobias Weilenmann
Am Herd: Uwe Leiter
Hinter den Kulissen: Torsten Hornig
Küche und Keller: Marktfrische (hier ist das wörtlich zu verstehen) Küche mit saisonal wechselnden Angeboten für Fleischtiger, Vegetarier und Fischesser, alles überwiegend in Bioqualität. Die gute Auswahl an Bieren, Weinen und Tees macht ebenso Freude.
Gäste: Träumer, Familien, Romantiker, Lebenskünstler, Pensionäre.
Atmosphäre: Die gute Bauernstube.
Frischluft: Die wild bewachsene Terrasse.
Nicht verpassen: Weine von Biolenz, vor

allem sein «Mousse Rouge», der mit eigenwilligen Noten gefällt. Mehrheitsfähige Weine hat es aber sonst zur Genüge.

Applaus: Für den herzlichen, saloppen Service und für die einfachen, guten Gerichte.

Na ja: In lauen Sommernächten kann der Betrieb an seine Grenzen stossen.

Und da wäre noch: Mehr Hintergrundinformationen zum Neuhof unter:
www.rundumkultur.ch
www.axis.rundumkultur.ch

Stuhl und Bett
B & B Eglisau, Törliplatz
Gabriela Odermatt-Wick
Obergass 16
8193 Eglisau
044 867 20 61
www.bnb-eglisau.ch

Tipp: Riegelhaus im historisch interessanten Eglisau mit Rheinblick samt Badeaussicht, schönem Garten, zwei komfortablen Zimmern mit Charme und Charakter und einer sympathischen Gastgeberin, die es versteht, Gäste herzlich zu empfangen und mit einem guten Frühstück zu verwöhnen. Lärmempfindliche Gäste schlafen bei geschlossenem Fenster oder mit Gehörschutz. Die Strassenschuhe bleiben im Eingangsbereich. Im Haus bewegt sich der Gast in den eigenen Pantoffeln, in den Socken oder barfuss.

Einkaufskorb
Weingut Pircher
Urs Pircher
Stadtbergstrasse 368
8193 Eglisau
044 867 00 76
www.weingut-pircher.ch

Tipp: Vom Törliplatz lässt sich das Weingut Pircher locker zu Fuss erreichen. Es lohnt sich. Urs Pircher ist nicht nur ein herzlicher, zuvorkommender Mensch, er ist auch ein exzellenter Winzer, der wundervolle Weine produziert. Meine Favoriten sind bei den Weissweinen Räuschling und Müller Thurgau, bei den Rotweinen der einfache Blauburgunder und der Federweiss.

Was macht der Fremde mit Appetit in Zürich? Er fährt über die Gleiswüste in die Stadtpampa, parkiert im Hinterhof, isst im «Eglihof» und freut sich über die ländlichen Preise.

IM AUSSENPOSTEN

Bellevue, Niederdorf und Bahnhofstrasse sind weit weg. Zumindest mental. Für den Fremden ist der Kreis 4 normaler Schweizer Durchschnitt, für den Zürcher ein multikultureller Ort, der mal funktioniert, mal nicht. Immer gut funktioniert der «Eglihof», der gerne von Fotografen, Werbern, Handwerkern und Müssiggängern heimgesucht wird. Mittags wird zügig, ohne Hektik aufgetischt, abends folgt die Kür, oft mit Stammgästen, die sich unspektakulär verwöhnen lassen. Gastgeberin Eveline Maeder ist die Ruhe selbst, hat Küche, Koch, Gäste und Extrawünsche sicher im Griff. Wer das erste Mal die Beiz betritt, staunt über die hellgelb gestrichenen Wände und Decken, lässt sich vielleicht von den Puttenengeln an den runden Tisch bezirzen, setzt sich hin, wartet auf die Dinge, die da kommen, und staunt nach dem ersten Glas weiter. Über die Kunst, den Plunder und den graziösen Kronleuchter. Das Ganze ist sympathisch schräg, witzig und wohltuend trendlos zugleich. Dem Gast gefällt es im «Eglihof», er fühlt sich gut aufgehoben, was auch mit der Herzlichkeit von Eveline Maeder zu tun hat ...

Da wäre noch die Küche

... und mit der guten Küche von Bruno Gertiser, die zwischen Tradition und Innovation hin und her pendelt und ohne dressiertes Rübchen auf Filetfragment mit Saucenschäumchen auskommt. Bruno Gertiser kocht mit viel Herzblut aus dem Bauch heraus und zelebriert wohltuend die einfache, schmackhafte Küche. Nur dass seine Pommes frites nicht hausgemacht sind, ist schade. Das will so gar nicht zur Philosophie des Hauses passen. Kommt Zeit, kommt Rat. Vielleicht mit handgeschnitzten Kartoffelstäbchen wenn auch nur einmal pro Woche zum Wiener Schnitzel. Das wäre doch was. Ich komme auch gerne zum Kartoffelschälen – einmal pro Jahr. Doch wie auch immer: Ob Soupe de poisson, ob Ostergitzi oder Kalbshaxe, ob mit einem Abstecher nach Ligurien oder ins Piemont, es schmeckt, mal Bruno, mal besser.

Restaurant Eglihof
Eglistrasse 2
8004 Zürich
044 493 44 44
www.eglihof.ch
Geöffnet: Dienstag bis Freitag ab 11 Uhr und abends ab 18 Uhr, Samstag ab 18 Uhr
Geschlossen: Nachmittags sowie Sonntag und Montag (Anlässe auf Anfrage)
In der Beiz: Eveline Maeder

Am Herd: Bruno Gertiser
Küche und Keller: Schweizer Grossmutterküche, ergänzt mit mediterranen Ausflügen mit Schwergewicht Piemont und Ligurien. Weine aus der Schweiz, aus Frankreich, Italien und Spanien. Wer es mineralisch mag, beginnt mit einem Riesling x Sylvaner aus dem aargauischen Schinznach, wer gleich gewichtig einsteigen will, hält sich an den «Momenti» von Beppe Dosio, eine piemontesische Assemblage aus Nebbiolo und Barbera.
Gäste: Quartier- und Müssiggänger, Werber, Fotografen, Lebens- und andere Künstler.
Atmosphäre: Schräg sympathisch mit neckischen Details, gelb gestrichenen Wänden und Decken.
Frischluft: Vor dem Eingang unter der Platane.
Nicht verpassen: Den Mittagstisch. Man wähnt sich in einer Pension, in der sich alle Gäste kennen und mögen.
Applaus: Für die natürliche Herzlichkeit.
Na ja: Bruno Gertiser sprüht nur so vor Kochideen. Sind spezielle kulinarische Tage im «Eglihof» angesagt, wäre es einen Versuch wert, während dieser Zeitspanne auf das «À la carte»-Angebot zu verzichten.
Und da wäre noch: Am Dienstag gibt's Hackbraten, am Donnerstag Kalbsleber und am Samstag Wiener Schnitzel.

Stuhl und Bett
Hotel Greulich
Herman-Greulich-Strasse 56
8004 Zürich
043 243 42 43
www.greulich.ch
Tipp: Freundschaftlich essen und edel übernachten. Verdauungsspaziergang von der Egli- zur Herman-Greulich-Strasse inklusive.

Einkaufskorb
Welschland
Laurent Houriet und Jürg Steiner
Zweierstrasse 56
8004 Zürich
043 243 98 50
Tipp: Wer grob gehacktes Waadtländer Schweinefleisch im Schweinedarm mag, ist hier an der richtigen Adresse. Die «Boutefas» gibt es aber nur in den Wintermonaten, andere Spezialitäten das ganze Jahr.

Die «Post» ist so einfach wie wünschenswert. Unkompliziert, aber qualitätsvoll, mit einem Weinangebot, das so mancher gedrechselten Gourmetküche gut anstehen würde.

NOSTALGIETRÄGER IM TAL

Freunde von Glamour, Hochglanz und Baukastenküche werden den Ort fluchtartig verlassen. Puristen werden andächtig staunen, bleiben und wieder kommen. Es gibt nur noch wenige solcher wundervollen Beizen in der Schweiz. Patiniert, echt, karg, mit herzlichen, unkomplizierten Gastgebern, die kochen, was sie können, und nicht mehr sein wollen, als sie sind. Sabina und Franz Lehner macht es Freude, Gäste auch nur mit einem Spiegelei zu verwöhnen. Spiegelei? Genau, und was für ein feines. Sowieso: Ob Kartoffelwurst oder Servelatsalat (den schreibt man im Aeugstertal so), ob Alpkäse oder Bauernschüblig, in der «Post» ist alles gut. Die zwei sympathischen Macher verstehen es, statt einer aufgeblasenen Punktegastronomie gutes Biobrot und beste Butter aufzutischen. Ihr Geschnetzeltes ist nicht irgendeine präparierte und portionierte Industriepampe, sondern kommt vom Angusrind von der Wiese nebenan. Und wenn in einer Beiz die Rösti mit einer Bratwurst ein Höhepunkt ist, dann ist das Angebot nicht dürftig, sondern Rösti und Wurst sind einfach nur gut. Das Gesamtangebot bewegt sich in festen Bahnen, die ab und zu durch eine saisonale Abweichung unterbrochen werden.

Weingläser mit Stil

In dieser einmaligen Mischung aus Mensch, Atmosphäre und Raum, in der alle Gäste ihre Ecke finden, überhockt jeder und jede gerne. Ob in der guten Stube mit Kachelofen oder im verträumten und plastikfreien Garten ist egal. Er begibt sich auf eine Zeitreise, bleibt aber mit den Weingläsern, die sich der spannenden Weinauswahl anpassen, in der Gegenwart. Mir schmecken die Weine sehr, einige finde ich grandios, wobei da

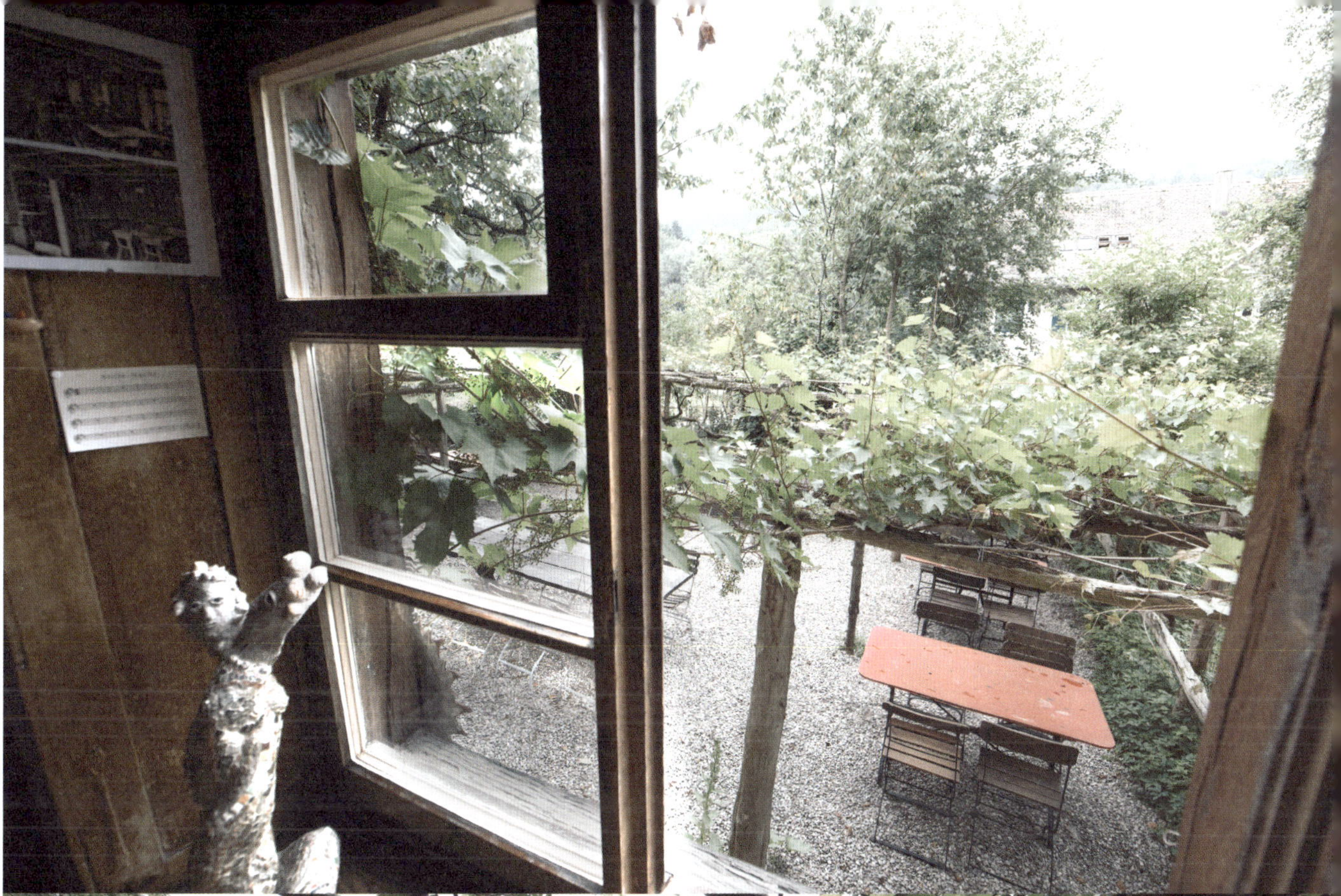

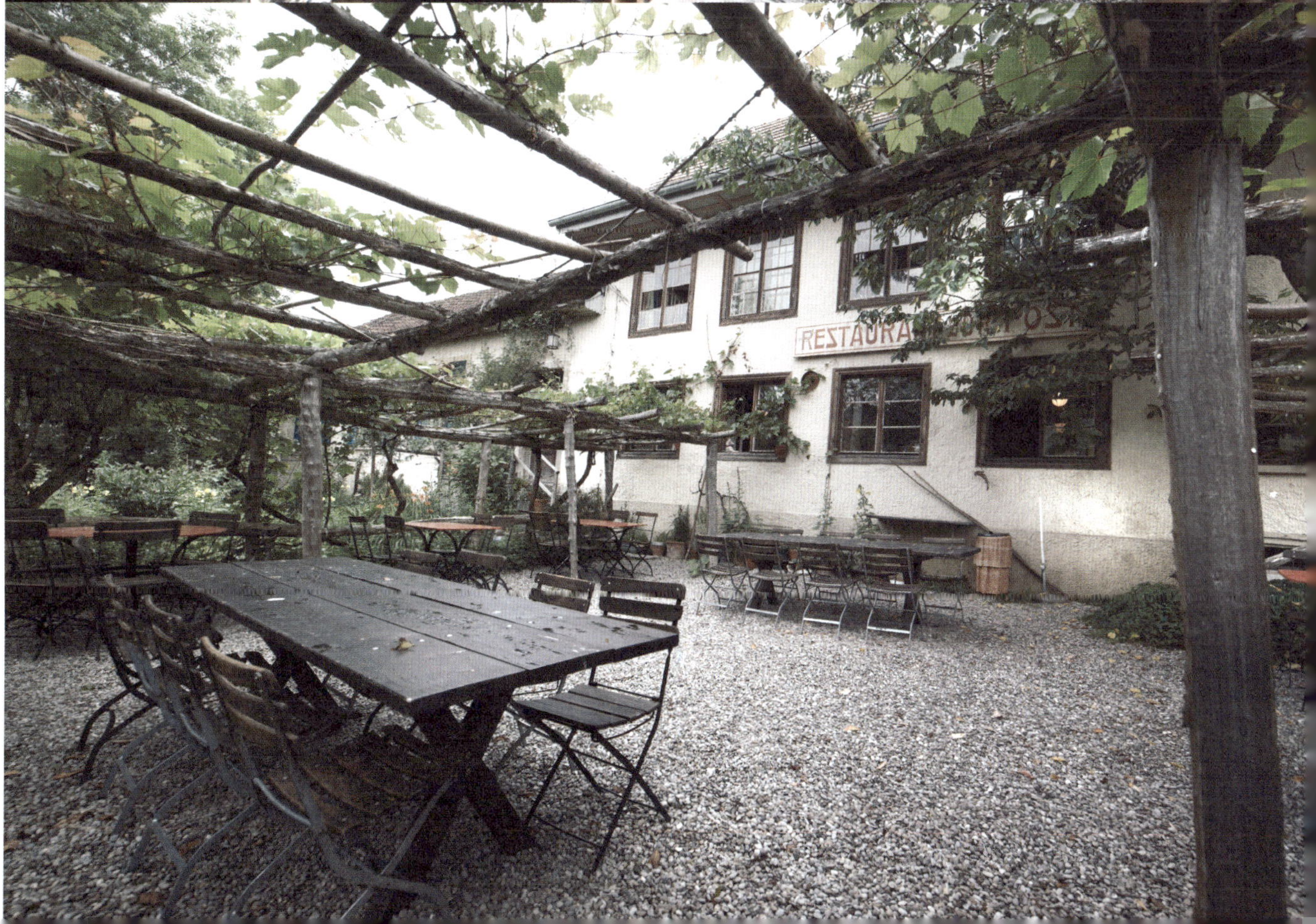
RESTAURA

mein subjektiver Geschmack spricht. Ich schwärme für die Scheurebe der Domaine les Faunes aus Dardagny, den Chasselas du Valais und den Gamay Fully von den Kellenbergers aus Bern, den Completer von Hermann Schwarzenbach aus Meilen, den Eyholzer Roten von Chanton Weine aus Visp – und für noch so einige andere Flaschen von bekannten und weniger bekannten Winzern. Kompliment! Auch für die grossartigen kulturellen Momente, mit Bands aus Schottland (Real Time), Irland oder Italien. Die klischeefreie Schweizer Folklore ist ab und zu mit «Doppelbock» und Max Lässer & das Überlandorchester da, der deutsche Nachbar mit Herrn Stumpfes Zieh & Zupf Kapelle. Alles gute und bewegende Momente in einer Institution, die sämtliche Gastromoden locker zu widerstehen weiss. Herzlichen Dank dafür.

Alte Post
Pöstliweg
8914 Aeugstertal
044 761 61 38
Geöffnet: Montag, Dienstag, Freitag ab 16 Uhr, Samstag und Sonntag ab 10 Uhr
Geschlossen: Mittwoch, Donnerstag
In der Beiz: Franz Lehner
Am Herd: Sabina Lehner
Küche und Keller: Einfache Landküche mit einem guten Fondue.
Gäste: Lebenskünstler, Puristen, Historiker, Naturmenschen, Philosophen, Biologisten, Städter und Ländler.
Atmosphäre: Patiniert, echt, eine Reise nach damals.
Frischluft: Wundervoller, verträumter Garten.
Nicht verpassen: Die Weinkarte.
Applaus: Für eine unverkrampfte, herzliche Gastfreundschaft.
Na ja: Urig, reell. Für Snobs ungeeignet.
Und da wäre noch: Die Kultur kommt in der «Post» mit diversen Konzerten nicht zu kurz. Und ab und zu gibt es auch eine «Stubete» mit «Doppelbock». Schweizer Volksmusik klischeefrei. Mehr Infos unter www.doppelbock.ch.

Stuhl und Bett
The bandb
Brigitte Brönimann Berlowitz
Bleikistrasse 11b
8154 Stallikon
044 700 39 00
www.the-bnb.ch
Tipp: Ein Kleinod, wunderschön, spartanisch und mit Stil eingerichtet. Ruhiger Flecken, um auch länger zu bleiben. Kompliment.

Einkaufskorb
Chäs + Brot Wollishofen
Stefan Güntensberger
Mutschellenstrasse 197
8038 Zürich
044 481 75 43
www.chaes-und-brot.ch
Tipp: Zwei Spürnasen suchen, kaufen und verkaufen beste Produkte an Gleichgesinnte, wie Sauerteigbrote, Weine, Würste, Schnäpse, Säfte und mehr von lokalen, regionalen, nationalen und internationalen Produzenten. Eine kleine Genussoase vor den Toren Zürichs.

LA GRANDE NATION

Emmanuel Raul ist Elsässer, also Franzose, wobei sich Franzosen und Elsässer diesbezüglich nie ganz sicher sind. Wenn es aber um «Grenouilles» geht, sind sie sich einig.

Eine der schönsten, wenn nicht die schönste, oder sagen wir mal die urtümlichste Beiz des Kantons steht in Cham, versteckt hinter Schulhaus und Behörden. Schon äusserlich hüllt sich die Wirtschaft Schiess in Zeit und Geschichte, die sich in den wundervollen Räumlichkeiten wiederholt. Das Ganze ist patiniert und urgemütlich. Eine Traditionsbeiz mit fröhlichen, unkomplizierten, herzlichen Mitarbeitern, die elegant ausweichen, wenn der Patron und Koch Emmanuel Raul mit den Tellern an ihnen vorbeizischt. Wichtige Gäste scheinen sich in der Nebenstube mit einer Pfanne Tournedos Rossini auseinanderzusetzen. Die Düfte regen unseren Appetit an, die Tagesempfehlung lockt, genauso wie der Klassiker der Sechziger – Amphibienfreunde bitte mal weglesen! – «Grenouilles», so wie sie nur ein Elsässer zubereiten kann. Es locken aber auch die Hausspezialität, ein zartes Cordon bleu, aus dem der Käse sämig herausfliesst, oder ein knusprig-saftiges «Coquelet», Burgunderschnecken oder Elsässer Flammkuchen, der bei Emmanuel Raul nicht aus dem Tiefkühler kommt, sondern beste Handarbeit ist. Wie seine Glaces, die mit feinen Aromen überzeugen. Rhabarber, Lavendel, Thymian und Ingwer wecken die Lust auf eine zweite Kugel.

Statt Feuerwehr- Küchenkommandant

Freude bereitet auch das frisch gezapfte Bier der Baarer Kleinbrauerei oder das «Amer Bière», ein im Elsass beliebter Aperitif auf der Basis Bitterlikör und Bier mit einem Spritzer Zitronensaft oder -sirup. Aus dem Keller kommen einige Provenienzen von Weinhändlerin Eva Schiess, wobei bei der Zusammenstellung der Weinkarte Emmanuel Raul durchaus etwas vermehrt auf das subtile Weinempfinden von Eva Schiess zurückgreifen dürfte. Wie auch immer. Jedenfalls ist es für jeden Beizengänger ein Glück, dass die französische Berufsfeuerwehr Monsieur Raul nicht in ihre Reihen aufgenommen hat und der verhinderte «Sapeur pompier» zur weissen Brigade wechselte. Seine exzellente bürgerliche Küche lohnt die Reise nach Cham. Auf ein «Amer», einen Flammkuchen oder auf ein saisonales Menü.

Wirtschaft Schiess
Schulhausstrasse 12
6330 Cham
041 780 11 87
Geöffnet: Dienstag bis Samstag ab 9 Uhr
Geschlossen: Sonntag, Montag
In der Beiz und am Herd: Emmanuel Raul
Küche und Keller: Bourgoise-Küche mit Ausflügen in die Gourmetabteilung.
Gäste: Bildhauer, Weinhändler, Musiker, Lehrer, Banker, Arbeiter, Lebenskünstler, Pensionäre, der Männerchor, die Chamer Feuerwehr und Stadt-Luzerner.
Atmosphäre: Patiniert, historisch, ursprünglich. Frischluft: Sitzplatz vor dem Haus.
Nicht verpassen: Die hauseigenen Glaces.
Applaus: Das Preis-Leistungs-Verhältnis und die sorgfältige Zubereitung der Speisen.
Na ja: Ein Moscato d'Asti 2007 ist nach fünf Jahren gut für ein Sabayon, am Tisch hat er nichts mehr verloren. Nebenbei: Die Piemonteser trinken ihn taufrisch (jeweils den des vergangenen Jahres) nach dem Essen und nicht etwa zum Aperltlf. Auch bestellen sie ihn nicht glas-, sondern flaschenweise, was bei seinem geringen Alkoholgehalt kein Problem darstellt. Natürlich nur in heiterer Gesellschaft.

Und da wäre noch: Neben den Glaces der hausgemachte Elsässer Glacegugelhopf, angereichert mit Etter-Kirsch. Und danach geht es mit dem Taxi weiter. Oder?.

Stuhl und Bett
The Green Spot
Verena und Fabienne Dubs
Dorfstrasse 20
8914 Aeugst am Albis
044 760 03 36
www.bnb-dubs.ch
Tipp: Meine frühere bevorzugte Adresse in Zug «Aige Esdewebe» ging mit Pauken und Trompeten unter. Die neue Empfehlung ist zwar etwas vollkommen anderes, aber nicht minder «aige».

Einkaufskorb
Confiserie & Café Meier
Alpenstrasse 16
6300 Zug
041 711 10 49
Tipp. Es kann nur eine geben! Die Confiserie Meier produziert die beste Zuger Kirschtorte, die ich kenne.

HUT AB!

In Altdorf ist Tell nie weit. An jeder Ecke steht er. Besten Anschauungsunterricht, wie die Telljünger ihr Bier trinken, erhält der Fremde im «Tellenbräu». Prost!

Noch gibt es sie, die Beizen fürs Znüni, Zvieri, für das Feierabendbier, für den kleinen und grossen Appetit. Mit sympathischen Gastgebern, die ohne Website auskommen und ohne Schere und Plastikbeutel kochen. Das Ganze spielt sich in einem rauen und herzlichen Umfeld ab. Jahrelang habe ich diese Beiz nicht gekannt, bis sie mir Theres Furrer aus Wassen (www.martinif.ch) empfahl. Gestoppt habe ich das erste Mal zufällig direkt vor der Beiz in der wartenden Autokolonne. Ein Blick genügte, der mich sofort einen Parkplatz suchen und glücklicherweise finden liess. Denn was dann folgte, war Freude pur. An einem späten Nachmittag, ich kam direkt von einem längeren Mittagessen, habe ich im «Tellenbräu» das heimische «Stiär Biär», und zwar «Äs Roots», getrunken, das den Vergleich mit dem englischen Bitter nicht zu scheuen braucht. Gleichzeitig erlag ich der Versuchung und liess es mir nicht nehmen, einen frisch zubereiteten exzellenten Ochsenmaulsalat zu vertilgen und mich dabei über das Sein, über die alten Tische und Stühle, die historischen Bilder an den Wänden, die Stuckaturen und die Rosette an der Decke des Hauses zu freuen. Hut ab.

Idas Brotsuppe

Es sind die Kleinigkeiten, die das «Tellenbräu» so speziell machen. Idas Brotsuppe zum Beispiel, deren Rezept sie von der Grossmutter hat und für die ihre Stammgäste schwärmen. Ich auch. Wer das «Tellenbräu» auf Hochtouren erleben will, kommt zur Fasnacht, wer die leisen Töne bevorzugt, nutzt einen Morgen oder Nachmittag im November oder Januar. Übrigens: Sprüche gehören hier dazu, wie das Aromat. Wer einen beschaulichen Zweiertisch sucht, sucht vergebens. Hierher kommen Gäste, die gerne mit dem Tischnachbarn reden oder um eine pointierte Antwort auf einen Spruch vom Stammtisch (dieses Relikt gibt es hier noch) nicht verlegen sind. Nicht verpassen sollte der Frischling ein Stück Urner Käse, etwas «Dürrs» und zwei Zipfel von der «Huuswirscht». Da wären aber auch noch Cordon bleu, Käseschnitte, Gnagi, Siedfleisch und zu Ostern das Gitzi. Noch was: Das Haus stammt aus dem 17. Jahrhundert, die Quereinsteiger Ida und Urs Ledergeber sind seit sechs Jahren Gastgeber im «Tellenbräu». Beide sind Jäger aus Passion. In der Saison kommt heimisches Wild, vor allem Gämspfeffer, auf den Tisch. Wissen die Urner eigentlich, was für ein Schmuckstück sie haben?

Tellenbräu
Tellsgasse 6
6460 Altdorf
041 870 10 49
Geöffnet: Dienstag bis Samstag ab 8.30 Uhr
Geschlossen: Sonntag, Montag
In der Beiz und am Herd: Ida und Urs Ledergerber
Die guten Feen in der Beiz: Jeweils eine von drei Steffis.
Küche und Keller: Sehr einfache Gerichte wie Kutteln, Ochsenmaulsalat, Siedfleisch, Käseschnitte. Dazu Urner Bier und einige Provenienzen aus der Schweiz und Italien.
Gäste: Altdorf in all seinen Facetten. Selbst die Urner Regierung trinkt hier ihr Bier und wartet auf die göttliche Eingebung wie es mit der zweiten Gotthardröhre weitergehen soll.
Atmosphäre: Patiniert, echt.
Frischluft: Unbedeutend. Vor der Beiz stehen einige Tische, direkt an der Verbindungsstrasse Altdorf–Flüelen.
Nicht verpassen: Idas Brotsuppe.
Applaus: Der Ochsenmaulsalat.
Na ja: Die kleine Stube im ersten Stock kann mit der Patina im Parterre nicht mithalten.

Fitnessteller und Glasteller gehören in die Mottenkiste.

Und da wäre noch: Eine der allerletzten ursprünglichen Dorfbeizen. Für Beizenhistoriker besteht Besuchspflicht.

Stuhl und Bett
Villa Mon Abri
Erika Goergen Dussling
Rigistrasse 10
6410 Goldau
041 855 59 09
www.goergen.ch

Tipp: Der Kantonswechsel und die kurze Reise nach Goldau lohnen sich. Mit viel Liebe zum Detail und Respekt vor der alten Bausubstanz wurde die Jugendstilvilla renoviert. Mit von der Partie sind die zwei Schäferhunde Fini und Minou. Es steht ein Appartement zur Verfügung.

Einkaufskorb
Kleinbrauerei Stiär Biär
Moosbadweg 14
6460 Altdorf
041 870 65 80
Mittwoch und Freitag 16 bis 18 Uhr,
Samstag 10 bis 13 Uhr

Tipp: «Äs Roots». Kommt einem Bitter sehr nahe. Dafür lässt selbst der Engländer seinen Tee stehen. Neben Bier werden auch regionale Bratwürste verkauft.

Madeleine und Joe Müller scheinen mit ihren Beizen eine Vorliebe für Abbruchobjekte zu haben. Doch noch wird nicht abgebrochen, sondern lustvoll gekocht.

EINFACH MADELEINE

Eigentlich müsste das Gasthaus Trogen oberhalb von Obbürgen seit Herbst 2013 von den Baggern platt gewalzt sein. Nur haben die Besitzer, denen der halbe Bürgenstock gehört, aktuell ganz andere Probleme, als sich mit ihren Nebenschauplätzen zu befassen. Und so hat das Gasthaus Trogen eine längere Gnadenfrist erhalten. Die Müllers wirten lustvoll weiter und gehen in eine neue Runde. Madeleine kocht ohne Firlefanz und mit dem, was die Produzenten der Region bieten: Wollschwein, Angusrind, Kalb, Hecht, Felchen und mehr. Ab und zu verbindet sie heimische Produkte subtil mit asiatischen Aromen. Joe tischt auf, entkorkt, schenkt ein und nach. Manchmal überrascht er seine Gäste mit saloppen Bonmots, oder er gibt sich wortkarg, je nach Tagesform und ganz nach dem Motto «Wer länger spricht, verschenkt Zeit». Und sonst? Madeleine Müller ist für mich die beste Köchin der Zentralschweiz. Ich übertreibe? Probieren Sie es aus, geben Sie ihr auf Voranmeldung eine «Carte blanche», und legen Sie mit Joe Müller das Budget fest. Wenn er lacht, ist alles gut, wenn sich seine Stirn in Falten legt, erhöhen Sie den Preis. Zu teuer wird es sowieso nicht, die Müllers denken moderat.

Aufbruch statt Abbruch!

Das Gasthaus Trogen steht an einem abgelegenen Ort, wobei es nur dann einsam wird, wenn Regenschauer den Bewegungsdrang der Ausflügler hemmen. Bei Sonnenschein und an den Wochenenden sieht es völlig anders aus. Wem es um die gepflegte Tafel geht, der kommt an unwirtlichen Nebeltagen oder unter der Woche. Das letzte Mal, als ich hier war, hat mein Mittagessen mit zwei kalten Sommersuppen begonnen: Tomate mit Passionsfrucht und Maiskorn mit Mandeln. Danach setzte ich mich mit einem erfrischendwürzigen thailändischen Glasnudelsalat mit Wachteln auseinander, später gab es Felchen auf Gartenerbsenpüree mit Minze und zarten Kalbstafelspitz mit Meerrettich. Den Abschluss bildete ein sensationeller Hackbraten an einer Paprikasauerrahmsauce. Käse und eine halbe Portion geeistes Tiramisu bildeten das Finale. Die Weine wählte mir Joe Müller aus, alle satt im Alkohol. Danach war ich platt, liess Auto Auto sein und legte mich zum Freundschaftspreis in einem der Gästezimmer nieder. Seit Jahren «wandere» ich nun schon Madeleine und Joe hinterher. Das erste Mal bin ich ihnen in «Madeleines Bistro» in Sarnen begegnet. Danach ging es ins wunderschöne, altehrwürdige «Küchler» in Alpnach, wo heute ein wuchtiger Neubau thront und ich mich frage, warum Kanton, Gemeinde und Heimatschutz diesen Abbruch nicht verhindert haben. Aber das ist eine andere Geschichte. Seit 2010 sind die Müllers nun im Gasthaus Trogen in Obbürgen. Bis der nächste Bagger kommt ...

Gasthaus Trogen
Einfach Madeleine
6363 Obbürgen
041 661 00 10
www.gasthaustrogen.ch
Geöffnet: Mittwoch bis Samstag von 11 bis 22 Uhr, Sonntag von 11 bis 18 Uhr
Geschlossen: Montag und Dienstag sowie Januar bis Mitte März
In der Beiz: Joe Müller
Am Herd: Madeleine Müller
Küche und Keller: 1. Diverse Schmorgerichte wechseln mit feinen Gerichten wie etwa Felchen an einem Grünerbsen-Absinth-Jus.
2. Wer Madeleine Müller frei kochen lässt, wird nach allen Regeln der Kunst verwöhnt.
3. Joe Müller kredenzt üppige Weine aus der Schweiz, aus Italien und Frankreich.
Gäste: Wanderer, Golfer und Schleckmäuler.
Atmosphäre: Joe Müller hat Bausünden aus vergangenen Tagen sehr geschickt und mit viel Geschmack kaschiert. Als Gast fühlt man sich auf Anhieb wohl.

Frischluft: Ein Gunst- und ein Sonnenplatz in der ersten Reihe.
Nicht verpassen: Die Kutteln an Vin-Jaune-Morchelrahmsauce.
Applaus: Für die seit Jahren konstante Leistung des Duos
Na ja: Spontan hingehen kann ins Auge gehen. Wer vorher anruft, ist auf der sicheren Seite.
Und da wäre noch: Joe Müller ist berühmt-berüchtigt für seine spitzen Bemerkungen. Ein freundliches Lächeln und keine unnötigen Fragen sind ein gut funktionierendes Gegenmittel.

Stuhl und Bett
Vor Ort im Gasthaus Trogen
Tipp: Wer zu Madeleine und Joe Müller fährt, lässt sich kulinarisch und trinktechnisch verwöhnen und bleibt gleich über Nacht. Die einfachen Zimmer mit Etagenbad gibt es zum Freundschaftspreis.

Einkaufskorb
Siebe Dupf Kellerei
Galgenried 6
6370 Stans
041 610 62 11
Tipp: Die Weinhandlung Bruno Murer in Stans gehört seit einiger Zeit zur Baselbieter «Siebe Dupf»-Familie. Allein die exzellente Auswahl an Burgunderweinen lohnt den Besuch. Allerdings nur mit gut gefüllter Brieftasche, wobei es auch spannende Alternativen im günstigen Preissegment zu kaufen gibt.

HAGELSLAG!

Wer dem Himmel, wie in Niederrickenbach oberhalb von Dallenwil, so nahe kommt, muss mit allem rechnen. Auch mit Hagelschlag. Wer ins «Pilgerhaus» einkehrt, ist zwar vor Hagel sicher, nicht aber vor «Hagelslag».

Gastgeberin Corine Don ist gebürtige Holländerin und mit «Hagelslag», dem berühmt-berüchtigten holländischen Brotaufstrich aus Schokolade oder gefärbtem Zucker, aufgewachsen. Wer nun denkt, das sei Kinderkram, irrt. Wer in den Ferien schon einmal mit Holländern am Frühstückstisch gesessen ist, der weiss, dass «Hagelslag» vor keinem Alter haltmacht. Wo auch immer – und selbst in Niederrickenbach. Und dies, obwohl Corine Don inzwischen mehr Schweizerin als Holländerin ist. In Zug ist es ihr gelungen, drei In-Lokale zum Erfolg zu führen (unter anderem das «Im Hof»), bevor sie sich vor drei Jahren fürs «Pilgerhaus» entschieden hat. Sie ist eine herzliche Gastgeberin, die Eingeborene wie Gäste sicher im Griff hat. Das Haus hat sie stilvoll entstaubt und zu einem beliebten Treffpunkt der Region gemacht. Doch nicht nur das. Unter ihrer Ägide hat sich das «Pilgerhaus» zu einer Oase für Verliebte und unverbesserliche Romantiker entwickelt, die nebenan in der Wallfahrtskapelle heiraten und danach im «Pilgerhaus» bis tief in die frühen Morgenstunden hinein feiern. So erstaunt es nicht, dass Corine Dons treuster Stammgast der einheimische Kaplan Albert Fuchs ist, der für seine launigen Hochzeitsworte geschätzt wird. Oft sitzt am Stammtisch auch Bauer Toni, der den Sommer hindurch allabendlich den Betruf (Alpsegen) über die Weiden erklingen lässt. Immer dann, wenn die Sennen mit dem Vieh auf der Alp sind.

Einmal Pilgerhaus, immer Pilgerhaus

Es gibt Gäste, die wollen gar nicht mehr in die Niederungen des Alltags zurück, zu schön präsentiert sich die Natur, frei von jeglichem Verkehr. Wanderer erkunden die nahen Alpkäsereien, temporäre Aussteiger liegen im Gras, zählen die Wolken und freuen sich auf die saisonale Frischküche des «Pilgerhaus». Seit Jahrhunderten ist Niederrickenbach ein Ort der Kraft, der Inspiration und der Stille. Wer in der Wallfahrtskapelle oder im Benediktinerinnenkloster einen Boxenstopp einlegt, tankt Energie für Leib und Seele. Einen Besuch lohnt auch der Klosterladen, der von Schwester Maria-Christina geführt wird, die selbst Atheisten überzeugt, die hauseigenen Bio-Alpenkräuter-Teemischungen und den berühmten Magenbitter zu kaufen. Übrigens: Einige Tropfen davon können auch die Rettung für ungeübte «Hagelslag»-Esser sein. Und sonst? Ab und zu wird aus dem schönen Saal des Hauses ein Theater, oder es finden in ihm Lesungen und Konzerte statt, was die Einkehr immer wieder spannend macht. Ja, und dann wäre da noch das Wollschwein-Cordon-bleu mit Musenalpkäse, Engelberger Trockenfleisch und «Bitterballen» zum Aperitif. Noch so ein holländisches kulinarisches Wunder.

Das Pilgerhaus
Klosterweg 8
6383 Niederrickenbach
041 628 13 66
www.daspilgerhaus.ch

Geöffnet: Restaurant: Dienstag bis Freitag 9 bis 18 Uhr, Samstag und Sonntag 8 bis 18 Uhr; für Gruppen ab sechs Personen auf Voranmeldung auch abends
Pension: Freitag bis Sonntag, für Gruppen ab sechs Personen auch unter der Woche
Ausnahmen: 1. In den Schulferien ist das «Pilgerhaus» jeweils an sieben Tagen geöffnet.
2. Je nach Wetterverhältnissen macht Corine Don früher Feierabend oder öffnet das «Pilgerhaus» erst gar nicht. Daher unbedingt vorher anrufen oder die Homepage konsultieren.
Geschlossen: Montag
In der Beiz: Theres Bregy und Tim Steffen
Am Herd: Kathrin Ming und Laura Strubel
Im Haus und überall: Gastgeberin Corine Don
Küche und Keller: Einfache, gute Küche mit vorwiegend lokalen und regionalen Produkten.
Gäste: Skisportler, Wanderer, Hochzeitspaare, Geburtstagskinder, Romantiker, Naturburschen, Pfarrer, Pilgergruppen und Yogafreunde.
Atmosphäre: Luftig-leicht mit patinierten Ecken.
Frischluft: Terrasse und Garten.
Nicht verpassen: Wer noch nicht verheiratet ist und es nicht lassen will, der legt hier das Fundament einer guten Beziehung.
Applaus: Corine Don ist es gelungen, mit wenig Geld und viel Gespür die verstaubte Atmosphäre aufzufrischen.
Na ja: 1. Küche und Eingangsbereich des «Pilgerhauses» wurden von der Inhaberstiftung zu intensiv renoviert.
2. Mischgemüse muss nicht sein. Zwei Sorten, dafür mit Geschmack, reichen völlig.
Und da wäre noch: 1. Wer nach Feierabend mit der Bahn hoch will, zahlt für eine Extrafahrt bescheidene 40 Franken. Bei sechs Personen Argument genug, den «Pilgerhof» einmal abends zu erleben.
2. Während der Schulferien, an Wochenenden und Schönwettertagen kann es im «Pilgerhaus» turbulent zu und her gehen. Am schönsten ist es hier in der Zwischensaison und an mystischen Nebeltagen.
3. Corine Don verkauft auch Käse der benachbarten Alpkäser.

Stuhl und Bett
Natürlich vor Ort im «Pilgerhaus». Ist der Gast erst einmal angekommen, will er nicht so schnell wieder ins Tal runter.
Tipp: Zimmer 11 ist sanft renoviert und glänzt mit eigenem Bad, die restlichen Zimmer (auch mit mehr Betten) werden «peu à peu» sanft ins 21. Jahrhundert hinübergeführt.

Einkaufskorb
Im Klosterladen des Benediktinerinnenklosters Maria Rickenbach, am Weg zwischen «Pilgerhaus» und Bahnstation, werden Magenbitter, Goldlikör und diverse Bio-Alpenkräuter-Teemischungen mit Gottes Segen verkauft.
Tipp: Öffnungszeiten beachten: 8.45 bis 11, 13 bis 15.50 und 16.30 bis 18 Uhr

Pilgerhaus, Niederrickenbach

HERZLICHEN GLÜCKWUNSCH

Die «Linde» in Sarnen ist nicht irgendeine Beiz, sondern eine Obwaldner Institution, in der es bereits früh morgens zur Sache geht. Seit über 500 Jahren.

Der Kaffee mit Schuss dampft, das Bier schäumt, die «Krumme» & Co. geben Rauchzeichen, es wird gelacht, ein Jass und Sprüche geklopft und über die frisch zubereiteten Sandwichs philosophiert, wie es Mani Matter in seinem Lied «Betrachtige über äs Sandwich» nicht besser konnte, nur dass in der «Linde» das Sandwich «Yklämmts» heisst. Das Lokal ist voll, die Gäste nicht, die Beiz pulsiert, an den langen Tischen sitzt das Dorf: Studenten, Bauern, Arbeiter, Politiker, Pensionierte, und ab und zu schaut der Herr Pfarrer auf ein Glas vorbei, seine Schäflein zum kirchlichen Sonntagsbesuch mahnend, dann, wenn die «Linde» eh Ruhetag hat. Doch auch unter der Woche müssen die «Linde»-Gänger nicht auf den lieben Gott verzichten, zumindest hängt sein Sohn friedlich in der Herrgottsecke. Meistens. Einmal war er nach der Fasnacht nicht mehr da. War Don Camillo zu Besuch? Nach einer Woche hatte Jesus von seinem Ausflug genug und kehrte in seine Ecke zurück, um weiterhin zuzusehen, wie an den Tischen unter ihm lebensfroh gezecht wird. Die heiteren Runden laben sich an Kutteln, Rauchwürsten und am Fondue, das so «räss» ist wie die Sprüche einiger Herren im gesetzten Alter. Manchmal findet in der «Linde» spontan auch eine «Stubete» statt, bei der es hoch zu und her geht. Es wird musiziert, gesungen und gejodelt, was Instrumente und Kehlen hergeben, obwohl die Wirtin eigentlich mehr Reggae, Soul und Funk zugetan ist.

Nie eine Beiz

Die Grosseltern von Caja Windlin haben 1931 das historische Haus gekauft und während Jahrzehnten bewirtet. Oma Christine war eine begnadete Köchin, die später das Wirten ihrer Tochter Elisabeth übertrug, die den legendären Ruf der «Linde» schuf. Alsbald ging kein Gast mehr in die «Linde», sondern nur noch zum «Linde-Bethli». Sie war das Ideal einer Wirtin: Gütig, herzlich, nie um einen Spruch verlegen, resolut und gradlinig. Eigentlich das, was ihre Tochter Caja heute ist, die zwar nie Gastgeberin werden wollte, aber das Talent zum Wirten von ihrer Mutter Elisabeth geerbt hat. Nach ihrer kaufmännischen Tätigkeit und zahlreichen Reisen durch die Welt, von Europa bis Amerika, von Südostasien bis Afrika, ist sie doch noch in der «Linde» gelandet. Auf den Tischen stehen Aschenbecher und Menagen nebeneinander, alles ist proper, an den Wänden hängen die Ahnenbilder, zwei ältere Herren reden vom Regensommer und schneiden ihr Schnitzel in kleine Stücke, trinken ein Glas oder zwei und sind zufrieden.

Gasthaus zur Linde
Lindenstrasse 10
6060 Sarnen
041 660 43 55
Geöffnet: Montag bis Samstag ab 7.30 Uhr
Geschlossen: Sonntag
In der Beiz: Maya Andermatt und Caja Windlin
Am Herd: Caja Windlin und Andreas Herzog
Küche und Keller: Einfache gute Gerichte, bei denen Maggi und Aromat nicht fehlen. Die Schweiz ganz nah. Das Cordon bleu im Haus ist Männersache und wird von Lebenspartner Andreas Herzog zubereitet.
Gäste: Das Dorf und ab und zu ein mutiger Tourist.
Atmosphäre: Urgemütlich, reell.
Frischluft: Das Leben spielt sich in der Beiz ab.
Nicht verpassen: Die Kutteln. Das Rezept zu «Tripes à la lyonnaise» stammt noch von Grand-père Jean.
Applaus: Für die unkomplizierte, raue, herzliche Atmosphäre.
Na ja: Die Weinkarte ist aus- und umbaufähig.

Und da wäre noch: In der «Linde» wird noch geraucht, gejasst und gesungen. Ruhig ist es hier nie.

Stuhl und Bett
Peterhof
Moritz Rogger
Bergstrasse 2
6060 Sarnen
041 660 12 38
www.hotelpeterhof.ch

Tipp: Die einzige einfache Adresse in der Region, die mir gefällt, seit Susann Fürling ihr wundervolles «Christina's B&B» in Kerns geschlossen hat. Das Schmuckstück des Peterhofs ist der Garten vor dem Haus. Die Zimmer sind einfach, modern, sachlich renoviert, so dass man sich aber immer noch wohl fühlt. Die Gaststube ist sehr gemütlich und verbindet Alt und Neu perfekt, die Gerichte sind angenehm altmodisch, Geschirr inklusive.

Einkaufskorb
Barmettler's Chässtübli
Monica und Karl Barmettler
Sidernstrasse 3
6064 Kerns
041 660 12 32
www.bio-sbrinz.ch

Tipp: Der Biosbrinz, gebrochen und nicht geschnitten, die Milch in der Glasflasche, es sind Kleinigkeiten, die den Unterschied ausmachen. Ja, und dann wären da noch die «sauren Zungen» zum gratis Reinlangen – auch für erwachsene Schleckmäuler.

EIN FALL FÜR BIO

Der Schauspieler Konrad Georg war der erste deutsche TV-Serienkommissar, und Jakob Berger war nicht der erste Biokoch der Schweiz – aber fast. Zudem könnte er der jüngere Bruder des Schauspielers sein. Eine kleine Hymne auf Jakob und Konrad.

Die vier massiven Nussbaumtische sind neu, der dreihundertjährige Eichenboden wunderschön, der Koch und Wirt Jakob Berger ein alter Biofuchs, die Beiz ein ruhiges Kleinod, zumindest auf den zweiten Blick. Die «Mühle» will eine lebendige Dorfbeiz sein, und dafür, dass es im Gasthaus nicht zu ruhig bleibt, sorgt Silvia Raffa, die Weine kredenzt, frisches Baarer Bier zapft und das eine oder andere Bonmot in die Runde wirft. Es ist aber nicht allein der temperamentvolle Charme von Silvia Raffa, der mich in die «Mühle» zieht, sondern die präzise, raffinierte und aromatische saisonale Küche von Jakob Berger. Und jedes Mal, wenn ich in der «Mühle» den ruhig agierenden Wirt und Koch sehe, muss ich an Kommissar Freytag und den Schauspieler Konrad Georg denken, von dem ich als Kind keine Krimifolge verpasste. Vielleicht hat das auch damit zu tun, dass mein Vater das gleiche Auto fuhr wie der Kommissar und hinter dem Lenkrad oft rauchte, genauso wie der Kommissar, dem die Lösung des Falls oft mit einer Zigarette im Mund am Steuer seines buckligen schwarzen Mercedes in den Sinn kam. Zumindest ist es mir so in Erinnerung geblieben.

Bio ist mehr als ein Label

Jakob Berger ist Biokoch aus Überzeugung. Mit dem Kauf biologisch produzierter Produkte trägt er seinen Teil zur Förderung der nachhaltigen Nutzung der Böden bei und unterstützt damit kleinere Produzenten. Hinzu kommt der regionale Gedanke: Gemüse, Eier, Quark, zum Teil Käse und Fleisch bezieht er aus dem Kanton Obwalden. Damit kocht er geschmackvolle Gerichte, wie ein geschnetzeltes Kalbfleisch an Thymiansauce mit saisonalem Gemüse, das nicht einfach zur belanglosen Beilage verkommt, sondern mit viel Eigengeschmack überzeugt. Auch alle seine wundervollen Weine stammen aus kontrolliert biologischer Produktion und beweisen, dass Biowein durchaus mithalten kann. Das wird dem Gast spätestens bei einem Riesling aus Rheinhessen oder einem Federweissen von Markus Weber aus Erlenbach bewusst. Vor 25 Jahren hat Jakob Berger seine Passion professionalisiert. Zuerst einige Jahre in der legendären Genossenschaftsbeiz Kreuz in Nidau, dann im Seerestaurant Engelberg in Twann, viel später und nach einigen weiteren Stationen im Berghotel Bergalga bei Juf im bündnerischen Avers und heute in Sarnen. Seine leichte Frischküche haben die Obwaldner erst vereinzelt entdeckt, aber in den Architekten Monika und Eugen Imhof, den Besitzern der «Mühle», hat Jakob Berger zwei Fürsprecher gefunden, die ihm Zeit für den Erfolg lassen. Schön so.

Mühle
Giglenstrasse 2
6060 Sarnen
041 661 12 31
www.muehlesarnen.ch
Geöffnet: Dienstag bis Freitag ab 9 Uhr, Samstag ab 10 Uhr
Geschlossen: Sonntag, Montag
In der Beiz: Silvia Raffa
Am Herd: Jakob Berger
Küche und Keller: Fein, gradlinig, subtil, unkonventionell. Buchweizenpolenta, Schweinsbraten an Rotwein-Grappa-Sauce, Mürbeteigtorte mit Lammfleischfüllung – köstlich!
Gäste: Bio-Jünger und -Jüngerinnen, Architekten, Coiffeusen, Bürolisten, Ausflügler, Spaziergänger, Pilger und einige versprengte Touristen.
Atmosphäre: Dezent, beruhigend, schön.
Frischluft: Wunderbare Kieselsteinterrasse mit Sicht auf Quartier und Berge.
Nicht verpassen: Löwenzahnblüten-Quarkcreme mit Rhabarberkompott.
Applaus: Für die herzliche, zuvorkommende Gastfreundschaft und die aromatische Küche.
Na ja: Schade, dass den Einheimischen noch nicht bewusst ist, was für eine kulinarische Oase sie in Sarnen haben.
Und da wäre noch: 1. In loser Folge führt Jakob Berger am Sonntag Küchengespräche für 6 bis 10 Personen durch. Kochen einmal anders. 2. Jakob Berger unterstützt das Projekt von Maurice und Lior Etter (Ex-Profifussballer) «wfw – Wasser für Wasser», bei dem der Gast für Hahnenwasser (0,5 l und 1 l) Fr. 2.– bzw. Fr. 3.– bezahlt. Der Betrag kommt vollumfänglich «wfw» zugute. Mehr Infos unter www.wasserfuerwasser.ch.

Stuhl und Bett
Peterhof
Moritz Rogger
Bergstrasse 2
6060 Sarnen
041 660 12 38
www.hotelpeterhof.ch
Tipp: Der Nachbar der «Mühle». Das Schmuckstück des Hauses ist der Garten vor dem Haus. Die Zimmer sind einfach, modern, schnörkellos renoviert, so dass man sich aber immer noch wohl fühlt. Die Gaststube ist sehr gemütlich und verbindet Alt und Neu perfekt. Die Gerichte sind wunderbar altmodisch, Geschirr inklusive. Kompliment.

Finkaufskorb
Sarner Dorfmarkt
Jeden Samstag von Mai bis Oktober von 8 bis 12 Uhr auf dem Dorfplatz.
Tipp: Alles, was die Region hergibt, inklusive Gemüse und Frischkäse von Elmar Burch.

30

Kriens ist ebensowenig ein Bilderbuchort wie die «Krienserhalle» eine Bilderbuchbeiz ist. Trotzdem lohnt sich der Boxenstopp – kulinarisches Volltanken inklusive.

FÜR STADT UND LAND

108 Krienserhalle, Kriens

Nein, den Wakkerpreis wird Kriens nie gewinnen. Eher steigt sein Fussballklub in die höchste Schweizer Liga auf. Zu viele kurzsichtige Planer haben Kriens zu dem gemacht, was es heute ist. Ein Ort, der weder Dorf noch Stadt ist. Es liegt mir aber fern, die Krienser in Rage zu schreiben, finden sich doch an solchen unwirtlichen Orten immer wieder Lichtblicke, die einen animieren zu bleiben. Zum Beispiel der Schlosspark mitten im Zentrum oder aus kulinarischer Sicht die «Krienserhalle». Die gibt, seit Reto Becker das Zepter übernommen hat, mächtig Gas und überzeugt mit einer guten, bodenständigen Küche und mit freundlichem, zuvorkommendem Personal, die einen die baulichen Fragezeichen der Architekten früherer Tage schnell vergessen lassen.

Schallplatten und Whiskys

Jung und Alt, Schlips und Überkleid an einem Tisch sind hier kein dick aufgetragenes Klischee, sondern Alltag. Toll, dass dem Küchenteam der Spagat zwischen «Worscht-Chäs-Solot» und Tintenfisch-Bolognese problemlos gelingt. Tintenfisch-Bolognese? Kein Witz, sondern ein Hausrezept von Reto Becker, zu dem noch eine gebratene Jakobsmuschel und Pesto gehört. Natürlich geht es auch bodenständiger. Mit einem knusprigen Mistkratzer etwa oder mit einem Cordon bleu für gestandene Esser, die sich 450 Gramm antun wollen, wobei die Qualität des Fleischstücks ihren Appetit ausdehnt. Trotz baulichem Handicap haben es die Macher verstanden, mit einigen Handgriffen eine gute Atmosphäre in die «Krienserhalle» zu zaubern. Ein schwarzes Klavier hier, ein langer Holztisch dort, und neben dem Buffet steht der Wand entlang eine farbenfrohe LP-Sammlung, aus der Reto Becker manchmal eine Schallplatte abspielt. Dabei kann man zur Einsicht gelangen, dass Pink Floyd und Kalbskopf perfekt miteinander harmonieren. Nebenbei: Den Inhalt der dekorativen Whiskyflaschen auf dem Klavier kann man bestellen und auch trinken. Der bekannte Whiskyprofi Mark Chesterfield selektioniert für Reto Becker das schottische Lebenswasser. In der Summe ist die «Krienserhalle» eine ausgezeichnete Referenz für eine Dorfbeiz in der Stadt.

Krienserhalle
Gallusstrasse 14
6010 Kriens
041 320 80 08
www.restaurant-krienserhalle.ch
Geöffnet: Dienstag bis Freitag 10 bis 14 Uhr und ab 17 Uhr, Samstag ab 10 Uhr durchgehend
Geschlossen: Sonntag, Montag; für Gesellschaften auf Anfrage geöffnet

In der Beiz: Reto Becker, Linda Rudat und Anja Hodel
Am Herd: Oliver Waldispühl
Küche und Keller: Traditionelle und innovative Küche Hand in Hand.
Gäste: Männerchor, Turnverein, Jasser, Musiker, Whiskytrinker, Pensionäre, Politiker und einige Stadtluzerner.
Atmosphäre: Irgendwann hat irgendwer versucht, die «Krienserhalle» in einen Western-Saloon zu verwandeln, was ihm auch gelungen ist. Reto Becker will mit einfachen Mitteln die alte Beiz wieder hervorholen. Kommt Zeit, kommt Geld.
Frischluft: Im Sommer wird im nahen Schlosspark die Buvette installiert oder ab und zu ein Gourmet-Picknick organisiert.
Nicht verpassen: Der Kalbskopf und ein «Dram» «Great King Street», die Wiedergeburt des Whisky-Blends.
Applaus: Für die LP-Cover an der Wand und die herzliche Gastfreundschaft.
Na ja: Das Schaumsüppchen von der Petersilie im Duett oder das Törtchen von ... passen zu Hobbypoeten, aber nicht unbedingt zur «Krienserhalle».
Und da wäre noch: Whiskyliebhaber trinken ihr «Dram» vor Ort. Am besten mit einem kleinen Happen zwischen den Zähnen. Über die Bezugsquellen, Land und Leute und Whiskys im Allgemeinen weiss Mark Chesterfield Bescheid. Ein Gentleman und Whisky-Connaisseur der ersten Stunde in Luzern:
www.thewhiskyexperience.com.

Stuhl und Bett
Hotel Himmelrich
Schattenbergstrasse 107
6010 Kriens
041 241 18 00
www.hotelhimmelrich.ch
Tipp: Innovatives kleines Hotel mit ansprechenden Zimmern, jedes mit Balkon und Sicht auf See oder Berge. In der Open-air-Lounge stören zwar die Heineken-Kissen und Eichhof-Sonnenschirme, der Ausblick und der freundliche Service machen dies aber alleweil wett.

Einkaufskorb
Metzgerei Matter
Hermann und Lisa Matter
Fenkernstrasse 1
6010 Kriens
041 322 00 30
www.metzgerei-matter.ch
Tipp: Der speziell gewürzte und geräucherte Schweinehals für Grill oder Römertopf oder die wundervolle grobe Bauernbratwurst. Dazu gibt es eine italienische Schlemmerecke und eine gepflegte Auswahl diverser Rohmilchkäse.

GANZ SCHWEIZ

Luzern ist ganz Schweiz. Lucerne hat eine Folklorefront, Lucerna kokettiert mit Alpen, See, Kapellbrücke & Co. Genug Motive für tausend Jahre Postkartenkitsch. «Lozärn» steht aber auch für Kultur, Architektur und Aufbruch.

Restaurant Neustadt, Luzern

Wer auf der A2 frühmorgens von Norden her kommend von einer staufreien Gotthardroute und einem «Pranzo» an der ligurischen Küste träumt, liegt falsch. Eine staufreie A2 wäre so wie die katholische Kirche ohne Zölibat. Und wer Luzern nur als touristische Destination sieht und nicht den Blinker setzt, begeht einen Fehler. Luzern ist mehr als See, Raddampfer, Altstadt und knipsende Asiaten. Die foto- und fondueplauschfreie Zone beginnt auf der anderen Seite der Reuss, in der Neustadt. Ein aufstrebendes Quartier, das zwar von Trends nicht verschont bleibt, aber eine Traditionsbeiz hat, wie sie sich der Purist in jeder Stadt der Schweiz wünscht. Im «Neustädtli» wird oft gegessen, getrunken, gejasst, politisiert und mit Anstand diskutiert. Wenn ein Gast klopft, dann nicht auf den Tisch, sondern dem «Copain» freundschaftlich auf die Schulter. Beneidenswert, diese Luzerner.

Das Rezept heisst wunderbar normal. Zu Beginn der Achtziger reiste Roland Odoni ins Piemont, nach Verduno ins «Real Castello». Ein einfaches Schloss, etwas angestaubt, mit grossen Zimmern und mit einem liebenswerten Hausherrn, der seinen Töchtern die Führung des Hauses anvertraute. Damals war das Schloss ein Geheimtipp, noch klein, familiär und nicht so fein herausgeputzt wie heute. In den zwei Speisesälen flackerte in den Kaminen das Feuer, dort, wo heute üppig gefüllte Blumenvasen stehen. In dieser heilen Welt kam Roland Odoni auf die Idee, seine Stube in die Neustadt zu zügeln. Gesagt, getan. Er übernahm das Restaurant Neustadt von Theddy Furrer, entstaubte es und begann zu wirten.

Das war vor fünfzehn Jahren. Seitdem brummt der Laden. Warum? Das hat mit ihm und mit seinem wunderbar normalen Angebot zu tun, bei dem der Hackbraten nach einem Rezept seiner Mutter auffällt (sein Geheimnis liegt in der Mortadella und dem Käse) und Grund genug ist, die Beiz immer wieder aufzusuchen. Es ist aber auch die Herzlichkeit seiner Mitarbeiter, die einem das Gefühl vermitteln, in der guten Stube zu sitzen. Allen voran Trudy, die gute Seele des Hauses, und Irma Meier, die rechte Hand und langjährige Mitarbeiterin von Roland Odoni. Nicht zu vergessen das legendäre Curry von Mitkoch «Bala». Sie alle tragen zur Wohlfühloase «Neustädtli» bei.

Restaurant Neustadt
Neustadtstrasse 21
6003 Luzern
041 210 23 71
Geöffnet: Montag bis Freitag ab 10 Uhr, Samstag ab 17 Uhr
Geschlossen: Sonntag
In der Beiz: Irma Meier und Trudy, die gute Seele des Hauses
Am Herd: Roland «Roli» Odoni und «Bala»
Küche und Keller: Währschaft gut, traditionelle Schweizer Küche mit einigen Abstechern nach Italien. Cordon bleu trifft auf Brasato al Barolo.
Gäste: Alt-Achtundsechziger, Linke, Genossenschaftler, zivilisierte Trinker, Jasser, Feministinnen, Genussmenschen, Arbeiter, Studenten, Denker, Künstler und Lebenskünstler.
Frischluft: Vor dem Haus für ein Bier oder ein Glas Wein.
Nicht verpassen: Ein Samstagabendmenü von und mit Roland Odoni.

Applaus: Für die wundervolle Frikadelle und für die reelle Bewahrung einer Quartierbeiz in einem boomenden Trendquartier.
Na ja: Der Reisejournalist Dres Balmer ging in der SRF-3-Sendung «Uf u dervo» einigen Beizen im Buch nach. Unter anderem führte ihn seine Tour auch ins «Neustädtli», das ihm prinzipiell gefiel. Was ihn störte waren die Industriefritten und die Tatsache, dass das Ketchup ungefragt serviert wurde. Das führte dazu, dass die Buchbesprechung zur Pommes-frites-Diskussion verkam. Dabei wurde übersehen, dass in diesem Buch über 15 Beizen aufgeführt sind, die ihre Frites von Hand schnipseln …
Und da wäre noch: Der Patron legt Wert auf lokale, regionale Produkte. Das Fleisch bezieht er vom «Buuremetzger» Hans Arnold aus Willisau, der sein Schlachtvieh bei den Bauern persönlich aussucht und Schweinsbratwürste der besseren Art produziert. Das Brot liefert der Quartierbäcker Toni Arnold von der Obergrundstrasse. So muss es sein.

Stuhl und Bett
B&B Bettstatt
Neustadtstrasse 10
6003 Luzern
041 210 43 09
www.bettstatt.ch
Tipp: Für auswärtige «Neustädtli»-Überhocker bietet sich gleich um die Ecke das sympathische Nachtlager «Bettstatt» an, das der Brieftasche nicht wehtut und den Gast mit einem guten «Zmorge» verwöhnt.

Einkaufskorb
Carl Studer Vinothek
Langensandstrasse 7
6005 Luzern
041 360 45 89
www.studer-vinothek.ch
Tipp: Ob Condrieu oder Magdalener, ob Brachetto oder Veltliner, Carl Studer hat ein Flair für Charakterweine mit und ohne grosse Namen. In seiner Vinothek wird der Weinfreund zum Entdecker.

BROT UND BLUES

Wer in Luzern abseits der Touristenströme sein Bier trinken will, geht in die «Metzgerhalle». Wer vorab ihre Website besucht, lässt sich von den Totenköpfen nicht abschrecken, sondern geht erst recht hin.

Die Kenner bestellen ihn in der «Metzgerhalle» mit einem Eiswürfel. «Weisflog Bitter», der Schweizer Aperitif-Klassiker wird in der «Metzgerhalle» genauso kultiviert wie ein guter bolivianischer Kaffee oder der berühmte Luzerner Schüblig. Seit sieben Jahren reiten die Geschäftspartner Silvan Meyerhans und Viktor Redonda auf der Erfolgswelle. Ihre «Metzgerhalle» ist Luzerner Kultstätte und Wohlfühloase zugleich. Für einen Augenblick oder für einen ganzen Abend. Mit Freunden, allein oder mit spontanen Kontakten. Die «Metzgerhalle» ist ein idealer Fluchtort vor dem Alltag. Sie bietet Konzerte, wechselnde Kunstausstellungen und auf dem Teller das Faustbrot oder den Luzerner Schüblig, das kulinarische Markenzeichen der Beiz. Das gefällt Studenten, Musik- und Theaterleuten, Künstlern und anderen. Nur selten verirrt sich ein knipsender Tourist in die sympathische Beiz, man ist unter sich, als Fremder aber immer willkommen. Die «Metzgerhalle» existiert ohne Förderungsgelder, kennt keine Mäzene, die Finanzen sind erwirtschaftet, kommen aus dem eigenen Sack, was das Denken frei macht.

Wer ist eigentlich Weisflog?

Gustav Erdmann Weisflog flüchtete 1848 aus politischen Gründen von Sachsen nach Frankreich, wo er sein Geld als Seidenhändler verdiente. 1860 promovierte Weisflog in Zürich zum Doktor der Medizin. Er eröffnete in Altstetten eine Praxis und machte sich als Spezialist für Magenbeschwerden und mit seinem alkalischen Bittermittel gegen Magenübersäuerung einen Namen. 1880 erfolgte die industrielle Herstellung des «Weisflog Bitter». Der Bitter fand schnell Zuspruch und wird bis heute als milder Aperitif geschätzt. Auch in der «Metzger-

SAT NOV 12
THE FATALS
BEI ALLEM
RESPEKT
The Monsters
METZGERHALLE
FENCHEL
MAN OH ASTROMAN?
COSMIC PSYCHOS
SHADY AND THE VAMP
Metzgerhalle
JULLUSAPALOOZA
New Bomb Turks
FENCHEL

halle». Es sind die leisen, unbekannten, die spannenden Töne, mit denen die Beiz brilliert. Nur bei den Konzerten wird's lauter. Zugleich wird dem Musik-Laien bei all der Vielfalt der auftretenden Bands und Interpreten bewusst, wie facettenreich und wunderbar breit gefächert die Schweizer Musikszene ist. Die «Metzgerhalle» ist nicht ein Ort für alle Tage, aber für jeden dritten.

Metzgerhalle
Baselstrasse 1
6003 Luzern
041 240 26 71
www.metzgerhalleluzern.ch
Geöffnet: Montag bis Samstag ab 16 Uhr
Geschlossen: Sonntag
In der Beiz: Silvan Meyerhans und Victor Redonda
Küche und Keller: Landjäger, Luzerner Schüblig, beide mit Essiggurke und Zwiebelringen serviert, Faustbrot und Toast frisch zubereitet. Dazu wird vornehmlich Eichhof Bier oder Red Stripe (Jamaica) getrunken.
Gäste: Fotografen, Dandys, Studenten, ewig Studierende, Autoren, Macher, verirrte und verwirrte Touristen, Dichter und Denker.
Atmosphäre: Echt wie in einem guten, ursprünglichen «Public House» in England.
Frischluft: Im Hinterhof hat es einen kleinen Sonnenplatz, der von Rauchern das ganze Jahr über genutzt wird.
Nicht verpassen: Das überdimensionierte Faustbrot, das für zwei Personen reicht.
Applaus: Die ungezwungene Atmosphäre.
Na ja: Die Weinauswahl beschränkt sich auf drei Provenienzen. Dagegen ist nichts einzuwenden, wenn sie qualitativ bestehen. Tun sie aber nicht. Wie wäre es mit drei guten regionalen Weinen von den Lokalmatadoren Matthias Brunner aus Hitzkirch, Toni Ottiger aus Kastanienbaum und Inès Bisang aus Dagmersellen?
Und da wäre noch: Manchmal klopft die Musikerin Heidi Happy mit Freunden einen Jass. Lustvoll und entspannt. Keinem der Stammgäste käme es in den Sinn, die bekannte Luzernerin dabei zu stören und sie um ein Autogramm zu bitten.

Stuhl und Bett
The Bed + Breakfast
Isabelle Meier-Holdener
Taubenhausstrasse 34
6005 Luzern
041 310 15 14
www.theBandB.ch
Tipp: Parkettböden, grosszügige Zimmer und Gartensitzplatz, dies mitten in Luzern. Eine echte Alternative zu den übertreuerten Hotels.

Einkaufskorb
Italo Hispano
Moostrasse 15
6003 Luzern
041 210 18 63
Tipp: Ein «Comestibles» der Superlative. Das Angebot macht den Unterschied zum Herkömmlichen – und Andrea Baumgartner, die herzliche Verkäuferin.

HERRENTOILETTE MIT WICKELTISCH

Im Gasthaus Adler ist alles ein wenig anders. Vegetarier, Veganer und Fleischtiger essen friedlich nebeneinander, in einer Ecke sinniert die «Gauloise»-Fraktion über die nächste und der Nichtraucher über die letzte Zigarette und öffentlichen Raum.

Wir leben in einer Ära von Verboten. Zum Wohl unserer Gesundheit, obwohl unsere Gesellschaft täglich mehr krankt. Trotz Rauchverbot. Was steht als Nächstes an: Alkoholverbot oder Denkverbot? Im «Adler» is(s)t der Gast am Puls und mit Musse. Hier begegnen sich Stadt und Land, Vegetarier und Fleischtiger, Raucher und Nichtraucher – im Rauch. Zumindest in der patinierten Gaststube. Im Saal wird's weisser und rauchfrei. In der Stube herrscht ein munteres, Generationen überschreitendes Treiben. Der «Adler» fliegt und läuft, die Wirtin Monika Langenegger hat ihr Erfolgsrezept aus der Stadt («Maihöfli» und «Schützenstube») nach Emmenbrücke gebracht. Personal und Biobetrieb zeigen eine Dauerfreundlichkeit, der nichts entgegenzusetzen ist – nur den Wickeltisch in der Herrentoilette, den gibt es noch nicht – er steht im Gang vor den Toiletten. Monika Langenegger ist eine Köchin, die Vegetarier wie vollwertige Menschen behandelt und nicht mit verkochtem Gemüse beleidigt. «Wonnen ohne Fleisch» nennt sie ihre vegetarischen Kochideen. Gebratener Topinambur mit Knoblauch-Polenta und Tofuecke (die darf nicht fehlen!) an Haselnuss-Ingwer-Sauce klingt gewagt und schmeckt gut, genauso wie die knusprigen Kartoffelkugeln auf warmem Gemüsesalat mit Ziegenkäse und Oliven. Wer will da noch Fleisch?

Vegetarisches Restaurant mit Fleisch

Eine ganze Menge. 60 zu 40 Prozent lautet im «Adler» das Verhältnis zugunsten der Fleischtiger. Das verwundert auch nicht bei den zarten Lammkoteletts, saftigen Spareribs und butterweichen

Kalbsschnitzeln. Trotz Bio und Demeter wird der Gast nicht missioniert, auch wenn gar viel Geschriebenes die Speisekarte füllt. Die Weinkarte ist klein, ausgewogen, durchdacht und bietet teilweise sehr spannende Provenienzen, wie einen «Blanquette de Limoux», einen fruchtigfrischen Schaumwein aus dem Languedoc. Übrigens: Der «Adler» ist eine Beiz für den ganzen Tag. Ab 9 Uhr geht es los, wobei der Kaffee nicht zu den Stärken des Hauses gehört. Ob draussen unter den Bäumen oder an einem der schönen Holztische in der Gaststube. Dazu eine Kleinigkeit zum Picken, ein Bier oder ein Glas Wein zum Wegzischen – und das nächste Verbot kann ruhig kommen. Die Anschnallpflicht in der Badewanne zum Beispiel.

Gasthaus Adler
Gerliswilstrasse 78
6020 Emmenbrücke
041 281 18 38
www.gasthausadler.ch
Geöffnet: Montag bis Samstag ab 9 Uhr
Geschlossen: Sonntag
In der Beiz: Monika Langenegger, Alexandra Wiss und Heidi Müller
Am Herd: Monika Langenegger
Hinter den Kulissen: Paul Ottiger

Küche und Keller: Crêpes auf Linsen oder Kohlrabi mit Kräutersauce und Piccata mit Safrankarotten. Im Keller finden sich Franzosen, Italiener, Spanier, Portugiesen und Schweizer, vorwiegend in Bioqualität. Der «Touraine Sauvignon» wäre einen Versuch wert.
Gäste: Puristen, Veganer, Vegetarier, Fleischtiger, Handwerker, Schreibtischtäter und Politiker (was auf das Gleiche herauskommt).
Atmosphäre: Patiniert, ursprünglich, pittoresk.
Frischluft: Boulevard vor dem Haus unter den Bäumen.
Nicht verpassen: Die Spinatknödel.
Applaus: Für das kulinarische Miteinander.
Na ja: Die Wasserkarte. Wann kommt der Wasser-Sommelier?

Und da wäre noch: Im wunderbar patinierten Lokal darf die Zigarette oder der Krumme gezückt, angezündet und geraucht werden, im weiss gehaltenen Saal sind die Nichtraucher zu Hause. Warum geht das nicht in der ganzen Schweiz so?

Stuhl und Bett
Maria Bärtsch-Schwegler
Gerbegass 9
041 460 27 46
6204 Sempach
Tipp: Mitten in der Altstadt in einem schmucken Altbau im Doppelzimmer mit Himmelbett. Für Spartaner definitiv das Falsche. Für Romantiker mit Hang zur opulenten Dekoration genau das Richtige, was das Ganze aber nicht unsympathischer macht.

Einkaufskorb
Eigenbrötler Backwerke
Daniel Amrein
Dorfstrasse 10
6242 Wauwil
www.eigenbroetler.info
Tipp: Am Dienstag und Samstag ist der «Eigenbrötler» von 7 bis 12 Uhr auf dem Markt in Luzern. Ganz unter dem Motto: «First come, first served.» Seine Backstube in Wauwil ist jeweils am Dienstag von 6 bis 8.30 Uhr und Donnerstag bis Samstag von 6 bis 11.30 Uhr geöffnet. Am besten besucht der Brotfreak Daniel Amrein von Mittwoch bis Sonntag in der Holzofenbäckerei Burgrain in Alberswil, wo er den schönsten und wohl auch den grössten Holzofen unter Feuer hält. Mehr Infos zu Burgrain unter www.agrovision.ch. Und sonst? Seine Brote sind genial. Ob Curry-, Tomaten-, Oliven-, Natur- oder Dinkelstangen (nur dienstags und samstags) oder das klassische 1,2 Kilogramm schwere Sauerteigbrot (aus Weizenruchmehl, Wasser, Meersalz, Hefe und hauseigenem Sauerteig), ob handgerollte Croissants, Cranberry-Brötchen, Roggen-Früchtebrot, Duozopf oder das herrliche Süssgebäck ist egal, es schmeckt und schmeckt und …

TALENTE AM HERD

Im «Ochsen» in Rothenburg wird fein gekocht, frech kombiniert, kurz, es werden neue kulinarische Akzente in herzlicher Atmosphäre gesetzt. Dafür verantwortlich sind die jungen Gastgeber Marco Graf und René Adler, die mächtig Gas geben.

Schon immer stand der «Ochsen» goldrichtig, direkt an der Verbindungstrasse zwischen Chiasso und Basel. Erstmals erwähnt wurde er 1516. Einst nächtigten hier die Reisenden, sie tafelten und becherten. Und heute? Steht der «Ochsen» immer noch goldrichtig. Nur die Pferde und der Verkehr haben sich geändert. Und der «Ochsen», von dem noch der quer durch das Lokal führende Holzbalken von 1730 geblieben ist. Der Rest hat sich in ein zeitloses Dorfgasthaus verwandelt. Was im «Ochsen» zählt, ist die gelebte Gastfreundschaft, der Schwatz auf ein Bier, das raffinierte Essen von Marco Graf, dem der Spagat zwischen Tradition und Innovation mühelos gelingt. René Adler hat in der zweiten Generation den «Ochsen» von seinem Vater Hansjörg übernommen und führt ihn gemeinsam mit Geschäftspartner Marco Graf. Die Zukunft des «Ochsen» scheint im Gegensatz zu zahlreichen anderen Dorfbeizen gesichert, was Freude macht.

Die Krönungsmessen

Heimisches Wild aus Rothenburg und die Metzgete sind zwei kulinarische Höhepunkte im «Ochsen». Unter dem Jahr ist es die saisonale Ausgewogenheit, wobei der «Ochsen» für mich zwischen Herbst und Frühling zwingend wird. Dann, wenn die Sauerkrautsuppe, der «Jambon persillé», das Entrecôte vom Jungrind mit Steinpilzen, das Markbein vom Rind mit Thymian und geröstetem Ruchbrot, die Rindskutteln und die Süssmostcreme auf dem Programm stehen. Neben dem Essen ist die durchdachte Weinkarte ein weiteres Highlight des «Ochsen». Wer einen meiner Luzerner Lieblingswinzer kennen lernen will, dem bietet sich hier die Gelegenheit: Matthias Brunner aus Hitzkirch ist für mich ein Meister filigraner, subtiler Weine, die mit Aromen und nicht mit Fülle brillieren. Sein Müller-Thurgau ist ein perfekter Beginn für einen schönen Abend.

Gasthof Ochsen
Flecken 32
6023 Rothenburg
041 280 12 72
www.ochsen-rothenburg.ch

Geöffnet: Dienstag bis Freitag 10.30 bis 14 und ab 17 Uhr, Samstag ab 17 Uhr, von Oktober bis Februar Sonntag ab 17 Uhr
Geschlossen: Montag und von März bis September Sonntag
In der Beiz und überall: René Adler
Am Herd: Marco Graf
Küche und Keller: Spannende Küche mit Deftigem und Feinem, die Laune und der Appetit des Gastes entscheiden.
Gäste: Dorf, Stadt, Politiker, Schwinger, Bauern, Sänger, Genussmenschen und viele Frauen, die sich in diesem angenehm respektvollen Umfeld wohl fühlen.
Atmosphäre: Ein Stilcocktail, der schwer zu beschreiben ist. Er liegt zumindest nicht schwer auf.
Frischluft: Kleine Terrasse seitlich des Hauses mit Blick auf Bach, Bäume und Rehe.
Nicht verpassen: Die «Stubete» im «Ochsen» (immer am 7. Dezember) ist legendär. Folklore pur bis in die frühen Morgenstunden.
Applaus: Die spannenden Gerichte, ihre subtile Umsetzung, die ausgewogene Weinkarte und die lokalen und regionalen Bezugsquellen.
Na ja: Seit der Eröffnung haben die Öffnungszeiten einige Male gewechselt. Hoffen wir, dass die aktuellen auch wirklich noch aktuell sind.

WILLKOMMEN

Und da wäre noch: Die Metzgete findet immer in Januar statt (mehr Infos auf der Website). Für die «Öhrli & Schörrli»-Fraktion ein Pflichttermin.

Stuhl und Bett
Vor Ort im Gasthaus Ochsen in den drei Hotelzimmern

Einkaufskorb
Metzgerei Stutz
Richard Stutz
Bertiswilstrasse 75 (direkt am Stutz)
6023 Rothenburg
041 280 11 92

Tipp: Innovativer Metzger, zuvorkommender Service durch Monika Imboden und Martina Stutz. Die «Knabberli» haben einen diskussionswürdigen Namen, sind aber im Gaumen phänomenal und zergehen im Nu zwischen den Zähnen.

Max Eichenberger ist die lebende Fischkochlegende vom Hallwilersee. Sicher gibt es kreativere Köche, aber keiner trägt schönere rote Hosenträger, und keiner kocht den Hecht besser als Max. Eine Ehrung.

EIN TOLLER HECHT

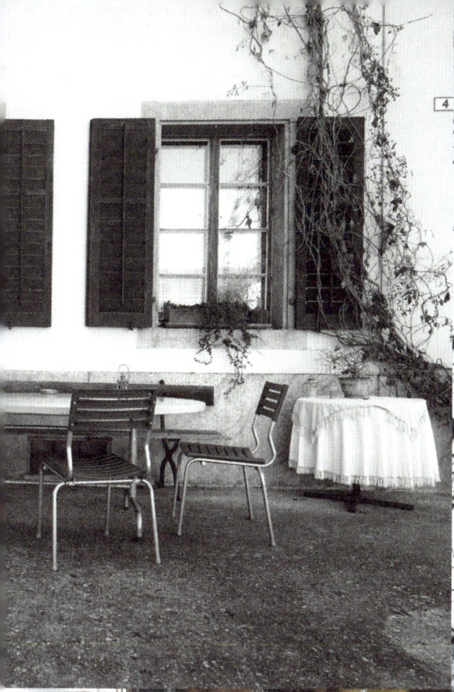
4

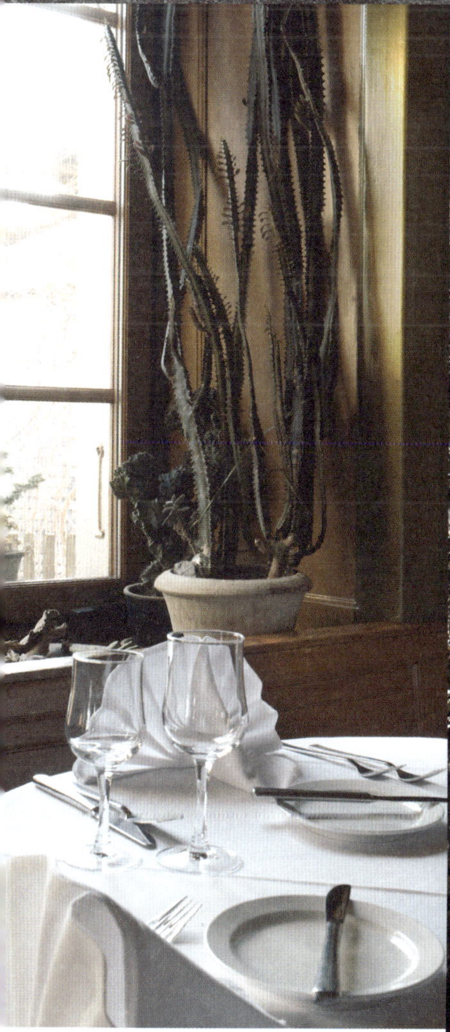

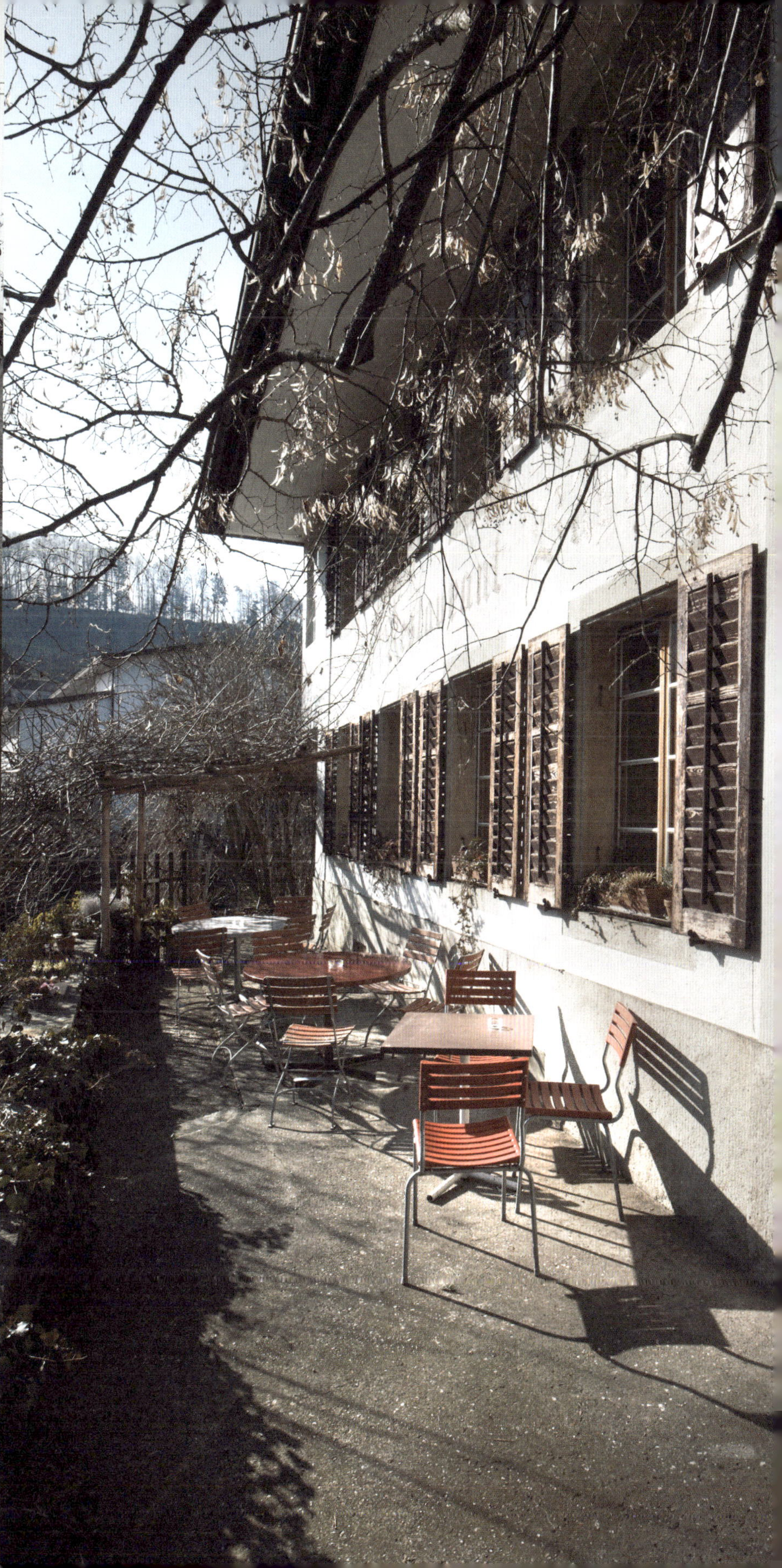

Heute sterben nicht nur die Fischarten in den Schweizer Seen aus, sondern auch die Berufsfischer und das letzte Glied in der Kette, die klassischen Fischköche. Doch, es gibt Ausnahmen. Max Eichenberger im «Bären» in Birrwil ist so eine. Seines Zeichens Wirt, Koch und Denker. Die siebzig hat er putzmunter überschritten, doch von Pensionierung will er nichts wissen. Kürzertreten, die Öffnungszeiten reduzieren, Gott bewahre! Oder doch? Na ja, wenn es denn sein muss. «Es muss», sagt Dora, seine Frau. Jetzt ist von Montag bis Mittwoch eben zu, und von Donnerstag bis Samstag öffnet sich die massive Holztüre erst um 17 Uhr, was Max' Stammgäste kommentarlos hinnehmen, sind sie doch allein schon über die Tatsache glücklich, dass der «Bären» überhaupt noch offen hat.

Das Original

Max Eichenberger darf man durchaus als Original bezeichnen. Er zeigt sich den Gästen immer im schwarzen Baumwollhemd mit roten Hosenträgern. Eines seiner Markenzeichen, wie noch zwei, drei andere. Bei ihm kommen weder Zucht- noch Meerfische noch gefrorene Ware in die Küche. Haben seine Fischer vom Hallwiler-, Baldegger- oder

Sempachersee kein Fangglück, gibt's bei ihm eben Fleisch statt Fisch. Schweinsfüsse an Morchelsauce (nach Saison) zum Beispiel oder Cordon bleu oder ganz einfach einen Wurstsalat. Und sonst? Sein ausgebackener Hecht und die Felchen an brauner Chili-Butter lohnen die Wartezeit, für die der «Bären»-Max berühmt-berüchtigt ist. Allerdings stört das höchstens den unwissenden Frischling, den Erstbesucher, der sich über noch so einiges anderes wundern kann. Über die natürliche Herzlichkeit der Gastgeberin Dora Eichenberger oder über die Tatsache, dass Max die Gräten einzeln mit Pinzette und Lupe aus dem Fischfleisch holt, was dann eben dauert. Volle Beiz hin oder her. Wer da nicht bei einem Glas oder noch besser gleich bei einer Flasche über den Hecht sinnieren mag, der unterhält sich mit dem Tischnachbarn

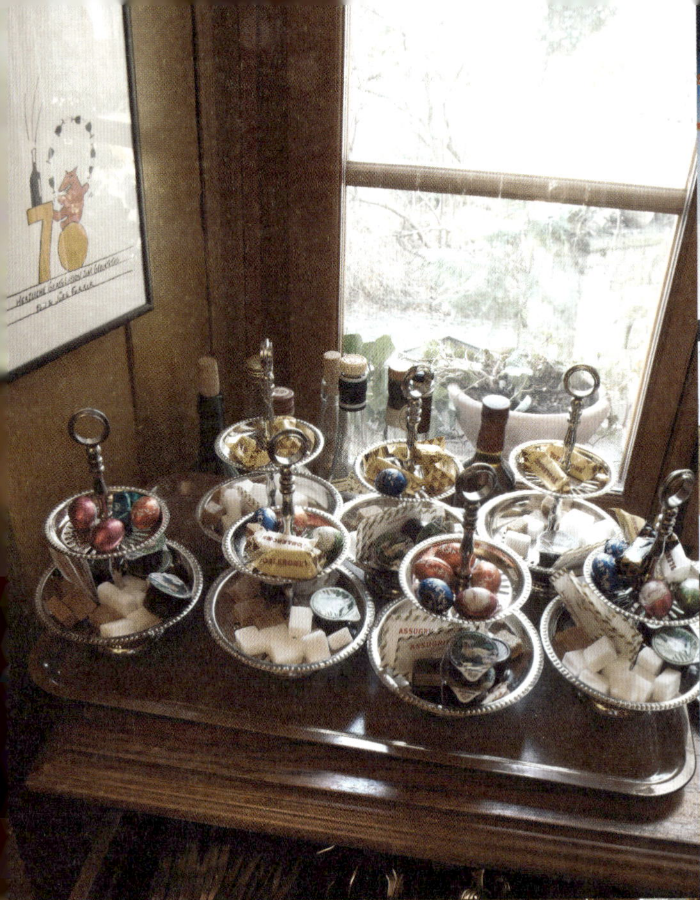
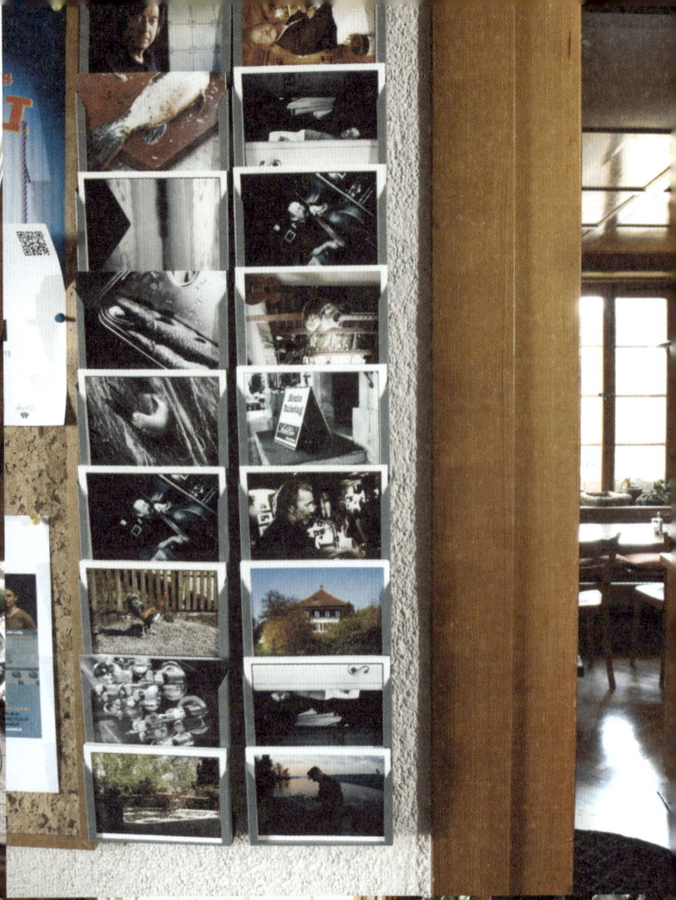
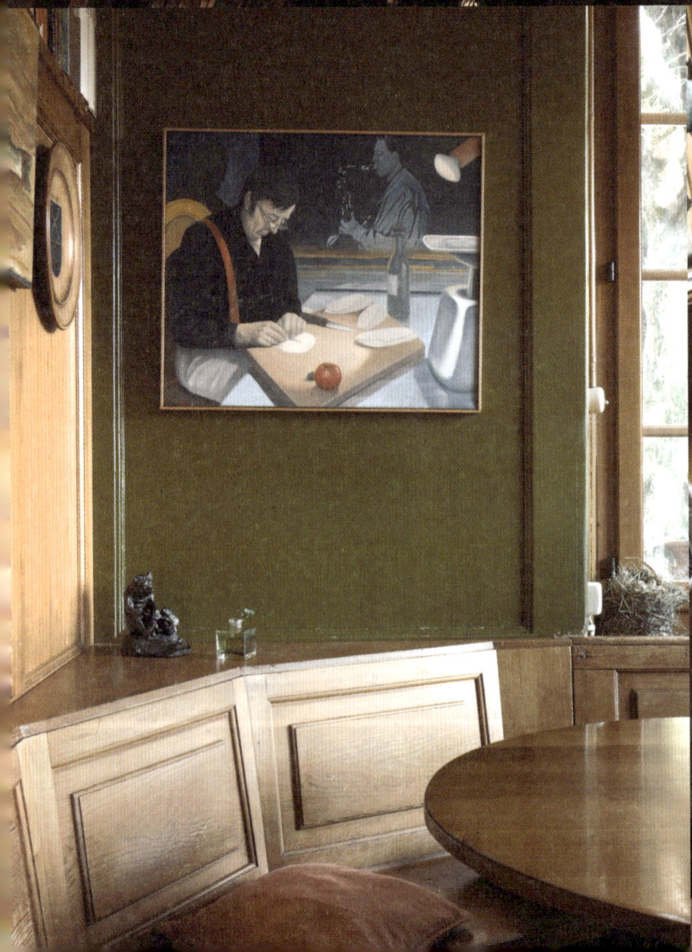
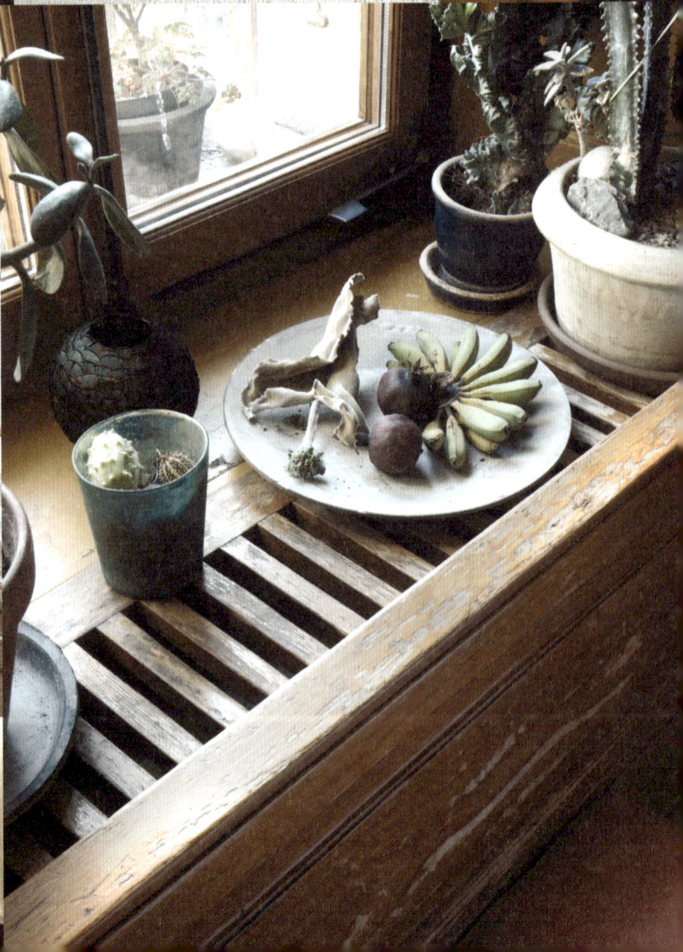

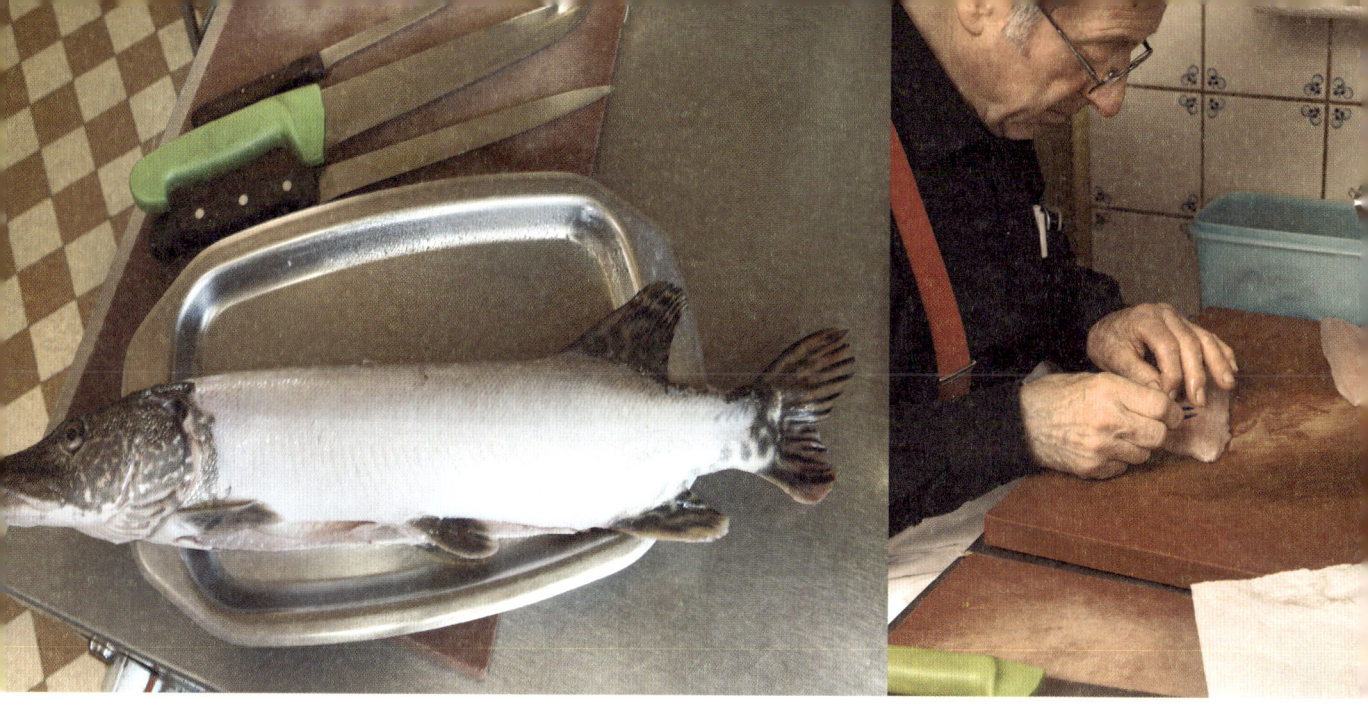

über die Leichtigkeit des Seins, über das Wetter oder sonst was. Kurz, wer in den «Bären» geht, hat und nimmt sich Zeit oder lässt es gleich bleiben. Möge das mit Max noch lange so weitergehen!

Bären
Dorf 101
5708 Birrwil
062 772 11 29
www.baeren-birrwil.ch

Geöffnet: Donnerstag bis Samstag ab 17 Uhr, Sonntag ab 11.30 Uhr
Geschlossen: Montag bis Mittwoch
In der Beiz: Dora Eichenberger
Am Herd: Max Eichenberger
Küche und Keller: Schweizer Fisch steht im Mittelpunkt, sofern der Fischer Fangglück hatte. Sonst weicht Max auf Fleisch aus. Die Weinkarte wartet mit diversen Überraschungen, diversen Schweizer Weinen und einigen grossen ausländischen Namen auf.
Gäste. Hobbyangler, Berufsfischer, Grafiker, Lebenskünstler, Musiker, Dichter und Denker.
Atmosphäre: Was für eine Dorfbeiz! Patiniert, mit einem urgemütlichen Stammtisch, der rege benutzt wird.

Frischluft: Der wild-romantische Garten lässt die fehlende Seesicht sehr schnell vergessen.
Nicht verpassen: Der ausgebackene Hecht, auf der Silberplatte serviert, wird von Hand gegessen, was nicht nur den Kleinen Freude bereitet.
Applaus: Die Felchenfilets an Chilisauce.
Na ja: Die Wartezeiten mögen den Fremden befremden, Stammgäste und Wiederholungstäter knöpfen sich in der Zwischenzeit eine zweite Flasche vor.
Und da wäre noch: Hat der Fischer keine Beute, bleibt der Fischteller leer. Cordon bleu und Wurstsalat füllen die Lücke spielend.
Chapeau und Merci: Mit ihrer sympathischen Nonchalance haben Dora und Max Eichenberger bis anhin nahezu 200 «Cervelat & Tafelspitz»-Bücher verkauft haben. Dafür gab's im 2013 den «Goldenen Cervelat», gemalt und gerahmt vom Schaffhauser «Wii am Rii»-Gastgeber Ueli Münger. Auch so ein Verrückter. (Siehe Seite 61)

Stuhl und Bett
B&B Bettwil
Astrid Vogt
Hinterdorfstrasse 7
5618 Bettwil
056 667 03 42
www.bnb-bettwil.ch
Tipp: Sympathische Privatunterkunft mit verträumtem, weitläufigem Garten. Für Historiker und Romantiker empfiehlt sich das Zimmer 2, für Unabhängige das Atelier.

Einkaufskorb
Brunner Weinmanufaktur
Matthias Brunner
Kommendeweg 3
6285 Hitzkirch im Seetal
041 910 20 11
Tipp: Der aromatische Apfelwein von «Berner Rosen» und der spritzige Müller-Thurgau sind meine Lieblinge. Das Verkaufslokal befindet sich in einem Gewölbekeller, der Verkauf erfolgt auf telefonische Voranmeldung.

SAG BEIM ABSCHIED LEISE SERVUS

Ikonen sagen bekanntlich nicht mehr viel. Nicht alle, und schon gar nicht der quicklebendige René Felder. Der Grandseigneur mit dem Charme eines David Niven und den Augen eines Paul Newman ist ein grundsolider Koch und ein begnadeter Entertainer, der sich peu à peu aus seinem «Isebähnli» verabschiedet.

Um eine Antwort ist René Felder nie verlegen. Sein Humor ist schlagfertig, trocken, ironisch, schwarz, kurz «very british». Hat er frei, fährt er mit seiner Frau Evi auf der Vespa übers Land. In seiner Beiz in Baden ist er immer in Vollmontur präsent. So wie man dies vom berühmten französischen Koch Paul Bocuse her kennt. Nur ist René Felder viel schmächtiger. Kein Fleck, weder am Schurz noch an der Bluse, beeinträchtigt den Anblick. Der Patron geht von Tisch zu Tisch und begrüsst seine Gäste persönlich. Nicht als Gockel – den kocht er lieber in Rotwein –, sondern als charmanter Gastgeber der Institution «Isebähnli». Die Speisekarte ist klassisch, das Essen grundsolide, mit besten Zutaten frisch zubereitet. Alte Schule eben, die das Tatar nicht vorgefertigt aus der Wurst drückt, sondern vom Rindfleisch frisch schneidet, zubereitet, abschmeckt und serviert. Das Wienerschnitzel kommt von der Kalbshuft, schön flach geklopft, die Panade luftig, leicht, hausgemacht vom eigenen Brot, das Ganze serviert mit frischem Apfelmeerrettich – perfekt. Auch die Nebenschauplätze sind frisch, gut und sorgfältig zubereitet: Der Karottensalat, der lauwarme Randensalat mit Meerrettichstreifen, der Gurken-Apfel-Salat oder der kräftig gewürzte Linsensalat. Wer «Sri Lanka Original» bestellt, wird von der Schärfe nicht enttäuscht. Originaler geht ein Curry in der Schweiz wohl gar nicht mehr. Dafür verantwortlich ist der Tamile Ratnan, der seit vielen Jahren in der Küche mitarbeitet.

Mit neuem Schwung

Seit Jahrzehnten kocht René Felder, seit Jahren ist er in Baden Monsieur «Isebähnli», seit Jahren kümmert sich Pius Bieri, die gute Seele der Beiz, um die Gäste und reinigt Mira, die erste «Maschinistin» der Küche, das Geschirr blitzblank. Hinzu kommen diverse langjährige treue Seelen, die René Felder zur Seite stehen. Nur, Ikonen haben das Recht kürzerzutreten. Was tun? Mit Koch Jean-Michel Vionnet ist René Felder vor drei Jahren ein Coup gelungen, der die Zukunft des «Isebähnli» bestimmt. Der alte Hase hat das Küchenzepter dem talentierten Jean-Michel Vionnet und die Gastgeberrolle seinem langjährigen Mitarbeiter Pius Bieri übergeben. Diverse Küchenklassiker bleiben, andere neue Gerichte ergänzen das lustvolle Angebot. René Felder überlässt also offiziell die Führung Pius Bieri und Jean-Michel Vionnet. Zwar ist er noch vor Ort und zieht im Hintergrund an den Fäden. Baden und seine zahlreichen Stammgäste gönnen René Felder seinen Ruhestand von Herzen ... aber bitte noch nicht gleich heute!

Isebähnli
Bahnhofstrasse 10
5400 Baden
056 222 57 58
Geöffnet: Dienstag bis Freitag 11 bis 14 Uhr und 17 bis 23.30 Uhr
Geschlossen: Samstagabend, Sonntag und Montag (siehe Rubrik «Nicht verpassen»)
In der Beiz: Pius Bieri
Am Herd: Jean-Michel Vionnet
Küche und Keller: Klassiker, im Spagat mit neuen Gerichten von Jean-Michel Vionnet
Im Hintergrund: René Felder
Gäste: Zürcher, Aargauer, einige Touristen, Einheimische, kurz, ganz Baden.
Atmosphäre: À la française.
Frischluft: Im Hinterhofgarten.
Nicht verpassen: Von Oktober bis Mai finden jeweils am Montag Jazzkonzerte statt, zu denen der Vorstand des Vereins Jazz in Baden meint: «Wie kann nur Jazz so viel besser tönen als Jazz?» Mehr Infos unter www.jazzinbaden.ch.
Applaus: Für die präzise, grundehrliche und gute Küche.
Na ja: Berühmt ist das «Isebähnli» auch für seine «Spaghetti Formula Uno», deren Tomatensauce im Januar 2012 vom «Tages Anzeiger» in den Himmel gepriesen wurde. Mir schmecken die Sauce und die Spaghetti auch, nur erinnern sie mich mehr an die Spaghetti meiner Oma aus dem Fricktal als an Pasta von der italienischen Nonna. Heimwehitaliener also aufgepasst.
Und da wäre noch: Wer mit dem Zug anreist, der sollte sich den Spirituosen von Lorenz Humbel aus Stetten oder den schottischen Single Malts wie Longrow, Scapa oder Duthies widmen. Und auf die «Grappisten» warten diverse Poli-Destillate.

Stuhl und Bett
Gätzibrunnen
Dirk Büchi und Sandro Ruder
Gätzibrunnenstrasse 2
8173 Neerach
043 244 03 74
www.gaetzibrunnen.ch
Tipp: Der kleine Umweg lohnt sich. Viel Patina, Geschmack mit modernem Komfort ideal vermischt.

Einkaufskorb
Kündig Bräu
René Kündig
Hauptstrasse 49
5323 Rietheim
056 249 16 13
www.kuendigbrau.ch
Tipp: Sein Rauchbier ist delikat, eignet sich hervorragend zu geräuchertem Fisch und muss den Vergleich mit dem Bamberger Original nicht scheuen.

ALLES BLEIBT ANDERS

Versteckt, unscheinbar und verwunschen steht er zwischen Häusern, Scheune und Stall. Kein Hinweisschild führt zu ihm. Braucht ein Engel auch nicht. Schon gar nicht, wenn er blau ist.

Wer die Speisewirtschaft Zum Blauen Engel nicht findet, fragt nach oder sucht bei der «Bushaltestelle Dorf». Dann sollte es klappen. Zu ihrem Namen ist die legendäre Wirtschaft durch Anni Vogt gekommen, die sich während des Zweiten Weltkriegs liebevoll um die in Rüfenach einquartierten Soldaten und Offiziere kümmerte. Immer in der Aargauer Tracht mit blauer Schürze trug sie zur Wehrtüchtigkeit der Männer bei, was ihr den Namen «Der Blaue Engel» eintrug. Als Anni, die Älteste der Vogt-Schwestern, nach Kriegsende heiratete und ihr Dorf verliess, übernahmen ihre jüngeren Schwestern Lise und Gret Vogt gemeinsam mit Schwägerin Anni die beliebte Speisewirtschaft. Jahrzehnte später, nach dem Tod von Schwägerin Anni, gab Lise 2005 den «Blauen Engel» auf, der mit den nachfolgenden Pächterinnen allerdings nicht glücklich wurde. Die Speisewirtschaft verwaiste, bis Christophe Martin anklopfte.

Die guten Geister sind weiblich

Christophe Martin, den Freunde und Stammgäste «Kiki» nennen, ist zwar Romand, aber schon zu lange in der Deutschschweiz verwurzelt, als dass er sich als kulinarischer Quereinsteiger von den Aargauern ins Bockshorn jagen liesse. Jedenfalls haben sie sich sehr schnell an ihn und er sich an sie gewöhnt. Der «Blaue Engel» überzeugt mit Speis und Trank und Gastfreundschaft, die das ganze Team rund um den Patron mitträgt. Christophe Martin ist das Zwischenmenschliche genauso wichtig wie Qualität und Typizität. Das wird den Gästen sehr schnell bewusst: Beim Lächeln zur Begrüssung, beim Holzofenbrot, bei den lokalen Freilandeiern, beim Wein, Bier, Hausschnaps, Kotelett oder ganz banal bei der Rauchwurst

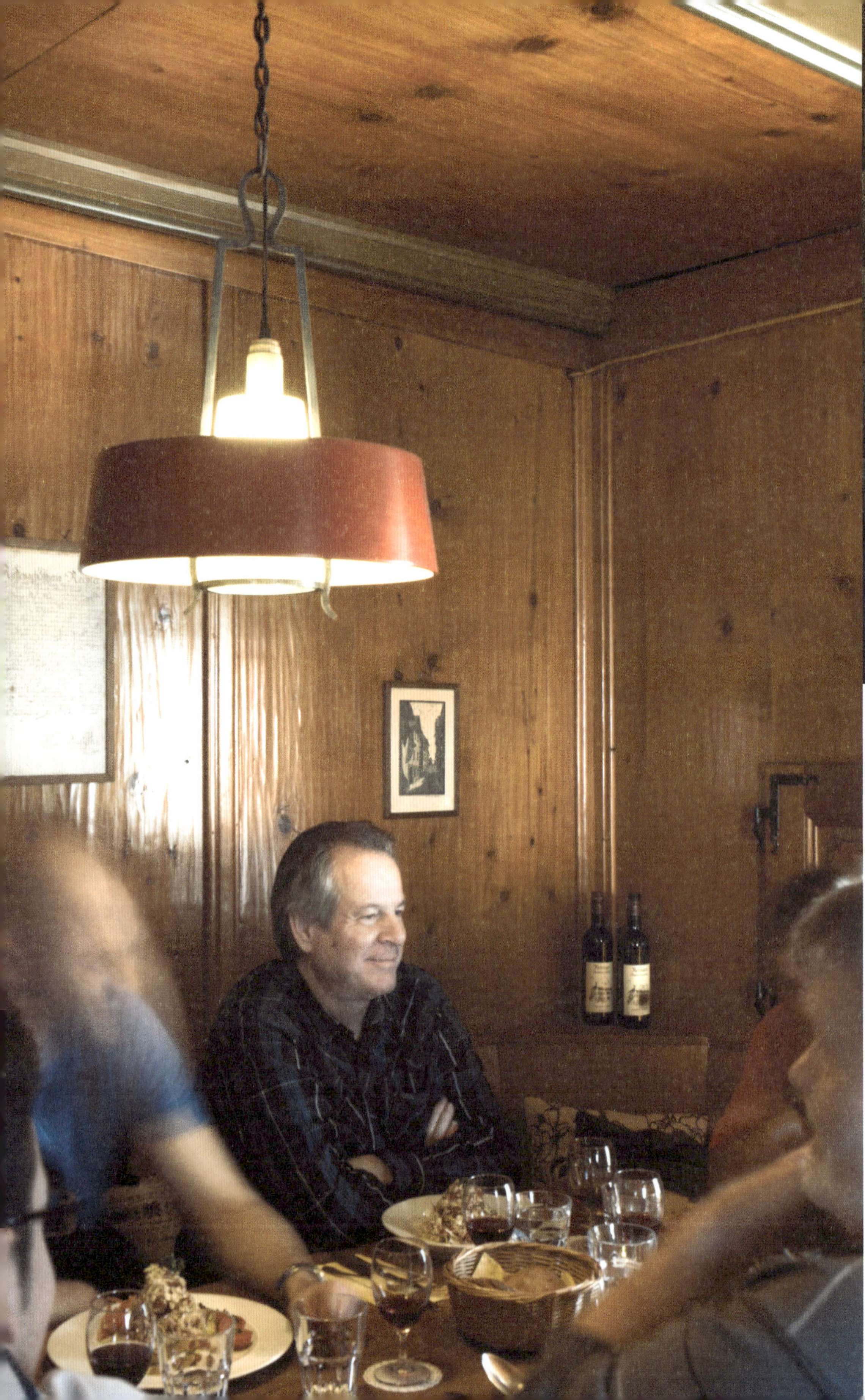
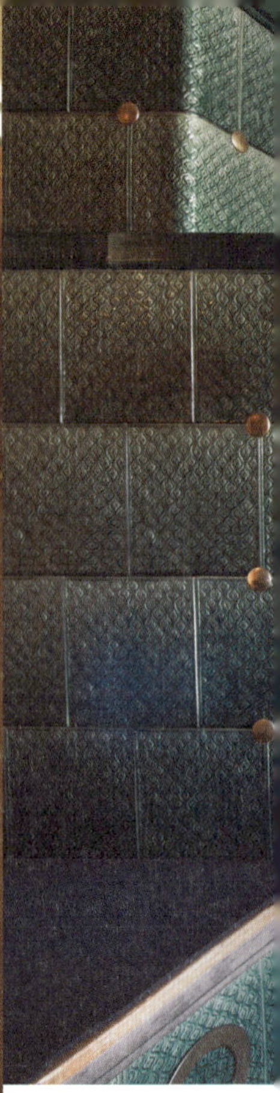

oder dem Wurst-Käse-Salat, für den ein Teil seiner Gäste in der Saison sogar aus Zürich oder Basel anreisen und friedlich vereint an den langen Tischen sitzen. Und die Vogts? Die freuen sich gemeinsam mit Christophe Martin, dass ihre Beiz wieder blüht und der hofeigene Rebensaft in die Gläser fliesst. Auch Dölf Vogt, den vitalen über neunzigjährigen Altbauern und Bruder der legendären Vogt-Schwestern, freut es, dass er seinen Kaffee wieder im «Blauen Engel» trinken kann, nicht ohne den Gästen stets eine pointierte Lebensweisheit mit auf den Weg zu geben.

Zum Blauen Engel
Zehntenweg 5
5235 Rüfenach
056 284 13 54
www.blauerengel.ch
Geöffnet: Mittwoch bis Samstag ab 9 Uhr, Sonntag von 10 bis 20 Uhr
Geschlossen: Montag, Dienstag
In der Beiz: Christophe Martin und Renate Weibel
Am Herd: Erika Süess, Brigitte Widmer und Christophe Martin
Die gute Seele und der Joker im Haus: Therese Süss
Küche und Keller: Schnitzel, Kotelett, Speck und eine hervorragende Rohmilchkäseauswahl. Getrunken werden die Hausweine von Peter Vogt, Spezialitäten aus der Region und einige Spitzenweine, ausgewählt von Daniel Cortellini. Mehr Infos unter www.cortis.ch.
Gäste: Bauern, Pensionäre, Philosophen, Künstler und Schriftsteller.
Atmosphäre: Urig genial.

Frischluft: Im Innenhof und neben dem Haus gibt es lange, kurze und runde Tische.
Nicht verpassen: L'Étivaz, der Rohmilchkäse aus der Heimat von Christophe Martin.
Applaus: Für den Specksalat, das Kotelett, die Metzgete und den Sonntagsbraten.
Na ja: Das wunderbare Bauernbrot im Plastiksack weich zu halten, muss nicht sein. Dieses gehaltvolle Brot darf mit der Zeit durchaus härter sein, was der Qualität keinen Abbruch tut.
Und da wäre noch: Jeweils am dritten Donnerstag im Monat findet der kulturelle Nachmittag «Zuelose» oder «Zueluege» statt. Literaten lesen, Historiker referieren, Musiker musizieren, Schauspieler spielen. Wer früh kommt, sitzt in der ersten Reihe, wer zu spät kommt, steht, manchmal auch vor der Tür.
Chapeau und Merci: Christophe Martin avanciert zum Buchverkäufer. Hat er doch bis heute schon über 200 Bücher von «Cervelat und Tafelspitz» und «Buttenmost und Ochsenschwanz» verkauft. Herzlichen Dank dafür.

Stuhl und Bett
Maja & Jan Meester-Bill
Zollstrasse 14
5412 Gebenstorf
044 300 27 85
www.bluewall.ch
Tipp: Wer Wasser liebt, kann gar nicht anders als hier übernachten. Das Haus historisch, der Umbau modern, das Ganze umgeben von Reuss, Limmat und Aare, «Flussbadi» inklusive.

Einkaufskorb
Lägere Bräu
Thomas Benz
Klosterstrasse 40
5430 Wettingen
056 426 19 54
www.laegerebraeu.ch
Tipp: Mir hat es das bernsteinfarbige Klosterbier «Stella Maris» angetan.

Hier findet man noch ein Stück ursprünglichen Aargau, etwas verschlafen, aber ungemein sympatisch. Ein Gebiet ohne künstliche Heimatabende für Touristen, ohne Hochseilgärten und ohne fragwürdige Anbiederung. Alles ist echt. Auch der «Bären».

NÄCHSTER HALT HOTTWIL

Den Segen hat er bekommen und eingeweiht wurde er mit einem grossen Fest, der Flösserweg zwischen Stilli an der Aare und Laufenburg am Rhein. Ansonsten geht es auf und um ihn ruhig und gemächlich zu und her. Für die knapp zwanzig Kilometer lange Strecke benötigt der Wanderer rund fünf Stunden. Das Problem bei den fünf Stunden ist der «Bären» in Hottwil, an dem der Beizengänger nicht vorbeikommt und ebensowenig der Gesundesser, der auf eine unprätentiöse Frischküche Wert legt. Das Ganze ist eine unscheinbare Beiz, mit einfachem Interieur, neckischen Details, viel Dekor und zu vielen Stoffbären, die an jeder Ecke lauern. Die Speisen werden ungekünstelt angerichtet, der Fisch, das Fleisch ist von bester Qualität, vorwiegend regional, gut gewürzt, perfekt in den Garzeiten, kurz, mit Liebe gekocht.

Das vorzügliche Dessert würde auch ohne Firlefanz auskommen. Der Service unter der Leitung des Patrons ist herzlich und zuvorkommend, der Gast ist willkommen, der Neuankömmling wird oft zum Wiederholungstäter.

Kaufen und mitnehmen

Im Eingangsbereich steht das «Chochichäschtli», ein Schrank voller hausgemachter Leckereien zum Mitnehmen, in dem der «Bär» natürlich nicht fehlt. Esther Keller dekoriert mit Leidenschaft, was für mich aber zählt, sind ihre exzellenten Sirups, Konfitüren, Chutneys, eingelegten Gemüse, die gute Tomatensauce und der wunderbare Kalbskopf nebst diversen anderen Spezialitäten. Nicht verpassen sollte man, je nach Saison, die im Haus produzierten Glaces, die Weinsuppe, die Hettenschwiler Spargeln, das Gitzi oder im November die delikate Metzgete. Wer sich den Appetit erwandern will, startet in Laufenburg, übernachtet im «Bären» und verbrennt das Nachtessen am Folgetag auf dem Restweg nach Stilli. Das freut nicht nur den Hausarzt, sondern tut dem Körper und der Seele gut. Ein Kompliment auch an die Initianten des Flösserwegs, des einstigen Fusswegs der Flösser, die bis Ende des 19. Jahrhunderts das Holz auf der Aare und dem Rhein von Stilli nach Laufenburg transportierten, bevor es dann per pedes zurückging – nicht ohne Halt in Hottwil.

Gasthaus Bären
Dorfstrasse 19
5277 Hottwil
062 875 11 45
www.baeren-hottwil.ch
Geöffnet: Montag, Donnerstag bis Samstag ab 9 Uhr, Sonntag von 10 bis 20 Uhr
Geschlossen: Dienstag, Mittwoch, Sonntag ab 20 Uhr
In der Beiz: Geri Keller, Anita Müller, Janine Bredanger und Kathrin Weber
Am Herd: Esther Keller, Caroline Leubin und Regula Nietlispach
Küche und Keller: Cordon bleu, Filetgulasch, Rauchwurst, Speck und Bohnen: Landküche auf ihrer Höhe. Aus dem Keller kommen viele regionale Weine, darunter diverse Entdeckungen. Wer Bier mag, hält sich ans naturtrübe Flösserbräu – was denn sonst.

Gäste: Flösser, Wanderer, Ausflügler, Fischer, Naturmenschen, eine Pilzkontrolleurin, das Dorf.
Atmosphäre: In der Gaststube wurde früher einige Male zu oft renoviert, trotzdem hat der Raum Atmosphäre, was man von der Nebenstube nicht behaupten kann, die nächstens entstaubt werden soll.
Frischluft: Schöner Sitzplatz umgeben von verschiedenen Düften aus dem Kräutergarten.
Nicht verpassen: Die Metzgete und das heimische Wild.
Applaus: Für eine reelle Dorfbeiz, für die langen Präsenzzeiten und für die guten Produkte zum Mitnehmen.
Na ja: Mir hat es zu viele Stoffbären im «Bären».

Und da wäre noch: Der Flösserweg bietet reizvolle Ausblicke und wundervolle Momente in der Natur. Die reine Wanderzeit beträgt fünf Stunden. Mehr Infos unter www.floesserweg.ch.

Stuhl und Bett
Im «Bären» vor Ort
Tipp: Zwei unspektakuläre Doppelzimmer zu Stadtpreisen. Das Ganze einmal mit Bad und einmal mit Etagenbad.

Einkaufskorb
Metzgerei Neuhaus im Schwyzerhüsli
Willy Neuhaus
Ausserdorfstrasse 85
5276 Will
062 875 11 71
Tipp: Urig, ursprünglich und gut. Die Rauchwürste sind einen Versuch wert.

STERNSTUNDEN

Spektakulär unspektakulär geht es im «Sternen» zu und her. Hier einmal Speck, bitte sehr, eine Stange dort, sogleich, drei Schnitzel paniert, wie gewünscht. Zwischendurch ein Jass, ein Schwatz ... es klopft, es spricht und es raucht ... nur noch die Wurst.
Der normale Alltag.

Im «Sternen» in Elfingen wird jeder Gast von Wirtin Heidi Dättwiler persönlich begrüsst und verabschiedet. Sie führt gemeinsam mit ihrem Mann Emil die gemütliche Dorfbeiz in der vierten Generation. Emil schwingt den Kochlöffel, wenn er nicht auf die Jagd geht, Heidi sorgt mit Argusaugen für ihre Gäste, wenn sie nicht gerade Brot backt. Berühmt ist der «Sternen» für sein saisonales zartes Geschnetzeltes von der Wildsau, für den würzigen Specksalat und für den saftigen Sonntagsbraten. Eine Spezialität des Hauses ist die goldbraune, knusprige Rösti. Schweineschmalz und rohe Kartoffeln machen den Unterschied. Nur nicht am Sonntag. Da ist der Braten König, der auf der Silberplatte zelebriert wird. Mit Fleischstücken vom Kalb, Schwein und Huhn. Wie sich das für eine Landbeiz am Sonntag gehört. Dazu gibt es ungefragt Pommes frites aus der Tiefkühltruhe, wer den Erdapfel als luftig-leichten Kartoffelstock bevorzugt, bestellt ihn bereits bei der Tischreservation per Telefon.

Die ultimative Wurst

Ja, und dann wäre da noch ein Gaumenerlebnis der besonderen Art, zumindest für jeden Wurstliebhaber. Der «Sternen» bietet eine Wurst, für die sich jeder Umweg lohnt. Diese Wurst ist wie ein Sechser im Lotto. Sie verkörpert beste Volkskultur und ist ein grosser Zipfel Schweizer Identität. Leider ist sie limitiert und nur saisonal verfügbar. Zeit, den Vorhang zu heben: Im «Sternen» wird die mit Abstand beste Wildsaurauchwurst, die ich je zwischen die Zähne bekommen habe, aufgetischt. Dazu etwas Bauernbrot, ein Schluck Hiesiger, nicht mehr, nicht weniger. Und ja keinen Senf, der die subtilen Geschmacksnoten der Wurst und ihr reines, wundervoll duftendes Fett grob fahrlässig beeinträchtigen würde. Ich übertreibe? Mitnichten. Gäbe es einen Oscar für eine Wildsaurauchwurst, diese hätte ihn verdient. Wer nun glaubt, an das Rezept oder gar an den Namen des Produzenten der Wurst zu kommen, der irrt. Nichts hilft, kein Flattieren, kein Augenaufschlag, kein gar nichts. Ihr Rezept bleibt geheim. Das kennen wir doch von irgendwoher …

Sternen
Dorfstrasse 2
5077 Elfingen
062 876 11 08
www.sternen-elfingen.ch
Geöffnet: Freitag ab 17 Uhr, Samstag und Sonntag ab 10.30 Uhr
Geschlossen: Montag bis Donnerstag
In der Beiz: Heidi Dättwiler
Am Herd: Emil Dättwiler

Küche und Keller: Specksalat, Schnitzel, Sonntagsbraten, dazu eigener Riesling x Silvaner und Blauburgunder.
Gäste: Wanderer, Sonntagsausflügler, Jäger und Puristen.
Atmosphäre: Einfache Landbeiz mit gemütlicher Bauernstube.
Frischluft: Unbedeutend.
Nicht verpassen: Das frische Holzofenbrot und die Wildsaurauchwürste – die besten!
Applaus: Die rohe Kartoffelrösti in der vierten Generation.
Na ja: Nach dem Fischaquarium folgen im kleinen Saalanbau die architektonisch trübsinnigen Sechziger.
Und da wäre noch: Der gute Hauswein wird, je nach Ernteertrag, auch über die Gasse verkauft.

Stuhl und Bett

Sennhütte
Eva und Pesche Panero
Sennhütten 97
5078 Effingen
062 876 13 67
www.sennhuette.ch
Tipp: Für ein beschauliches Wochenende oder um gleich ein paar Tage mitten in der Natur die Seele baumeln zu lassen.

Einkaufskorb

Georg Welti
Hauptstrasse 69
5083 Ittenthal
062 871 24 78
Tipp: Weltis Mirabellenschnaps ist tatsächlich ein Geheimtipp. Aber auch alle anderen Brände präsentieren sich unverfälscht, ohne irgendwelchen Trends zu folgen. Nur ist es schwer, an ihn und seine Schnäpse zu gelangen. Vielleicht gelingt es Ihnen über seine Tochter:
Martina Welti
Fricks Monti (Restaurant/Bar/Kino/Kulturbühne)
5070 Frick
062 871 04 44
www.fricks-monti.ch

STARKE STÜCKE

Im «Ochsen» lockt der Sonntagsbraten nicht nur am Tage des Herrn. Mit Esther Villiger, der neuen Gastgeberin und Köchin des Hauses, locken aber noch ganz andere wunderbare kulinarische Stücke.

Wer um alles in der Welt hat den «Brunch» erfunden? Das Unwort der letzten Jahrzehnte. Zumindest für all jene Schweizer Landbeizen, die auf ihrem Sonntagsbraten sitzen blieben. Plötzlich wollten ihre Gäste nicht mehr Zmittag essen, sondern chic zuhause «breakfasten» und «lunchen». Brunchen eben, womöglich noch mit einem Glas Sekt. Der Sonntagsbraten und der Beaujolais fielen aus. Höchste Zeit für die Renaissance der ganzen Stücke. Nur, wo finden sich die Düfte aus einer anderen Welt, wo findet sich zum Auftakt die Suppenschüssel mit Brühe, Fettaugen und Markbein, das saftige, zarte Stück Fleisch mit krachender Fettkruste, die feinen, dünnen Kartoffelstäbchen? Hinter den Fricktaler Hügeln wird der Bratensucher fündig. Esther Villiger zelebriert ihre diversen Stücke am offenen Feuer. Und eigentlich kann es dem Fleischtiger egal sein, ob da ein Lammgigot, Hohrücken, Roastbeef, Zwerchfell vom Rind, eine Kalbsbrust oder gar eine Keule vom Wollschwein über dem Feuer bräunt – die Qualität des Fleischs, das Esther Villiger aus artgerechter Tierhaltung bezieht, die perfekte Zubereitung und das Ergebnis auf dem Teller lassen den Gast an das Gute im Menschen glauben. Nur die frischen Pommes alumettes fehlen ... noch.

Auch die Hühner haben Freude

Den kulinarischen Unterschied zu ihrem legendären Vorgänger Dani Schütz zeigt Esther Villiger mit ihren Vorspeisen und Desserts, die mich mehr faszinieren als das gebratene Stück Fleisch, das im «Ochsen» die Hauptrolle spielt. Ich bin begeistert vom lauwarmen Gemüsesalat (Sie lesen richtig!), vom Peperoni-Rüebli-Curry mit glasierten Apfelscheiben und Korinthen, von den Ochsenherztomaten mit gerösteten Auberginen und von der sensationellen Wildterrine. Allein schon der sorgfältig zubereitete Blattsalat animiert dazu, ganz schnell wiederzukommen. Esther Villiger hat sich nach ihren erfolgreichen Catering-Jahren (www.chezvous.ch) mutig auf das Abenteuer Beiz eingelassen. Alle Terrinen, Teige, Saucen und Glacen stellt sie selbst her, ihr Currygewürz mischt, röstet und mahlt sie im Haus, das Gemüse bezieht sie von den nahen Bauernhöfen, das Frischfleisch ist bio, die Eier kommen von den freilaufenden, glücklichen Hühnern des Nachbarn, selbst das Holzofenbrot ist hausgemacht – das Ganze schlicht wundervoll. Fast! Was jetzt noch fehlt, ist eine lockere Stimmung in der guten Stube. Bei meinem letzten Besuch nahmen sich die meisten Gäste etwas gar wichtig. Essen ist keine heilige Messe, sondern ein lustvolles Erlebnis, bei dem Lachen, Palavern und zivilisiert Zechen erwünscht ist. Es wäre schade, wenn der «Ochsen» zur dogmatischen Fressbeiz verkommen würde.

Restaurant Ochsen Oberzeihen
Weizacher 2
5079 Zeihen
062 876 11 35
www.ochsen-oberzeihen.ch

Geöffnet: Donnerstag bis Samstag ab 17 Uhr, Sonntag ab 11 Uhr
Geschlossen: Montag bis Mittwoch
In der Beiz: Yvonne Schmid
Am Herd: Esther Villiger
Im Hintergrund und als Joker in der Küche: Thomas Villiger
Küche und Keller: Feine saisonale Vor- und Nachspeisen, wie Wildterrine mit Kornelkirschen-Chutney oder Apfel-Tarte mit Hagenbutten-Coulis. Im Mittelpunkt stehen diverse Fleischedelstücke und der Braten vom Holzgrill. Bemerkenswerte Weinauswahl, wobei der regionale Aspekt durchaus noch besser berücksichtig werden darf.
Gäste: Fleischtiger, Beizengänger, Historiker, Romantiker und der eine oder andere Vegetarier für die exzellenten fleischlosen Gerichte der Köchin.
Atmosphäre: Patiniert, altehrwürdig, kurz: eine wundervolle Landbeiz.
Frischluft: Der Nachbar hält Pferde, die ziehen die Fliegen in Scharen an; daher wird die Terrasse in ein grosses Fliegengitter eingepackt.
Nicht verpassen: Die Vorspeisen.
Applaus: Für den lauwarmen Gemüsesalat.
Na ja: Wie wäre es, wenn der Fleischhauptgang statt auf dem überdimensionierten Teller des Vorgängers auf Platte und Rechaud serviert würde? So bliebe das Ganze auch für Langsamesser warm.

Und da wäre noch: Wer nur auf ein Glas vorbeischauen möchte, ist in der alten Küche am langen Tisch, der zum zivilisierten Trinken förmlich animiert, herzlich willkommen.

Stuhl und Bett
Elli und Heiner Keller-Filli
Doracher 8
5079 Zeihen
062 876 21 48
www.doracher.ch
Tipp: Im umgebauten Bauernhaus lässt es sich in unmittelbarer Nähe des «Ochsen» in einfachen Doppelzimmern angenehm nächtigen.

Einkaufskorb
Altbachmühle
Hauptstrasse 41
5064 Wittnau
062 871 12 19
www.altbachmuehle.ch
Tipp: Auf dem Promilleweg über die Hügel, und schon ist man bei Adolf Tschudi, der in seiner Mühle (Besichtigung nach Vereinbarung) diverse Bio-Mehlsorten anbietet, vom Pizzamehl, über das Kloster-, Pasta- und Halbweissmehl bis hin zum Zopfmehl. Nur kneten und backen muss der Kunde noch selbst.

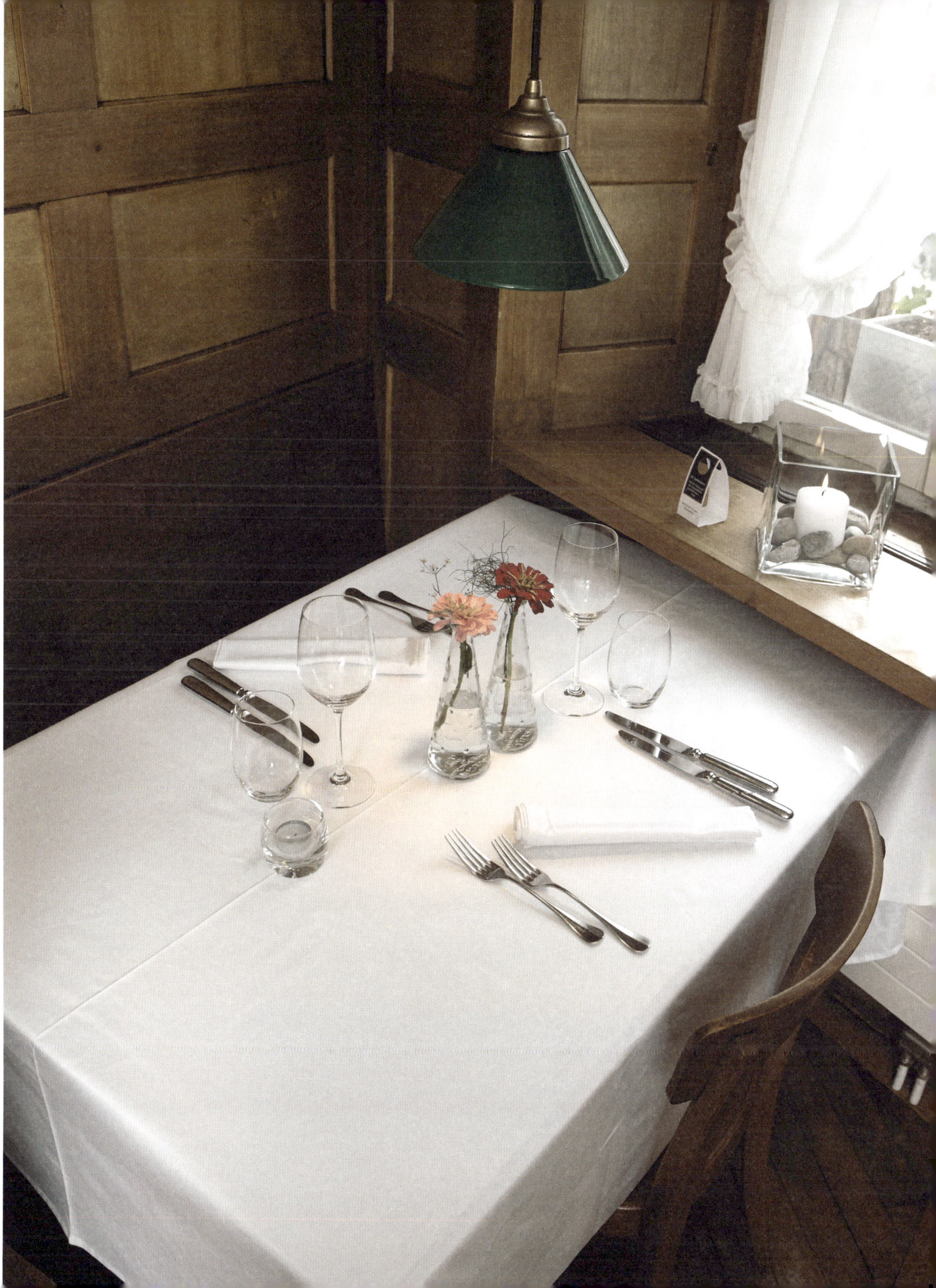

SCHWEIN GEHABT

Wer während des Altweibersommers im «Barmelhof» einen Stuhl ergattert, hat bereits im Frühling reserviert oder Schwein gehabt, ganz im Gegensatz zum Schwein.

Schweineblut und Milch, gewürzt mit Salz, Pfeffer, Majoran, Nelken, Zimt, Muskat samt einem Ei pro Liter Blut und «Zibeleschwaitzi» sind die Voraussetzungen für eine gute Blutwurst. Hinzu kommen Fantasie und Können von Störmetzger und Koch, die mit zusätzlichen Ingredienzien der Blutwurst ihre persönliche Note verpassen. Mit zerstossenen Anissamen zum Beispiel. Die Luft auf dem «Barmelhof» riecht würzig, der Raum ist in Dampf gehüllt, die Schlachter sind zufrieden. Was nun aber das Geheimnis meiner Deutschschweizer Lieblingsblutwurst ist, habe ich nicht herausgefunden. Da kann ich bei Heidi Basler, der Wirtin und Köchin, noch lange nachfragen, auch Störmetzger Markus Pfister schweigt, wie alle anderen fleissigen Helfer kein Wort über ihre Lippen bringen.

Es ist eine verschworene Gesellschaft, die einander in diesen Tagen hilft, um den Appetit der zechenden Gästeschar in Schach zu halten, die schwitzt, lacht, trinkt, singt und Nachschlag bestellt.

Kaffee, Schnaps und Brot

Leberwürste, Koteletts, Rauchwürste, Speck, Apfelschnitze, Rösti, Sauerkraut, die Metzgete im «Barmelhof» bietet diverse kulinarische Nebenrollen. Hauptdarstellerin bleibt für mich aber die Blutwurst. Ohnehin liebe ich den «Barmelhof» an kalten Tagen. Dann, wenn vor der Türe der Wind heult, sich die grellgelbe Wintersonne auf einmal durch eine dicke, graue Wolkendecke kämpft und für einige Sekunden ihre Sonnenstrahlen in die Stube wirft. Das sind ruhige, schöne Momente beim wärmenden Kachelofen.

Gerne bin ich morgens der erste Gast, manchmal gelingt es mir sogar. Dann sitze ich vor einem Glas Kaffee Schnaps, beisse in ein Stück Brot und sehe zu, wie sich die Gaststube langsam füllt. Später wird es Zeit für eine gebratene Forelle (nur auf Vorbestellung), bis irgendwann der Augenblick kommt, wo ich mich mit dem letzten Schluck verabschiede. So einen Tag zu verhocken, tut gut. Keinen Augenblick habe ich daran gedacht, was es noch alles zu erledigen gibt. Gute Tage im Winter.

Barmelhof
Barmelhofstrasse 49
5015 Erlinsbach
062 844 22 71
Geöffnet: Mittwoch bis Sonntag ab 9 Uhr
Geschlossen: Montag, Dienstag ganzer Tag, Sonntag ab 20 Uhr

In der Beiz: Familie Basler
Am Herd: Heidi Basler
Küche und Keller: Kotelett, Rauchwürste, Speck, regionale und nationale Schweizer Weine.
Gäste: Bauern, Städter, Überhocker, Ausflügler und Puristen.
Atmosphäre: Behäbig gemütlich.
Frischluft: Die Holzbank für das Feierabendbier.
Nicht verpassen: Die Metzgete-Wochenenden im Oktober, November, Dezember, Januar und März.
Applaus: Für die beste Blutwurst in der Deutschschweiz, die ich kenne, und für die wunderbaren gebratenen Forellen, die direkt aus den hofeigenen Weihern kommen. Diese gibt es aber nur auf telefonische Vorbestellung, mindestens einen Tag im Voraus.
Na ja: Schade, dass man in dieser urigen Gaststube keine «Krumme» mehr rauchen darf. Würde passen.

Und da wäre noch: Geübte Automobilisten bewältigen die Zufahrtsstrasse zum «Barmelhof» auch im Winter. Alle anderen lassen es bei Schnee und Eis bleiben und nehmen in Aarau die AAR Linie 2 in Richtung Barmelweid und fahren bis zur Haltestelle Laurenzenbad. Von hier aus führt der Fussweg auf der alten Sanatoriumsstrasse durch den Wald zur Bauernbeiz.

Stuhl und Bett
Kloster Schönthal
John Schmid
4438 Langenbruck
062 390 11 60
www.schoenthal.ch
Tipp: Über den Jurakamm zum Kloster Schönthal nach Langenbruck, wo sich der Skulpturenweg für einen Verdauungsspaziergang empfiehlt. Danach wartet die himmlische Ruhe auf perfekten Matratzen in exklusiver Bettwäsche in historischen Gästezimmern an einem einzigartigen Ort. Das grosse Gemeinschaftsbad erreicht man über den Gang.

Einkaufskorb
Genusswerk
Landhotel Hirschen
Albi von Felten
Hauptstrasse 125
5015 Erlinsbach
www.genusswerk.ch
Tipp: Wundervolle regionale und nationale Produkte, die zeigen, dass die Frucht nicht immer als Konfitüre enden muss. Wie wäre es mit einigen Tropfen Quittenbalsam zu geräucherter Forelle?

HINTER DEN GLEISEN

Nein, das Thema ist nicht der Schweizer Heimatfilm, sondern die Traditionsbeiz Flügelrad, die direkt hinter dem Bahnhof Olten liegt und Puristen eine Heimat bietet.

Beim Geldadel ist es heute Trend, Spitzenköche zu unterstützen, was löblich und sinnvoller ist, als sich mit Aktien zu verspekulieren. Ohne Finanzspritzen diverser Mäzene wäre bei einigen Gourmettempeln schon lang der Ofen aus. Vor dem Geld hat die Kunst die Beizenkultur für sich entdeckt. Statt in der Beiz zu konsumieren, gründeten Künstler und Querdenker Genossenschaften und mischten die Gastronomieszene neu auf. So gesehen ist die Tatsache, dass zwei Schriftsteller und ein Journalist eine Wirtschaft kaufen, nichts Neues. Nur ist das «Flügelrad» nicht irgendeine Beiz, sondern eine Oltner Institution, die Elsa Rossi jahrzehntelang prägte. Nach dem Abgang der Wirtin und der Schliessung der Beiz drohte dem Haus der Spekulationstod. Es blieb dem Beizengänger, Schöngeist und Lokalmatador Alex Capus gar keine andere Wahl, als gemeinsam mit Pedro Lenz und Werner de Schepper das «Flügelrad» zu kaufen. Nicht um die Beiz als Literaturhaus, sondern als zivilisierte Trinkstätte und Bollwerk gegen die Verrohung kulinarischer Sitten zu etablieren.

Von Gstaad nach Olten

Das ist gelungen, obwohl Dichter und Denker gute Gäste, aber keine Wirte oder gar professionelle Köche sind. Die Besitzer haben erst gar nichts anbrennen lassen und in Martin Allemann ihren idealen Gastgeber gefunden. Der hat sein Können beim Gstaader Spitzenkoch Robert Speth gelernt und gefestigt. Im «Flügelrad» kocht er mit seiner Mutter Hedwig und Schwester Sonja eine traditionelle bürgerliche Küche. Vor allem der Mittagstisch überzeugt mit Suppentopf, Salatschüssel und «Plat principal». Am Abend ist das Tatar zu empfehlen, das Martin Allemann, wenn er Zeit hat, von Hand schneidet und frisch zubereitet. Trotzdem, der Koch kann mehr, als er im «Flügelrad» zum Besten gibt. Zwar bietet er ab und zu eine Tagesspezialität an, etwas mehr Abwechslung im Angebot würde der Beiz gut tun, wobei das die Stammgäste nicht weiter zu interessieren scheint. Die Beiz ist täglich voll besetzt, alle scheinen zufrieden und glücklich. In ihr treffen sich Einheimische, Reisende und Vertreter der schreibenden Zunft, trinken «Müller Bräu» und orakeln über die Zukunft der Printmedien. Fazit: Das «Flügelrad» ist eine Quartierbeiz, die von Stammgästen lebt, die in ihrer Wirtschaft ein Stück Heimat sehen. Eine rare, eine aussterbende Form der Gastronomie, die es als Gast sorgsam zu pflegen gilt.

Übrigens: Alex Capus schreibt nicht nur fleissig Bücher, sondern expandiert als Wirt oder sagen wir besser als Immobilienbesitzer. Er hat das Circolo Galicia gekauft und eine trendige Begegnungsoase für lokale Zeitdiebe geschaffen, die gerne am Weinglas nippen und über Goalies philosophieren und sich dabei an Chili con Carne laben.

Flügelrad
Tannwaldstrasse 36
4600 Olten
062 296 60 75
www.fluegelrad.ch

Geöffnet: Montag bis Freitag ab 11.30 Uhr
Geschlossen: Samstag, Sonntag
In der Beiz: Dolores Linggi und Yolanda Biefer sind eineiige Zwillinge, die mit speziellem Charme dem Gast erklären, was im «Flügelrad» Sache ist.
Am Herd: Martin Allemann mit Schwester Sonja und Mutter Hedwig
Küche und Keller: Cordon bleu, Hackbraten, Käseschnitte und eine kleine Auswahl an Flaschen aus der Schweiz, Italien und Spanien.

Gäste: Poeten, Autoren, Journalisten, Bähnler, Arbeiter, Banker und verhinderte Politiker.
Atmosphäre: Wie einst in der patinierten Quartierbeiz mit Blick auf Bahnhof, Gleise, Züge und Reisende.
Frischluft: Unbedeutend
Nicht verpassen: 1. Das von Hand geschnittene Rindstatar, das bei Grossandrang durch den Fleischwolf geht. Nachfragen.
2. Der beliebte Blechkuchen, der meist ausverkauft ist.
Applaus: Für den unkomplizierten, guten Mittagstisch.
Na ja: Ein Merlot aus Chile ist hier unsinnig. Der Zug aus dem Tessin hält direkt vor der Haustür.

Und da wäre noch: Der eindrückliche Gewölbekeller ist für Gesellschaften ab 15 Personen auch samstags und sonntags zugänglich.

Stuhl und Bett
BnB Olten
Reto Derungs
Felsenstrasse 50
4600 Olten
062 297 10 77
www.bnb-olten.ch
Tipp: Drei kleine (das grösste misst gerade mal 16 Quadratmeter) stilvoll eingerichtete Zimmer nur wenige Gehminuten vom «Flügelrad» entfernt.

Einkaufskorb
Fischfritz
Patrick Käser
Klosterplatz 15
4600 Olten
079 265 11 06
www.fischfritz.ch
Tipp: Wenn Fisch, dann von «Fischfritz». Patrick Käser ist nicht nur passionierter Angler, sondern verkauft alles an Utensilien, was ein Hobbyfischer so braucht. Hinzu kommt ein kleines, durchdachtes Fischangebot, das selbst verwöhnte Hobbyköche überzeugt. Mich begeistert seine Bachforelle, die er von der Fischzucht in Bremgarten bezieht. Man kann sie ganz, ausgenommen, filetiert, mit oder ohne Haut und auf Vorbestellung geräuchert kaufen.

Gäbe es das «Vini – Al Grappolo» nicht, müsste es erfunden werden. Die Idee stammt aus dem piemontesischen Asti und hat sich in einem Vierteljahrhundert zur Solothurner Institution entwickelt.

BAROCK, ROCK UND WEIN

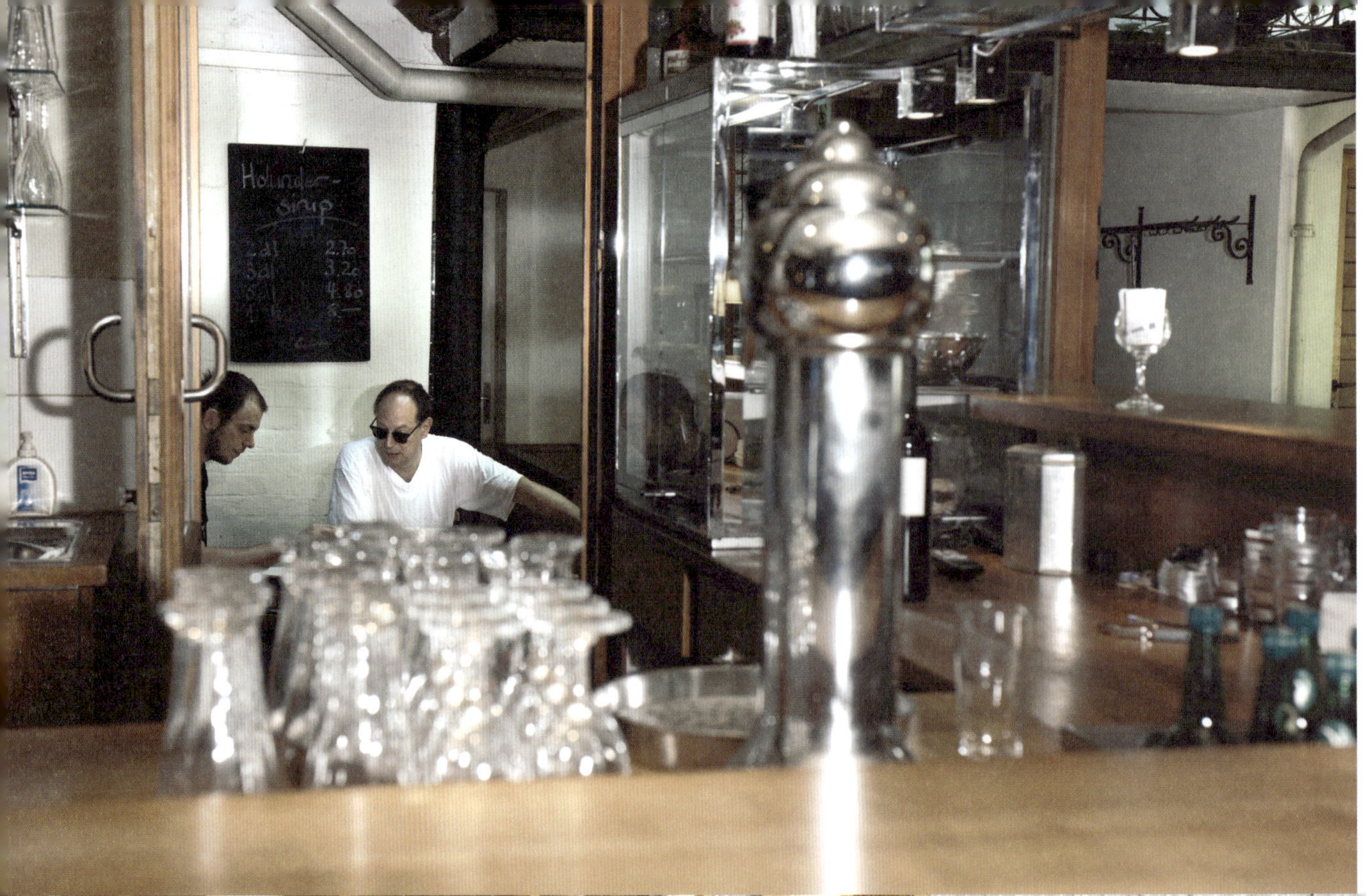

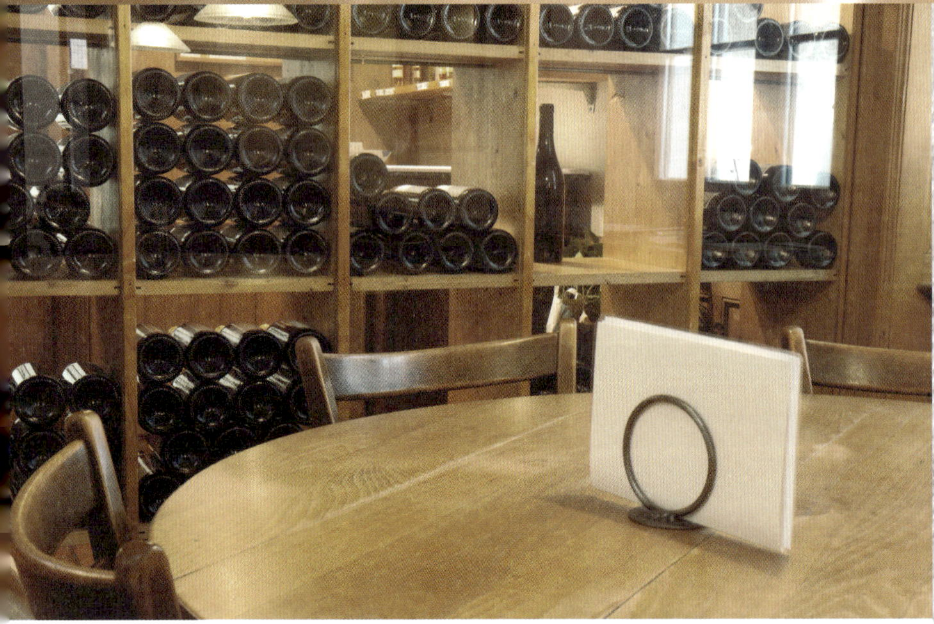

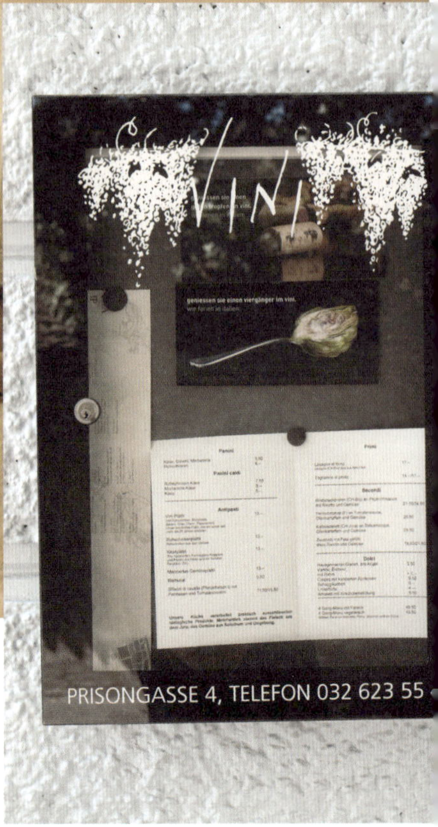
Vini
PRISONGASSE 4, TELEFON 032 623 55

Solothurn liegt am Meer! Klar, immer im Mai. Dann, wenn sich die Schriftsteller zu den Literaturtagen treffen und poetisch alles möglich wird. In den Solothurner Beizen bleibt es aber sachlich. Zum Beispiel mit einem Kaninchen in Arneis. Reden gibt Durst, Zuhören auch. Wasser ist gut, Wein ist besser. Gelöscht und diskutiert wird aber nicht nur an den Literaturtagen, sondern das ganze Jahr. Vor allem auch im «Vini» und seiner erweiterten Gartenanlage, der «Hafenbar», an der die Literaturkapitäne und Amateurpoeten gerne vor Anker liegen. Solothurn ist die schöne Unbekannte der Schweiz. Sie vereint Deutsch und Welsch, Barock und Rock, Linke und Rechte, Dichter und Denker. Und die tun gerne, was sie schon immer taten: essen und trinken. Das muss so, das kann gar nicht anders sein, hat Solothurn doch die grösste Beizendichte der Schweiz. Auch wenn Beizen schliessen, umfunktioniert oder abgerissen werden. Das Schlimmste, was sich Solothurn diesbezüglich angetan hat, ist zuzulassen, dass aus der «Spanischen Weinhalle» eine Calida-Pyjama-Boutique wurde. Das ist noch viel schrecklicher, als wenn man die «Fuchsenhöhle» in ein Eheberatungsinstitut für angehende Mütter verwandeln würde. Gottlob sind das Ausnahmen, oder irre ich mich da etwa? In den letzten Jahren sind so einige Beizen verschwunden.

Im Glas schäumt es violett

Seit 1983 gibt es die Weinhandlung «Vini – Al Grappolo», seit einem Vierteljahrhundert die Beiz dazu. Das «Vini» hat sich zur Institution entwickelt, ist Kult und wird von allen Schichten frequentiert. Der Ort eignet sich für ruhige oder lebhafte Momente. An einem Samstagnachmittag hat man den Innenhof oft für sich allein. Dann, wenn die Stadt im und am Fluss ist, sitzt der Geniesser auf der kleinen roten Gartenbank, trinkt violett schäumenden, knackig frischen Lambrusco und isst dazu einige Antipasti. Salami, Rohschinken, Mortadella, eingelegtes Gemüse, Käse und herrliches Brot von der Holzofenbäckerei Müller. Unerreichte Normalität, die euphorisch stimmt.

Vini – Al grappolo
Prisongasse 4
4500 Solothurn
032 623 55 45
www.algrappolo.ch
Geöffnet: Montag bis Samstag ab 11 Uhr
Geschlossen: Sonntag
In der Beiz: Linda Flury, Rolf und Bettina Schöb, Anne Lehmann, Katja Hubler, Simon Bürgi und Lukas Heutschi

Am Herd: Lukas Heutschi, Fabian Vogel und Marcello Brunner
Die graue Eminenz im Hintergrund: Sepp Misteli
Küche und Keller: Kleine, feine italienische Spezialitäten wechseln sich in loser Folge mit traditionellen Schweizer Gerichten ab.
Gäste: Dichter, Denker, Müssiggänger, zivilisierte Trinker, Poeten, Literaten, Heimwehitaliener, Schöngeister, Arbeiter, Politiker, Schriftsetzer und und und.
Atmosphäre: Schlicht, gradlinig ohne Krimskrams.
Frischluft: Von Reben überwachsener kleiner, verträumter Innenhof.
Nicht verpassen: Die kulinarischen Themenabende im Frühling und im Herbst.
Applaus: Für ein Vierteljahrhundert grossartige Gastfreundschaft und das beste Preis-Leistungs-Verhältnis italienischer Weine in der Schweiz.
Na ja: Der Risotto als Nebendarsteller zur Beilage degradiert, muss nicht sein.
Und da wäre noch: Zur Beiz gehört ein Weinladen.

Stuhl und Bett
Klosterplatz 3
Penny Gassmann Läng
Klosterplatz 3
4500 Solothurn
032 621 66 48
www.klosterplatz3.ch
Tipp: Die Unterkunft entpuppt sich als angenehme 2 1/2-Zimmer-Wohnung mit Schlafzimmer, Stube, Küche, Bad und Sitzplatz im Innenhof. Im Bücherregal warten verschiedene Krimis, auf der Strasse singen die Tenöre der «Grünen Fee» und den Morgen läuten die Kirchenglocken der Stadt ein. Kurz, man ist mittendrin, was auch seinen Reiz hat.

Einkaufskorb
Solothurner Markt
Mitten in der Altstadt
Tipp: Den sollte man sich am Samstag auf keinen Fall entgehen lassen, wenn sich «tout Soleure» zwischen den Ständen trifft. Suchen, Finden, Kaufen und sich mit den Solothurnern treiben lassen.

Vini – Al grappolo, Solothurn 163

44

NICHT LANGE NACHDENKEN

Das «Baseltor» ist eine Beiz für den täglichen Gebrauch, so wie Zähne putzen. Es eignet sich auf ein Glas, für den Mittagstisch und für das kurze oder lange Abendmahl, ohne dabei gleich zu verarmen.

Restaurant Hotel Baseltor, Solothurn

Die einzigen Lautsprecher im «Baseltor» sind seine Gäste. Ansonsten bespielt wohltuende Stille den Hintergrund. Kein Klaviergeklimper, kein Pop, keine Arien, kein gar nichts. Die Speisekarte ist frei von Gesülze und überzeugt mit klaren Ansagen. Sie wechselt häufig, die Qualität bleibt sich gleich. Das Küchenteam ist auf seiner Höhe, bestückt mit Profis, die frei von Allüren und ohne Brimborium kochen, aber sich öfter mal an was Neues wagen, ohne die hauseigenen Klassiker aus den Augen zu verlieren. Die Teller haben alle geometrischen Trends überlebt und sind rund. Bravo. Über Geschmack soll man streiten, im «Baseltor» erübrigt es sich. Auch was die Bestuhlung anbelangt, die mit Haefeli-Stühlen von Horgen-Glarus glänzt. Der Laden brummt, «tout Soleure» sieht sich zunehmend damit konfrontiert, seine Tische mit Schlemmertouristen und Städtehüpfdohlen teilen zu müssen. Nur die seitlichen Hochsitze nicht, an die sich freiwillig kein Gast setzt, ausser Schnellesser auf dem Weg in die Nacht. Im ersten Stock geht es eleganter, gedämpfter zu, aber immer noch so, dass sich alle wohl fühlen. Das «Baseltor» bereitet rundum Freude, auch wenn das einige Solothurner nicht so sehen und über ihre Stammbeiz motzen, was in der Barockstadt aber fast schon zum guten Ton gehört und dann geschieht, wenn Gutes Alltag wird.

Starker Service mit diskretem Charme

Den klassischen Kellner, der das Tablett führt, als sei es mit dem Unterarm verschraubt, oder den befrackten «Garçon» mit dem Charme eines Eisschranks und die Dame mit weisser Bluse und gestärkter Spitzenschürze hat es im «Baseltor» nie gegeben, dafür sympathische Zeitgenossen, die den klassischen Service mit freundlicher Leichtigkeit umsetzen. Was 1978 im «Löwen» als kleine idealistische Gemeinschaft begann, hat sich heute zu einem expandierenden Erfolgsunternehmen entwickelt, zu dem auch die gastronomischen Betriebe «Solheure» und «Salzhaus», gehören. Neu wird zum kleinen Beizen-Imperium die geschichtsträchtige «Krone» hinzukommen, die nach Renovation und Umbau als lebendige Brasserie auferstehen wird. Allerdings ist der Zeitpunkt der Auferstehung noch nicht so klar.

Zurück zum «Baseltor» das seine Seele verloren haben soll, wie diverse Eingeborene meinen. Gut, das mag für jene stimmen, die noch die Ursprünge kennen, für neue Stammgäste ist das «Baseltor» einfach eine erfolgreiche Beiz mit guter Küche. An einem lauen Mittwochabend habe ich hier gebackene Zucchiniblüten, frittierte Thonmoussekugeln, Kaninchenleber, Pasta mit Gartenkräutern und Lammgigot gegessen. Begleitet haben mich Riesling und Lambrusco – wunderbar war's.

Restaurant Hotel Baseltor
Hauptgasse 79
4500 Solothurn
032 622 34 22
www.baseltor.ch
Geöffnet: Montag bis Freitag ab 9 Uhr, Samstag ab 8.30 Uhr, Sonntag ab 17.30 Uhr
Geschlossen: An Feiertagen

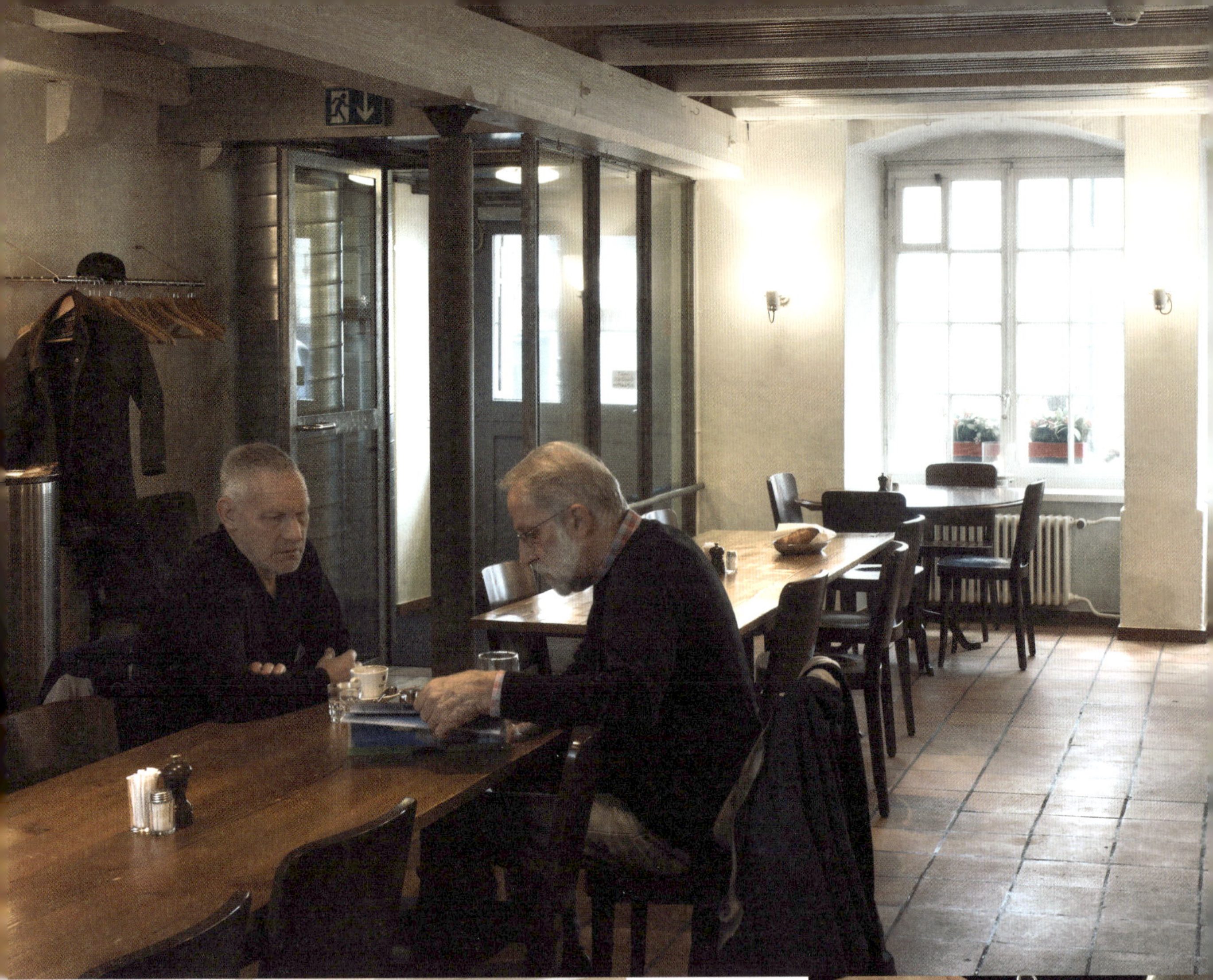

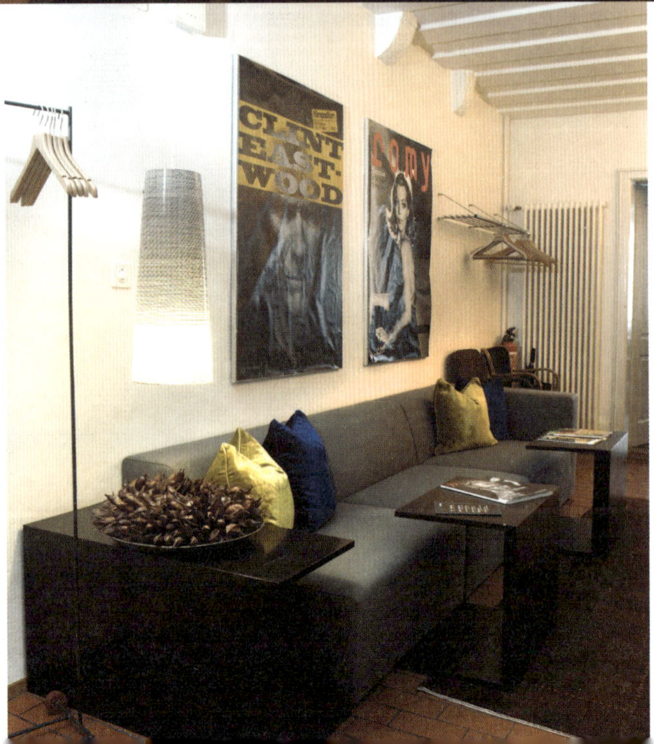
CLINT
EAST-
WOOD

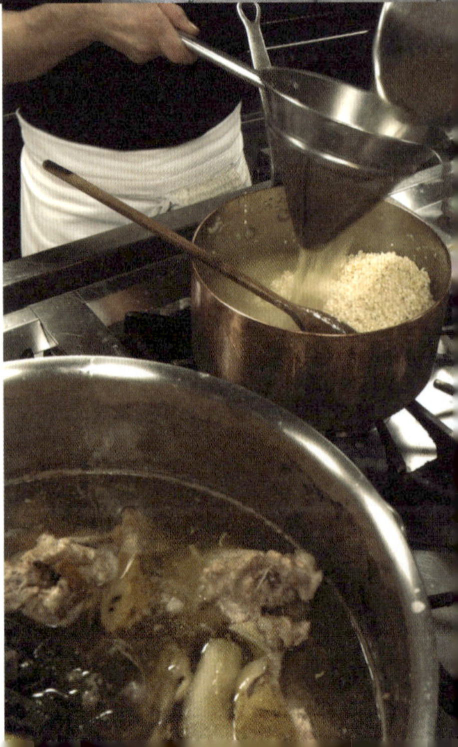

In der Beiz: Franziska Liechti und André Schäffner
Am Herd: Pia Camponovo
Im Hintergrund: Franz Herger
Zudem: Eine ganze Reihe sympathischer Helfer in der Küche und im Service.
Küche und Keller: Frischküche, die sich zwischen mediterran (frisch marinierte Sardellen) und helvetisch-innovativ (dreierlei Randen) einpendelt.
Gäste: Dichter, Denker, Besserwisser, Snobs, Alt-68er, Linke, ganz Linke, Bürgerliche, Lehrer, Schlipsträger, Literaten, Lebenskünstler, kurz, die ganze Palette.
Atmosphäre: Zwischen Stilvoll (obere Etage) und Lebendig (Parterre), ohne abzuheben, egal in welche Richtung.
Frischluft: Für das Feierabendbier auf dem Boulevard, für das Abendessen romantisch verträumt an der Rückseite des Hauses.
Nicht verpassen: Lardo di colonnata.
Applaus: Für die andauernde konstante Küchenleistung und für die guten Nebenschauplätze wie frittierte Kartoffelscheiben oder ein roher Randensalat.
Na ja: Das «Türkische Gemüse» hat seine Renaissance verdient!!!
Und da wäre noch: Das Preis-Leistungs-Verhältnis der Weinauswahl animiert dazu, eine zweite Flasche zu bestellen.

Stuhl und Bett
Vor Ort im «Baseltor»
Tipp: Zimmer Nr. 7 und Nr. 8 haben Blick auf die St.-Ursen-Kathedrale. Die Zimmer im «Kuonihaus» sind sehr grosszügig bemessen und haben dementsprechend ihren Preis. Nr. 21 und Nr. 23 gehen auf den ruhigen Hinterhof hinaus.

Einkaufskorb
Kerzen-Jeger
Urs Jeger
Hauptgasse 36
4500 Solothurn
032 622 31 70
www.kerzenjeger.ch

Tipp: Patiniert und einfach nur schön, so präsentiert sich Solothurns Kolonialwarenladen mit Spezialitäten fürs Auge und für den Magen. Und Kerzen gibt es auch. Wen wundert's bei dem Namen.

ALLEIN AUF WEITER FLUR

Der Platzhirsch in Zeglingen heisst «Rössli» und ist eine der letzten echten Dorfbeizen im Baselbiet. Mit den besten Pommes Frites weit und breit, einem delikaten Sonntagsbraten und Milkenpastetli am Donnerstag.

Um halb neun öffnet das «Rössli». Es dauert nicht lange, bis die ersten Gäste eintreten, sich am runden Stammtisch installieren und sich dem «Znüni» hingeben. Arbeiter, Briefträgerinnen, Frühtauwanderer, es ist eine bunte Gesellschaft, die da aufeinandertrifft, sich austauscht, über die Zeichen der Zeit und über die letzte Hausmetzgete im «Rössli» philosophiert. Eigentlich ist es so wie früher bei den langjährigen Wirten Theo und Carlo. Die sechsjährige Zwangspause hat dem «Rössli» nicht geschadet. Judith Gysin sei Dank, die nie aufgab, ihren lang gehegten Traum der eigenen Dorfbeiz zu verwirklichen. Heute ist sie stolze Besitzerin und Gastgeberin in ihrem «Rössli», das sie wachgeküsst und innert kürzester Zeit wieder zu einem lebendigen Treffpunkt geformt hat. Dass es soweit kam, hat sie auch ihrer Familie, ihren Freunden und Bekannten zu verdanken, die sie bei der Verwirklichung ihrer Visionen stets unterstützten. Die Nächstenliebe geht so weit, dass in hektischen Momenten ihr Ehemann, Hobbybauer und Stahlunternehmer Markus Gysin samt den Söhnen Thomas, Daniel und Lukas tatkräftig in der Küche mithelfen. Am Herd kocht Bratkünstler Patrick Oester, dem der Spagat zwischen Tradition und Innovation gelingt und der zu gewissen Zeiten gar nicht mehr weiss, wie ihm geschieht. Der Laden brummt, seine panierten Schnitzel, die hauseigenen, delikaten Frites (ich übertreibe nicht), das Holzofenbrot, die Forelle, der Schmorbraten, die Topinambursuppe oder seine «Fior di Latte» mit Schokolade sind gefragt und beliebt, wobei das durchdachte Angebot, bis auf die Klassiker, saisonal wechselt.

Kein Klischee, sondern Alltag

Das «Rössli» ist abends meistens ausgebucht, oft auch mittags; es ist eine angenehme Begegnungsoase für Stadt und Land. In dieser Beiz treffen sich Jung und Alt, reden, trinken, essen und geniessen miteinander. Kurz, das Ganze ist ein stimmungsvoller Alltag, der einfach nur Freude macht. Dazu trägt auch die Herzlichkeit des bunt gemischten und vornehmlich jungen Servicepersonals bei. Wer sich erst einmal an einen der weiss gedeckten Tische setzt, bleibt meistens länger sitzen, als geplant. Und es kann schon einmal vorkommen, dass die Nachtruhe von der letzten Runde mit einigen «Lumpeliedli» begrüsst wird, bevor sie am nächsten Tag von der ersten Runde mit einem herzhaften Schwatz verabschiedet wird.

Gasthof zum Rössli
Hauptstrasse 57
4495 Zeglingen
061 981 51 51
www.roessli-zeglingen.ch
Geöffnet: Donnerstag bis Montag ab 8.30 Uhr
Geschlossen: Dienstag und Mittwoch
In der Beiz: Vreni Ritter, Jana Bielser, Iris Schaffner oder eine der zahlreichen Jeunesse
Am Herd: Patrick Oester, Ruth Gass und Doris Schaffner
Im Haus und überall: Gastgeberin Judith Gysin-Schaffner
Küche und Keller: Bürgerliche Küche mit kleinen Ausflügen in die Moderne. Die Pommes frites sind hausgemacht und gehören zu den besten, die ich kenne. Die Weinkarte ist ausbaufähig, bietet aber diverse gute regionale Weine.
Gäste: Hier trifft sich Stadt und Land, Schöngeister, Ausflügler, Politiker, Wanderer und Arbeiter.
Atmosphäre: Behäbiger Landgasthof mit Kachelofen.
Frischluft: Verträumter Garten.
Nicht verpassen: Wer Kalbsmilkenpastetli liebt, der findet hier immer donnerstags sein Glück.
Applaus: Dass die Beiz den ganzen Tag für ihre Gäste da ist.
Na ja: Die Portionen sind auf den Tellern zu gross, obwohl die Teller nicht klein sind. Rechauds und Platten wären eine Überlegung wert.
Und da wäre noch: Im «Rössli» finden immer wieder spezielle Anlässe statt, vom Maskenball bis hin zu Konzerten und Lesungen.

Stuhl und Bett
Guesthouse Bad Kilchberg
Anne und Derek McLaren
Hauptstrasse 33
4496 Kilchberg
061 983 11 52 – 079 262 94 85
www.guesthousebadkilchberg.ch
Tipp: Unkompliziertes ehemaliges historisches Badehaus mit viel Leben und eigenwilligem Charme, nur einige wenige Minuten vom «Rössli» entfernt.

Einkaufskorb
Metzgerei Thomas Rickenbacher
Hauptstrasse 19
4494 Oltingen
061 991 04 30
Tipp: Tatsächlich noch eine Metzgerei, in der das lokale Vieh geschlachtet wird. Die Bezeichnung «Metzger des Vertrauens» ist hier für einmal keine leere Worthülse, sondern wohltuende Realität. Die persönliche Tageslust entscheidet über den Einkauf.

WIRTSCHAFT

«I'M A LUMPERJACK»

Nein, Hugo Thommen ist kein Holzfäller, sondern ein grundsolider Koch. Und Holzfällersteaks werden im «Stab» auch keine aufgetischt, sondern butterzarte Koteletts. Ein Ort für Wiederholungstäter.

An der Grenze zum Fricktal liegt im weinseligen Oberbaselbiet das Bauerndorf Buus. Hier steht mit schöner Fassade und weniger patiniertem Innenleben das vitale Dorfgasthaus «Stab», das seit über hundert Jahren im Besitz der Familie Thommen ist. Wer hier einkehrt, hat vorwiegend die Hausklassiker Cordon bleu und Kotelett im Visier oder reserviert sich gleich die Kalbshaxen oder den Sonntagsbraten, der ab sechs Personen in den Ofen geschoben wird. Bei Verena und Hugo Thommen ist es einfach, unkompliziert und bodenständig gut. Im «Stab» kehren langjährige Wiederholungstäter ein, weniger Zufallsgäste, es sei denn, Stammgast und Journalist Jost auf der Maur schreibt wieder einmal über die wunderbare Metzgete des Hauses. Dann bricht die Hölle los und die Familie Thommen wird das Ganze mit stoischer Ruhe meistern. Wie immer.

Blumen aus dem Garten

Wie gesagt, die gute Stube wurde um einen Zacken zu viel renoviert, wobei einen die florale Tischdekoration aus Garten und Wiese den Zacken zu viel schnell vergessen lässt. Zudem ist es hier völlig egal, ob man sich dieses oder jenes ursprünglicher wünscht, was zählt, ist die sorgfältige Küche, der aufmerksame, herzliche Service und die gelassene Stimmung. Es sind die zahlreichen kleinen Details, die freuen und diese Beiz auf ihre Art so sympathisch machen. Unter anderem auch das zarte Entrecôte, die exzellenten Wiener Schnitzel und die herausragende Gemüseplatte. Ja, und dann wären da noch der Wurstsalat mit Rösti, die gestärkte Stoffserviette, der klassische Plattenservice und der Humor von Vreni, Lotti und Marlies. Wer mit Appetit und Trinklust gesegnet ist, robuste und herzhafte Gastgeber sucht, sitzt hier richtig. Am besten bald, die Familie kokettiert mit Ruhestand.

Stab
Hemmikerstrasse 4
4463 Buus
061 841 12 27
Geöffnet: Freitag ab 17 Uhr, Samstag und Sonntag 11 bis 14.30 sowie ab 17 Uhr geöffnet, Montag und Dienstag ab 9 Uhr
Geschlossen: Mittwoch und Donnerstag
In der Beiz: Verena Thommen mit ihren Schwestern Lotti und Marlies
Am Herd: Hugo und Verena Thommen und Elisabeth
Küche und Keller: Den Sonntagsbraten gibt es nur auf Vorbestellung, Kalbshaxen und Forelle ebenso. Für Suppe und Dessert sollte man sich etwas Platz im Magen reservieren.
Gäste: Wanderer, Ausflügler, Fricktaler, Baselbieter mit Baselstädtern und Solothurnern vereint in der guten Stube.
Atmosphäre: Eben, eben.
Frischluft: Für ein Bier am kleinen Tisch und zum Studium der eintretenden Gäste.
Nicht verpassen: Die Vacherin-glacé-Torte.
Applaus: Für das Cordon bleu, das Kotelett und für das aromatische Gemüse.
Na ja: Dass die Thommen mit Pension drohen.
Und da wäre noch: Über den Hügel führt ein geteerter Waldschleichweg nach Zuzgen ins Fricktal. Dort lebt und arbeitet der Restaurator und passionierte Beizengänger Hansjörg Sacher,

der einen hervorragenden Most (Apfelwein) kultiviert, alte Häuser und Möbel liebevoll renoviert und das eine oder andere Emailschild verkauft. Der Schöngeist hat zudem während zwanzig Jahren in unzähligen Arbeitsstunden ein wunderschönes altes amerikanisches Cabriolet restauriert, mit dem er ab und zu herumkutschiert, stets auf der Suche nach den besten Rauchwürsten der Region. Und, wer weiss, vielleicht verkauft er ja das Cabriolet oder einen seiner alten Blechtische an einen Freak, so wie er selbst einer ist.
Mehr Infos unter 079 698 76 84.

Stuhl und Bett
Zum Wilden Wein
Brigitte und Rainer Christen-Müller
Rickenbacherstrasse 3
4463 Buus
061 841 17 50
Tipp: Mit viel Farbe und gewissen Eigenheiten schön renoviertes Haus aus dem 19. Jahrhundert, nur ein Katzensprung vom «Stab» entfernt. Eine angenehme persönliche Alternative zu jedem Hotel in der Region.

Einkaufskorb
Degen Bier
Claude Degen
Industriestrasse 11
4632 Trimbach
062 293 43 62 oder 079 767 99 39
www.degenbier.ch
Geöffnet von Montag bis Freitag von 7 bis 16 Uhr
Tipp: Von Buus via Rickenbach und Gelterkinden nach Tecknau, Zeglingen und Wisen über den Hauenstein nach Trimbach und schon ist der durstige Reisende nahe bei seinem Bierglück. Claude Degen hat nicht nur das Talent, sondern auch die Ausdauer Grosses zu leisten. Seine Biere sind grandios, wurden mehrfach ausgezeichnet und begeistern nicht nur ein staunendes Fachpublikum, sondern immer mehr zivilisierte Trinker der Schweiz. Chapeau!

«MIR WEI LUEGE...»

... sagen die Baselbieter. Nicht so im «Alpbad». Da gibt die neue Gastgeberin Michèle Clémençon mit ihrem Partner und Koch Leo Grassmuck ganz schön Gas.

Alpbad, Sissach

Wenn man vom Kanton Basel-Landschaft spricht, wird's amtlich. Wenn man das Baselbieter Lied singt, wird's gemütlich: «Das Ländli isch so fründlig, wenn alles grüent und blüeht ...». Auch das Gastgewerbe blüht im «Ländli» und verwelkt. Schaumschläger mit Schäumchen und Häubchen haben ausgeträumt. Einfache, bezahlbare Genusserlebnisse sind gefragt. Ein taufrischer Löwenzahnsalat von der Wiese nebenan zum Beispiel. Im «Alpbad» oberhalb von Sissach wird der Beizengänger fündig. Ein wundervoller Garten, eine bürgerliche Küche und eine herzliche Gastgeberin sind die Merkmale der Beiz. Seit Jahrzehnten hat hier die Familie Hostettler die Hauptrolle gespielt. Damit ist nun Schluss; in Michèle Clémençon und Leo Grassmuck haben sie ihre lang ersehnten Nachfolger gefunden. Zwar hegt und pflegt Vater Hans Hostettler weiterhin die Blumenpracht ums Haus, jätet Unkraut, umsorgt die Wildkräuter und das Gemüse, während Tochter Christine im Gasthof mithilft und Sohn Johannes den Biobauernhof führt und Fleisch, Wein und Korn dem «Alpbad» liefert, sonst aber freut sich die Familie über ihre neue Nebenrolle, allen voran Mutter Margrith, die jahrelang das Zepter in der Küche führte.

Eine Beiz für alle Fälle

Im «Alpbad» wird eine naturnahe Landküche zelebriert. Das Brot wird im Haus geknetet, geformt und gebacken. Alle Speisen werden frisch zubereitet, und wenn etwas Essbares aus einem Behälter kommt, dann aus dem Einmachglas. Im Frühling bereichern die wundervollen Wildkräuter die Gerichte, während im Winter der Käse im Caquelon schmilzt. Die Speisen bestechen durch wohltuende Schlichtheit und Qualität. Ob Schweinsschnitzel, Kalbsleber, Fleischküchlein, Sonntagsbraten oder ein zartes Stück Fleisch vom Grill ist egal, es schmeckt. Hier im Garten unter den Bäumen oder in der Stube beim hauseigenen Wein den Tag zu verplempern, ist Balsam für die Seele. Und gerne überlegt man sich, was man diesmal im Hofladen einkauft und nach Hause mitnimmt: zwei Schnäpse, ein Fleischmischpaket, Trockenfleisch, Wein ...

Gasthof Alpbad
4450 Sissach
061 971 10 65
www.alpbad.ch
Geöffnet: Mittwoch bis Sonntag ab 8 Uhr geöffnet
Geschlossen: Sonntagabend ab 20 Uhr, Montag und Dienstag
In der Beiz: Michèle Clémençon und Christine Hofstettler
Am Herd: Leo Grassmuck
Küche und Keller: Das Brot wird im Haus gebacken, der Braten kommt von der Wiese nebenan, Speck und Schinken wie auch alles andere präsentiert sich in bester Bioqualität. Der Wein stammt aus dem eigenen Rebberg, ist süffig und gut.
Gäste: Hier treffen sich friedlich vereint die unterschiedlichsten Ausflügler, die per pedes, mit dem Velo oder mit dem Auto unterwegs sind.
Atmosphäre: Bürgerlich, aufgeräumt wie in der guten Stube zuhause aus den Fünfzigern.
Frischluft: Wunderschöner Garten mit lauschigen Plätzen unter den Bäumen.
Nicht verpassen: Retro-Esser und andere Nostalgiker halten sich (nur auf Vorbestellung) ans Fondue Chinoise mit Hoffleisch und frischen Saucen.
Applaus: Für die herzliche Gastfreundschaft.
Na ja: An den Wochenenden ist das «Alpbad» ein beliebtes Ausflugsziel für Gross und Klein. Wer den Kleinen aus dem Weg gehen will, kommt unter der Woche.
Und da wäre noch: Im Sommer finden im «Alpbad» beliebte Grillkurse statt. Und vergessen Sie den eigenen Hofladen nicht.

Stuhl und Bett
Schöni Sache
Sibylle Laubscher
Hauptstrasse 43
4422 Arisdorf
079 820 78 42
www.schoeni-sache.ch

Tipp: Das ehemalige Waschhaus wird heute gerne als Liebesnest genutzt oder eignet sich für Romantiker, die persönlich und intim in Kunst und Krempel übernachten wollen. Auf Vorbestellung wird ein exzellentes «Full English breakfast» aufgetischt. Cheerio!

Einkaufskorb
Tee-Raum
Hauptstrasse 96
4450 Sissach
061 971 99 45
www.tee-raum.ch

Tipp: Innehalten, vor Ort einen Tee trinken und abwarten ... oder gleich die persönliche Lieblingsmischung einkaufen und zuhause bei einer Tasse der Leichtigkeit des Seins auf den Grund gehen.

Alpbad, Sissach

Wem es mies geht, wer schlechte Laune hat, der gehe nicht zum Psychiater, sondern pilgere in den «Landhof» nach Pratteln. Spätestens nach dem ersten Bissen wird sich das Gemüt aufhellen, gute Laune wird einkehren und der Appetit sich einfinden. Wem allerdings Genuss nichts bedeutet, der lässt es bleiben. Alle anderen freuen sich bei einem Glas oder gleich bei einer Flasche über das Leben. Aus dem Keller kommen Weine, die leicht im Alkoholgehalt sind, viel Natur in sich tragen und Holz, wenn überhaupt, nur wohl dosiert kennen. Sicher wird bald nach dem ersten Schluck die Einrichtung des Hauses ein Thema sein. Ausser die Gäste sind frisch verliebt und haben nur Augen für sich – ihnen sei dann der Erkertisch empfohlen. Zurück zum Design: Der Innenarchitekt kann seine anthroposophische Herkunft nicht verleugnen, und wer Grün nicht mag, konzentriert sich auf die weissen Teller und was darauf liebevoll angerichtet ist. Der «Landhof» ist Teil des Projektes «Sinnenvoll», das sich im Bereich der Berufsausbildung und Integration engagiert und von Markus

KULINARISCHE ESKAPADEN

«Das Geschick der Nationen hängt von ihrer Nahrung ab», wusste schon der bedeutendste Feinschmecker seiner Zeit, Jean-Anthèlme Brillat-Savarin. Wäre die Welt zu Gast im «Landhof», würde es ihr bedeutend besser gehen.

Auf der Maur geführt wird. Es ist ein ganz eigenwilliger, sympathischer Ort mit einem bunt durchmischten Publikum und mit Auszubildenden, die hier die Chance ihres Lebens erhalten und sie mit Engagement nutzen.

Erfrischend anders

Die Funktionen des Küchenchefs und Ausbildners teilen sich Andres Marbach und Oli Renz, die ihr Können in den renommierten Basler Häusern «Teufelhof» und «Les Trois Rois» erlangt und erweitert haben. Neu zum Team gestossen ist Christoph Hartmann, der ebenfalls aus der «Teufelhof»-Küche stammt. Ihr Können beeindruckt nicht nur auf dem Papier, sondern vor allem auf dem Teller. Die Gerichte sind raffiniert und verblüffen mit vordergründiger Schlichtheit: Seebarschfilet auf Apfelwürfeln mit Chili, Ravioli gefüllt mit Mango und Morcheln, Crêpe mit Schafskäse und Feige auf Granatapfel-Lauchbeet, Milchlammschulter mit Dörrtomaten und Brennnessel. Wer es weniger opulent mag, der kann auch nur einen Gang bestellen – gut ist alles, und das Angebot wechselt täglich. Die Service-Ausbildung obliegt Robert Leibrecht, ein Profi, der jahrelang in der Spitzengastronomie wie der «Traube Tonbach» in Baiersbronn und «The Lanesborough» in London tätig war. Der «Landhof» hat nicht nur eine spezielle Küche, sondern auch eigenwillige Öffnungszeiten, die es zu beachten gilt.

Landhof Pratteln
Hertnerstrasse 19
4133 Pratteln
061 511 07 07
www.landhof-pratteln.ch
Geöffnet: Montag bis Donnerstag von 8 bis 18 Uhr, am Freitag von 8 bis 23 Uhr und am Samstag ab 18 Uhr.
Geschlossen: Montag bis Donnerstag jeweils abends, am Samstag bis 18 Uhr und am Sonntag den ganzen Tag.
In der Beiz: Robert Leibrecht
Am Herd: Andres Marbach, Oliver Renz und Christoph Hartmann
Hinter den Kulissen: Markus auf der Maur
Küche und Keller: Unglaublich, was da aus der Küche kommt: Mozzarella-Artischocken-Strudel mit Portulak-Peperoni-Salat, Gebratener Zander in Orangen-Schaumweinsauce, Honig-Knoblauch-Lammrack auf Randen-Bulgur ... Dazu spannende Bio- und Demeter-Weine, aber auch gewöhnungsbedürftige, sehr interessante Vins naturels. Weine, die nicht nach Holz, sondern nach Trauben schmecken.

Gäste: Hier fühlen sich Heilandsandalen und Lackschuhe wohl. Essen und Trinken verbindet.
Atmosphäre: Frisch mit einer Prise Rudolf Steiner.
Frischluft: Vor dem Haus unter den Bäumen.
Nicht verpassen: Das Freitag- und Samstagabendmenü.
Applaus: Für das persönliche Engagement aller Protagonisten.
Na ja: Klar, die Öffnungszeiten und bei einigen Positionen die Preispolitik. Wie etwa bei einem Glas Apfelschaumwein zum Aperitif.
Und da wäre noch: Das Restaurant ist Teil des Projekts «Sinnenvoll», das sich im Bereich der Berufsausbildung und Integration engagiert. Mehr Infos unter www.sinnenvoll.ch.

Stuhl und Bett

B&B Tomsi
Dominik Furler
Schauenburgerstrasse 26
4133 Pratteln
061 821 66 00 oder 078 677 44 54
www.bbtomsi.ch
Tipp: Ein geräumiges, angenehmes Doppelzimmer und eine urgemütliche Wohnküche mit einem grosszügig bemessenen Frühstück lassen jedes Hotelzimmer im Raum Pratteln sehr schnell vergessen.

Einkaufskorb

S'Lädeli im Dorf
Stefan Bielser
Hauptstrasse 51
4133 Pratteln
061 821 55 04
Beschränkte Öffnungszeiten, am besten vorher anrufen.
Tipp: Im kleinen Hofladen werden die eigenen Produkte und diverse regionale Spezialitäten verkauft, wie etwa Eierkirsch und Himbeerwein.

LEBEN IM QUARTIER

Bei Francesca fühlt man sich gut aufgehoben. Ihre Beiz ist echt Quartier, nicht nur Etappe für mittags und abends, sondern auch für zwischendurch und immer wieder.

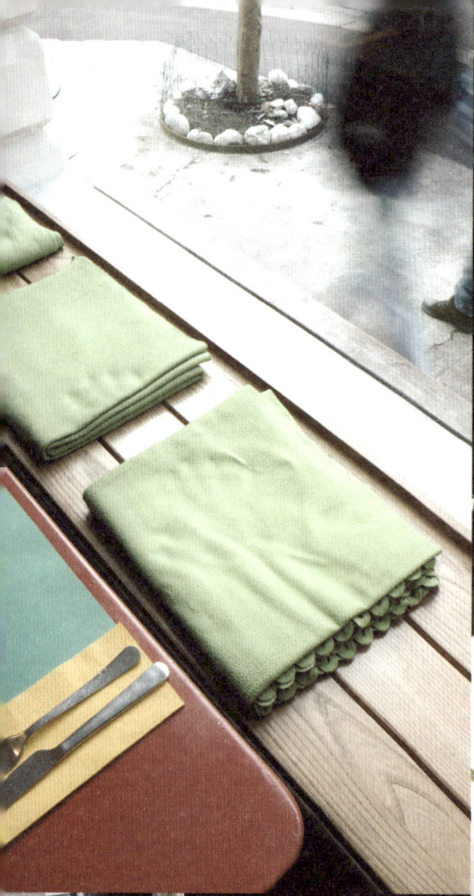
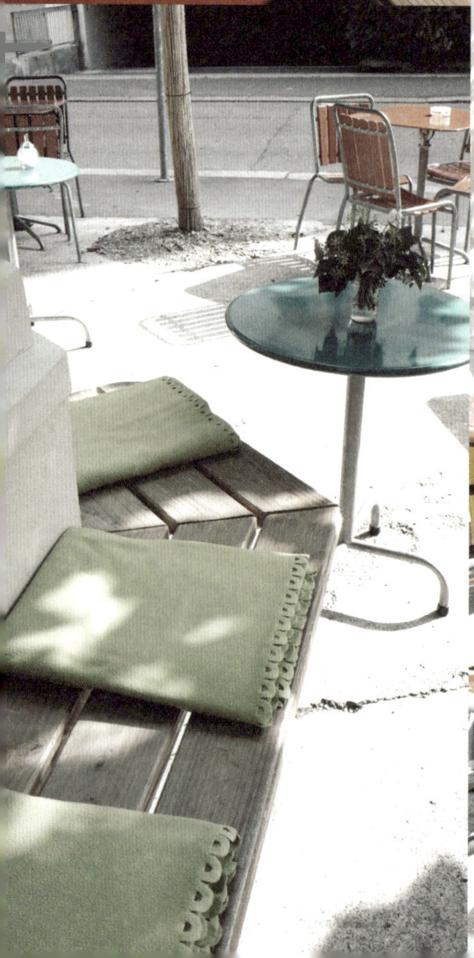
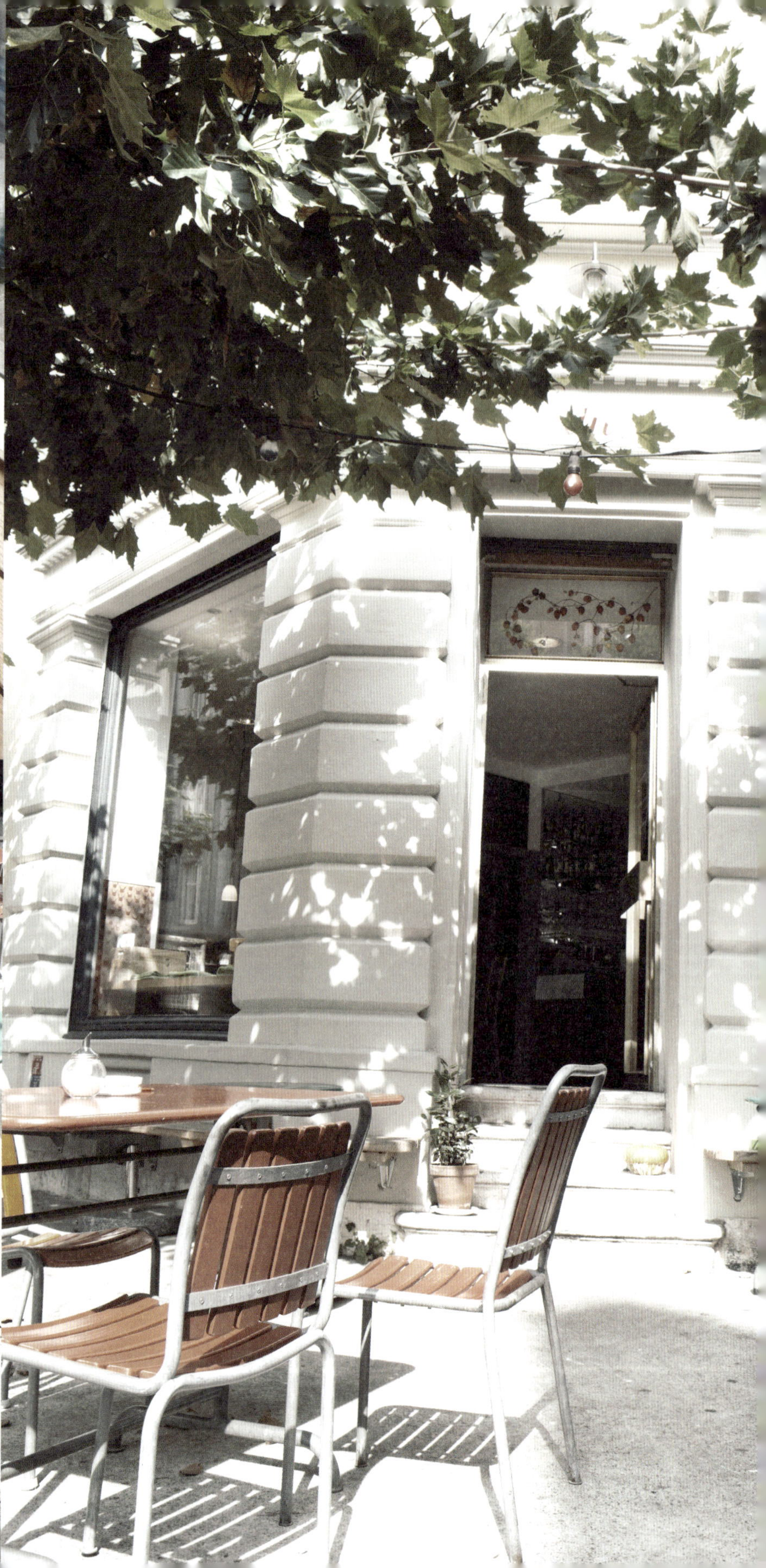

«Basel tickt anders.» Mit diesem Slogan wirbt die Kulturstadt für sich und will, dass die Beizer der Stadt ihre lauschigen Innenhöfe um 20 Uhr dicht machen. Verwirrung herrscht über das genaue Wie, Was und Wer. Andere Schweizer Städte lachen sich den Buckel voll, in Basel lacht keiner, da wiehert der Amtsschimmel. Von all dem spürt der Gast im «Da Francesca» nichts. Im Gegenteil. Er fühlt sich an einem lauen Sommertag in die Ferien versetzt. Morgens um halb zehn am Kaffee nippen, die Zeitung lesen und etwas später den ersten Campari schlürfen macht Spass und tut erst noch gut, zumindest mir. In der Beiz kennen sich alle; auch wenn das vielleicht nicht so ganz stimmen mag, macht es zumindest den Anschein. Die Gäste reden, diskutieren, mischen sich ein, machen einen Witz da und eine Bemerkung dort oder schweigen und geniessen. Um halb zwölf werden die ersten Karaffen Wein bestellt, der Mittagstisch beginnt. Die Küche teilen sich drei unbekümmerte, professionell kochende Talente, die ihren kulinarischen Rucksack teilweise im «Wiesengarten», im «Hirscheneck», in der «Spalenburg» und im «Manger Boire» gefüllt haben. Und so «schmeckt» es auch: bunt durchmischt, manchmal wild. Im Gaumen fühlt sich das zwischen ganz ordentlich und wunderbar an.

Auch die Katze fühlt sich wohl

Mit gutem Brot fängt es an. Im Café-Restaurant da Francesca wird das Brot von Grund auf selber hergestellt, wovon sich so mancher bepunktete Blender ein Stück abschneiden könnte. Die Konfitüren für den «Sonntagszmorge», der Kuchen, die Pasta, die Sirupe und der Limocello werden im Hause produziert und sind gut. Es gibt eigentlich nichts, was so richtig stört. Freude bereiten auch die nicht üblichen Biere, und statt aus Basel kommen sie aus dem entfernten Appenzell und dem nahen Jura. Während der eigensinnige Bierbrauer Jerôme Rébètez mit seinen eigenwilligen BFM-Bieren in Kanada und in den USA landesweit Ruhm erlangt, fristen sie in der Deutschschweiz noch immer ein Schattendasein, obwohl sich die Basler langsam an die verschiedenen Geschmacksrichtungen zu gewöhnen scheinen. Francesca Scarpone ist es gelungen, den perfekten Cocktail für ihre Beiz zu rühren. Die Gäste fühlen sich wohl, und selbst die Nachbarskatze scheint dem zuzustimmen, macht sie es sich doch gerne in der Sonne auf der Hausbank bequem, leise miauend nach Zuneigung des einen oder anderen Gasts Ausschau haltend. Tatsächlich, ein Platz für alle.

Café Restaurant da Francesca
Mörsbergerstrasse 2
Ecke Haltingerstrasse
4057 Basel
061 681 13 38
www.dafrancesca.ch
Geöffnet: Dienstag bis Freitag ab 9 Uhr, Samstag ab 10 Uhr und Sonntag 10 bis 18 Uhr
Geschlossen: Montag
In der Beiz: Francesca Scarpone, Sibilla Riva, Soledad Steinhardt, Lisa Weiss, Simone Eder
Am Herd: Fabian Haldimann, Diego Martin, Christian Schröter
Küche und Keller: Immer wieder mal was Neues und schön der Saison nach. Im Frühling etwa eine Karotten-Estragon-Suppe, ein Lammgigot an Rosmarin-Honig-Jus und Rhabarbar-Tiramisu. Gerade mal sechs Weine stehen zur Auswahl, was den Gästen aber zu genügen scheint.
Gäste: Quartierbewohner, Heimwehitaliener, Künstler, Grossbasler, Lehrer, Politiker, Messebesucher, Denker, Lebenskünstler, Sozialarbeiterinnen.

Atmosphäre: Verträumt, verschlafen, lebendig, pulsierend – je nach Tageszeit.
Frischluft: Wundervoll unter schattenspendenden Bäumen mit Blechtischen und farbigen Holzstühlen.
Nicht verpassen: Die Morgenstimmung und der erste Campari.
Applaus: Für die grundehrliche Quartieroase, mitten im tiefsten Kleinbasel.
Na ja: Zwei, drei Weine mehr dürften es schon sein. Etwas Knackig-Frisches aus der Region, im Sommer ein Bornardo oder Freisa Vivace aus dem Piemont und ...
Und da wäre noch: 1. Die verführerischen Petits-fours produziert Wencke Schmid (www.wenckeschmid.ch).
2. Zwei interessante Weine kommen vom unkonventionellen Weinhändler, Winzer und Förster Martin Feer, der auch die wünschbaren Ergänzungen liefern könnte.
3. Der Schweizer Heimatschutz hat das «Da Francesca» entdeckt und stellt es in seinem neu erschienenen Guide «Die schönsten Cafés und Tea Rooms der Schweiz» vor, wobei «Da Francesca» mehr Beiz als Café ist. www.heimatschutz.ch

Stuhl und Bett
Zur Drossel
Daniela Steiner-Palmieri
Drosselstrasse 47
4059 Basel
061 361 65 57
www.zurdrossel.ch
Tipp: Die Zutaten zum Übernachtungsglück sind: ein schönes, ruhig gelegenes Haus auf dem Bruderholz, ein stilvolles Doppelzimmer, ein sorgfältig zubereitetes Frühstück mit besten Zutaten und eine sympathische Gastgeberin.

Einkaufskorb
Pasticceria e Caffetteria da Graziella
Feldbergstrasse 74
4057 Basel
061 692 49 40
www.dagraziella.om
Tipp: Salzige und süsse Schleckereien, ein guter Kaffee, das Ganze gewürzt mit viel echter «Italianità», das Publikum durchmischt, vom Arbeiter über den Studenten bis hin zur vierfachen, Kinderwagen-bewehrten Mutter, deren Sprösslinge schnell einmal das ganze Café in Schach halten. Eine spezielle Adresse mit schräg-sympathischen Gästen, die sich an den Qualitätsprodukten erfreuen. Das Ganze wird durch einen freundlich-effizienten bis hin zu einem schnippisch-überforderten Service garniert, je nach Besetzung und Tagesform.

VINDALOO LAMB MEETS ENGLISH BREAKFAST

«Toût Bâle» trifft sich gerne bei Jayesh Kumar. Neuerdings zwei Häuser weiter im Ackermannshof. Und nicht nur zum Lamm, sondern auch zum englischen Frühstück …

Jayesh Kumar, den alle Jay nennen, ist stolz, dass er als Inder in Basel integriert ist, ganz gut «Baseldytsch» versteht und dass der Basler «Daig» (ohne zu blähen) und andere Prominente sich bei ihm mit seinen indischen Spezialitäten genussvoll auseinandersetzen. «Die Welt zu Gast in Basel» ist bei Jay kein Werbeslogan, sondern Alltag: Briten, Amerikaner, Heimweh-Inder, Franzosen, Italiener, Einheimische mit dem Landrover-Autoschlüssel auf oder den Fahrradklammern unter dem Tisch, lassen es sich bei Jay wohl ergehen. «Das Geschick der Nationen hängt von ihrer Nahrung ab»,

188   Jay's im Ackermannshof, Basel

wusste schon zu Beginn des 19. Jahrhunderts der berühmte Jurist und Gourmand Jean-Anthelme Brillat-Savarin. Bei Jayesh Kumar wird diesem Zitat Leben eingehaucht. Wohl keine andere Beiz in Basel vereint so viele unterschiedliche Denker friedvoll miteinander. Das hat mit dem geschmackvollen Essen und vor allem mit Jay zu tun, der mehr «Copain» als Gastgeber ist.

Wie im Märchen

In Oman und Indien ist er aufgewachsen, die Berufe seiner Eltern, Papa Bauingenieur, Mama Krankenschwester, interessierten ihn nicht, vielmehr zog es ihn 1989 in die Schweiz, nach Chur, wo er die Hotelfachschule absolvierte und sich aufmachte, die Schweizer Gastronomie zu erkunden. In Basel blieb er hängen. Hilton, Bahnhof-Buffet, Hilton waren seine Stationen, danach setzte der talentierte Gastgeber alles auf eine Karte und machte sich selbstständig, womit die Erfolgsgeschichte begann, die bis heute anhält und allen Baslern Freude macht. Eine Geschichte, wie man sie normalerweise nur aus den USA kennt. Es scheint, dass, was sich Jay in den Kopf setzt, ihm auch gelingt. Als zumersten Mal eine schöne Inderin seine Beiz betrat, sagte er lakonisch zu seinen Stammtischgästen: «Diese und keine andere», was seine Gäste unisono mit einem Lächeln und: «Ja, ja, das sagt du bei allen schönen Frauen» quittierten. Ein halbes Jahr später heiratete er die schöne Inderin. Fast wie im Märchen – nur ohne Trudi Gerster. Übrigens: Das Märchen ist um ein Kapitel reicher: Jay ist in den geschichtsträchtigen «Ackermannshof» umgezogen. Ein wundervolles Gebäude mit luftigen

Räumen, nur einige Meter von seiner alten Wirkungsstätte entfernt. Alles bleibt anders.

Jay's im Ackermannshof
St.Johanns-Vorstadt 21
4056 Basel
061 261 50 22, 061 681 36 81
www.jaysindianfood.com
Geöffnet: Montag bis Freitag 11.30 bis 14.30 Uhr und ab 18 Uhr. Samstag ab 18 Uhr.
Geschlossen: Samstagmittag und Sonntag.
Speziell: Immer am letzten Sonntag des Monats serviert Jay zwischen 10 und 14 Uhr ein English Breakfast.
In der Beiz und am Herd: Jay Kumar
Küche und Keller: Fisch, Lamm, Huhn, Bier (indisches Kingfisher Beer), Schnäpse, Säfte und üppige Weine aus Spanien und Italien.
Gäste: Viel lokale und nationale Prominenz, die hier internationale Luft schnuppert.
Atmosphäre: Unkompliziert und luftig.
Frischluft: Im Innenhof
Nicht verpassen: Das gebackene Tandoori Poulet.
Applaus: Für die offene und herzliche Art des Gastgebers.

Na ja: Manchmal wird es ein wenig anders, als zuerst besprochen, was je nach Charaktereigenschaften als störend empfunden wird.
Und da wäre noch: Jay Kumar bietet Lunch-Boxen an und liefert sie im Raum Basel vor die Haus- oder Geschäftstür.

Stuhl und Bett
3 camere
Bea Krähenbühl
Dornacherstrasse 75
4053 Basel
079 630 33 12
www.3camere.ch

Tipp: Ein 150 Jahre altes Backsteinhaus an der tagsüber stark befahrenen Dornacherstrasse, die von 22 bis 6 Uhr ein Durchgangsfahrverbot hat, was nicht heisst, dass kein Auto fährt (ÖV, Privatanstösser, Taxi). Und trotzdem empfehle ich diese unkonventionelle Adresse mit Hinterhofgarten, wunderbarem Frühstück, herzlichen Gastgebern und einfachen Zimmern. Das Haus besticht durch diverse alte Details und ist sozusagen einer der letzten Mohikaner jener Zeit, zumal die Nachbarhäuser links und rechts beweisen, wie uninspiriert Architekten ihren Beruf ausüben können.

Einkaufskorb
L'enoteca Liechti Weine
Schneidergasse 10
4051 Basel
061 261 60 71
www.liechti-weine.ch

Tipp: Der schönste Weinladen in Basel mit einer vielfältigen Auswahl an Provenienzen. Felix Liechti hat einen ausgeprägten Weinsinn, ihm gelingt es immer wieder, berühmte italienische Winzer für sein Geschäft zu begeistern. Mir persönlich gefallen eher seine Nischenprodukte, wie der Riesling von Clemens Busch, der nicht nur mit Qualität, sondern auch mit einem exzellenten Preis-Leistungs-Verhältnis überzeugt. Wen das Angebot überfordert, der findet eine Beratung, die mit Wissen und vor allem mit Zuhören glänzt, bevor sie empfiehlt und verkauft.

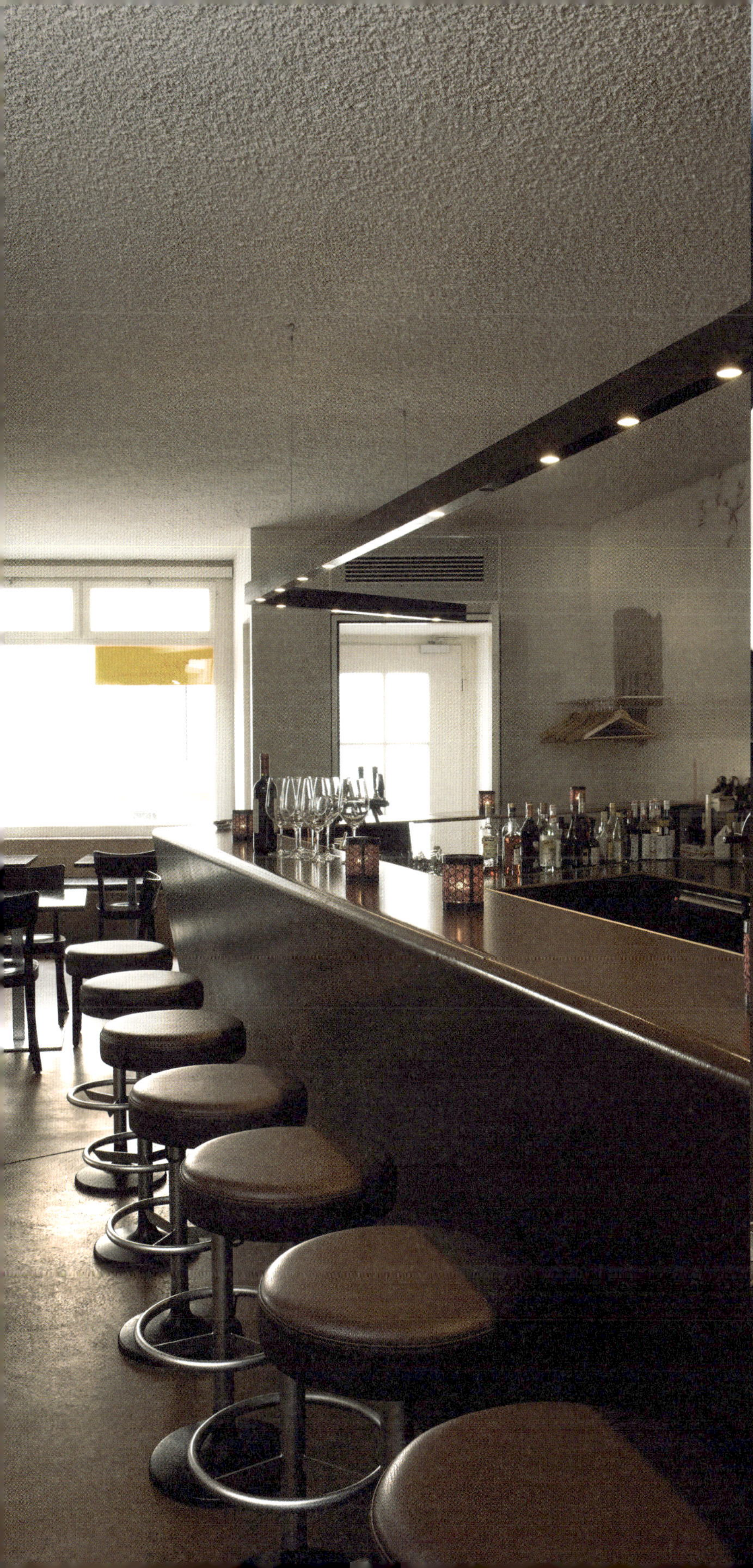
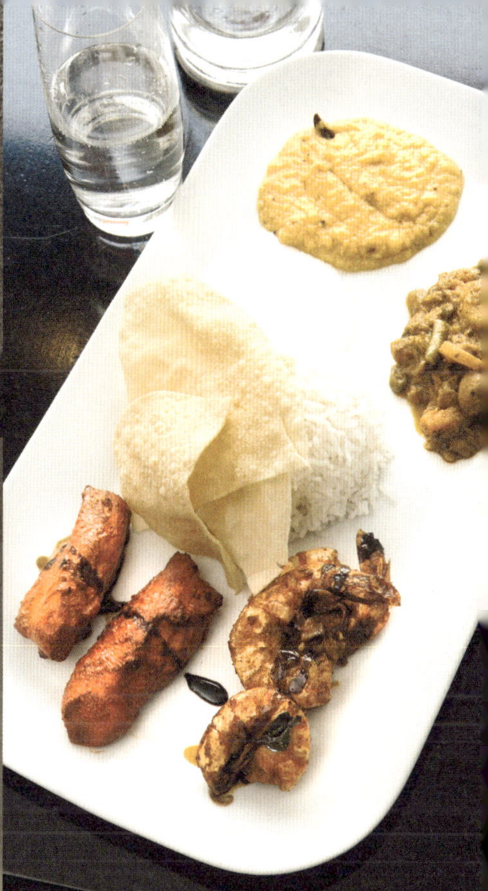
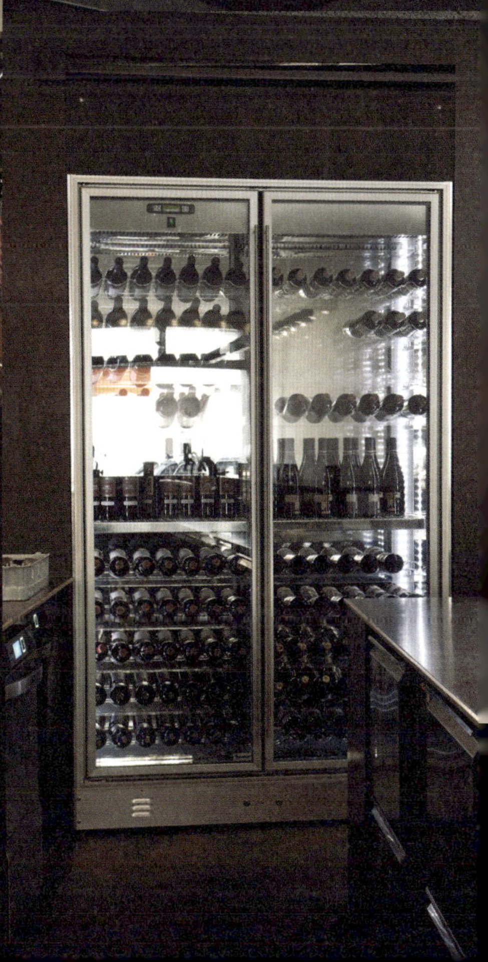

AKTUELL
Chinotto

HEUTE
Coq-au-Vin
Weissweinrisotto

GEFÄHRLICH GEMÜTLICH

Das «Kornhaus» ist tot, lang lebe das «Kornhaus». Königlich geht es im Restaurant Kornhaus zwar nicht zu, aber herzlich. Und selbst der Abriss des Hauses hat die Beiz nicht beerdigen können. Sie ist vor dem Abriss einfach einige Häuser weitergezügelt. Und heute? Stehen Veränderungen an.

korn haus

Öffnungszeiten
Mo–Fr : 11.30–23.30 h
Sa + So : auf Anfrage

Telefon 061 261 46 04
www.kornhaus-basel.ch

Erna & Werner Mangold

Der Nachbar des Restaurants Kornhaus ist die städtische Feuerwehr. Und die benötigte vor Jahren Platz, obwohl Basels Einwohnerzahl schrumpft. Das «Kornhaus» war im Weg und mit ihm seine Stammgäste, die sich vergeblich dagegen wehrten, im Weg zu sein. Die patinierte Beiz wurde platt gewalzt und das Feuerwehrareal erweitert. Doch damit war die Geschichte nicht zu Ende, dem damaligen Basler Regierungsrat Christoph Stutz sei Dank. Das neue, nicht minder stimmungsvolle «Kornhaus» fand einfach einige Häuser weiter ein neues Domizil. Seit den 1990ern macht es am neuen Ort «eine gute Falle», lange Zeit mit seiner legendären Wirtin Ruth Moser. Nach knapp zehn Jahren denken die Nachfolger von Ruth Moser, Erna und Werner Mangold ans Aufhören. Das Alter zwackt, also machen sie Jüngeren Platz. Wer das sein wird, ist noch ein Geheimnis, dass Lucien Stalder die Küche neu aufmischen wird, ist allerdings bekannt. Ganz auf den Charme von Erna Mangold werden die Gäste nicht verzichten müssen, wird sie doch ab und zu weiterhin in der Beiz anzutreffen sein, während ihr Mann Werner ganz in den Hintergrund treten wird.

Wurstsalat und Knoblauchspaghetti

Und sonst? Die Küche von Lucien Stalder erfüllt die Erwartungen an eine Quartierbeiz, manchmal überrascht sie mit spannenden Aromen und Kombinationen. Bei Wurstsalat und Spaghettini alio e olio con peperoncini bleibt der Preis im Keller, bei Entrecôte und Rindsfilet steigt er auf Augenhöhe. Das Qualitätsfleisch liefert Metzgermeister-Ikone Hans Schulthess, der einzig verbliebene Privatmetzger der Stadt Basel. Essen kann, muss aber im «Kornhüsli» nicht sein. Wer auf die Schnelle auf ein Glas Wein, einen Espresso oder ein Bier vorbeischaut, ist genauso willkommen. Ruhige Momente finden sich in dieser sympathischen Quartierbeiz am Nachmittag, lebendig wird es mittags und abends, dann zum Beispiel, wenn sich ein Gast spontan zu einer Session am Klavier hinreissen lässt.

Restaurant Kornhaus
Kornhausgasse 10
4051 Basel
061 261 46 04
www.kornhaus-basel.ch
Geöffnet: Montag bis Freitag ab 11.30 Uhr
Geschlossen: Samstag, Sonntag
In der Beiz: Erna Mangold und der bei Druckbeginn noch grosse Unbekannte
Am Herd: Lucien Stalder
Küche und Keller: Dem Koch gelingt der Spagat zwischen Schweizer und südlicher Küche genauso wie seine kleinen Ausflüge ins Asiatische.
Gäste: Musiklehrer der Musikakademie Basel samt ihren Chören, aber auch Politiker, Banker, Buchhalter, Spengler, Grafiker und Lebenskünstler.
Atmosphäre: Patiniert, echt.
Frischluft: Lauschiger Hofgarten mit Blick zur städtischen Feuerwehr.
Nicht verpassen: Die «Pièce de Resistance» ist der Wurstsalat, der jederzeit einen Versuch wert ist.
Applaus: Das Preis-Leistungs-Verhältnis, der freundliche Service und die ordentliche Küche.
Na ja: Die Italiener machen es vor, wie mit einigen Leckerbissen der Aperitif zum Erlebnis wird. Etwas mehr als ein paar Oliven und einige dünne Scheiben einer Pseudosalami benötigt es dann aber schon.
Und da wäre noch: Ein Klavier, ein Klavier! Spontane Pianisten sind willkommen.

Stuhl und Bett
Guesthouse Basel
Habsburgerstrasse 34
4055 Basel
061 382 08 18
www.guesthouse-basel.ch
Tipp: Die familiäre, gediegene Alternative zum uniformierten Hotelzimmer.

Einkaufskorb
Choco loco & Siebe Dupf Kellerei
Spalenberg 38a
4051 Basel
061 261 06 75 oder 061 261 40 50
Tipp: Jeden Donnerstag kann hier das Wissen über Schokolade und Wein vertieft werden.

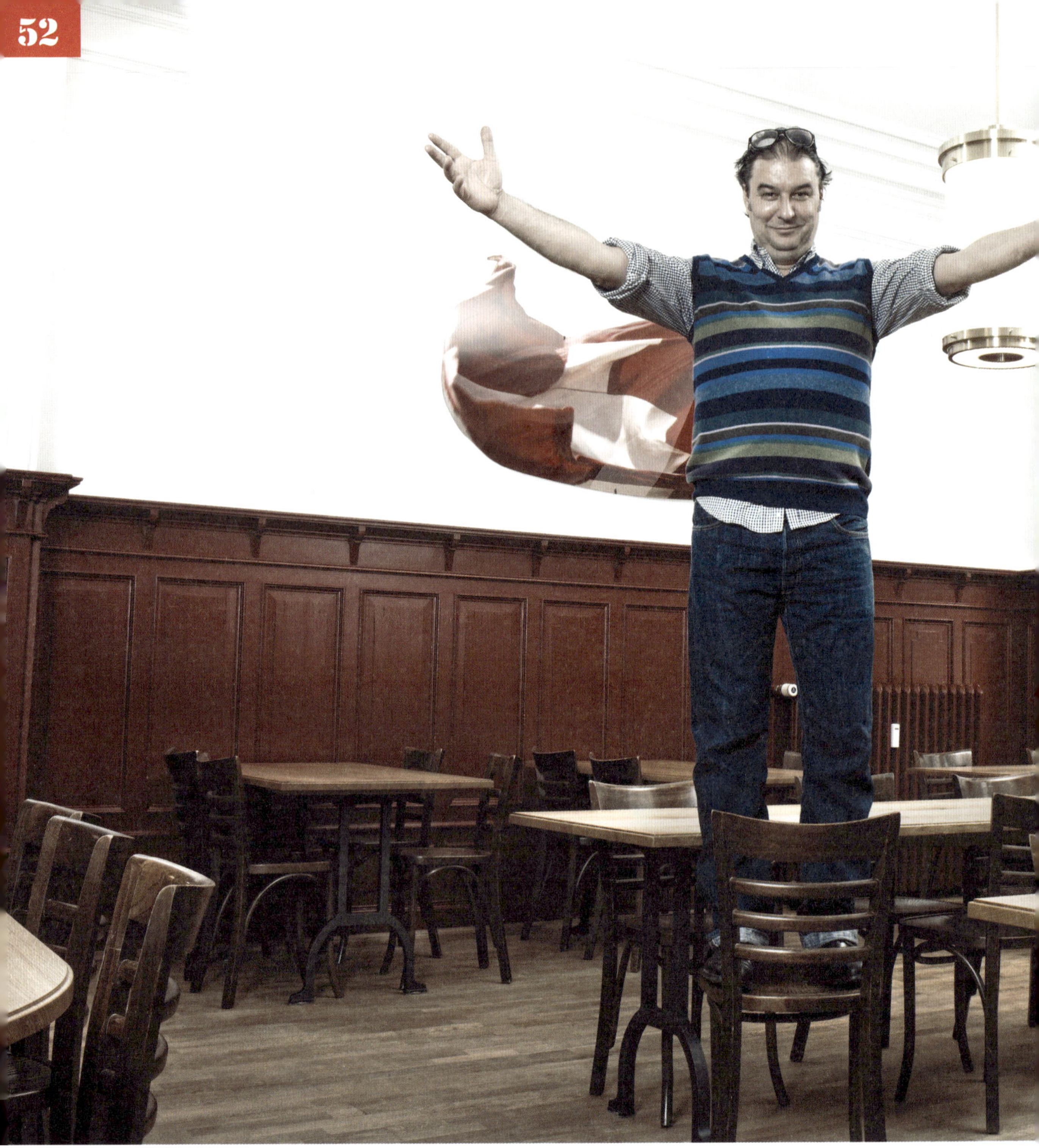

Hans Holbeins Bilder hängen im Kunstmuseum, Erasmus von Rotterdams Gebeine liegen im Münster, und Adriano Giordanos Kalbskopf schmort in der «Mägd» in der Bouillon. Basel ist einen Besuch wert.

VON HOLBEIN BIS GIORDANO

Adriano Giordano ist ein Glücksgriff für das St.-Johann-Quartier und für die altehrwürdige «Mägd», die er mutig mit dem Segen der zünftigen Eigentümer entstaubt hat. Entstanden ist eine stimmungsvolle Beiz, in der kein Basler Mief, sondern beste «Italianità» zelebriert wird. Opulenz und Qualität stimmen, zart besaitete Gaumen lassen es bleiben. Linsensuppe, panierter Kalbskopf, gefüllter Tintenfisch, Kalbsbrust oder im Winter ein archaischer «Bollito misto» sind nun mal für Gäste mit Appetit. Hier nur einen Salat zu essen, geht zwar auch, ist aber sinnlos, warten doch für den kleinen Hunger exzellente Wurstwaren, getrocknete Schinken, Käse, eingelegtes Gemüse und frisches Brot. Wer lärmempfindlich ist, weicht in die kleine Stube aus, das Leben findet aber in der Beiz statt. Raucher ziehen sich ins spartanische «Fumoir» zurück, Romantiker und Sommerfrischler freuen sich an lauen Sommerabenden über den begrünten Innenhof. Am Mittag steht Adriano Giordano mit Argusaugen in der Küche, am Nachmittag bereitet er seine Klassiker vor, am Abend unterstützt er seine Kochcrew, schmeckt ab, würzt nach und schlendert zwischendurch durchs Lokal, seinen zahlreichen Stammgästen zunickend. Der Patron ist ein unermüdlicher Schaffer, stets bemüht, seine Gäste mit schmackhafter Qualität zu verwöhnen. Meistens gelingt es ihm.

«Cin cin»

Über die Weinauswahl lässt sich diskutieren. Wer gerne üppige Weine trinkt, ist auf der sicheren Seite, wer leichte, mineralische, gar spritzige Weine sucht, sucht vergebens. Die eigene Flasche mitbringen und Zapfengeld zahlen geht aber auch. Was soll's. Adriano Giordano ist ein Vollblutwirt, ein sympathischer

Dickschädel, mit dem es sich wunderbar diskutieren und streiten lässt, ohne dass sich danach etwas verändert. Trotzdem und gerade deswegen ziehe ich vor ihm für sein langjährig («Birseckerhof») gelebtes Qualitätsdenken den Hut. Chapeau und Danke!

Mägd
St.-Johanns-Vorstadt 29
4056 Basel
061 281 50 10
www.zurmaegd.ch
Geöffnet: Dienstag bis Freitag ab 11 Uhr, Samstag ab 18 Uhr
Geschlossen: Sonntag, Montag
In der Beiz und am Herd: Adriano Giordano
Küche und Keller: Kutteln, Kalbskopf, gefüllter Tintenfisch, Brasato, Saltimbocca und mehr. Es gibt, was der Gastgeber schätzt. Und wenn schon «Italianità» in der Schweiz, dann richtig, dann so, wie sie von Adriano Giordano zelebriert wird. Bei den Weinen dürfte die Durchmischung besser sein.
Gäste: Wichtigtuer sitzen mit Persönlichkeiten an langen Tischen, Normalsterbliche, Zunftbrüder, Quartierbewohner, das Ganze bunt gemischt.
Atmosphäre: Wie in einer lebendigen Osteria, die auch als französische Brasserie durchgehen würde – bis die Speisekarte kommt.
Frischluft: Romantischer Innenhof.
Nicht verpassen: Die Stille einer schönen, grossen Beiz am Nachmittag zu erleben. Am besten mit einigen Antipasti.
Applaus: Für Kalbskopf und Kutteln und für die kontinuierliche Qualität.
Na ja: Der Service schwankt zwischen mürrisch, freundlich und salopp, die Weinpreise sind satt, und das Mineralwasser in der Literflasche fehlt.
Und da wäre noch: Im ersten Stock wartet der historische Saal für die Hochzeit oder den Leichenschmaus – je nach Bedarf.

Stuhl und Bett
Hotel.D
Blumerain 19
4051 Basel
061 272 20 20
www.hoteld.ch
Tipp: Zwar fehlt die Aussicht auf den Rhein, die hat der Nachbar gegenüber, aber die italienische Regendusche und andere Trends machen dieses Manko für den urbanen Gast spielend wett.

Einkaufskorb
Küchenfenster
Madeleine Ramseier
Rheingasse 23
4058 Basel
061 681 40 74
www.kuechenfenster.info
Dienstag bis Samstag ab 10 Uhr geöffnet
Tipp: Le Creuset & Co ist Programm. Nicht billig, aber beständig. Ideal für gefestigte Hobbyköche und solche die es werden wollen. Einmal Creuset, immer Creuset. Nur hat es da auch noch Kupferpfannen und, und...

JUNGE, KOMM BALD WIEDER

Hamburg ist das Tor zur Welt, Basel ist das Tor zur Schweizer Provinz und der «Rostige Anker» ist das Tor zur Alltagsflucht.

Beim Basler Rheinhafen verbindet Gevatter Rhein die Schweiz, Frankreich und Deutschland zum Dreiländereck. Inmitten von Schlepp- und Lastkähnen, Kränen und Eisenbahnwagons teilen sich Möwen, Enten, Schwäne und Fische das Wasser. Wer hier dem «Rostigen Anker» nicht auf die Spur kommt, läuft einfach den durstigen Matrosen hinterher. Claudia Granacher ist es mit ihrem Team gelungen, die zuletzt geschlossene Hafenbeiz erfolgreich auf Kurs zu bringen und das Lokal in einen stimmungsvollen Treffpunkt zu verwandeln. Der «Rostige Anker» ist definitiv vom Geheimtipp zur Trendbeiz mutiert, was die sympathischen Gastgeber aber nicht weiter zu beeindrucken scheint. Reservieren tut heute Not, will man sich in dieser Oase neben zivilisierten Trinkern, Bankern, Handwerkern, Politikern, Künstlern und Lebenskünstlern einen Stuhl ergattern. So manche Gäste sitzen länger und vergessen Alltag und Zeit. Kurz, der «Rostige Anker» ist eine angenehme Einkehr zum Essen, Trinken, Reden, Schweigen, Staunen und Lesen in Gesichtern – oder in der Zeitung.

Was das Küchenteam aus der Kombüse zaubert, hat Geschmack. Das Angebot variiert täglich und hängt von der Saison und der jeweiligen Kochlaune der Smutjes ab. Da wird Gutes ohne Firlefanz aufgetischt, etwa eine Kokossuppe, eine Randensuppe mit Meerrettichschaum, aber auch eine ganze Forelle oder ein zartes Kalbsragout, eine saftige Kalbsbrust, ein luftiger Hackbraten oder ein vor sich hin schmelzender Ziegenkäse mit Polenta. Die Hafenstimmung, der Sonnenuntergang, das Fernweh und die gelöste Stimmung erledigen den Rest.

Von Basel nach Uruguay und in den Rheinhafen

Der Erfolg hat sich aber nicht zufällig eingestellt. Gastgeberin und Initiantin Claudia Granacher ist Profi, stand in Basel in diversen Küchen und hat in Uruguay Spanisch gebüffelt, spanisch geflucht und spanisch gekocht, bevor sie nach ihrer Rückkehr in der Quartierbeiz «Alter Zoll» die Kochlöffel geschwungen und danach den «Rostigen Anker» gelichtet und ihn mit Volldampf aus den kulinarischen Untiefen ins Fahrwasser geführt hat. Und sonst? Manchmal wird das Team von seinen Stammgästen überrascht, manchmal erschreckt. Zum Beispiel dann, wenn plötzlich aus dem Hafenbecken zwei Taucher aufsteigen und triefend Campari Soda bestellen. Ist das jetzt Seemannsgarn, das im «Rostigen Anker» sonst nur

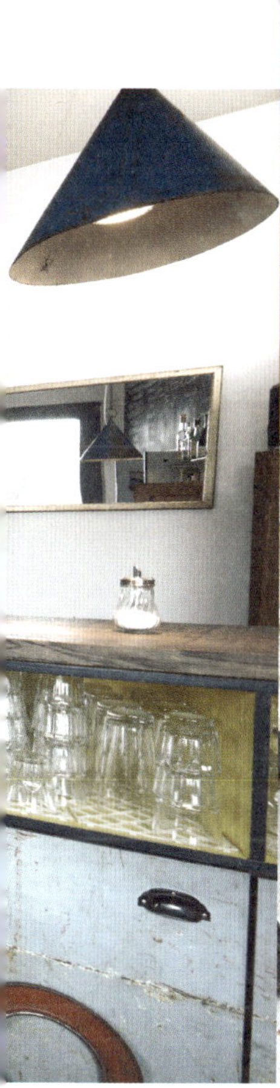
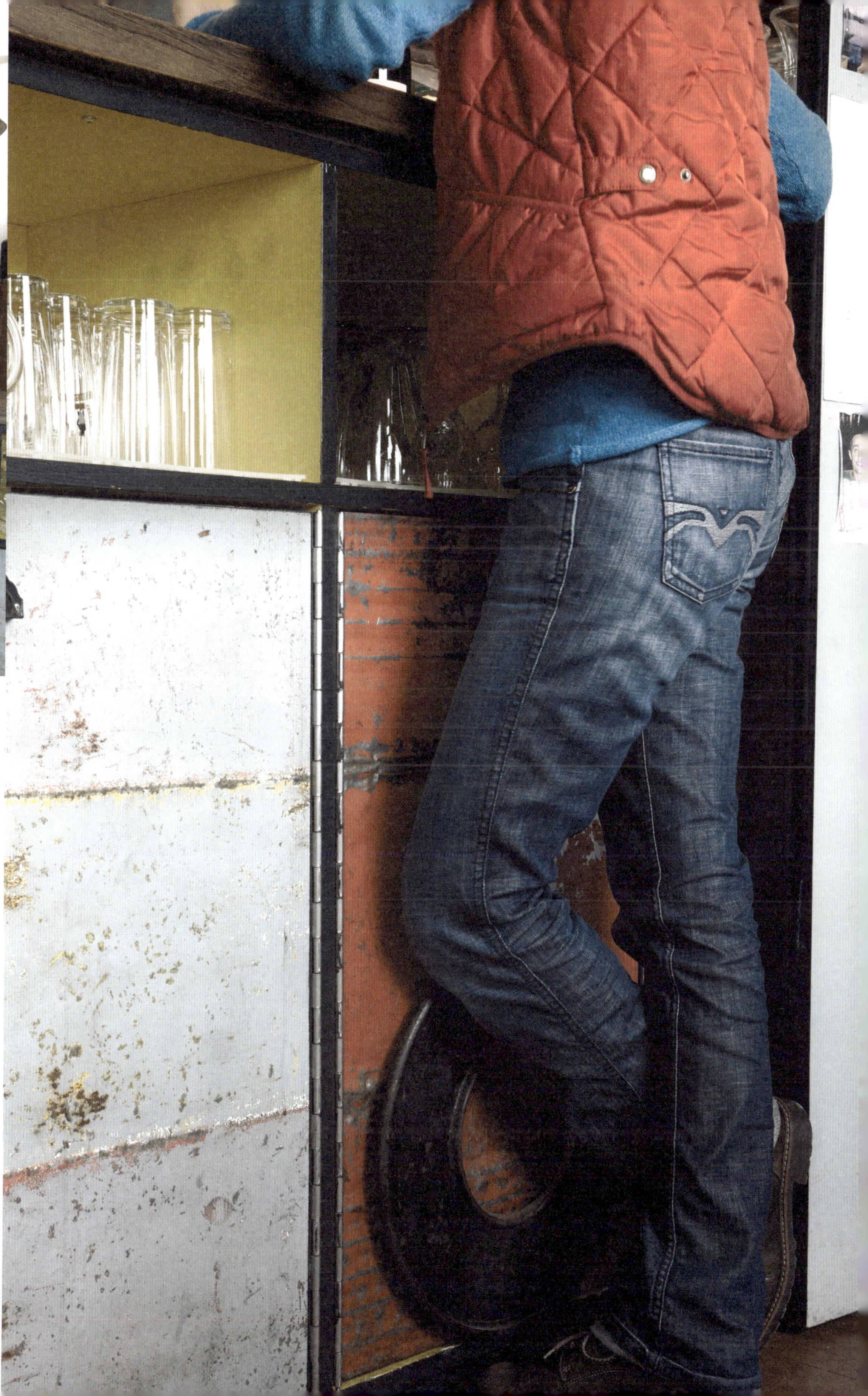

die Matrosen der Lastkähne spinnen? Nein, es stimmt tatsächlich. Wie auch die Geschichte mit dem Frachter, der am Hafengehsteig direkt vor der Beizentür ankerte und damit allen Anwesenden Sonne und Aussicht nahm. Zur Strafe wurde die schwarze Schiffswand als praktische Menütafel benutzt, zumindest so lange, bis der Kapitän unerwartet den Anker lichtete und mit seinem Schiff und der Menükarte mitten im ärgsten Mittagstrubel wegtuckerte. Junge, komm bald wieder ...

Restaurant Rostiger Anker
Hafenstrasse 25a
4057 Basel
061 631 08 03
www.rostigeranker.ch

Geöffnet: Oktober bis Dezember, März und April: Montag und Dienstag 10 bis 14.30 Uhr, Mittwoch bis Freitag ab 10 Uhr und Sonntag 10 bis 17 Uhr; Mai bis September: Montag und Dienstag 10 bis 19 Uhr, Mittwoch bis Freitag ab 10 Uhr und Sonntag 10 bis 18 Uhr
Geschlossen: Januar und Februar sowie samstags (für Gesellschaften ab 20 Personen nach Vereinbarung geöffnet)

In der Beiz: Laura, Anette, Corina und Julian – Landratten und Seebären sagen sich du
Am Herd: Claudia Granacher und Claudia Weiss, Christian und Markus – Smutjes ebenso
Küche und Keller: Tageslaune und Saison bestimmen das Angebot: Kokossuppe mit Limettenblättern, Randensuppe mit Meerrettichschaum, ganze Forelle, Kalbsragout, Hackbraten, Polenta mit Ziegenkäse.
Gäste: Matrosen, zivilisierte Trinker, Handwerker, Banker, Politiker, Dichter und Denker. Atmosphäre: Hafenromantik pur, mit Sicht auf Schleppkähne, Silos und den Rhein.
Frischluft: Direkt vor der Beiz am Hafenbecken.
Nicht verpassen: Den Sonnenuntergang im Hafen.
Applaus: Für den unkomplizierten, erfrischenden Service, die freundschaftliche Atmosphäre und die gute Frischküche.
Na ja: Das Weinangebot ist im Aufbau und bedarf einiger dringender Veränderungen. Weine vom Grossverteiler haben hier nichts verloren.
Und da wäre noch: 1. Warum nicht hier mit seinen besten Freunden feiern und von der weiten Lebensfahrt träumen oder sich von ihr verabschieden.
2. Am bequemsten ist der «Rostige Anker» mit dem Boot zu erreichen. Adrian Gerber (079 273 47 24) ist nicht nur ein netter Matrose, sondern auch ein liebevoller Träumer und sympathischer Spinner. Gemeinsam mit Manfred Hofmänner (076 376 40 11) fährt er mit dem «Rhytaxi» zu den schönsten Ecken Basels. Mehr Informationen unter www.taxibootbasel.ch.

Stuhl und Bett
Balance & Bed
Evelyn Braun
Sulzerstrasse 26
4054 Basel
061 302 07 83
www.balanceandbed.ch
Tipp: Nicht gerade in der Nähe des Hafens, aber ein wundervoller ruhiger und stilvoller Gegenpol.

Einkaufskorb
Wencke Schmid
Torten, Goldkuchen, Petits fours und mehr
Oetlingerstrasse 63
4057 Basel
079 776 89 18
www.wenckeschmid.ch
Tipp: Wer Schokolade mag und es süss liebt, sieht das Leben bei Wencke Schmid rosarot. Sie bietet in ihrer Backstube nicht nur kulinarische Delikatessen, sondern auch kurzweilige Workshops an. Wer die Künstlerin besuchen will, meldet sich vorher telefonisch an.

EIN MANN, EIN WIRT, EIN KOCH

«Eigentlich wollte ich ja heimgehen ...», hat sich schon mancher Stammgast bei Daniel Jenzer geschworen – und ist sitzen geblieben.

Ein Leben ohne Cordon bleu ist möglich, aber sinnlos. Das mögen Vegetarier und Veganer zwar anders sehen, aber man muss nicht zwingend ein Fleischtiger sein, um sich ab und zu ein Cordon bleu zu gönnen. Wer die Mischung aus Käse, Schinken, Fleisch und Panade kennenlernt, verfällt ihr und kommt dem kulinarischen Nirwana mit jedem Bissen näher. Nur das mit dem Nirwana ist so eine Sache. Nur allzu oft wird des Schweizers bestes Stück mit billigem Industriekäse und banalem Schinken beleidigt. Wer das Cordon bleu in der Fritteuse ausbackt, wer es zu einem Fleischvogel rollt oder es in zahlreichen Variationen anbietet (ich denke mit Schrecken an eine Gorgonzola-Ananas-Füllung zurück), der hat den Klassiker nicht verstanden.

Schwein oder Kalb, das ist die Frage

Bei einem Cordon bleu verstehen seine Verfechter ohnehin keinen Spass, und bei der Frage, welches Fleisch und welche Füllung denn nun die richtigen sind, artet die Diskussion mitunter zu einem Glaubenskrieg aus. Schweine- oder Kalbfleisch? Rohschinken, Burgunderschinken, Hinterschinken oder Beinschinken? Triefender Emmentaler, Raclettekäse, junger Greyerzer oder gar rässer Appenzeller? Sollen es 200, 300 oder 400 Gramm sein? Soll das Fleisch von der Backe, dem Stotzen oder dem Bauchlappen (Bavette) stammen? Fragen über Fragen, die Daniel Jenzer mit seinem Cordon bleu in der «Wanderruh» wunderbar beantwortet.

Nun zum Praktischen

Auf den ersten Tellerblick kommt mir bei seinem 400 Gramm schweren Fleischstück der Inselberg Uluru oder Ayers Rock in der zentralaustralischen Wüste in den Sinn, während das um 200 Gramm leichtere Cordon bleu mich an ein aufgehendes Soufflé erinnert. Das hat damit zu tun, dass Daniel Jenzer sein Cordon bleu hermetisch verschliesst. Und das führt wiederum dazu, dass sich

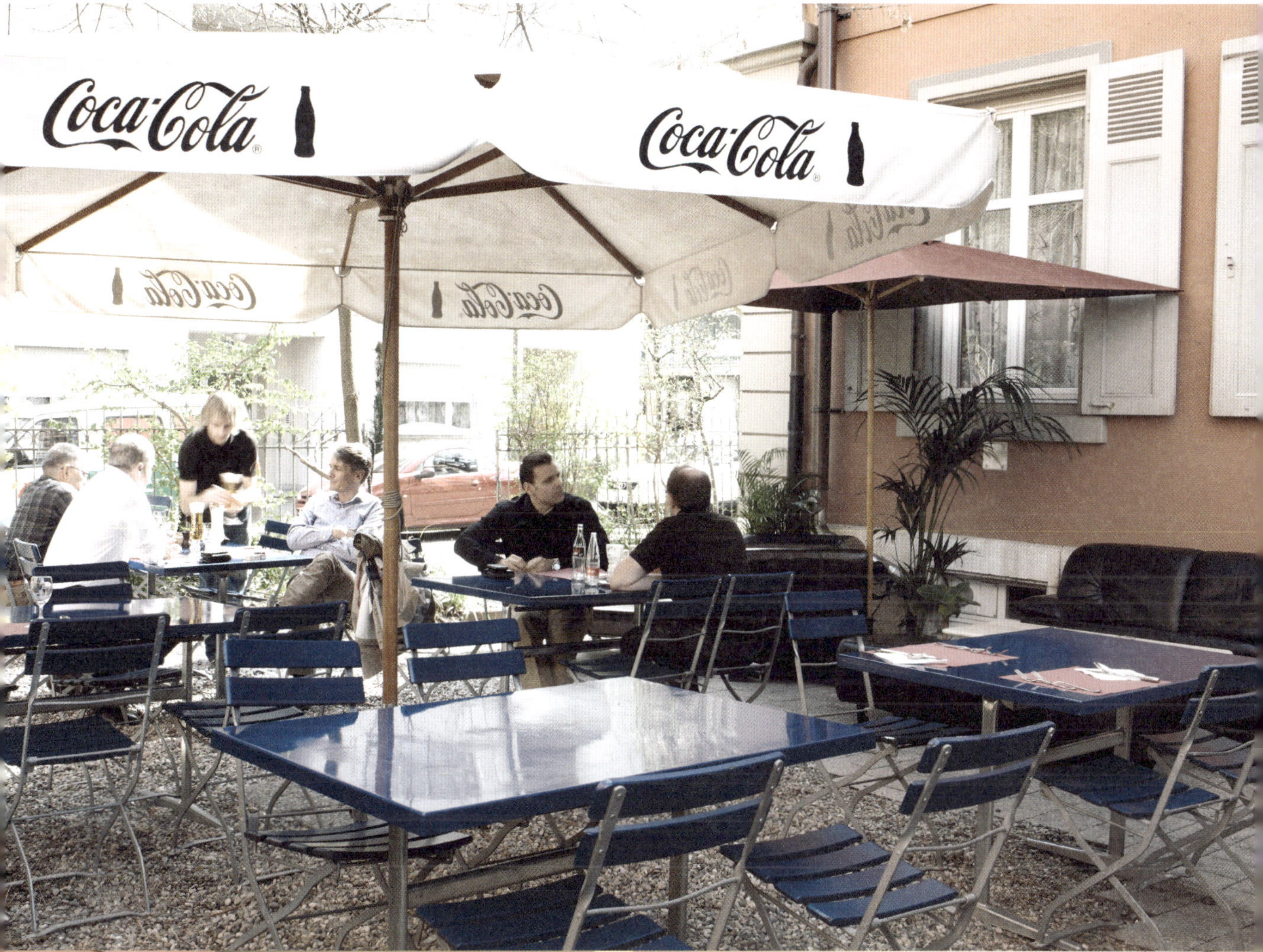
Coca-Cola
Coca-Cola

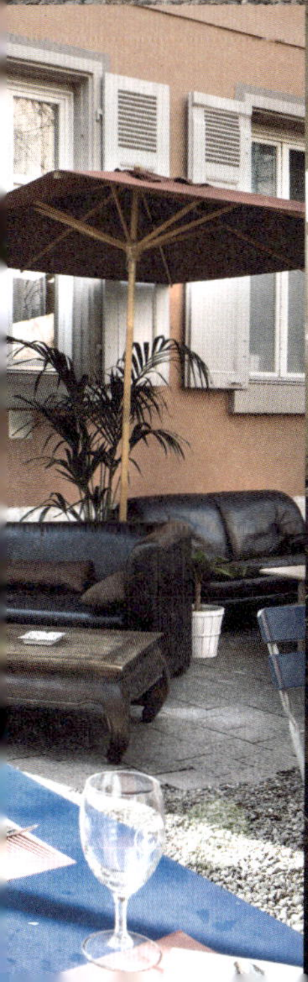

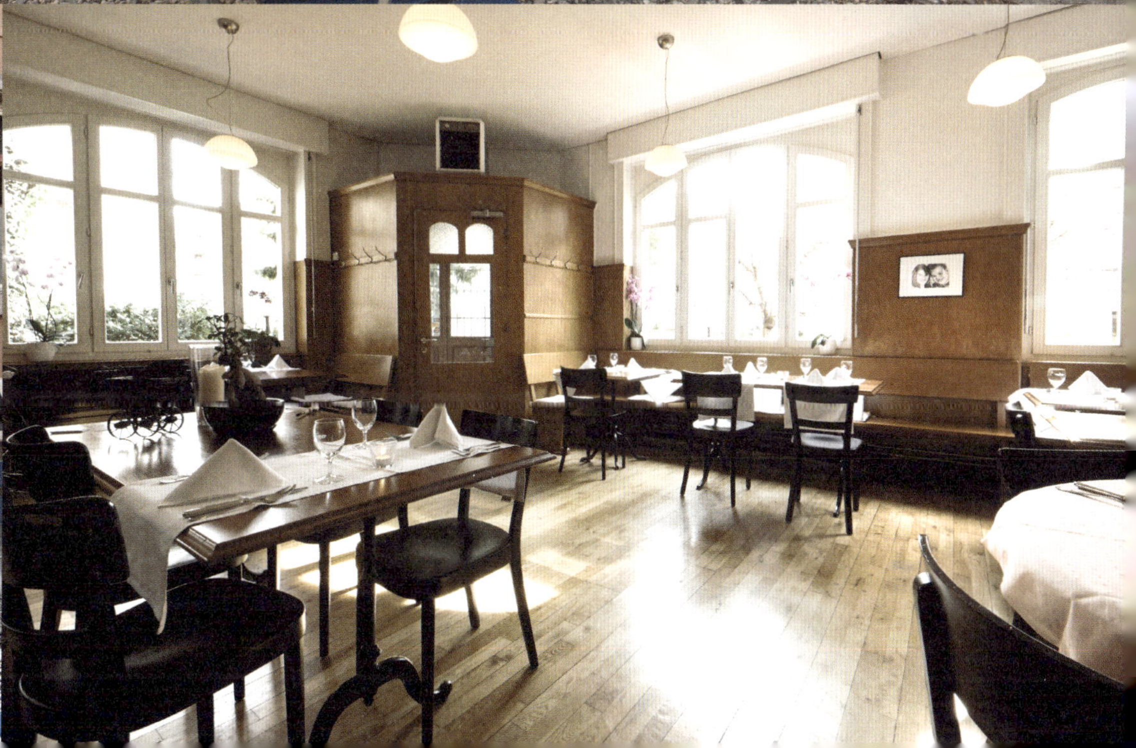

im Innern des Fleischstücks Dampf entwickelt, der das Ganze aufbläht und ihm dadurch seine untypische Form gibt. Beim Aufschneiden fliesst der Käse bedächtig wie zähe Lava in den Teller, nicht zu stark, nicht zu schwach, einfach perfekt. Die Panade macht Daniel Jenzer aus altem Ruchbrot, für die Füllung nimmt er geräucherten Beinschinken und Gähwiler Rohmilchbergkäse. Für sein Cordon bleu verwendet er ausschliesslich Kalbfleisch von der Backe oder vom Flankenstück. Schweinefleisch-Befürworter gehen bei ihm also leer aus. Mein etwas langes Fazit: Sein «Ayers Rock» ist ein Cordon bleu der Spitzenklasse, das sich aus erstklassigen Produkten zusammensetzt und durch seine speziellen Geschmacksnoten verblüfft. Ist es nun das Beste? Das zu entscheiden, überlasse ich der Vorliebe eines jeden einzelnen Cordon-bleu-Freaks. Von den Zutaten her ist es für mich sicher das qualitativ hochwertigste, das ich kenne. Nebenbei: Die «Wanderruh» versteht sich nicht als Cordon-bleu-

Beiz, aber als eine Wirtschaft in der bestes Fleisch im Mittelpunkt steht. Ein paniertes Steak vom Rind zum Beispiel oder ein luftig leichter Hackbraten oder ein butterzartes Geschnetzeltes mit knuspriger Rösti. Klassiker, die einfach nur Freude bereiten, genauso wie die «Wanderruh» und sein Wirt und Koch Daniel Jenzer.

Wanderruh
Dornacherstrasse 151
4053 Basel
061 361 08 88
www.wanderruh.ch

Geöffnet: Montag bis Freitag mittags und abends, Samstag ab 18 Uhr
Geschlossen: Sonntag
In der Beiz und am Herd: Daniel Jenzer
Küche und Keller: Arlesheimer Weinsuppe, Cocktail von Riesencrevetten, grilliertes Kotelett von der Freilandsau, Kalbsgeschnetzeltes an grober Senfsauce, paniertes Steak vom Rind mit Speck und Knoblauch. Der Keller brilliert mit kleinen, feinen und alkoholkräftigen Weinen aus Frankreich, Italien, Spanien und der Schweiz.
Gäste: Banker, Arbeiter, das Damenkränzchen, die Herrenrunde, Gott und die Welt.

Atmosphäre: Stilvolle, einst von Archtitektin Pia Schmid renovierte Quartierbeiz.
Frischluft: Begnadet schöner Kiesgarten.
Nicht verpassen: Die hauseigenen Pommes Alumettes (nur auf telefonische Vorbestellung).
Applaus: Für die Qualitätszutaten im Cordon bleu.
Na ja: Vorhänge, Orchideen und Palmen gefallen mir besser in Omas Wintergarten. Eckige und ovale Teller müssen genauso wenig sein wie Musikberieselung von Radio Energy.
Und da wäre noch: Wer ein Fleischtiger ist oder Lust auf tschechische oder slowakische Spezialitäten hat, sitzt hier richtig. Für Schwartenmagen mit Zwiebel-Essig-Sauce zum Beispiel.

Stuhl und Bett
Die Karawanserei
Grimselstrasse 10
4054 Basel
061 921 59 56
www.karawanserei.ch

Tipp: Unkomplizierte Adresse mit exzellentem Frühstück von und mit der herzlichen Gastgeberin Rosmarie Brunner.

Einkaufskorb
Metzgerei Jenzer
Ermitagestrasse 16
4144 Arlesheim
061 706 52 22
www.goldwurst.ch

Tipp: Christoph, der Bruder von Daniel Jenzer, ist ein innovativer Metzgermeister mit hohem Qualitätsanspruch. Sein Fleisch stammt von Tieren aus artgerechter Haltung, für seinen wundervollen Rohschinken haben einige Freilandsauen von der Alp ihr Leben hergegeben. Von Herbst bis Frühling produziert er exzellente Weisswürste, die in Aroma, Biss und Geschmack dem bayerischen Original in nichts nachstehen. Legendär ist auch seine Kalbsbratwurst (Herkules) und sein Bluthund (Blutwurst) in XXXL-Grösse.

55

EINE REISE NACH DAMALS

Im legendären «Hirschen» ist Altbewährtes Programm, das Basler Galeristen und touristische Nordlichter mit Schäufele & Co. an die weiss eingedeckten Holztische lockt.

Die über neunzigjährige Anneliese Geitlinger hat ein Leben lang gearbeitet. Auf dem Feld, in der Küche, im Garten, im Stall, in der Waschküche und am Herd im «Hirschen». So einfach mit der Arbeit aufhören, nur weil das Alter zwickt, geht nicht. Warum auch? So steht oder sitzt sie eben noch heute in der Küche, schwenkt die Rösti, rüstet die Kartoffeln oder putzt den Salat aus eigenem Anbau. Klar liegt die Hauptlast bei Sohn Frieder, der die Schnitzel brät, den Wurstsalat in feine Streifen schneidet, den Salat zubereitet, im Ofen den Früchtekuchen unter Kontrolle hält und die zahlreichen Bestellungen ausführt. Der Laden brummt, die Küche ist eingespielt. Wird's eng, hilft Bruder Reinhard mit, während in der Gaststube Schwester Rita Geitlinger und Enkel Max junior die Stellung halten. Alle ziehen am gleichen Strick. Wie sich das für einen Familienbetrieb gehört. Bis Januar 2012 zog Max senior mit, der mit Charme und Witz seine Gäste unterhielt. Mit 91 Jahren hat er nun abgedankt und sich vom Erdendasein verabschiedet. Sicher wird er im Himmel neben dem Münchner Engel Aloisius frohlocken, Witze erzählen und statt des Hosianna dem Gutedel frönen.

Weine von Max junior

Im «Hirschen» geht es derweil munter weiter. Mit Max junior, dem Sohn von Conny und Reinhard Geitlinger, hält die Zukunft Einzug. Der gelernte Winzer ist tagsüber im Rebberg und abends im «Hirschen». Er tischt auf, räumt ab, öffnet die Flaschen und hat zahlreiche Ideen, wie sich die etwas festgefahrenen Abläufe subtil verändern lassen. Gesagt, getan: Seit einem Jahr ist der bekieste

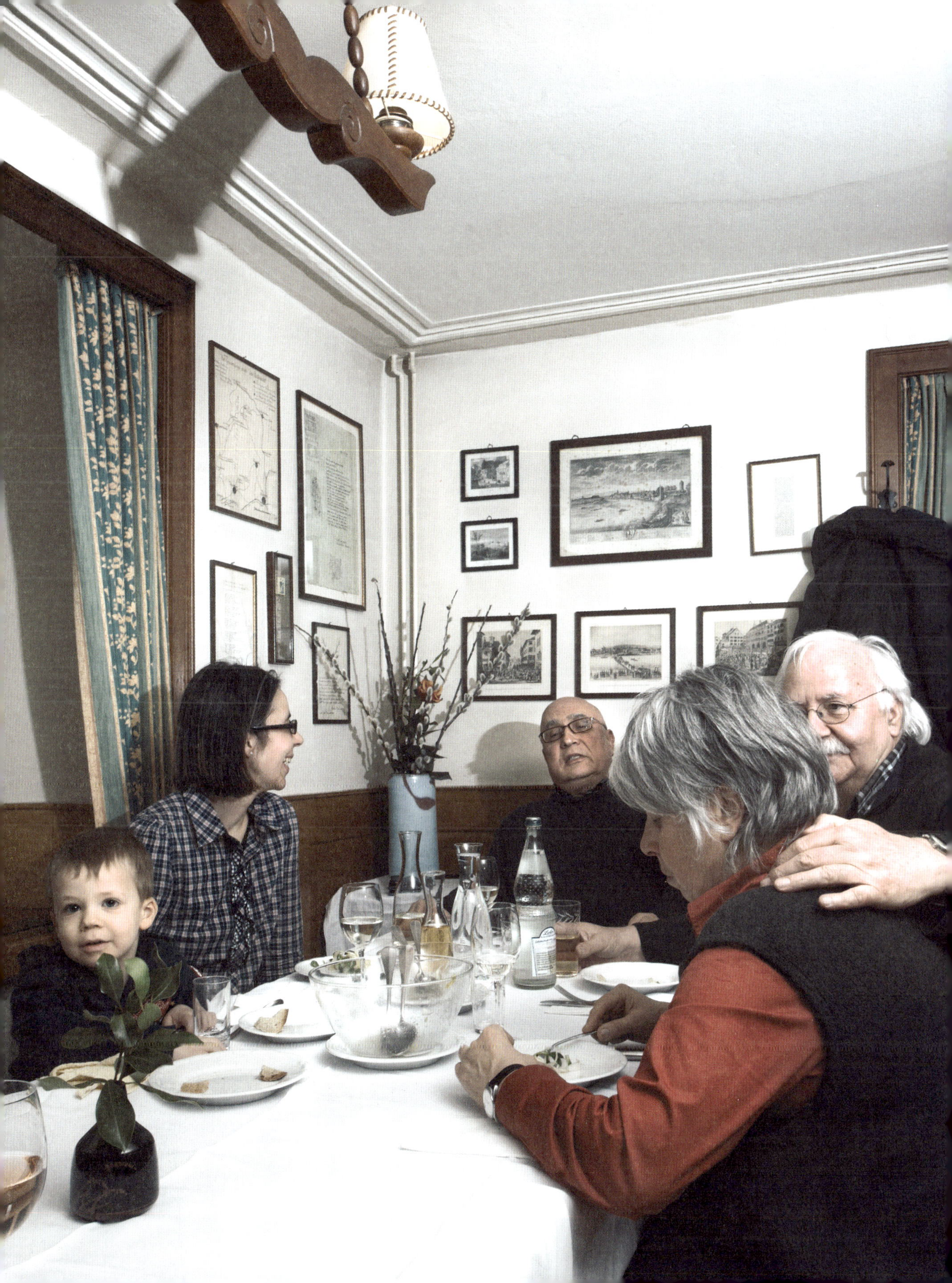

Traumgarten wieder offen, und die Weinkarte ist um regionale und hauseigene Weine erweitert. Als Nächstes sollen die Hausklassiker jeweils durch eine saisonale Spezialität ergänzt werden. Die in Leder gebundene kleine Speisekarte wird aber sicher pointiert und überschaubar bleiben. Fazit: Der «Hirschen» hat Zukunft, das patronale System wurde durch den jugendlichen Teamgeist von Max junior abgelöst, was nicht nur mir, sondern zahlreichen Stammgästen viel Freude bereitet.

Hirschen
Egerten-Nebenau
D-79400 Kandern
0049 7626 388
Geöffnet: Dienstag bis Donnerstag ab 18 Uhr, Samstag ab 11 Uhr
Geschlossen: Freitag, Sonntag, Montag
In der Beiz: Rita, Conny und Max junior Geitlinger.

Am Herd: Frieder, Reinhard und Anneliese Geitlinger
Küche und Keller: Klassiker wie Schäufele und Schnitzel. Der Salat wird in der Schüssel serviert. Gute, spritzige hauseigene Weine.
Gäste: Die «Art Basel» hat vor einigen Jahren den «Hirschen» für sich entdeckt und hält hier im Juni Hof, während sich im Spätsommer deutsche Nordlichter mit den Eingeborenen zur jährlichen Ferien-Verbrüderung treffen. Das ganze Jahr über begegnen sich hier Stammgäste von nah und fern, Grenzgänger und ein Rosenkavalier.
Atmosphäre: Wie bei Oma, nur noch schöner.
Frischluft: Im bekiesten Garten unter den Bäumen warten Blechtische und Holzstühle.
Nicht verpassen: Der lauwarme, fein geraffelte, mayonnaisefreie Kartoffelsalat.
Applaus: Die nachhaltige Bewahrung des Alten.
Na ja: Beim guten Bauernbrot wird gespart. Wer nachfragt, erhält aber eine zweite Mikroportion.

Und da wäre noch: Einmal im Jahr organisiert Max Geitlinger junior «Krach am Bach», ein dreitägiges Musikfestival für jüngere (Freitag, Samstag) und ältere (Sonntag) Musikfreunde. Infos unter www.krachambach.de.

Stuhl und Bett
Gasthaus Traube
Alemannenstrasse 19
Blansingen
D-79588 Efringen-Kirchen
0049 7628 942 37 80
www.traube-blansingen.de
Tipp: Das Haus verfügt über eine ambitionierte Küche, die «Michelin» einen Stern wert ist. Warum nicht am Tag danach, sozusagen als Gegenpol zur Hausmannskost im «Hirschen», die «Traube»-Küche verkosten?

Einkaufskorb
Direkt vor Ort im «Hirschen»
Tipp: Hauseigene Weine über die Gasse zum Freundschaftspreis, in der Saison exzellente Kartoffeln im 5-Kilo-Sack.

HIMMLISCHE BIERSCHAREN

Einem innovativen Bierbrauer und ehemaligen Werber gehen die Ideen nie aus.
Wer «braut» sonst schon ein Biershampoo und ein Bierfondue? Eben.

Brauereistube zum Pflug, Himmelried

Himmelried liegt fünfundzwanzig Kilometer von Basel entfernt im Bezirk Thierstein im Schwarzbubenland. Seine rund neunhundert Einwohner sorgen in fünfzehn Vereinen dafür, dass die zwei Dorfbeizen ihr Bier loswerden. Und sonst? Himmelried lebt, ist nicht nur Schlafstätte, sondern hat Einkaufsladen, Kindergarten, Grundschule, Kirche und eine Brauerei. Die ehemaligen Werber Silvia und Gilbert Oberson hatten, wie es bei Werbern öfter mal vorkommt, von ihrem Business die Nase gestrichen voll. Was tun? Bier ist gut, ein Naturprodukt, die Arbeit anstrengend, sinnlich – und einträglich. So brauen die Obersons mittlerweile erfolgreich regionale Spezialitäten und produzieren Biertruffes, «Malzdääfeli», Bieressig, Bierbrand, Kräuterhopfentee, Hopfenschokolade und Biershampoo – nicht einmal im Bad ist man vor ihren Bierideen sicher. Einmal Werber, immer Werber. Zum Bier: Ganzjährig verfügbar ist ihr Amber «Guggispez», ein goldblondes, untergäriges, naturtrübes Spezialbier, während sie für die kalten Tage ein würziges Red Amber «Änetbächler», das einem englischen Bitter ähnelt, und ein «India Pale Ale», ein obergäriges, naturtrübes Starkbier mit etwa 7,3 Volumenprozent brauen. Charakterbiere, die nicht nur geübte Bierfreunde begeistern.

Werber denken an alles

Bier kann Appetit verursachen, und eine Braustube ohne Charme ist nicht jedermanns Sache. Was tun? Die Inhaber des ehemaligen Landgasthofs Pflug, Fabian und Dominik Walter, haben Hand geboten und ihre patinierte, sympathische Beiz den innovativen Bierbrauern zur Verfügung gestellt. So wurden die Brauer auch noch Wirte, die in der rudimentär eingerichteten Küche sinnvollerweise den Ball tief halten und nur wenige, dafür sorgfältig zubereitete Gerichte kochen: Brauersuppe, Bierfondue mit Brezeln, Lauch-Bierwurst-Käsekuchen, aber auch ein Schweinshuftsteak mit Biersauce oder Kräuterbutter. Für die Glückseligkeit im «Pflug» sorgen Herzlichkeit, Qualität und die Patina des Hauses. So etwas spricht sich herum – ohne Reservation bleibt man freitags und sonntags vor der Tür stehen. Übrigens: Wer Bier nicht mag, hält sich an die regionalen Weine des Hauses. Werber denken an alles. Auch ehemalige.

Brauereistube zum Pflug
Seewenstrasse 50
4204 Himmelried
061 743 00 37
www.chastelbach.ch
Geöffnet: Freitag ab 17 Uhr, Sonntag 14 bis 20 Uhr
Geschlossen: Für Gruppen ab zehn Personen öffnen sich auf Voranmeldung die Türen auch ausserhalb der offiziellen Öffnungszeiten.
In der Bciz und am Herd: Silvia und Gilbort Oberson
Küche und Keller: Bierfondue mit Brezel, Quiche Lorraine mit Bierwurst, Schweinshuftsteak an Biersauce. Diverse Hausbiere von Blond über Amber bis hin zu India Pale Ale und Stout. Kleine regionale Auswahl an Weinen.

Gäste: Aus Stadt und Land, Kantonsräte, Banker, Ausflügler, Bierbrauer und Wanderer.
Atmosphäre: Klein, urig, gemütlich.
Frischluft: Gartenterrasse im Grünen mit Blick übers Dorf.
Nicht verpassen: Die exzellente Quiche von Madame.
Applaus: Für die Herzlichkeit und die schmackhaften Gerichte
Na ja: 1. Die spärlichen Öffnungszeiten.
2. Das Cheminée muss als Luftabzug herhalten, was schade ist.
Und da wäre noch: Wer abends mit dem öffentlichen Verkehr anreist, für den ist der Dorfname Programm: Rauf kommt man, aber nicht mehr runter.

Stuhl und Bett
Kulturhotel Guggenheim
Wasserturmplatz 6–7
4410 Liestal
061 534 00 02
www.guggenheimliestal.ch
Tipp: Aus einer ehemaligen Viehhandlung wurde ein Kulturhotel für Entdecker. Neben den stilvollen Zimmern beherbergt das Haus Café, Konzertsaal und Musikstudios. Liestal ist eine unaufdringliche Kleinstadt mit diversen verträumten Ecken.

Einkaufskorb 1
Weinhandlung Irrunei
Josefengasse 4
4143 Dornach
079 239 76 05
www.irrunei.ch
Tipp: Der leidenschaftliche Weinhändler Peter Bucher ist Jurist am Appellationsgericht Basel, ausgebildeter klassischer Gitarrist, gibt wundervolle Konzerte, bespielt Tonträger und setzt sich seit Jahrzehnten intensiv mit dem Wein auseinander. Die Veritas findet er nicht im Gericht, sondern in seiner neu eröffneten Weinhandlung, die immer donnerstags (mit Ausnahmen) von 17 bis 18.30 Uhr und während seinen monatlich stattfindenden Degustationen geöffnet ist. Seine Liebe gilt dem französischen Wein, im Speziellen dem «Vin naturel», was neugierigen und offenen Weinnasen ein spannendes, unverfälschtes Trinkvergnügen bereitet. Auch beweist die Qualität seiner biologischen und biodynamischen Provenienzen, dass Biowein nicht des Teufels ist, sondern ein ansprechendes Naturprodukt. Hingehen, degustieren und staunen wie «Rebensaft» munden kann.

Einkaufskorb 2
«Chrüterhäx» Beate Beckmann
Seewenstrasse 350
4204 Himmelried
061 741 35 55
www.chrueterhaex.com
Tipp: Mit Wildkräutern werden selbst Fleischtiger zahm. Wo die Produkte der «Chrüterhäx» überall erhältlich sind, ist auf ihrer Website ersichtlich.

PER DU MIT DEM LIEBEN GOTT

Im Kurhaus Kreuz in Mariastein tragen die Engel keine Flügel, sondern irdische Tracht. Die Gäste Jeans und Pullover.

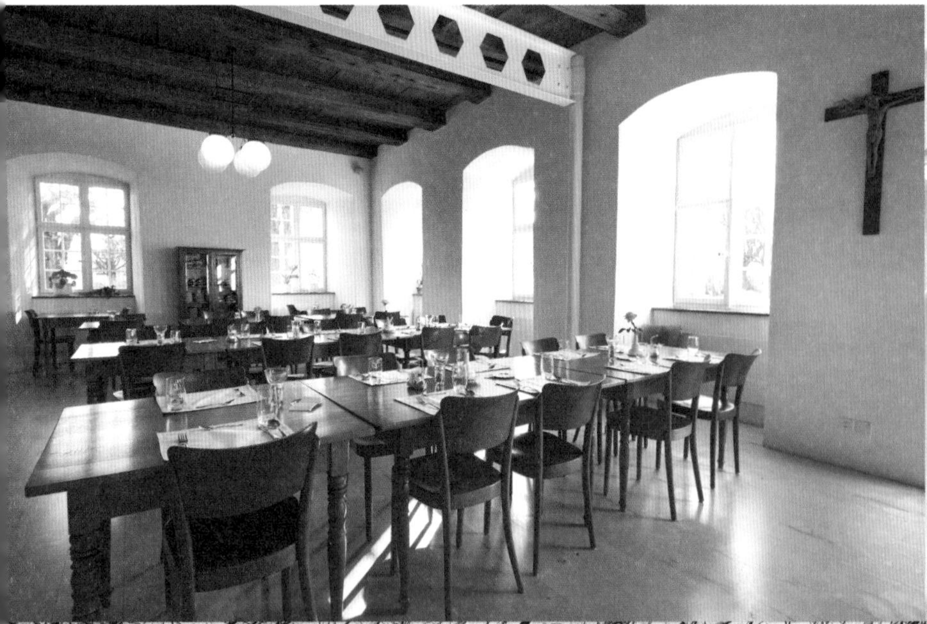
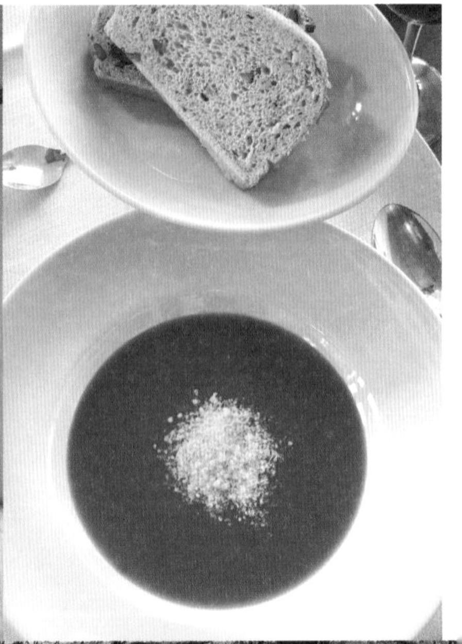
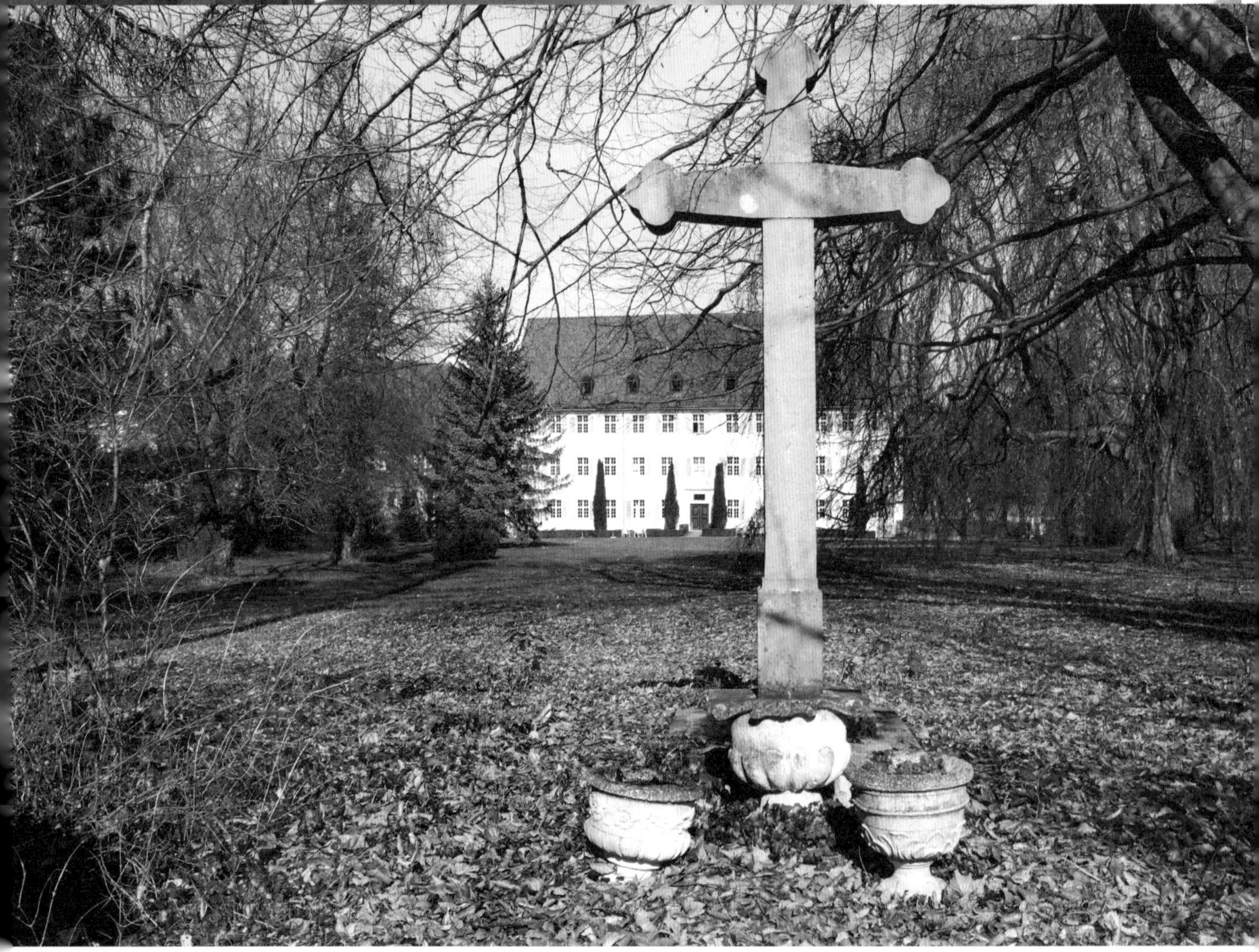

Seit der Kult-Fernsehserie «Um Himmels Willen» stehen Ordensschwestern hoch im Kurs. Mit der Wirklichkeit nehmen es die Serienmacher aber nicht so genau. Zwar sind die im Kurhaus Kreuz lebenden Erlenbader Franziskanerinnen genauso herzlich wie ihre berühmten TV-Schwestern, nur haben sie im Gegensatz zu den cleveren Damen aus dem Fernsehen nicht immer für jedes Problem die richtige Lösung. Weise sind sie trotzdem. Da bei den Damen das Alter zwackt, haben sie sich dazu entschieden sich vom Alltagsgeschäft weitgehend zurückzuziehen und den Betrieb in die Hände des neuen Leiters Matthias Thomann zu legen. Ganz auf die Herzlichkeit der Schwestern muss der Gast allerdings nicht verzichten, helfen doch die Ordensschwestern Georgia und Walburga mit viel Elan mit. In der Küche hat sich Schwester Rosemarie samt ihrem exzellenten Sauerbraten nach Bayern verabschiedet und die Kochlöffel an Silvan Tschan übergeben, der unprätentiös kocht und subtil würzt. Von «Ghacktes mit Hörnli» über gebratenen Tofu zu Pouletspiessen mit Nusssauce bis hin zum rassigen Currygericht bietet Silvan Tschan eine breite kulinarische Palette. Die Gäste essen im patinierten Speisesaal und gönnen sich bei mildem Wetter den Aperitif im Park.

Zwischen Moderne und Tradition

Wer das Kurhaus Kreuz aus dem 17. Jahrhundert betritt, vergisst sehr schnell Alltag und Hektik. Beim Rundgang wird der Gast überrascht sein, wie gut Historie und moderne Architektur ineinander verschmelzen. Der Erweiterungsbau des geschichtsträchtigen Kurhauses, mit hellen Seminarräumen, moderner und zeitgemässer Infrastruktur, eigener Cafeteria und einem kleinen Wohlfühl-Gesundheitsbereich zeigt den modernen Aspekt des Hauses – der Speisesaal, die einfachen Zimmer, die Hauskapelle und der Gewölbekeller die historische Seite. Und mitten drin begegnen sich in der öffentlichen Kaffeestube zu einem Schwatz Gäste und Ordensschwestern, die unter anderem für ihren eigenwilligen Humor berühmt sind. Natürlich ist das Kurhaus Kreuz ein christlicher Ort, beten ist aber freiwillig. Zahlreiche Wanderwege, lokale Sehenswürdigkeiten (Kloster Mariastein und die Sternwarte Metzerlen), Fitnessgeräte nach alter chinesischer Tradition, der wundervolle Park mit lauschigen Plätzen und altem Baumbestand, ein Heil- und Gewürzkräutergarten nach den Richtlinien der Hildegard von Bingen und eine hauseigene Bibliothek erwarten die Gäste. Beim Nachbarn und neuen Besitzer des Kurhaus Kreuz, dem Benediktinerkloster Mariastein, finden in der barocken Kirche immer wieder klassische Konzerte statt. Alleine wer Orgelmusik liebt und das Glück hat, den Klosterorganisten Pater Armin Russi oder Benedikt Rudolf von Rohr beim Üben zuzuhören, wird einige unvergessliche musikalische Augenblicke erleben. Für einmal mit dem lieben Gott per Du zu sein, hat schon was.

Kurhaus Kreuz
Paradiesweg 1
4115 Mariastein
061 735 12 12
www.kurhauskreuz.ch
Geöffnet: Täglich, auf telefonische Voranmeldung
Geschlossen: Einige Tage im Jahr
Im Speisesaal: Schwester Georgia und Schwester Walburga
Am Herd: Silvan Tschan
Im Haus: Betriebsleiter Matthias Thomann

Küche und Keller: Regionale Produkte, basische Gerichte, mehr Gemüse und Dinkel, weniger Fleisch. Spannende, kleine Weinauswahl, zusammengestellt von Matthias Thomann.
Gäste: Pensionierte, Schulen, Geistliche, Arbeiter, Ausflügler, Wanderer, Politiker und temporäre Aussteiger.
Atmosphäre: Sakral, historisch, modern.
Frischluft: Wundervoller Kräutergarten und diverse Freiplätze.
Nicht verpassen: Der Sonntags-Mittagstisch.
Applaus: Für die exzellenten Schnäpse (Kirsch und Apfel) von Nachbar Pater Norbert aus dem Benediktinerkloster Mariastein.
Na ja: Selbst Atheisten fühlen sich hier wohl. Wer sich allerdings am Kreuz stört, der umfährt den Paradiesweg.
Und da wäre noch: Mit dem Murerbier aus dem aargauischen Dorf Glashütten haben sich die irdischen Engel für ein himmlisches Bier entschieden. Gebraut wird es mit dem eigenen Quellwasser aus dem Boowald. Marcel Maurer ist aber nicht nur ein begnadeter Brauer, sondern auch ein Wasserzauberer. Was es mit seinem reinen Wasser auf sich hat, findet sich unter www.aquell.ch (Asatech AG).
Bierfreunde halten sich hingegen an www.murerbier.ch oder schauen im Geschäft an der Langenthalerstrasse 3 in 4803 Vordemwald vorbei. Immer von Montag bis Freitag von 8 bis 12 und von 13.30 bis 17 Uhr. Telefon 062 958 10 00. Prost!

Stuhl und Bett
Vor Ort im Kurhaus Kreuz
Tipp: Einfache, zweckmässige Zimmer mit Bad.

Einkaufskorb
Metzgerei Schaad
Martin Schaad
Steinrain 4a
4112 Flüh
061 731 10 18
Tipp: Metzgermeister Martin Schaad tüftelt immer wieder an neuen Produkten, einem Honig-Beinschinken zum Beispiel. Er ist weit über die Kantons- und Landesgrenzen hinaus berühmt. Selbst der französische Nachbar kauft bei ihm ein. Und egal ob Schweins- und Kalbsbratwurst, Blut- und Leberwurst oder Cervelat – seine Würste sind hervorragend.

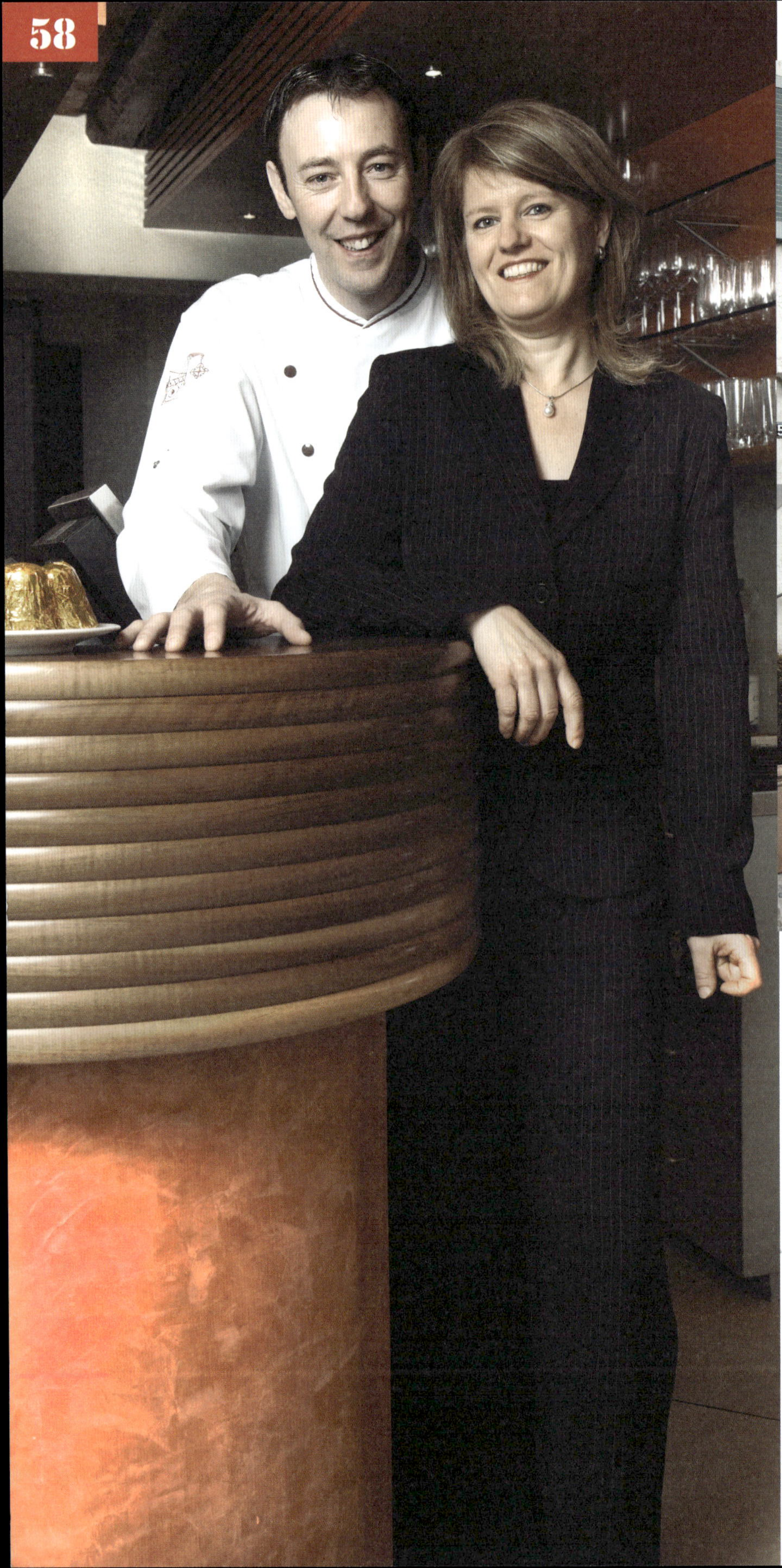

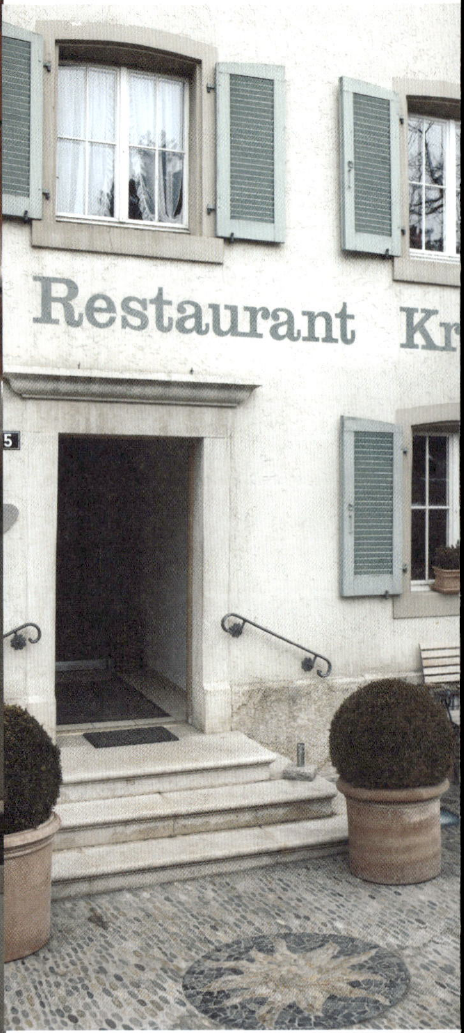
Restaurant Kr

KREUZGÄNGE

Metzerlen ohne Kirche und Glockengeläut ist nicht möglich. Metzerlen ohne «Kreuz» noch weniger. Die Traditionsbeiz bietet sich zum Frühschoppen nach der Messe an, lockt aber zugleich mit dem Sonntagsbraten und dem Blauburgunder. Was tun? Sitzen bleiben ...

Seit dem 18. Jahrhundert ist das «Kreuz» im Besitz der Familie Schaffter. Stefan Schaffter führt die gemütliche Landbeiz seit 1993 in der siebten Generation gemeinsam mit seiner Partnerin Veronika Meier. Die klassisch bürgerliche Küche, wie sie von Stefan Schaffler zelebriert wird, hat ihr Stammpublikum. Das Haus ist vorwiegend ausgebucht, wer nicht telefonisch reserviert, hat selten eine Chance. Dabei ist die Küche weder biologisch noch spektakulär, sondern einfach nur gut. Mit Produkten von hier statt von dort, mit hauseigenem Holzofenbrot und herzlichem Personal, das sich zuvorkommend um seine Gäste kümmert. Im «Kreuz» trifft sich ab und zu auch die Solothurner Regierung zum Schwatz und zu mehr, hier treffen sich Stadt und Land, friedlich, lustvoll, zufrieden.

Im November herrscht Ausnahmezustand

Die Metzgete ist im Schwarzbubenland im Spätherbst für jede gute Land- und Dorfbeiz heilige Pflicht. Erst recht fürs «Kreuz», dessen «Cochonaille» eine lange Tradition hat. Ein Schwein zu schlachten erfordert von allen Beteiligten Disziplin, eine strenge Organisation. Improvisation ist fehl am Platz. Der Dirigent ist der Metzger. Er führt den Schnitt, spaltet, zerteilt. Sein Orchester entbeint, löst aus, pariert, hackt. Alles geht Hand in Hand, man teilt, man lebt – im Gegensatz zum Schwein. Lunge, Herz, Leiste und Schwarte sieden in der grossen Kasserrolle. Die Leber kocht einige Minuten mit, danach geht alles durch den Fleischwolf, die Masse für die Leberwurst wird gewürzt mit Salz, Pfeffer, Muskat und Nelken. Hinzu kommen «Zibeleschwaitzi» und warme Milch. Die aromatische Mischung gelangt dann in die Naturdärme, die Würste werden eine halbe Stunde bei 85 Grad Celsius gebrüht, danach werden sie in Wasser gekühlt und am Abend dampfen sie auf den Tellern der zufrieden mampfenden Gäste. Das Ganze findet immer Mitte November statt. Dann ist im «Kreuz» von Freitag bis Sonntag die Hölle los. Herrgottsecken und Kirchenglocken hin oder her. Wer's ruhiger mag, kommt vor oder nach der Metzgete. Für einen Mistkratzer oder frische Leber oder im Dezember für das erste wunderbare Weihnachtsgebäck.

Kreuz
Hauptstrasse 5
4116 Metzerlen
061 731 14 95
www.kreuz-metzerlen.ch
Geöffnet: Mittwoch bis Sonntag ab 9.30 Uhr
Geschlossen: Montag, Dienstag

In der Beiz: Veronika Meier
Am Herd: Stefan Schaffter
Küche und Keller: Gutes Fleisch, Würste und die exzellenten Kartoffelstäbchen (nur auf Vorbestellung) gehören zum «Kreuz»-Programm wie der gut bestückte Keller mit bekannten Namen aus Italien, Spanien und Frankreich sowie einigen regionalen Spezialitäten.
Gäste: Die Solothurner Regierung (inkognito), Architekten und Unternehmer aller Art, Pensionäre, Ausflügler, Wanderer, Familien – das ganze Programm.
Atmosphäre: Ein Cocktail aus Landluft, Bourgeoise und Trend.
Frischluft: Angenehmer Sitzplatz vor dem Haus unter der Linde mit Sicht auf Strasse und Kirche.
Nicht verpassen: Jeden ersten Donnerstag im Monat gibt es zu Mittag die unwiderstehlichen Fleischküchlein.
Applaus: Für den zuvorkommenden und herzlichen Service unter der Leitung von Veronika Meier, für das Holzofenbrot und im Dezember für das Weihnachtsgebäck.
Na ja: Das Gemüse als Beilage kommt in verdächtig grosser Auswahl auf den Teller. Die ältere Generation liebt es gut gekocht.
Und da wäre noch: Eine Reservation ist unerlässlich. Auch mittags. Das «Kreuz» hat eine treue Stammkundschaft. Die Schwägerin betreibt nebenan einen Hofladen mit exzellenten Produkten (siehe Einkaufskorb).

Stuhl und Bett
Gasthaus Kreuz
Ralph Küry und Conny Bruder
Schmelzistrasse 9
4228 Erschwil
061 781 21 27
www.kreuz9.ch
Tipp: Vier stilvolle Zimmer mit Stuckaturen, Etagendusche und -toilette. Zum Haus gehört ein schönes Lokal, das am Wochenende geöffnet hat. Zum Frühstück gibt es Produkte aus der Region und ein gutes Holzofenbrot aus Wahlen.

Einkaufskorb
Kulinarische Werkstatt
Ida Schaffter
Hauptstrasse 3
4116 Metzerlen
061 731 23 36
Tipp: Ich komme nie an diesem kleinen Hofladen vorbei, ohne einzukaufen. Holunder- und Bitterorangenkonfitüre, am Samstag das halbweisse Bauernbrot oder das Rindstrockenfleisch aus eigener Schlachtung sind meine Favoriten.

BEWEGUNG UND STILSTAND

An der Ecke lauert der Hund, in der Sonne schläft die Katze, im Gehege stolziert der Pfau, und in der guten Stube schöpft Madame Jacqueline Guyot die Linsensuppe oder lächelt für den Fotografen mit den Kaminfegern um die Wette.

Silvester feiern im «Chez le Baron» wäre was. Mitternacht würde Stunden dauern, zumal in der Gaststube rund dreissig Standuhren stehen und zehn Pendulen hängen. Keine tickt gleich wie die andere, keine hat die genaue Zeit. Wer hierher kommt, hat sie, und wer hier essen will, ruft einen Tag vorher an und bestimmt das Gericht mit oder lässt sich überraschen. Ein Mittagessen im «Chez le Baron» ist eine Reise nach damals. Puristen werden jubeln, Trendsetter sich fragen, was um alles in der Welt sie hier verloren haben, Vegetarier kommen erst gar nicht her. Das abgelegene und urtümliche Gasthaus wird von Tochter Jacqueline und Mutter Janine Guyot geführt. Ihr Essen beginnt meistens mit einer Gemüsesuppe oder einer Bouillon mit Eierstich, gefolgt von einem Poulet oder einem Braten aus dem Ofen. Es kann aber auch ein warmer Beinschinken oder ein Kaninchen sein, deren kleine Ställe den Seiteneingang zieren. Das Leben ist ungerecht.

Ein Enzian für den balsamischen Beistand

Eine Weinkarte gibt es nicht. Wer eine Flasche will, wird für einen Augenblick vertröstet, bis Madame mit einigen Weinen in den Händen an den Tisch zurückkehrt. Die Suche beginnt, der Gast wählt, Madame geht und kommt mit der ausgewählten Flasche zurück, entkorkt und schenkt ein. So geht das hier. Nach dem «Plat principal» wartet etwas Käse aus der Region, dann oft der Früchtekuchen und ein dünner Kaffee, auf den der Stammgast zugunsten des hauseigenen «Enzians» verzichtet, der hilft, das opulente Mahl zu verdauen. Das Mittagsmahl findet an weiss gedeckten Tischen statt, begleitet vom Ticken und Glockenschlag der Uhren. Ab

CAFE

und zu wird eine verkauft, ihre Anzahl variiert, das Ticken bleibt, die Stammgäste auch.

Chez le Baron
2885 Epauvillers
032 461 35 41
Geöffnet: Nach Nachfrage. Immer anrufen.
Geschlossen: Unterschiedlich
In der Beiz: Jacqueline Guyot
Am Herd: Janine Guyot
Küche und Keller: Alles sehr einfach. Die Auswahl der Weine variiert, so wie die Öffnungszeiten. Einfach nachfragen, was so im Keller liegt.
Gäste: Einheimische, Pensionierte, Ausflügler, Wanderer, Puristen, Historiker, Uhrenmacher, Schornsteinfeger und zivilisierte Trinker.
Atmosphäre: Patiniert, echt.
Frischluft: Neben dem Geflügelgehege.
Nicht verpassen: Die selbstgemachten frittierten Kroketten.
Applaus: Das Preis-Leistungs-Verhältnis und der herzliche Service.
Na ja: 1. Das Gemüse kommt zwar aus dem eigenen Garten, wird aber ab und zu verkocht. 2. Wem farbige Papiertischtücher auch nicht gefallen, besteht bei der Reservation auf weisse. Sieht viel schöner aus.

Und da wäre noch: Das Haus ist eine sehr einfache Adresse, die man gerade deswegen aufsucht oder eben nicht, und die vor kurzem im Innern einem kleinen, dezenten Facelifting unterzogen wurde. Alles ist heller, freundlicher, der patinierte Charme ist aber geblieben. Gottlob!

Stuhl und Bett
Chicshack
Rita und Gérald Kiechler-Müller
2857 Séprais-Montavon
032 426 50 60
www.chicshack.ch
Tipp: Inmitten von Natur und Kunst steht er da, der aus- und umgebaute Heuschober, der sich als romantisches Nachtlager für zwei entpuppt. Hinzu kommen Terrasse, Garten, Küche, Kaminofen, Stube und mehr.

Einkaufskorb
Thérèse Scheurer
2856 Boécourt
032 426 62 27
Tipp: Ihre Cremeschnitte und ihr salziger Rahmkuchen (Toétché) sind unübertroffen. Am Samstagmorgen ist von 8 bis 10 Uhr Hofverkauf. An allen anderen Tagen nur auf telefonische Vorbestellung.

GRENZENLOSE FREIHEIT

Die Freiberge, ein Mosaik aus Felsen, Wäldern, Weiden, Weihern, Bächen und Tannen. Naturreines Land mit einigen verstreuten Beizen. Schon mal was von «Chez Tante Eva» gehört?

Die Freiberge sind ein beliebter Fluchtort im Kanton Jura. Nicht nur für Basler. Ohne Lärm und Stau lässt es sich bequem durch die einsame Landschaft gondeln. Hier mutiert selbst der Diszipliniertese zum Herumtreiber und verplempert genüsslich den Tag. Schnell nehmen einen die Natur, nehmen einen die Beizen, Metzgereien und Käsereien gefangen. Doch selbst im Hochsommer wird es hier nie eng. Zu speziell, zu wild und zu wenig warm ist es in den Freibergen. Auf der Nebenstrasse zwischen Les Bois und Les Breuleux führt auf halber Strecke ein kleiner geteerter Weg zum Weiler Le Cerneux-Veusil Dessus. Die Anfahrt führt durch stille Wälder, die den Glauben des Fahrers, noch auf der richtigen Fährte zu sein, herausfordern. Am Ende findet sich das renovierte Hotel und Restaurant Beau Séjour, kurz «Chez Tante Eva» von Aurélie Donzé. Nun ist es eine Tatsache, dass Jurassier bei Renovierungen oft keine glückliche Hand haben. Das Schöne, die Patina wird entfernt, das Hässliche hervorgehoben oder neu eingesetzt, das Ergebnis ist oft austauschbarer Pseudochic. Nicht so bei Tante Eva, die hier jahrzehntelang eine beliebte und geschätzte Wirtin war. Zwar haben ihre Nachfolger gründlich renoviert, aber dennoch Geschmack bewiesen. «Chapeau!» sage ich dafür. Auch wenn im Gastraum Tresen und Buffet zu gross geraten sind, fühlt man sich auf Anhieb wohl.

Wenn jetzt noch die Küche ...

Zum Glücksgefühl tragen auch der freundliche Service von Nina Baume und Aurélie Donzé und die gute Küche von François Faber bei, wobei etwas mehr Typizität durchaus wünschenswert wäre. Für Gruppen oder Festanlässe zieht Faber alle Register, ansonsten kocht er für meinen Geschmack zu sehr auf Sparflamme.

Kommt der Auswärtige nur einmal pro Jahr, fällt das nicht auf, sucht man den verwunschenen Ort immer wieder auf, wird es kulinarisch langweilig. Wer nach einer Wanderung oder nach einem Tag auf den Langlaufskiern nicht mehr ins Auto steigen mag, bleibt und quartiert sich in einem der Gästezimmer ein. Für Gruppen wird auf Voranmeldung ein Menü gekocht, das immer mit dem Suppentopf auf dem Tisch beginnt, was verbindet. Die Weinkarte ist ausbaufähig, schön wäre auch ein Sonntagsbraten, aber sonst … ein schöner, spezieller Ort mitten im Wald.

Hotel Restaurant Beau Séjour
«Chez Tante Eva»
Le Cerneux-Veusil Dessus 150
2345 Le Cerneux-Veusil
032 954 12 42
www.hotelbeausejour.ch

Geöffnet: Donnerstag und Freitag ab 16 Uhr, Samstag und Sonntag ab 10 Uhr
Geschlossen: Montag bis Mittwoch. Manchmal ist die Beiz auch spontan geschlossen. Es empfiehlt sich immer, vorher anzurufen.
In der Beiz: Aurélie Donzé und Nina Baume
Am Herd: François Faber
Küche und Keller: Sehr einfache Landküche mit den Eckpfeilern Fondue und Suppe. Einige Weine, korrekt, süffig.
Gäste: Naturburschen, Jurassier (was aufs Gleiche herauskommt), Lebenskünstler, Biologen, Sterngucker und Zivilisationsmüde.
Atmosphäre: Angenehm unspektakulär mit einigen schönen Ecken, wobei die Proportionen nicht ganz stimmen.
Frischluft: Mehr als genug vorhanden. Eigentlich sitzt man in einer weitläufigen Waldlichtung.
Nicht verpassen: Der Suppentopf mit Freunden.
Applaus: Die Herzlichkeit und das Fondue. Wer Zwiebeln nicht mag oder nicht gut verdaut, soll es lieber bleiben lassen oder sich gleich bei der Bestellung wehren.
Na ja: Die Küche dürfte mehr Typizität an den Tag legen. Erst recht an solch einem Ort. Das Können ist ja vorhanden.
Und da wäre noch: Im Winter ein idealer Ort für Langlauf. Die Loipe liegt vor der Haustüre. Für Gruppen kocht François Faber auch regionale Menüs.

Stuhl und Bett
Vor Ort
Tipp: Fünf Gästezimmer in der Mitte von nirgendwo. Hier zwei Tage mit Freunden zu verplempern, wäre was.

Einkaufskorb
Boucherie Pierre Billat
Rue du Doubs 1
2336 Les Bois
032 961 12 85
Tipp: Rote Backen, voller Tatendrang und Fleisch-Hoflieferant von «Michelin»-Sternekoch Georges Wenger im nahen Le Noirmont, das ist Pierre Billat, der Spitzenmetzger der Freiberge. Am Samstag steht die Stammkundschaft Schlange bis auf den Vorplatz. Kein Witz.

61

PARIS IN LA CHAUX-DE-FONDS

Der Bistrocharme ist beeindruckend. Zwei grosse Holztische flankieren den Eingang, Säulen zieren den hohen Raum, und hinter dem Tresen stehen die neuen Gastgeber Carlos und Givanna, die es noch nicht ins Bild geschafft haben.

Der Name ist Programm. Ein wenig Paris mitten im Neuenburger Jura. Ein Jahr lang stand das Traumbistro leer, verwaiste. Der Nachfolger des langjährigen und erfolgreichen Patrons Reto Juan kam bei Stammgästen und «Eingeborenen» nicht an und musste nach wenigen Monaten entnervt aufgeben. Heute ist alles wieder im Lot, der Laden brummt, dem lokalen Beizenfuchs Jamel Sayeh sei Dank. Der gebürtige Tunesier, der mehr Chaux-de-Fonnier ist als die meisten Einwohner der Stadt und den alle Gino nennen, hat das «Café de Paris» zur Freude aller wieder auf Touren gebracht – und verkauft. Seit März 2014 heissen die neuen Gastgeber Carlos Correia de Arjauo und Givanna Raglione. Der tunesische Besitzer hat sein Café de Paris also in portugiesisch-italienische Hände gelegt, was der Qualität aber keinen Abbruch tut. Der Rest bleibt sich im Grossen und Ganzen gleich. Nur die Gesichter der Besitzer haben gewechselt, die wir noch nicht fotografieren konnten. Und sonst? Die Küche schwankt zwischen ordentlich und gut, das Bier wird frisch gezapft und die Liebhaber einer «Suze» finden hier genauso ihr Glück wie jener gestrandete Engländer mit Regenschirm und Melone (so passiert) der an einem sonnigen Mittag nicht auf seine Tasse Tee verzichten mochte. Ansonsten wird an den langen

Tischen ausgiebig diskutiert, politisiert, gestritten, versöhnt, gelacht, getratscht, getrunken und getafelt oder einfach nur in der Zeitung geschmökert, womit ich wieder beim Engländer wäre. Fazit: Statt des TGV nach Paris nehme ich den «Train rouge» der Chemin de fer du Jura nach La Chaux-de-Fonds. Meine Art der Städtereise. Auch mit den neuen Besitzern.

Café de Paris
Rue du Progrès 4
2300 La Chaux-de-Fonds
032 968 68 68
Geöffnet: Dienstag bis Samstag 11 bis 14 und ab 17.30 Uhr
Geschlossen: Sonntag, Montag
In der Beiz und am Herd: Carlos und Givanna
Küche und Keller: Bistroküche, die wöchentlich wechselt und mit Klassikern wie Tomme chaud, Moules et Frites, Entrecôte Café de Paris punktet. Der Keller bietet eine kleine Auswahl mit Schwergewicht Frankreich.
Gäste: Historiker, Geschichtenerzähler, Träumer, Puristen, Künstler und ab und zu La Patronne Viviane Sayeh.

Atmosphäre: Klassisches Bistro mit wundervollen architektonischen Elementen und einem fast perfekten Innenleben.
Frischluft: Unbedeutend. Die Beiz ist viel zu schön, als draussen zwischen parkierten Autos zu sitzen.
Nicht verpassen: Das «Café de Paris» ist eine Winterbeiz. Hier nach einer Stadttour den Mittag mit einem Aperitif einläuten, trägt zum persönlichen Glück bei.
Applaus: Für den nahtlosen Übergang.
Na ja: Bitte den Plastik vor dem Haus entsorgen.
Und da wäre noch: 1. Vive le Café de Paris. 2. Wer mit dem «Train rouge» den Jura erkunden will, fährt mit der SBB via Delémont nach Glovelier und von dort im gemütlichen

Schneckentempo durch die mystischen Freiberge nach La Chaux-de-Fonds.

3. La Chaux-de-Fonds ist in den Sommerschulferien wie ausgestorben. Die meisten Beizen und Läden, so auch das «Café de Paris», haben in dieser Zeit geschlossen. Der Kluge reist im Frühling, Herbst oder Winter an.

Stuhl und Bett
La Chaux-d'Abel
2333 La Ferrière
032 961 11 52
www.hotellachauxdabel.ch

Tipp: Unter der neuen Leitung zweier Damen – die alten Besitzer Agnès und Daniel Frochaux haben sich zurückgezogen – ist das Essen besser geworden und der Charme geblieben. Vornehmlich die herausgeputzten Eckzimmer lohnen den Besuch. Auch für einen längeren Aufenthalt. Der Schweizerische Heimatschutz hat das Haus zu einem der hundert schönsten Schweizer Hotels erklärt. Einsam und verlassen steht es in den Freibergen, nur einige wenige Kilometer vor La Chaux-de-Fonds entfernt.

Einkaufskorb
Le Croissant Show
Rue du Versoix 4
2300 La Chaux-de-Fonds
032 968 76 34

Tipp: Auf einen Kaffee oder Tee der Extraklasse oder einfach für den Einkauf: Tarte aux noisettes, Gâteau à la crème … und Brot, das reelles Brot verkörpert, keine Industrieware mit Fantasienamen.

FAMILIÄRES EINZELSTÜCK

Mitten in La Sagne, in einem unbekannten Teil des Neuenburger Juras, steht das Hotel von Bergen. Der Name des Hauses überrascht, die Geschichte erklärt ihn.

Das Vallée de La Sagne ist ein einsames Tal. Topfeben zieht es sich über 18 Kilometer in einer Breite von 400 Metern dahin. Hoch, rau, weit, erschlossen von einer Strasse, an der die einzelnen Höfe wie am Tropf hängen. Kaum zu glauben, dass diese Strasse im 19. Jahrhundert als direkte Verbindung zwischen Bern und Paris genutzt wurde. Das rief Melchior von Bergen auf den Plan, der seine Zukunft nicht mehr im Haslital sah, sondern an dieser Verbindungstrasse im Neuenburger Jura. 1859 wanderte er aus und eröffnete 1871 in La Sagne das Kurhotel von Bergen, das sich mit einem Sprössling der von Bergen bis in die Neunziger über Wasser hielt. 1998 kauften Pierre und Evelyne Bühler das Hotel. Sie fanden ein Haus vor, das mit einer gut erhaltenen Bausubstanz und diversen Details aus der Gründerzeit überzeugte. Die Bühlers renovierten mit Zurückhaltung und Sachverstand. Entstanden ist ein Schmuckstück, nicht perfekt, aber mit Charme. Leider ist Pierre Bühler nach dem Ende der langjährigen Renovationsarbeiten verstorben. Wer das Haus schon länger kennt, dem wird Monsieur Pierre fehlen. Seine schräg-ironische Art der Konversation, sein spontaner Witz … vorbei.

Hotel von Bergen, La Sagne 239

Das Leben geht weiter

Evelyne Bühler mag trotzdem noch nicht aufhören, geschweige denn das Haus verkaufen. Noch nicht. Und auf ihre Kinder kann sie nicht zählen, die wollen nichts von Hotel und Gastronomie wissen. Schön, dass es mit ihr noch einige Jahre weitergeht und somit auf dem alten Kochholzherd weiterkocht. «Soupe aux choux» mit Fettaugen, Gemüse, Würste und Fleisch zum Beispiel. Oder mit der «Saucisse neuchâteloise au Pinot noir», deren Sauce aus Mehl, Zwiebeln, Bouillon und Rotwein kulinarisches Stehvermögen erfordert. Oder ihre «Tripes à la mode de Monsieur Montandon». Dazu werden die Kutteln in einer Gemüsebouillon gekocht und im Caquelon serviert, zusammen mit gehackten Zwiebeln, Kartoffeln, frischer Mayonnaise und Vinaigrette. Ja, und dann kommen zum Finale die unwiderstehlichen Apfelcrêpes. Der Rest auf der Karte ist sekundär. Das Hotel von Bergen ist weniger eine Sommeradresse, es spielt vielmehr an kalten, eisigen Wintertagen seine Schönheit aus. Kurz, eine reizvolle Adresse im Abseits.

Hotel von Bergen
Crêt 80
2314 La Sagne
032 931 03 18
Geöffnet: Freitag bis Montag und Mittwoch
Geschlossen: Dienstag und Donnerstag
In der Beiz und am Herd: Evelyne Bühler
Küche und Keller: Einfache Landküche mit regionalen Spezialitäten. Kleine Weinkarte, bei der man sich an die Neuenburger hält. Vom Februar bis in den Frühsommer ist der «Non filtré» das Hausgetränk. Der frisch abgefüllte, knackig frische Chasselas passt optimal zu den opulenten Gerichten von Madame.
Gäste: Historiker, Romantiker, Wanderer, Ausflügler und Juraforscher.

Atmosphäre: Verträumt, mit vielen liebenswerten Details aus der Gründerzeit.
Frischluft: Neben dem Haus mit Blick auf Bäume, Strasse und Dorfkäserei.
Nicht verpassen: Im Januar und Februar oder auf Vorbestellung pilgern die Kuttelliebhaber nach La Sagne.
Applaus: Das stilvolle Kochen auf dem antiken Holzherd und die wundervollen Apfelcrêpes.
Na ja: Die Plastikstühle im Garten passen nicht zum Gesamtbild.
Und da wäre noch: Die Neuenburger Spezialitäten gibt es nur, wenn man sie vorgängig telefonisch bestellt.

Stuhl und Bett
Vor Ort im Hotel von Bergen
Tipp: Meine Lieblingszimmer sind im alten Trakt: «Colin» (mit Badewanne) und «Tom» (mit Dusche). Wer einen leichten Schlaf hat, trägt Gehörschutz. Ab fünf Uhr in der Früh bringen die Bauern ihre Milch in die gegenüberliegende Dorfkäserei. Der Spuk dauert aber nur rund eine Stunde.

Einkaufskorb
Käsefreunde aufgepasst:
La Maison du Fromage
Pierre Alain Sterchi
Passage du Centre 4
2300 La Chaux-de-Fonds
032 968 39 86
Tipp: Bei einer so grossen und exzellenten Auswahl verliert der Kunde schnell den Überblick – und lässt sich am besten beraten. Alles da, alles gut. Perfekt. Chapeau!

PSST, NOCH EINE AUSTER

Kaum betritt der Deutschschweizer das «Le Cardinal», weht ihm eine leichtere Lebensart um die Ohren. Und ein «Plat du jour» klingt doch einfach besser als «Menü 1».

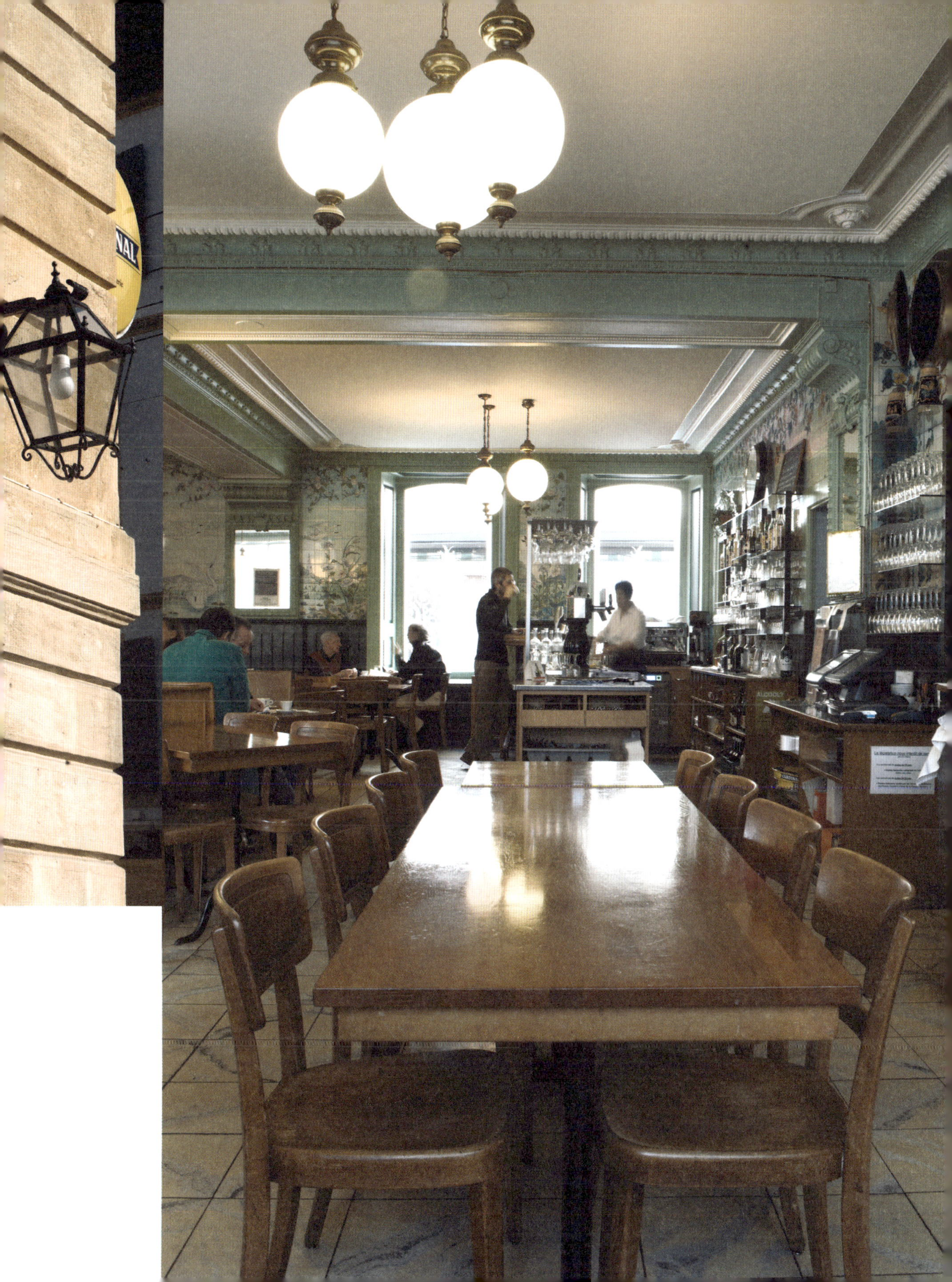

In gewissen Lokalen spielt das Essen die Hauptrolle. Alles andere wird zum Nebenschauplatz. Auch das Innenleben wird sekundär. Dann gibt es Gasthäuser, die so mit ihrer Patina bestechen, dass einem die Zutaten aus Küche und Keller besser erscheinen, als sie tatsächlich sind. Stimmt die Qualität rundum, ist für den Beizengänger das Glück perfekt. Die Brasserie Le Cardinal in Neuenburg gehört zu dieser raren Spezies, von der die Deutschschweiz nur träumen kann. Im «Cardinal» zu sitzen, zu verhocken, zu zechen und zu schmausen ist Lebensqualität für Gaumen, Magen und Gemüt. Die Küche ist auf ihrer Höhe, die Klassiker überzeugen, das Ganze ist eine chichifreie Zone. Dafür verantwortlich ist Jean-Luc Geyer, der aus dem ungeschliffenen Neuenburger Juwel ein Kleinod geformt hat. Er ist ein Gastgeber der leisen Töne, ein Schöngeist, und auch wenn es in der blitzblanken, relativ kleinen Küche hektisch zugehen mag, Respekt wird bei ihm und seinen Mitarbeitern grossgeschrieben. Das «Cardinal» steht mitten in der Altstadt, verfügt über keinen einzigen Autoparkplatz und ist dennoch immer «complet».

sie früher in Frankreich häufig anzutreffen war und heute fast nicht mehr zu finden ist. Deutschschweizer müssen sich die Aufmerksamkeit und Herzlichkeit des Servicepersonals zuerst einmal verdienen. Ein Detail, das zu beachten, aber nicht überzubewerten ist. Wer zum ersten Mal kommt, soll freundlich bestimmt sein, sich nicht verunsichern lassen, bei leerer Beiz das zugewiesene kleine, ungemütliche Tischchen ablehnen und lächelnd und höflich einen Tisch verlangen, der einem besser gefällt. Dass Neuchâtel genug weit weg von der Deutschschweiz ist, sieht man an den Weinflaschen, die bereits mittags auf den Tischen stehen. Hier eine Flasche Chasselas «sur lie» von der grandiosen Domaine La Maison Carrée aus Auvernier, dort eine Karaffe Bandol von der Domaine La Suffrene. Ah! Fayencen, Gerüche, Klang und Stimmung – es sind die kleinen Sensationen des Winters, die sich im «Cardinal» zur Assemblage vereinen. Wer will da nicht hingehen? Santé!

Es geht auch ohne Regenmantel

Das Ganze könnte sich auch in einem «Film noir» abspielen. Fehlen nur noch Jean Gabin oder Alain Delon mit Hut, Regenmantel und fragendem Blick im Eingang stehend. «Tout Neuchâtel» tafelt in dieser schönen Brasserie. Mittags und abends schnurrt die Beiz wie ein Bentley. Und das Spektrum der Gäste ist so breit wie die Speisekarte: Foie gras, Schnecken, marinierter Biolachs, Austern, Muscheln, Fischsuppe, Zander, Schweinsfilet, «Entrecôte de bœuf parisenne avec beurre Café de Paris» mit knusprig, krachenden Pommes frites, «Carré d'agneau de Sisteron», gepudert mit Provencekräutern, oder einfach nur ein Fondue – herrlich ist's. Der souveräne Service ist alles andere als hüftsteif, das Ganze spiegelt eine abgeklärte Gastlichkeit, wie

Brasserie Le Cardinal, Neuchâtel

Brasserie Le Cardinal
Rue du Seyon 9
2000 Neuchâtel
032 725 12 86
www.lecardinal-brasserie.ch

Geöffnet: Von Montag bis Samstag ab 8 Uhr
Geschlossen: Sonntag
Am Herd und in der Beiz: Jean-Luc Geyer
Küche und Keller: Klassiker, wie Côte de bœuf mit Sauce béarnaise, Tartare de bœuf et son œuf de caille, Weine aus Neuenburg und Frankreich
Gäste: Politiker, Geschäftsleute, Arbeiter, Träumer, Historiker, Puristen, Romantiker.
Atmosphäre: Bilderbuch-Brasserie mit über hundertjährigen Fayencen – ein Traum.
Frischluft: Angenehm, beschaulich, mitten in der Altstadt. Die Brasserie ist innen aber so schön, dass es schade wäre, draussen zu verweilen. Für mich die ideale Winterbeiz.
Nicht verpassen: Das Pot-au-feu am Donnerstag.
Applaus: Für die konsequente klassische, gute Umsetzung einer Brasserie-Küche vergangener Tage.
Na ja: Deutschschweizer bleiben bei der Nonchalance des Servicepersonals cool und verdienen sich ihre Aufmerksamkeit mit einem freundlich vorgetragenen französischen Satz – der Wunder bewirken kann.
Und da wäre noch: Viele Produkte stammen vom Biobetrieb L'Aubier im nahen Montézillon.

Stuhl und Bett
Gîte des Vignes
Suzanne Wenger
Chemin des Vignes 13
032 544 37 30
www.gitedesvignes.ch
Tipp: Vier sorgfältig ausgestattete Zimmer in einem unspektakulären Haus mit spektakulärer Aussicht auf Reben, See und Alpen. Ich bevorzuge das Zimmer «Œil-de-Perdrix».

Einkaufskorb
Distillerie Absinthe La Valote Martin
Francis Martin
Rue du Quarre 10
2113 Boveresse
032 861 26 54
Tipp: Ein Abstecher ins nahe Val de Travers muss sein. Mein Lieblingsbrenner ist Francis Martin, dessen Absinthes alle bei mir zuhause stehen samt «Fontaine». Aber Vorsicht: Eine einfache Degustation kann bei Francis Martin zur Tagessitzung mutieren. Eine telefonische Anmeldung ist vorteilhaft. Mehr Infos zu Absinthe und seinen Brennern unter www.routedelabsinthe.com.

ALLES FLIESST

Auvernier besticht mit Kopfsteinpflaster, mit herausgeputzten Häusern, einem herausragenden Weingut, einem charmanten Chambre d'hôte und einer Knille für geübte Trinker.

Wer wissen will, welcher Wein zu einem passt, sucht nicht alle lokalen Winzer einzeln auf, sondern geht in die «Pinte la Golée» und lässt sich von Patron Cédric Bellini beraten. Täglich um 16 Uhr öffnet sich die Tür. Wer wissenschaftlich trinkt, kommt früh, wer praktisch zecht, kommt spät. Für den Appetit gibt es immer Trockenwürste und ein gutes Fondue. Die «Pinte» ist in der Region beliebt, hat ihre Stammkundschaft, lange Öffnungszeiten, was nicht allen gefällt, zumal je nach Art der Gäste und Themen der Lärmpegel arg steigen kann. Das Ganze ist nichts für zart besaitete Beizengänger, wer aber eine raue, ehrliche und unkomplizierte Atmosphäre mag, fühlt sich in der «Pinte» wohl. Ab und zu finden Konzerte (laut) und Lesungen (leise) oder spezielle kulinarische Themenabende statt: Im November ist das eine Hommage an die Ajoie und ihre Metzgete «Saint-Martin», im Februar sind es die «Tripes à la Neuchâteloise», Kutteln in Gemüsebrühe im Caquelon serviert, mit geschwellten Kartoffeln, gehackten Zwiebeln, frischer Mayonnaise und sämiger Vinaigrette, dazu wird der erste «Non Filtré» (Chasselas) der Saison getrunken. Herrlich oder grauslich ist's, je nach Vorliebe.

Bitte ohne Plastik

Mitten im Dorf, auf der Place du Millénaire, umgeben von farbig leuchtenden Fassaden der historischen Häuser, mit einem plätschernden Brunnen und einem Schatten spendenden Baum befindet sich der Freiluftsitz der «Pinte». Die Szenerie ist beeindruckend, schöner geht's nimmer, wenn da nicht die weissen Plastikstühle wären, die völlig deplatziert sind. Da legt die

Gemeinde, das Dorf auf jedes Detail so viel Wert und lässt zugleich den Patron allein entscheiden, statt ihn mit einem kleinen Zuschuss für Blechtische und Holzstühle zu unterstützen. Dazu vielleicht noch zwei, drei Feuerkörbe, und Auvernier hätte seinen Traumfrischluftplatz. Nun, die «Pinte» ist eh eine Winterbeiz, in die sich nur selten ein Fremder verirrt. Dabei wäre die Beiz ein idealer Ort mit den Romands ins Gespräch zu kommen. Etwa über Frühfranzösisch oder so.

Pinte la Golée
Grand-Rue 36
2012 Auvernier
032 731 67 46
www.lagolee.ch
Geöffnet: Täglich ab 16 Uhr
Geschlossen: Nie
In der Beiz und am Herd: Cédric Bellini
Küche und Keller: Fondue, Trockenfleisch, Käse, Würste und Croque-Monsieurs.
Gäste: Lebenskünstler, Dichter, Denker, Maler, Musiker, Hobby-Philosophen, Einheimische, einige verirrte Touristen und geübte Weinnasen.

Atmosphäre: Schräg, schön, verwittert, gut.
Frischluft: Mitten im Dorf und rund hundert Meter von der Pinte entfernt neben dem plätschernden Brunnen. Leider mit Plastikbestuhlung.
Applaus: Für die Herzlichkeit, für das Unkomplizierte, für den Ort als Ganzes.
Na ja: Nicht alle werden hier glücklich.
Und da wäre noch: Es finden immer wieder spezielle «Soirées» statt. Von diversen Jazz- und Folkkonzerten, Lesungen, Ausstellungen, Theater bis hin zu kulinarischen Abenden, wie etwa einem Austernessen.

Stuhl und Bett
Maryse Fuhrmann
Grand-Rue 32
2012 Auvernier
032 731 74 26
Tipp: Mitten im Winzerdorf, sozusagen als Nachbar der «Maison Carrée» (siehe Einkaufskorb), laden drei unterschiedliche Gästesuiten zum längeren Verweilen ein. Madame Fuhrmann hat Geschmack, das Haus Charme. Wer allerdings früh ins Bett gehen und schlafen will liegt hier falsch. Die «Pinte» ist gleich nebenan und so manchem Heimkehrer gelüstet es an der frischen Luft nicht selten nach einem weinseligen Gute-Nacht-Lied.

Einkaufskorb
Domaine de la Maison Carrée
Jean-Denis et Christine Perrochet
Grand-Rue 33
2012 Auvernier
032 731 21 06
www.lamaisoncarree.ch
Tipp: Vom lokalen Geheimtipp zur nationalen Kultadresse. Und warum? Weil die Weine kein Konstrukt sind, keine Zusatzstoffe haben – Wein pur eben. Kompliment. Meine Lieblinge sind der Pinot gris, der Chasselas «sur lie», der Pinot Noir Hauterive und der etwas weniger bekannte Perdrix Blanche (Federweiss).

BIEN BIEL

In Biel denken die Eingeborenen französisch und reden deutsch, in Bienne ist es umgekehrt, und im «St. Gervais» stellen die Bilingues meine Aussage bei einem «Ballon» oder zwei auf den Kopf. N'est-ce pas?

Wer hält auf dem Weg in die Romandie schon in Biel? Nicht viele. Ein Fehler. Biel hat nicht nur seinen See und den Jura im Rücken, sondern diverse romantische Ecken und entdeckungswürdige kleine Geschäfte. Ein ideales Feld für Tagediebe, die sich nach ihrer Erkundungstour im «St. Gervais» sehr wohl fühlen. Noch selten ist mir eine lebendigere Beiz begegnet, die nicht nur samstags, vor, während und nach dem «Märet», sondern eigentlich immer aus allen Nähten zu platzen droht. Selbst die Gauloise-Fraktion trifft sich nach wie vor im «St. Gervais», allein mit dem Unterschied, dass es bei ihnen nur noch vor der Tür oder im mystisch-düsteren Fumoir raucht. Einige Schritte weiter befindet sich der hauseigene Club (Ufo), in dem die Stammgäste regelmässig kulturelle Veranstaltungen besuchen. Das Leben findet aber, zumindest für mich, in der Brasserie statt. So etwa an einem Sonntagabend, an dem zwei Pariser Messieurs mit Akkordeon, Drehorgel und französischen Chansons ein bunt gemischtes Publikum begeistern und locker zum Mitsingen verführen. Paris ist an diesem Abend sehr nah.

Im Viererkollektiv

Seit über einem Jahr führt das Viererkollektiv mit Simone Biland, Mischa Dickerhof, Nene Carou und Werner Fuchs die Genossenschaftsbeiz St. Gervais in einer guten Mischung aus Unbekümmertheit, Spontaneität und Professionalität. Die Weinkarte ist klein, bietet wenig Lokales, sondern Einfaches aus Italien, Spanien und Frankreich, wie etwa die süffige «Cuvée trois grappes rouges» zum Freundschaftspreis. Biertrinker halten sich ans Appenzeller «Quöllfrisch» oder an das monatlich wechselnde Gastbier. Die eigenwillige Küche des Hauses erinnert an vergangene Genossenschaftstage und bietet Heimatgefühle für Fleischtiger und Vegetarier, ja selbst Veganer werden zum Beispiel mit einem ansprechenden Hiseküchlein auf Karotten-Kokos-Sauce mit Seeländer Gemüse zivilisiert bekocht. Die Karte wechselt oft; wer Pech hat, sucht das aus, was tags zuvor nicht bestellt wurde. So kann es vorkommen, dass sich ein an und für sich guter Ballenberger Rindfleischvogel trocken präsentiert. Das sind aber Details, die hier sowieso niemanden interessieren. Was zählt, ist das Haus als Ganzes in all seinen sympathischen Facetten. «Vive la différence!»

Restaurant St. Gervais
Untergasse 21
2502 Biel
032 322 48 22
www.stgervais.ch
Geöffnet: Montag und Mittwoch 9.30 bis 23.30 Uhr, Dienstag 9.30 bis 16 Uhr, Donnerstag bis Samstag 9.30 bis 0.30 Uhr, Sonntag 14 bis 23.30 Uhr
Geschlossen: Nie
In der Beiz: Nene Carou und zahlreiche liebenswürdige Helfer
Am Herd: Werner Fuchs und Elias Hagenbuch
Im Hintergrund und überall: Simone Biland
In Sachen Kultur am Ball: Mischa Dickerhof
Küche und Keller: Alles ist möglich, Fleisch, Fisch, Vegetarisch und Vegan. Vom Rindfleischvogel über den Seeteufel hin zum Hirseküchlein. Kleine Weinkarte mit einem regionalen Produzenten und Flaschen aus Frankreich, Italien und Spanien.

Gäste: Studenten, Alt-68er, Schauspieler, Musiker, Politiker, Verliebte, Geschiedene, Familien, Alleinerziehende, Theatergänger, Pensionierte, kurz, Biel in all seinen Facetten.
Atmosphäre: Patiniert, lebendig, unkonventionell.
Frischluft: Neben dem Haus, um den plätschernden Brunnen.
Nicht verpassen: Einen Winternachmittag mit Freunden am langen Fenstertisch zu vertrödeln, ist Balsam für die Seele.
Applaus: Für 365 Tage Gastfreundschaft.
Na ja: 1. Die Weinauswahl ist sehr knapp bemessen. Wenn man da ans nahe «Vini al Grappolo» in Solothurn denkt … (siehe Seite 159), die haben eine Weinhandlung mit preiswerten und wundervollen italienischen Provenienzen. Vielleicht wäre eine Annäherung zweier Seelenverwandter eine brauchbare und vor allem trinkbare gute Idee.
2. Manchmal stösst das Haus an seine Grenzen. Vornehmlich am Samstag vor, während und nach dem Markt – dann, wenn Dutzende von quäkenden Siruptrinkern mit Mama, Papa und Kinderwagen im Schlepptau die Beiz entern und einem den Weg versperren.
Und da wäre noch: 1. Im ersten Stock finden im Club zahlreiche Konzerte statt. Details unter www.ufo-biel.ch.
2. Der Nachbar heisst «Du Commerce», ebenfalls eine Traumbeiz, in der Mischa Dickerhof die Fäden zieht. Mehr Informationen unter www.ducommerce-biel.ch.

Stuhl und Bett
Für den Bonvivant:
Villa Lindenegg
Coin-des-Tilleuls 5
032 322 94 66
2502 Biel
www.lindenegg.ch
Tipp: Edel, aber nicht steif, herzlich, aber nicht überschwenglich, gut, aber nicht abgehoben.

Die Villa Lindenegg eignet sich für zwischendurch und immer wieder. Und zum Bleiben empfehle ich Zimmer 4.
Für den Backpacker:
Lago Lodge
Uferweg 5
2560 Nidau
032 331 37 32
www.lagolodge.ch
Tipp: Einfach im Doppelzimmer nächtigen, auf einen Absacker ins Bistro mit dem hauseigenen «Seeland-Bräu» oder in einer lauen Nacht sich mit einem Sprung in den See Kühlung verschaffen, das ist im «Lago Lodge» alles möglich.

Einkaufskorb
La Bottega
Ruelle de Hôtel-de-Ville 4
2502 Biel
032 322 10 86
www.bottegabielbienne.ch
Tipp: Hausgemachtes, das diesen Namen tatsächlich verdient, ein buntes Sortiment an kulinarischen Höhenflügen, dies alles in einem wundervollen Laden mitten in der Bieler Altstadt. Wer hier seine Nase nicht reinsteckt, verpasst etwas.

St. Gervais, Biel 253

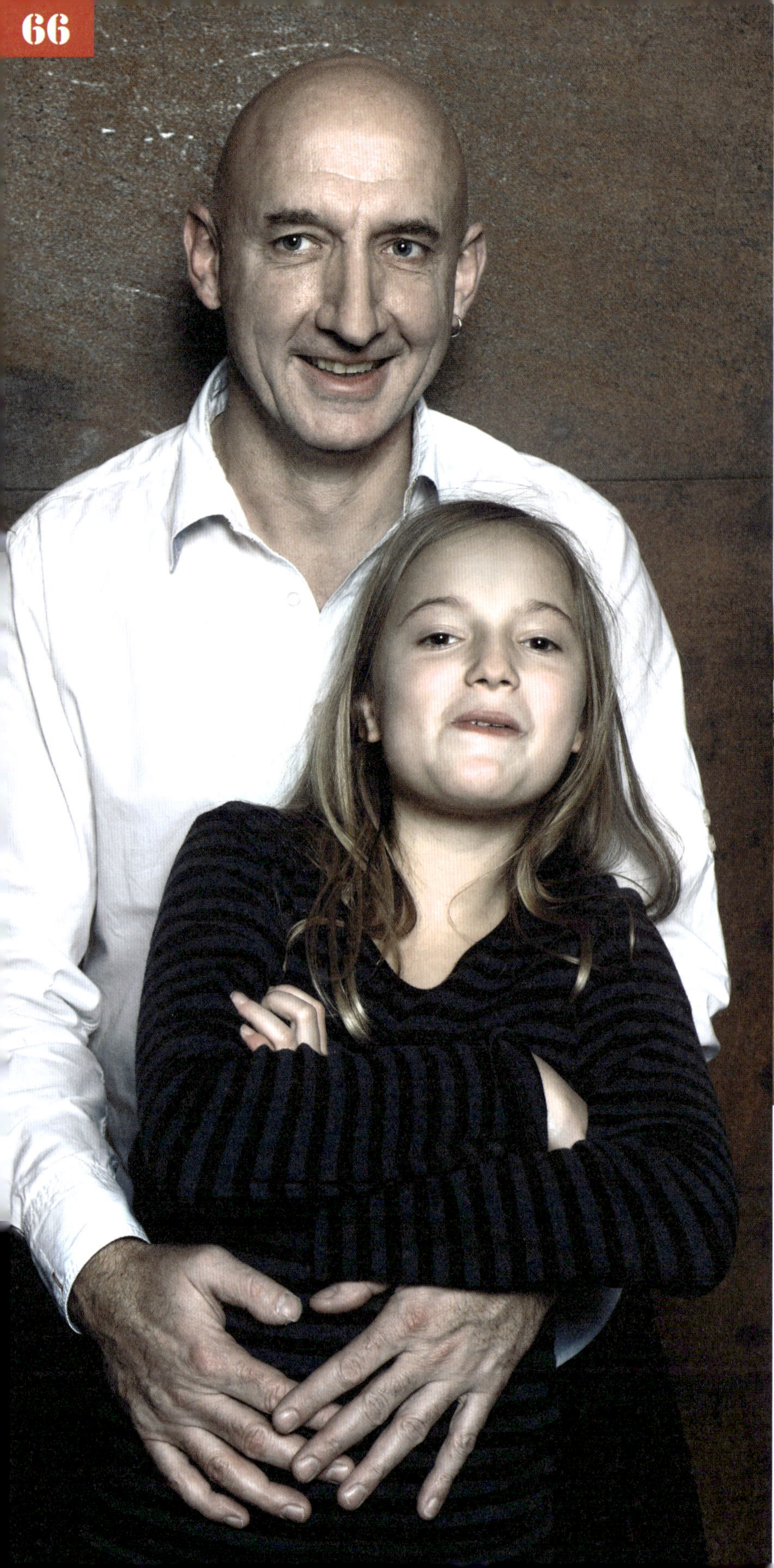

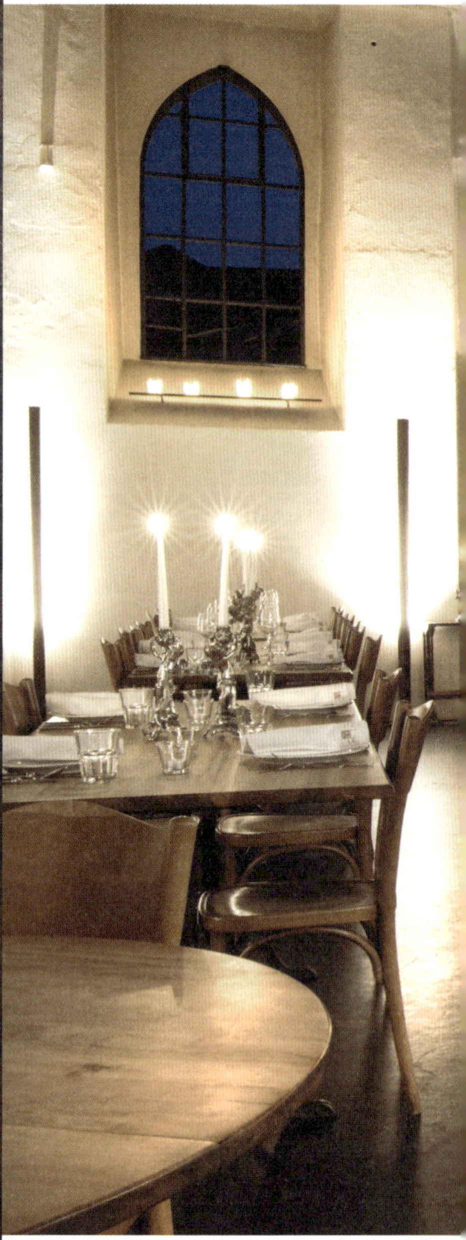

ITALIEN IN BÜREN

Italien liegt gleich um die Ecke. Zumindest in Büren an der Aare. Im «Il Grano» treffen sich die Schöngeister zur gepflegten «Italianità» und träumen von blauer See und rosa Hemden.

Das soll eine Dorfbeiz sein? Dieser Trendschuppen? Der Purist ist bei diesem Anblick perplex. Elegant und monumental zugleich steht das «Il Grano» an der Aare. Zugegeben, Dorfbeizen sehen anders aus, aber das spontane Vorbeikommen auf ein Glas oder für den kleinen Appetit wird hier ebenso gepflegt. Ohne Stammtisch, dafür mit Stehtischen und einer langen, langen Bar, an der sich das Dorf trifft. An ihr kredenzt Enzo Della Monica nach allen Regeln der Kunst Weine, rührt oder schüttelt Cocktails und zapft frisches Bier. Wer will, bestellt dazu einige Antipasti, während im hinteren Teil der Beiz die Gäste an puristischen Holztischen der marktfrischen Küche huldigen. Wer Lust auf mehr Privatsphäre hat, reserviert sich mit seiner Gesellschaft den Gewölbekeller des Hauses. Mein Platz bleibt aber in der sakralen Beiz, die so speziell ist wie die Qualität der Produkte, die von lokalen Produzenten stammen. Erntefrisch und oft in Bioqualität. So was spricht sich rum. Das «Il Grano» ist stets gut besucht, abends vorwiegend ausgebucht. Wer tafeln will, reserviert einige Tage im Voraus, wer einfach nur Durst hat, schaut spontan vorbei.

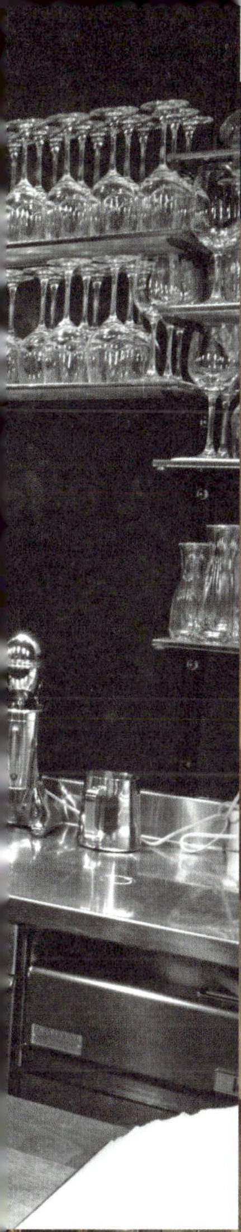

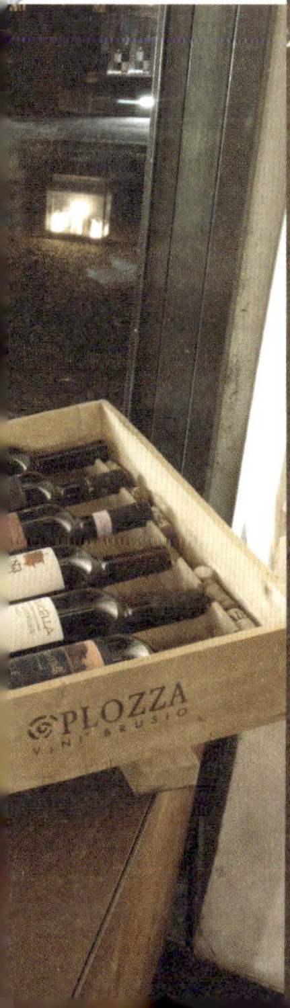
PLOZZA

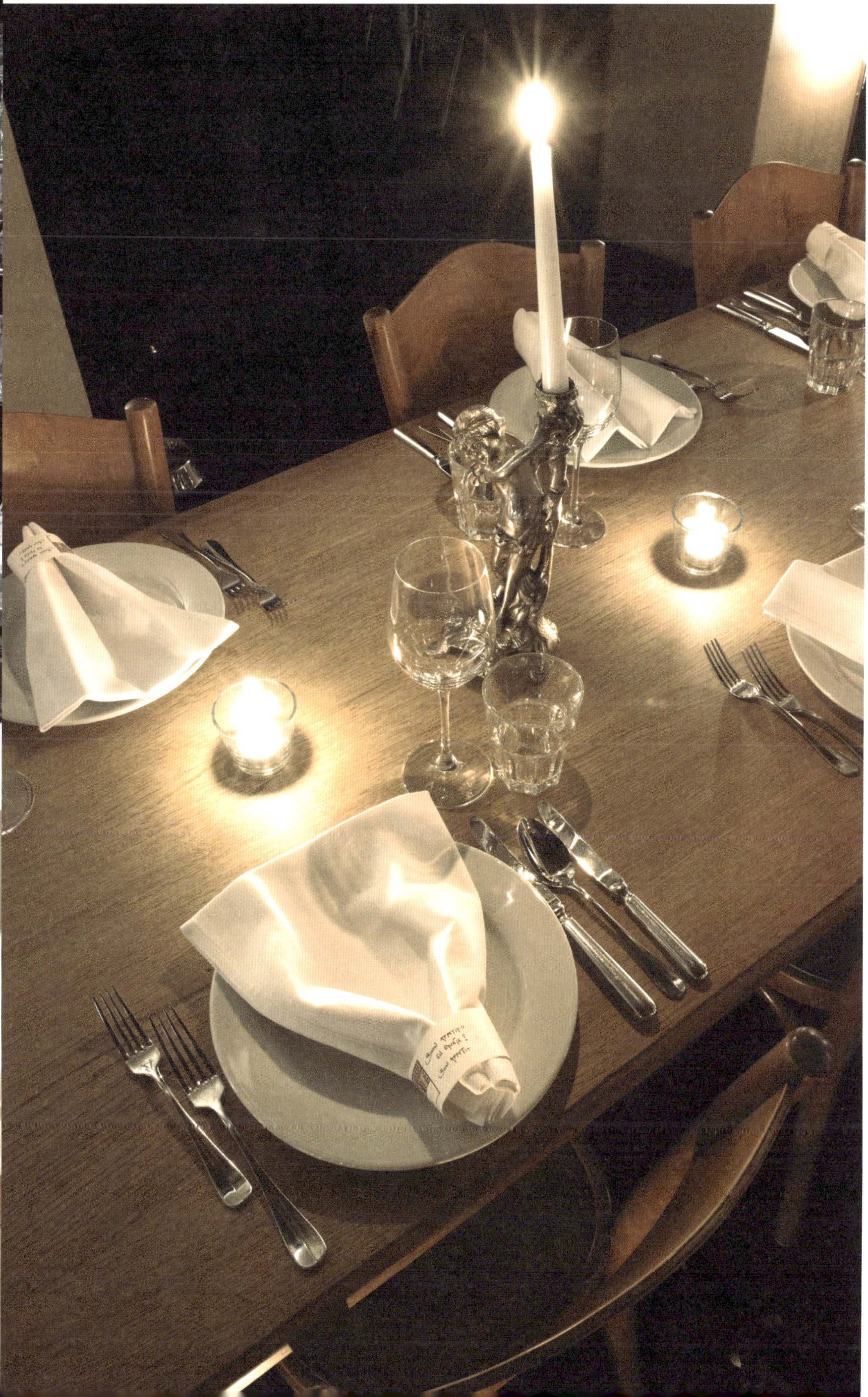

«Tutto fatto in casa»

Barbara Rüfenacht, die leider viel zu früh verstorbene Ehefrau von Gianclaudio De Luigi, hat die Beiz geprägt und sie auf Kurs gebracht. Ihr nimmermüdes Schaffen, ihr Hang zur Perfektion, ihre Herzlichkeit hat das Fundament zur Erfolgsgeschichte gelegt. Dazu gehört auch die Selbstverständlichkeit, dem Gast mündlich «nur» ein Abendmenü anzubieten. In der Schweiz heute noch mutig, in Italien Alltag. Überdurchschnittlich ist auch die Weinkarte, das Steckenpferd von Gianclaudio De Luigi, der alle 120 Positionen persönlich ausgewählt hat. Wer von so viel Wein überfordert ist, fragt nach und lässt sich einen Rebensaft empfehlen. Sämtliche Provenienzen werden auch über die Gasse verkauft. Nebenbei: Seit zwei Jahren wird im «Il Grano» Lambrusco ausgeschenkt. Lambrusco? Das süsse Modegetränk der Sechziger? Genau. Dass es auch anders geht, verdeutlicht der «Lambrusco Grasparossa», der wundervoll violett moussierend und trocken auf der Zunge zergeht. Er eignet sich zu leichten Sommergerichten, aber auch im Spätherbst zu Bollito misto und Co.

Il Grano
Ländte 38
3294 Büren an der Aare
032 351 03 03
www.ilgrano.ch

Geöffnet: Oktober bis April Dienstag 11 bis 14.30 Uhr, Mittwoch bis Freitag ab 11 Uhr, Samstag ab 16 Uhr; Mai bis September Dienstag bis Samstag ab 10 Uhr, Sonntag 10 bis 17 Uhr
Geschlossen: Oktober bis April Sonntag sowie Montag- und Dienstagabend; Mai bis September Montag
In der Beiz: Gianclaudio De Luigi
Hinter den Tresen: Enzo Della Monica
Am Herd: Sasi und Sutha Tharmalingam, die weitaus besser italienisch kochen als so mancher italienische Koch.
Küche und Keller: Das Küchenteam ist um eine authentische italienische Küche bemüht. Meistens gelingt ihm das.
Gäste: Ein bunter Reigen. Vom Bauer und Krämer über Banker, Politiker, Architekt bis hin zu «Polo National» und zahlreichen Schöngeistern von nah und fern.
Atmosphäre: Eine ehemalige Kornkammer und ein ehemaliges Schlachthaus, modern umgebaut und spartanisch eingerichtet. Viel Kerzenlicht sorgt für eine aufgeräumte Stimmung.
Frischluft: Boulevard, mit Blick auf Holzbrücke, Angler, Boote und Aare.
Nicht verpassen: Am Tresen zusehen, wie die Schönen oder solche, die es noch werden wollen, an langen Tischen graziös tafeln.
Applaus: Die Beiz als Ganzes. Trotz aller Moderne, hat sich das «Il Grano» den Charakter einer lebendigen Dorfbeiz bewahrt.
Na ja: 1. Parkplätze sind Mangelware, wobei ein Spaziergang dem Appetit (vorher) und der Verdauung (nachher) zugute kommt.
2. Anstelle der «Blumentopfschale» würde ich die Suppe viel lieber aus einem einfachen Suppenteller essen.
Und da wäre noch: Weinabende, Lesungen und spezielle Veranstaltungen, bei denen zum Beispiel die «Il Grano»-Mitarbeiter zusammen mit Menschen mit einer Behinderung kochen.

Stuhl und Bett
Chez Pablo
Villa Elfenau
Schüsspromenade 14
2502 Biel
032 322 79 20
www.chez-pablo.ch
Tipp: Zwei Zimmer sehr schön, sehr persönlich, sehr privat. Chapeau!

Einkaufskorb
1001 Fleurs – Boutique de sirop
Marlène Stalder
Oberer Quai 46
2503 Biel
032 341 32 01 oder 078 767 82 02
www.bio-sirup.ch
Tipp: Marokkanischer Minzensirup.

DAS LEBEN IST SCHWER

Gibt es noch Köche, die in ihrer Küche auf mediterrane Spielereien verzichten und das kochen, was ihre Region bietet? Es gibt!

Schüpbärg-Beizli, Schüpberg

Nach Münchenbuchsee geht es den Berg hoch. Wie genau, steht ausführlich auf der Website des «Schüpbärg-Beizli» beschrieben. Wandern geht auch, benötigt aber mehr Zeit. Bis 1969 war Schüpberg eine eigenständige Gemeinde, heute ist es ein verträumter Weiler. Der Ort ist aber weit davon entfernt, einfach eine Schlafstätte für Bern zu sein. Das Mikrodorf hat eine Gesamtschule, welche die heimischen Kinder im Alter von sieben bis fünfzehn Jahren besuchen, und eine lebendige Dorfbeiz. Die hiess jahrelang «Bären» und wurde oft mit dem «Bären» in Schüpfen verwechselt. Bis es Hanspeter Brunner zu bunt wurde und er die Wirtschaft in «Schüpbärg-Beizli» umtaufte. Auch sonst ist Hanspeter Brunner ein gut organisierter Mensch. In seiner Küche zelebriert er eine Einmannshow mit Sinn für das Machbare. Er beschäftigt zehn Frauen mit einem Arbeitspensum zwischen 15 und 85 Prozent, was 5,45 Vollstellen entspricht, deren Aufgaben er prozentual wie folgt aufteilt (Stand Juli 2012): Service 55,02, Küchenhilfe 34,22, Reinigung 7,07, Saisonreinigung 3,33, Weiterbildung 0,39. Trotzdem esse ich lieber bei ihm, als dass ich mich mit seinen Berechnungen auseinandersetze.

Lieber von hier als von dort

Hanspeter Brunner achtet auf lokale Produkte. Fleisch und Gemüse liefert der Nachbar Martin Schup, die Fische bezieht er von seiner Schwester Esther aus dem nahen Neuenburger- und Bielersee. Den «Märitsalat», der in der Schüssel serviert wird, gibt es, saisonal abgestimmt, das ganze Jahr, ebenso die Bauernbratwurst. Im Winter ist bei den Gästen das Käsefondue sehr beliebt, das sich aus fünf Käsesorten zusammensetzt und von der Käserei exklusiv für Hanspeter Brunner gemischt wird. Alle zwei Wochen schiebt der Patron ein ganzes Stück Fleisch in den Ofen. Bei meinem letzten Besuch war es ein butterzartes, englisch gebratenes Naturabeef. Dazu gab es eine hervorragende Rösti, die bei Hanspeter Brunner immer ein Unikat ist. Und Unikate benötigen Zeit. Also bitte. Wer auf Industrieprodukte verzichten will, bringt Zeit mit und widmet sich unterdessen der spannenden Weinkarte, die sich mit hervorragenden Schweizer Provenienzen schmückt. Ein angenehmer Ort, mit schöner Aussicht auf Land und Teller. Der Patron hat lautstark über seine Nachfolge nachgedacht und lange gesucht, bis er seinen idealen Nachfolger gefunden hat. Im Herbst scheint es nun soweit zu sein. Mal sehen ob die Übergabe auch tatsächlich erfolgt. Hanspeter Brunner als Pensionär? Das kann ich mir noch so gar nicht vorstellen.

Schüpbärg-Beizli
Schüpberg 134
3054 Schüpberg
031 879 01 22
www.beizli.ch
Geöffnet: Donnerstag bis Montag ab 10 Uhr
Geschlossen: Dienstag, Mittwoch sowie Sonntag ab 18 Uhr
In der Beiz: Susanne Brunner, Claudia Burri, Christine Hofer, Rita Stauffer und Bettina Tanner
Am Herd: Hanspeter Brunner, Elisabeth Hofer, Katharina Känel, Trudi Schlup, Margrit Wetli und Ursula Wyss

Küche und Keller: Cordon bleu, Braten, Bratwürste, Felchen und Weine aus der Schweiz. Wer einen neugierigen Gaumen hat, sollte sich die Scheurebe Spätlese von Fredi Clerc und Brigitte Bamert aus Nuolen, Schwyz, nicht entgehen lassen. Der Wein hat ein wunderbares Süsse-Säure-Spiel und eignet sich ideal für einen faulen Nachmittag im Garten der Beiz.
Gäste: Ausflügler, Wanderer, Sonntagsfahrer, Einheimische, Stadtberner, Bieler, Politiker und Genussmenschen.
Atmosphäre: Gemütliche Stube mit Cachet.
Frischluft: Vor der Beiz unter den Bäumen.
Nicht verpassen: Der Sonntagsbraten und das Fondue.
Applaus: Für die sorgfältige Zubereitung der Speisen.
Na ja: Die akribisch gestaltete und sehr informative Website mit einem etwas schulmeisterlichen Ton polarisiert und gefällt oder eben nicht.
Und da wäre noch: Die Weinkarte besticht mit Schweizer Provenienzen aus allen Kantonen. Hanspeter Brunner kennt alle Winzer persönlich.

Stuhl und Bett
La Vigne
Maria van Seumeren
Route du Château 7
2520 La Neuveville
032 751 26 37
www.chambrelavigne.ch
Tipp: Sympathische Privatunterkunft mit drei liebevoll eingerichteten Zimmern, gerade mal eine knappe halbe Stunde entfernt. Ich empfehle die Chambre «Rousseau». Toilette und Bad befinden sich auf der Etage.

Einkaufskorb
Cave Le Signolet
Jean-Daniel Giauque
Chemin Prés Guetins
2520 La Neuveville
079 321 06 16 oder 032 751 22 93
Tipp: Jean-Daniel darf man durchaus als Spinner bezeichnen, zumindest wenn es um seine Weine geht. 30 Sorten keltert er. Seine Provenienzen sind zum Teil gewöhnungsbedürftig, aber spannend. Sehr gut gefallen haben mir der Muscat, der Savagnin rose und die Assemblage «Sauvageon», in der sich 15 (!) verschiedene Rebsorten tummeln. Keine Adresse für Etikettentrinker.

KINDERWAGEN NEBEN HARLEY

Der «Bären» ist ein Wohnzimmer für Schlemmer und Schöngeister, eine Begegnungsstätte für das «kleine Schwarze» und die «Büezerhose», kurz ein Gunstplatz für alle.

Wer die Schweizer Künstlerszene hautnah erleben will, ist im «Bären» richtig und studiert das Kulturprogramm der Beiz. Wer es intimer mag, studiert nicht, kommt unter der Woche und meidet die Wochenenden, an denen die kulturellen Veranstaltungen angesetzt sind. Endo Anaconda (Bern ist nah), Michael von der Heide, Simon Enzler, Pedro Lenz und zahlreiche andere kultivierte Zeitgenossen haben zum intellektuellen Ruf des Hauses beigetragen. Und je nach Form und Durst des einen oder anderen Prominenten kann so eine Konzert- oder Lesenacht legendär werden. Alle freuen sich über die schwerelose Atmosphäre und über die herzliche und zuvorkommende Betreuung, die das Haus auszeichnet. Man kennt sich, denn wer früher schon einmal beruflich im «Bären» tätig war, kehrt nach seinen Wanderjahren oft zurück und bleibt. Oder geht erst gar nicht weg, wie Küchenchefin Claudia Purtschert, die ihre Kulinarik immer wieder neu erfindet. Nur die Klassiker sind gesetzt, sonst würden ihre Stammgäste zu Revoluzzern mutieren. Garantiert. Übrigens: Ihr geschnetzeltes Kalbfleisch an Whiskyrahmsauce mit der besten Rösti weit und breit gehört für jeden «Bären»-Frischling zum Pflichtprogramm.

Der Spagat zwischen Klassik und Innovation

Claudia Purtschert kann aber auch anders und kocht zuweilen leichter, frecher, innovativer. In diese Abteilung gehören ihr Randencarpaccio mit Meerrettich an Haselnussöl mit Parmesan, ihre pikante Zitronengras-Kokossuppe, ihr Kressemousse mit Vollkornzopf, die Pastinaken-Apfelcremesuppe und die Engadiner Rindfleischroulade, gefüllt mit Bündnerfleisch, Bergkäse und Bergkräutern. Seit Beginn ist Claudia Purtschert dabei, seit sechzehn Jahren ist der «Bären» auf Erfolgskurs. Das hat nicht nur mit ihr, sondern auch damit zu tun, dass die Mitarbeiter im «Bären» nicht nur Küchentiger und Tellerträger sind, sondern auch Mitdenker und Mitgestalter. Dadurch entstehen immer wieder besondere Augenblicke. Themenabende, spezielle Anlässe, wie die Biertafel, das Sommergrillkonzert, der piemontesische Abend und so einiges mehr. Zahlreiche Stammgäste wollen manchmal gar nicht mehr nach Hause und bleiben. Das hat auch Büne Huber nach seinem Konzert erfahren, als er um vier Uhr morgens höflich bei Geschäftsführer Beat Wyss um Feierabend bat, damit er aus seiner Garderobe kommen könne. Hätte der gute Mann doch nur mitgefeiert.

Bären Buchsi
Bernstrasse 3
3053 Münchenbuchsee
031 869 02 99
www.baerenbuchsi.ch
Geöffnet: Montag bis Donnerstag 11.30 bis 23.30 Uhr, Freitag bis 0.30 Uhr, Samstag 18 bis 00.30 Uhr, Sonntag 11.30 bis 21.30 Uhr
Geschlossen: An Ostern und Weihnachten sowie im Juli und August jeweils am Samstag

In der Beiz: Restaurantleiterin Raffaela Minnig mit Monika, Mikael, Noemi, Jasmin und Fräne
Am Herd: Küchenchefin Claudia Purtschert mit Simu, Sämu, Michaela, Dominik und Aziz
Geschäftsführung: Beat Wyss
Küche und Keller: Der «Bären» hat eine umfassende Karte, die den Gast überfordern kann. Da stehen zur Qualwahl diverse Klassiker, Vor- und Hauptspeisen, ein Schlemmermenü, der Schnitzelsonntag und eine Karte mit glutenfreien Gerichten. Die Weinkarte bietet ein spannendes Potpourri, wobei die schweren Weine klar im Vordergrund stehen.
Gäste: Promis tummeln sich hier genauso wie Arbeiter und Banker, Grafiker und andere Künstler.
Frischluft: Kiesgarten mit Kastanienbäumen und schönen, alten Gartenmöbeln, aufgelockert durch verschiedene Lounge-Ecken.
Nicht verpassen: Das geschnetzelte Kalbsfleisch an Whiskyrahmsauce muss zwischendurch immer wieder mal sein.
Applaus: Ein «Bär» für alle Fälle. Hier fühlen sich alle wohl.
Na ja: 1. Die schwarze, uniformierte Bekleidung des Personals muss nicht sein und erinnert mehr an ein Grossunternehmen à la Mövenpick als an eine individuelle Adresse.
2. Die zahlreichen fliegenden Blätter für dieses und jenes sorgen nicht gerade für Übersicht.

Und da wäre noch: Das kulinarische Angebot, die kulturellen Veranstaltungen, die Spezialabende sind zahlreich. Wer einen ruhigen, romantischen Platz sucht, kommt unter der Woche oder erkundigt sich nach dem aktuellen Wochenendprogramm.

Stuhl und Bett
Anna und Fritz Hebeisen
Hofwilstrasse 31
3053 Münchenbuchsee
031 869 51 58
Tipp: Im kleinen Weiler Hofwil steht ein sanft renoviertes stattliches Bauernhaus. Das Haus als Ganzes und die Herzlichkeit der Gastgeber stehen mehr im Vordergrund als eine stilvolle Einrichtung. Wer aber ein patiniertes Haus mit gemütlichen Zimmern und knarrenden Holzböden zu schätzen weiss, liegt hier richtig.

Einkaufskorb
La Cucina Tee & Gewürze
Bubenbergplatz 11
3011 Bern
031 329 29 49
www.lacucina.ch
Tipp: Schwarzer, Grüner, Brauner, Weisser Tee. Tee und nochmals Tee. Und die Gewürze erst …

DAS BESTE VON BAUM UND FELD

Kein Problem für Julia Pfäffli, die auf beste Landprodukte ihres Vaters zurückgreifen kann, dem langjährigen Bauern, Wirt und Koch des «Löwen». Ein Landidyll mit guter Küche im Berner Mittelland.

Der Gast tritt ein und freut sich über den einfach gepflegten Gastraum. Kein Krimskrams, der stört. Es hat, was es haben muss, für einmal selbst schöne Lampen, die gutes Licht geben und neckisch von der Decke hängen. Die Karte kommt, und die Freude bleibt. Sie zeigt ein übersichtliches Angebot regionaler Gerichte, passend zur Saison. Die Stimmung steigt, der Appetit auch, jetzt nur keine Enttäuschung … Der Salat knackig, die Heusuppe aromatisch, die Eglifilets vom Bodensee, das Kotelett zart, die Pommes frites aus den eigenen Kartoffeln, die Sauce selbstgekocht und nicht angerührt und das frische Apfelküchlein «à la minute». Eine exakte Küche ohne Prahlerei. Das Ganze ein Familienbetrieb, der Freude macht, bei dem man einzig einige Gästezimmer vermisst. Denn da sind noch die exzellenten Hausschnäpse von Hans Pfäffli, die man sich nicht entgehen lassen sollte, auch wenn man selten Schnaps trinkt. «Härdöpfeler», «Meertrübeli», Boskop, Gravensteiner und einige weitere Obstsorten in Spitzenqualität lohnen das Taxi. Nur gut, dass es in dieser Region zahlbar ist und der Weg bis zum Hof 42 in Oberburg (siehe Rubrik Stuhl und Bett) nicht allzu weit.

Von Münchenbuchsee nach Schaffhausen und Fribourg

Julia Pfäfflis Leistungsausweis ist beeindruckend. Sie hat beim legendären «Chrüter-Oski» in der «Moospinte» in Münchenbuchsee gelernt, bei André Jaeger in der «Fischerzunft» in Schaffhausen und bei den Harpers in der «Cigogne» in Fribourg gekocht. Im Frühling 2012 ist sie nach Hause zurückgekehrt und hat den elterlichen «Löwen» übernommen. Seither kocht sie in Bangerten nach Lust und Laune eine marktfrische saisonale Küche. Mit Liebe zum Detail zubereitete Gerichte ohne Firlefanz, wie sie der Feinschmecker mit dem Sinn für das Wesentliche sucht und kaum mehr findet. Nebenbei: Wem nicht klar ist, wo Bangerten liegt, dem weiss Julia Pfäffli am Telefon Rat oder dem hilft im Auto das Navigationsgerät. Mit Kompass und Karte vom Jegenstorfer Bahnhof über Felder und Wiesen nach Bangerten spazieren geht aber auch, was immer mehr Beizengänger tun. Auch Städter. Das hat wohl damit zu tun, dass seit unserer Publikation diverse Zeitungen, Magazine und das Schweizer

Fernsehen Julia Pfäffli für sich entdeckt und porträtiert haben, was uns natürlich mitfreut.

Wirtschaft zum Löwen
3256 Bangerten
031 869 02 30
www.loewen-bangerten.ch
Geöffnet: Im Sommer Mittwoch bis Sonntag, im Winter Dienstag bis Samstag ab 9 Uhr
Geschlossen: Im Sommer Montag und Dienstag, im Winter Sonntag und Montag
In der Beiz: Wenn es brennt, sind die Eltern von Julia, Ruth und Hans Pfäffli, zur Stelle und helfen im Betrieb mit.
Am Herd: Julia Pfäffli

Küche und Keller: Fondue gibt es das ganze Jahr wie auch die wunderbare Rösti oder die selbst gemachten Glaces. Die Weinkarte ist klein, korrekt mit einigen guten Weinen aus der Schweiz und Frankreich.
Gäste: Einheimische, Stadtberner, Ausflügler, Jasser und Stammgäste.
Atmosphäre: Sympathische Dorfpartie im Berner Mittelland.
Frischluft: Unbedeutend, vor dem Haus mit Plastikmobiliar.
Nicht verpassen: Die hausgemachten Pommes frites mit Bodensee-Egli und die Hausmetzgete.
Applaus: Die Schnäpse von Hans Pfäffli und die Einfraushow in der Küche von und mit Julia Pfäffli.

Na ja: Es wäre schön, wenn das Garten-Plastikmobiliar ersetzt werden würde.
Und da wäre noch: Die frisch zubereiteten «Öpfelchuechli» – oh, là, là!

Stuhl und Bett
Hof 42
Rahel und Andreas Bracher
Hof 42
034 423 60 03
3414 Oberburg
Tipp: Wundervolles Zimmer, mit Geschmack eingerichtet, Holzboden, separater Eingang und ein opulentes «Zmorge».

Einkaufskorb
Steiner Schernelz Village
Untergasse 22
2514 Ligerz-Schernelz
032 315 23 24
www.schernelz-village.ch

Weingut Manuel Krebs
Im Vogelsang
2512 Twann
032 315 23 45
www.weingut-krebs.ch

Tipp: Sabine Steiner und Andreas Krebs haben sich vor einigen Jahren bei einer Degustationsrunde tief in die Augen gesehen, was die Basis für den gemeinsamen Wein «Deux Terres» war und der Beginn einer langen Liebe (nehme ich mal an) ist. «Deux Terres» setzt sich aus zwei Lagen (Pinot Noir und Chardonnay) der Weingüter Steiner und Krebs zusammen, die zahlreichen anderen exzellenten Provenienzen werden autonom gekeltert.
Es lohnt sich, beide aussergewöhnliche Betriebe (auf telefonische Voranmeldung) mit Zeit und Weininteresse zu besuchen.

«AIS TUBÄCKLE»

Bei Alex Rufibach einkehren setzt Appetit voraus. Und Durst. Pinzettenesser und militante Vegetarier werden bei ihm nicht glücklich. Wer aber eine opulente Küche liebt, hat das Paradies entdeckt. Der Sonntag kann kommen.

Zum Brunnen, Fraubrunnen

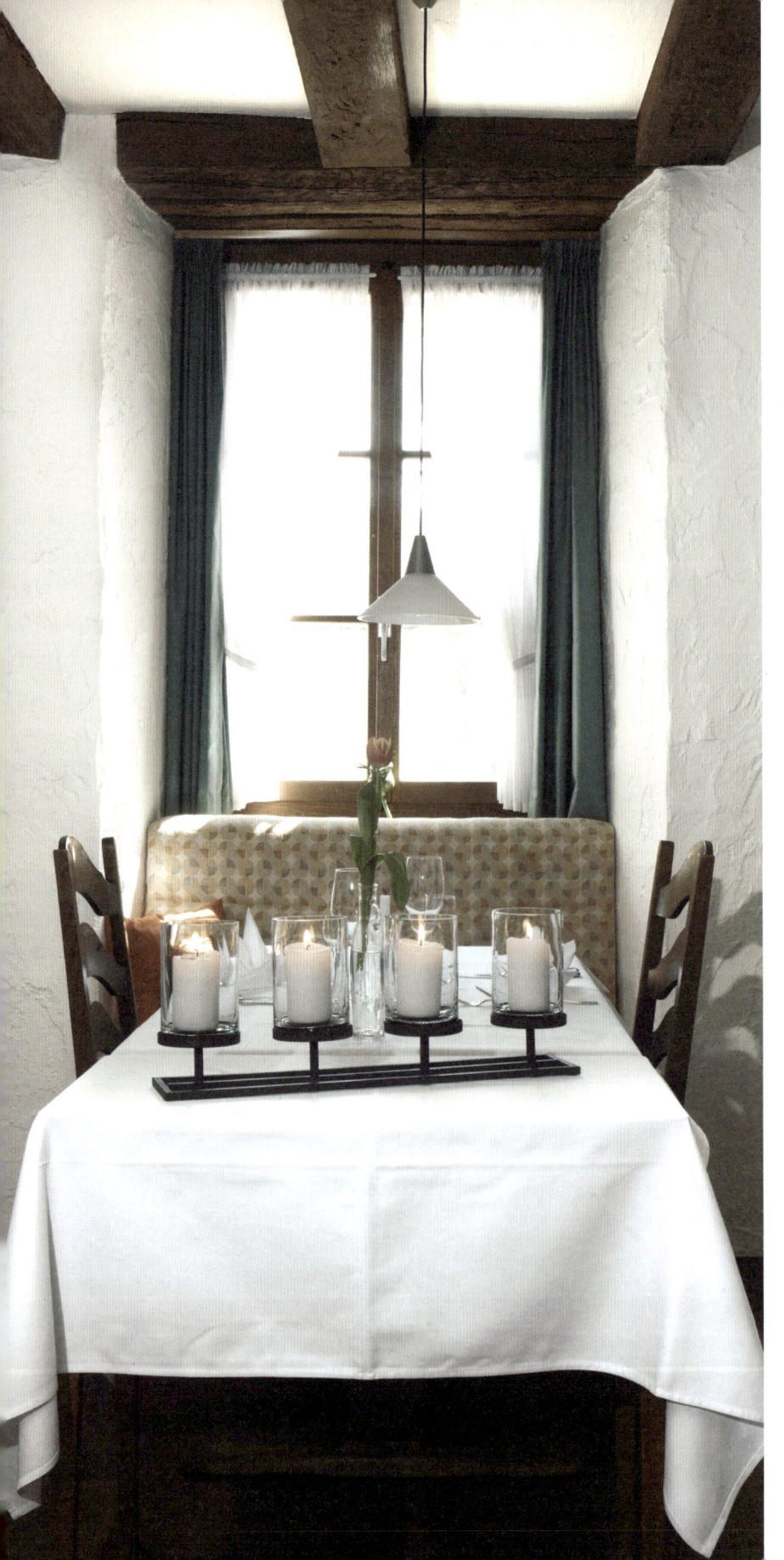

Wohl jeder Coiffeur wird beim Anblick von Alex Rufibachs wilder Haarpracht nervös, zumindest wird es ihm in den Händen zucken. Klack, klack macht die Schere im Kopf. So wild wie Rufibach aussieht, so verrückt ist er tatsächlich. Er ist ein Besessener im positiven Sinn. Stets auf der Suche nach dem ultimativen Geschmack. Seine Viecher, die er verarbeitet, stammen aus artgerechter Tierhaltung, die wissen, wie eine Weide aussieht. Hecht und Zander schiebt er, fangfrisch aus Schweizer Seen, ganz in den Ofen. «Swissness» ist bei Alex Rufibach kein theoretisches Lippenbekenntnis, sondern Programm. Seine gut bestückte Weinkarte besteht aus Schweizer Provenienzen, allein sein Weinkeller ist einen Besuch wert, nur ist er nicht immer zugänglich. Sparen fürs Alter. Warum? Wer weiss, wann das Alter beginnt, das Leben findet heute statt. Mit Verstand in Weine zu investieren ist die bessere Kapitalanlage. Ein Gourmettempel will Rufibach dann doch nicht sein, obwohl ihn «Gault Millau» seit Jahren mit 14 Punkten auszeichnet. Aus Überzeugung kocht er auch die minderen Teile des Viehs. Die Verwertung des ganzen Tiers gehört zu seiner opulenten Küche und wird von seinen Stammgästen geschätzt. Kalbskopf, Kutteln, ein Ragout aus Lunge und Herz, Hirn, Ochsenmaulsalat und mehr. Der Gast kann es auf dem Teller aber auch harmloser haben. Mit einem panierten Schweinskotelett oder mit seinem berühmten «Suure Mocke». Als Dessert warten Klassiker auf wie «Fotzelschnitte» und gebrannte Creme. Und Käse? Ja, klar. Direkt von der Alp. Rohmilchkäse in Bestform. Das Leben ist schön.

Zum Mittag ein Zungenschlag

Wo, wenn nicht bei Alex Rufibach, findet man noch eine Zunge in ihrer Vollendung, so wie sie die Grosmutter zubereitet hat. Oder Speck mit Bohnen oder «Schnitz und Drunder». Und was bleibt für die zart besaiteten Gaumen übrig? Kein Problem, Rufibach hat die Schäumchen im Griff und kann federleicht kochen. Abgehoben wird's aber nie. Höchstens bei einzelnen Weinjahrgängen und bei der gepflegten Auswahl an Zigarren, von denen der Patron ab und zu eine raucht. Nach dem Mittagssturm etwa, wenn er dann nicht bereits auf seiner Harley ins Emmental knattert, stets auf der Suche nach den Urgeschmäckern. Alex Rufibach ist ein Cowboy, einer aus Guttannen im Haslital, dort wo die wilden Männer herkommen. Und sonst? Zwei bezaubernde Kinder hat er, mit Ideen wie der Papa. Und Mama? Brigitte ist der ruhende Pol im Haus, hat Nerven aus Stahl, ist eine wundervolle Konditorin und herzallerliebste Gastgeberin. Was für eine Adresse!

Zum Brunnen
Bernstrasse 6
3312 Fraubrunnen
031 767 72 16
www.suuremocke.ch

Geöffnet: Mittwoch bis Sonntag ab 9 Uhr
Geschlossen: Montag, Dienstag
In der Beiz: Brigitte Rufibach
Am Herd: Alex Rufibach
Küche und Keller: Zwischen einfach und gehoben, zwischen deftig und fein. Grandioser Weinkeller mit Schweizer Provenienzen.
Gäste: Bauer, Metzger, Jäger, Lehrer, Politiker, Städter, Touristen, Ausflügler, Zigarrenraucher.
Atmosphäre: Die Gastgeber machen den Unterschied.
Frischluft: Romantische Laube mit Blick auf den Innenhof und den plätschernden Brunnen.
Nicht verpassen: Der lauwarme Ochsenmaulsalat.
Applaus: Der herzliche Service und die Gitzileber.
Na ja: Die hauseigene «Züpfe» ist gut und gesetzt, aber ab und zu ein halbweisses Holzofenbrot von der Bäuerin hätte auch seinen Reiz.
Und da wäre noch: 1. Der Schweizer Sommelierverband SVS/ASSP hat Alex Rufibach anlässlich des nationalen Wettbewerbs «Die besten Weinkarten der Schweiz 2013» den Sommelier-Award verliehen. Gratulation! Übrigens: Teurer wird das Trinken bei ihm aber deswegen nicht. Und besser auch nicht. Es ist es schon.
2. Die Zigarrenauswahl beeindruckt wie die Weinkarte.

Stuhl und Bett
Vor Ort
Tipp: Das Gasthaus Zum Brunnen bietet einige einfache Zimmer zum Freundschaftspreis an.

Einkaufskorb
Brennerei Kramer
Walter Kramer
Niederdorf 7
3412 Heimiswil
034 422 73 19
www.brennerei-kramer.ch
Tipp: Zwischen Tradition und Innovation. Für das Traditionelle steht der vom Schweizer Schnaps Forum prämierte «Härdöpfler», für die Innovation der Absinth, der einen Vergleich mit dem Original aus dem Val de Travers nicht zu scheuen braucht. Kompliment!

VOGELNESTSUPPE MIT SEEGURKE

Die Chinesen haben 50 000 Schriftzeichen, aber keines für den Buchstaben «R».
Es gibt 1,3 Milliarden Chinesen, und keiner kann «Reis» sagen. Aber was hat das mit
dem «Laufenbad» zu tun? Nichts und doch sehr viel.

Die Chinesen essen Reis und Nudeln, aber auch Vogelspinnen und Vogelnester. Wer schon mal in Shanghai eine Vogelnestsuppe gegessen hat, ist nachher (nicht nur als Deutscher) bereit, ziemlich viel chinesischen Chardonnay zu trinken. Es ist mir ein Rätsel … Halt! Genug! Nicht dass Sie mich noch des Plagiats bezichtigen. Das, was Sie hier lesen, habe nicht ich geschrieben, sondern der Dandy unter den Satirikern, der Henker unter den Poeten … Genau, Sie wissen, wen ich meine: Andreas Thiel, ein Freund, der in jungen Künstlerjahren wohl verhungert wäre, hätten nicht Remy Borer und Hans-Ruedi Steiner beherzt eingegriffen und den durch Berns Strassen taumelnden mittellosen Künstler im «Wilerbad» täglich den Bauch gefüllt. Der Einsatz hat sich gelohnt, die musischen Gastgeber haben mit Kraftbrühe, Kutteln, Kalbskopf und Co. einen Meister des verbalen Floretts und einen Veganer herangezüchtet, wobei das Letztere vielleicht auch mit Bettina zu tun haben könnte. Bettina?

Das ist die starke Frau im Hintergrund des Wolfs im schwarzen Schafpelz unter den Kolumnisten. Aber jetzt definitiv zu Hans-Ruedi Steiner und Remy Borer, die nicht nur Künstler, sondern auch Enten retten und sie im hauseigenen Weiler ansiedeln. In die Pfanne kommen die aber nicht, zur Freude unseres Veganers.

Halali aus heimischer Jagd

Hans-Ruedi Steiner ist ein bemerkenswert guter Koch, der eine bodenständige Saisonküche zelebriert, die viel Freude macht: Erbsensuppe mit Gnagi und Schwarte (nach Mutters Rezept), «Coq au Vin rouge», Filet Stroganoff (wirklich nur die Rindsfiletspitzen), Kalbsleber, Kalbskopf, Cordon bleu, Hackbraten und Sonntagsbraten, das ganze Programm. Fische aus Schweizer Gewässern, wie Zander-, Felchen- und Eglifilets, stehen genauso auf dem Programm wie diverse Wildgerichte. Es gibt das, was das regionale Halali hergibt, was löblich und zugleich verständlich ist, da die heimischen Jäger neben dem «Laufenbad» ihr Basislager haben. Für Fleischtiger läuft der Stein heiss oder Remy Borer auf, der vor den Augen seines faszinierten Publikums mit Grandezza das frisch von Hand geschnittene Tatar (nur vom Rindsfilet) zubereitet. Applaus. Dabei mag man sich schon fragen, warum der nicht ganz «koschere» Veganer Thiel in Shanghai seine kulinarische Lust mit einer Vogelnestsuppe befriedigt, wenn er sich in Krauchthal-Hueb an Tatar vom Rindsfilet delektieren könnte? Ich werde Künstler wohl nie so richtig verstehen. Apropos Künstler und chinesischer Chardonnay: Die Deutschen sind die Einzigen, die bereit sind, chinesischen Chardonnay auch im nüchternen Zustand zu trinken, womit wir endgültig wieder bei Andreas Thiel wären, der nach seinem Leben in Island, Indien und Indonesien dieses Jahr sicher wieder einmal das «Laufenbad» aufsuchen wird. Ohne Vogelnestsuppe mit Seegurke versteht sich.

Laufenbad
Laufenweg 553
3326 Krauchthal-Hueb
034 411 14 24
Geöffnet: Von Mittwoch bis Sonntag ab 9.30 Uhr
Geschlossen: Montag und Dienstag
In der Beiz: Remy Borer
Am Herd: Hans-Ruedi Steiner
Küche und Keller: Wenn eine perfekte klassische Küche, dann bei Hans-Ruedi Steiner: Bouillon mit Mark, Crevettencocktail (was für eine Sauce!) mit Toast und Butter, Kalbsleber, Bauernbratwurst.
Gäste: Traditionalisten, Jung und Alt, Familien, Sänger, Politsatiriker, Sonntagsausflügler, gesittete und kulinarisch interessierte Rocker, Schwinger, Hornusser, Arbeiter und etwas Bourgeoisie.
Atmosphäre: Einfach und unkompliziert. In der Gaststube hängt über meinem Lieblingstisch General Guisan, in der Kniestube ist der Name Bildprogramm.
Frischluft: Auf dem Betonboden vor dem Haus, eingezäunt und mit viel Grünzeug. Und wo bitte sind die Gartenzwerge?
Nicht verpassen: Das Tatar von Remy Borer am Tisch zubereitet.
Applaus: Für die persönliche, eigenwillige Gastfreundschaft, für die Kochfreude und für die stille Qualität. Hier wird sie praktiziert und nicht gepredigt.
Na ja: Ich weiss, ich wiederhole mich. Aber nieder mit dem Plastik!
Und da wäre noch: Wer mit chinesischem Chardonnay auf den Geschmack gekommen ist, und wer zum Beispiel wissen will, wie man selig ohne Gott ist und was passiert, wenn Ajatollahs trinken, findet im aktuellen Buch von Andreas Thiel «Unbefleckte Sprengung», Edition Nebelspalter bei Salis, die Antworten: Mehr dazu unter www.salisverlag.com und www.andreasthiel.ch

Stuhl und Bett
Hanna Graf
Im Spühli
3437 Rüderswil
034 496 71 11
Tipp: Abgelegen, ruhig, ein Garten mit Umschwung und altem Baumbestand, eine ruhige, zuvorkommende Gastgeberin und ein ausgiebiges Frühstück, das Ganze stilvoll und liebevoll eingerichtet.

Einkaufskorb
Brauerei Hardeggerperle
Aschi Schmutz
Hardegg 5
3326 Krauchthal-Hub
079 653 23 63
www.hardeggerperle.ch
Das Bier kann nur im Dorfladen (Volg) von Kathrin und Hans Luder in Krauchthal an der Länggasse 17 bezogen werden.
Tipp: Die drei Initianten des lokalen Biers lachen auf ihrer Website zwar etwas verkrampft, sind aber alles andere als hüftsteif. Kein Wunder bei diesem Bier. Meine Favoriten sind das «Hübeler-» und «Thorbergerbier». Zum Wohl!

ALLES ECHT?

Die Rösti kommt aus den gusseisernen Pfannen vom Holzherd, der Wacholder von hier statt von dort, das Gemüse von der Wiese nebenan, das Fleisch vom Nachbarn und die Gastgeberin aus Bayern. Alles echt!

Die «Linde» bei Boll steht unscheinbar an einer rege befahrenen Strasse, ist aber trotzdem eine Oase im Abseits. Wer hierher einkehrt, sieht nach einem Mittag oder Abend die Welt und sein persönliches Umfeld in neuem Glanz. Das altehrwürdige Haus besticht durch seine urgemütliche Gaststube mit Riemenboden, mit Ecken, Bänken und Holztischen und mit seinem romantischen Garten. Weitere Pluspunkte sind die subtile und sorgfältige Küche von Heinz Spühler und die herzliche Gastfreundschaft von Marion Spühler und Margreth Leuenberger, der guten Seele des Hauses. Was Nichtbernern beim Studium der Karte ins Auge sticht, ist das «Züpfesandwich mit Buurehamme». Wer das liest und ausspricht, sich die Worte auf der Zunge zergehen lässt, will gleich in so ein «Züpfesandwich» hineinbeissen. Egal, was danach kommt. Was dem Frischling ebenfalls sofort auffällt, sind die langen Öffnungszeiten. Ab 9 Uhr ist die Beiz offen, ab 9 Uhr brummt der Laden, vor allem mittwochs, wenn sich die ehrenwerten Herren der Region zum Stamm treffen. Ansonsten kommen die Eingeborenen gerne zum preiswerten Mittagsteller, während sich die Ausflügler an den Klassikern des Hauses laben: an «Suure Läberli», Kalbsleber, Geschnetzeltem und an der berühmten Berner Rösti, die Heinz Spühler noch auf dem Holzherd «süferli» und mit Schmalz zubereitet. Wer es leichter mag, bestellt sich den Dreigänger, der saisonal variiert. Empfiehlt Marion Spühler die hausgemachten Spinatgnocchi, gilt es nicht lange zu fackeln, sondern die Gunst der Stunde zu nutzen und sich eine Portion der Delikatesse zu gönnen. Luftig, leicht, frisch sind sie, die zarten Gnocchi, aus Kartoffeln hergestellt, die im Geschmack noch als solche zu erkennen sind. Übrigens: Die Verdauung hält der gesättigte Gast mit dem exzellenten Wacholder auf Trab. Fazit: In der «Linde» bleibt der Beizengänger oft länger sitzen, als eingeplant. Denn nach dem Mittagstisch ist vor dem Zvieri.

Restaurant Linde
Lindentalstrasse 109
3067 Boll
031 839 04 52
www.linde-lindenthal.ch
Geöffnet: Mittwoch bis Freitag sowie Sonntag ab 9 Uhr, Samstag ab 16 Uhr
Geschlossen: Samstagmittag, Montag und Dienstag
In der Beiz: Marion Spühler und Margreth Leuenberger
Am Herd: Heinz Spühler
Küche und Keller: In der Saison Reh an Holunder-Cognac-Sauce. Immer zu haben sind «Hamme» und Rösti.
Gäste: Vom Herrenstamm über den Gesangsverein und andere Eingeborene bis zu Müssiggänger, Schlemmer und Städter, Verliebten oder Familien auf der Fahrt ins Grüne.
Atmosphäre: Wundervolle Landatmosphäre mit Holzboden, Eckbänken, Aus- und Einblicken.
Frischluft: Romantischer Garten mit lauschigen Plätzen.
Nicht verpassen: Je nach Saison die wunderbaren luftig-leichten Spinatgnocchi.
Applaus: Für die herzliche Gastfreundschaft, für die subtil zubereiteten Gerichte und für die Rösti vom Holzofen.
Na ja: Wie wäre es mit einigen leichteren Weinen im Keller, die einen nicht gleich nach der ersten Flasche unter den Tisch ziehen.
Und da wäre noch: Wer nicht allein verdauen mag, der teilt die Arbeit seines Magens mit dem hauseigenen exzellenten Wacholderschnaps.

Stuhl und Bett
Cottage Holiday
Ruth und Sergej Stöckli
Dorfstrasse 21
3088 Rüeggisberg
031 809 40 80
www.cottage-holiday.ch
Tipp: Der Name verwirrt, das Haus überrascht, der Garten und die Aussicht faszinieren. Wir bevorzugen die Zimmer «Nordica» oder «Blanche». Das B&B ist ab zwei Nächten buchbar. Dazu gehören ein Café und ein Shop mit Dekor im Landhausstil.

Einkaufskorb
«Märit» in der Münstergasse in Bern
Tipp: Unbedingt am «Jumi»-Käsestand vorbeischauen, Käse degustieren, kaufen, zum nächsten Stand ziehen und sich danach im «Einstein» bei einem Kaffee im ersten Stock mit oder ohne Zigarre erholen.

RAUCHZEICHEN ÜBER BERN

Im «Marzer» raucht der geräucherte Fisch, bei «Lehmann» die Rauchwurst und in der Ferne der Kühlturm des AKW Mühleberg. Nur Tabak raucht keiner mehr. Na ja, fast. Im «Einstein» raucht nicht nur der Kaffee, sondern auch die Zigarre.

Das «Einstein Kaffee» ist eine kultivierte Insel der Hoffung, zumindest für jeden Zigarrenraucher. Das Ganze ist durchgestaltet, überbordet aber nicht. Die klassischen Elemente eines Cafés, einer Bar und eines Rauchsalons sind gegeben und gehen fliessend ineinander über. Mann und Frau fühlen sich wohl, keiner stört den anderen, jeder findet seine Ecke, was bei Vollbesetzung erstaunt. Der «Einstein»-Mittagstisch gilt als Geheimtipp, und wer Alan Rodels Kochkunst noch nicht vom «Schöngrün» oder «Büner» her kennt, erlebt sie im «Einstein» etwas entspannter. Der Bratkünstler verkörpert innovative Kochfreude, die Gäste danken es ihm mit Appetit und Esslust.

Die vier von der «Tankstelle»

Ein junges Team trimmt mit Charme, Ideen, Kontinuität und Qualität das «Einstein Kaffee» auf Erfolgskurs. Kaum geöffnet, brummt der Laden. Nicht snobistisch, nicht bemühend grossstädtisch, sondern mit der typischen Nonchalance, wie sie nur die Berner hinbekommen. Tobias Eastus, Florian Jenzer, Alan Rodel und Iwan Hauck sind die Macher, die wohlbedacht Gas geben, im Hinterkopf wissend, dass sie eine kapitalstarke Aktiengesellschaft im Rücken haben, was für stille Teilhaber eh sinnvoller ist, als Geld spekulativ zu versetzen. Für alle Nichtberner sei noch erwähnt, dass an der Kramgasse 49 Albert Einstein in seinem Wunderjahr 1905 die berühmte Formel $E = mc^2$ schuf und mit seiner Relativitätstheorie die bisherigen Vorstellungen von Raum und Zeit auf den Kopf stellte. Im «Einstein» über Einstein zu sinnieren und vor dem Kamin einen Port, Rum oder einfach nur einen Kaffee zu schlürfen, ist nicht nur angehenden Physikern zu empfehlen, sondern allen, die Lust auf eine Auszeit vom Tagesgeschehen haben. Nur nicht am Samstag, denn da ist in der Münstergasse Markttag, der einen dann in die obere Etage in den Rauchsalon lockt, um bei Kaffee und Zigarre in der ersten Reihe dem bunten Treiben auf der Strasse zuzusehen.

Einstein Kaffee
Kramgasse 49/Münstergasse 44
3011 Bern
031 312 28 28
www.einstein-kaffee.ch

Geöffnet: Montag bis Freitag ab 8.30 Uhr, Samstag ab 7 Uhr, Sonntag 9 bis 17 Uhr
Geschlossen: Nie
In der Beiz: Tobias Eastus und Florian Jenzer
Am Herd: Alan Rodel
Im Rauchsalon: Iwan Hauck – seine Zigarren immer, er ab und zu.
Küche und Keller: Suppe, Pasta, Snacks, ein taufrischer Mittagslunch, guter Kaffee, Drinks und ein durchdachtes, kleines, feines Weinangebot, wie der ausgezeichnete Epesses (Chasselas) von Luc Massy.
Gäste: Querbeet durch Berns Bevölkerung.
Atmosphäre: Modern, nüchtern mit einzelnen wärmenden Elementen wie Kaminfeuer, langer Bar oder Rauchsalon mit patiniertem Boden. Was im Salon fehlt, sind zwei, drei Ohrensessel zum Zurücklehnen und Abtauchen.
Frischluft: Ein Tisch in der Kramgasse, das Freilufttheater findet in der Münstergasse statt.
Nicht verpassen: Die Whiskyabteilung im ersten Stock und der Hausklassiker, ein paar Wienerli (Sie lesen richtig).

Applaus: Für die perfekte Schale in der Kaffeetasse.
Na ja: Beim Croissant, das mit dem Kaffee aus eigener Hausmischung nicht mithalten kann, besteht Handlungsbedarf.
Und da wäre noch: 1. Im Rauchsalon findet sich eine ansprechende Zahl an raren Single Malts, die vom kulinarischen Berner Urgestein Urs Hauri zusammengestellt wurden.
2. Die Auswahl zum Rauchen beschränkt sich auf das Sortiment der Zigarren von «La Fuente». Alle Zigarren werden von Hand gerollt und überzeugen mit perfekter Aromastruktur. Mehr zu «La Fuente» von Iwan Hauck unter www.caribean-tabaco.ch.
Übrigens: Ich empfehle die «Especiales Guama».

Stuhl und Bett
Schloss Ueberstorf
Schlossstrasse 14
3182 Ueberstorf
031 741 47 17
www.schlossueberstorf.ch

Tipp: Die unaufdringliche Eleganz ist Programm. Kein unnötiger Krimskrams, nur Ruhe, Geborgenheit in stilvollen Zimmern und Räumlichkeiten. Und genussvoll essen geht hier auch. Ein idealer Platz für Romantiker mit dem Sinn fürs Wesentliche. Wie wäre es im Sommer mit einem Konzert zwischen den Rosenbäumen? Eben. Die sinnvolle Fortsetzung nach der Stadt.

Einkaufskorb
Chäs Glauser
Eggeweg 2
3123 Belp
031 819 60 74
www.chaesglauser.ch
Tipp: Ab und zu muss es auch ein bekannter Name sein: Mit der Belper Knolle ist Peter Glauser berühmt geworden, wobei die Käserei über 200 Käsesorten anbietet, darunter eine Vielfalt an grandiosen Aromen, bei denen ich sehr schnell auf die Knolle verzichten kann.

EINE FÜR ALLE

In der Öde zwischen Bahnhof und Innenstadt oder, schöner gesagt, am Knotenpunkt zwischen Lorraine, Länggasse und Altstadt findet sich am Bollwerk ein Bollwerk gegen die Verrohung kulinarischer Sitten. Ein Lichtblick für Bern, für Besseresser und für alle, die knapp bei Kasse sind.

Nein, gratis gibt es nichts im «O bolles». Aber das Preis-Leistungs-Verhältnis ist vorbildlich, und den reich gefüllten Teller am Mittagstisch gibt es zum Freundschaftspreis. Das Sympathische daran ist, dass die Preispolitik nicht zu Lasten von Qualität und Tier geht. Den Machern der Beiz ist Fleisch aus artgerechter Tierhaltung wichtig, Bio ebenso, wobei sie das Lokale, das vor Ort Produzierte auch ohne Knospe einem Biolabel-Produkt aus China vorziehen. Tom Iseli und David Rütsche verstehen es, mit ihrem «O bolles» alle Schichten anzusprechen. Mit Erfolg. Alle fühlen sich wohl, trinken und essen gut. Kein Plunder ziert die Beiz, alles ist sec und doch gemütlich, im Zeitungsständer finden sich diverse Tages- und Wochenzeitungen, die Teller sind rund, das Ganze angenehm wohltuend. Das «O bolles» ist ein kommunikativer Klassiker der Stadt, der mittags und abends brummt und in den Zwischenzeiten leise schnurrt. Wer leere Beizen mag, die in ihrer Nüchternheit stimmungsvoll sind, geniesst den Moment zwischen den Anstürmen mit einem Glas zum Wegzischen, einigen Tapas oder mit dem, was es gerade zum «Picken» gibt.

Bier von hier

Neben dem glutenfreien Hirsebier gibt es zwei offene würzige Alternativen von der Brauerei Felsenau, die einige Aareschlaufen weiter unten braut. Die Weine werden im «O bolles» nicht nach bekannten Namen, sondern nach zahlbarer Qualität ausgeschenkt, bezogen von Weinhandlungen, denen immer wieder spannende europäische Entdeckungen gelingen. Was ins Glas und auf den Teller kommt, hat Klasse, schmeckt und zeigt auf, dass Erfolg auch ohne Spektakel entstehen kann. Solch eine einfache und überzeugende Beiz wünsche ich mir in jeder Schweizer Stadt. Wie wäre es mit Klonen oder einfach mal mit einer kleinen Studienreise für all jene Wirte, die über fehlende Gäste klagen und dafür alles und alle verantwortlich machen nur sich selber nicht. Fazit: Wer nach einem Stadtbummel mit Appetit und Weinlust gesegnet ist, ein herzhaft geführtes unkompliziertes Gasthaus sucht, der ist im «O bolles» richtig. Noch ein Tipp für solche wie mich: Den Stadtbesuch weglassen und gleich hingehen.

Restaurant O bolles
Bollwerk 35
3011 Bern
031 318 35 45
www.obolles.ch
Geöffnet: Sommer: Montag bis Freitag ab 8.30 Uhr; Winter: Samstag ab 9.30 Uhr ohne Mittagstisch, Sonntag ab 16 Uhr ohne warmes Speiseangeot
Geschlossen: Sommer: Samstag und Sonntag
In der Beiz: Lea Mürner
Am Herd: Tom Iseli und David Rütsche

Küche und Keller: Kleine Teller, grosse Teller, kurz Gebratenes, lang Geschmortes, Tapas und mehr. Weine aus Europa, angesagt und vorgestellt von und mit Lea Mürner.

Gäste: Polisches Querbeet, Alt-68er, Vegetarier, kulinarische Schnäppchenjäger, Künstler, Querdenker.

Atmosphäre: Urban, unkompliziert, angenehmer Stilcocktail.

Frischluft: Nein.

Nicht verpassen: Der Mittagstisch.

Applaus: Für die Preispolitik und die wundervollen Gerichte zum Freundschaftspreis.

Na ja: Bei der Qualität wird nicht gespart, obwohl es die freundschaftlichen Preise vermuten lassen. Bio ohne Apothekerpreise verursacht Appetit.

Und da wäre noch: 1. Im Winter öffnet die Beiz am Sonntag fürs «Bier ab Vier».
2. An diversen Abenden finden Jazz- und andere Konzerte lokaler Grössen statt.
3. Teetrinker werden hier mit Respekt behandelt und mit einer erstklassigen Auswahl verwöhnt.

Stuhl und Bett
Im Klee
Cécile Rüegg, Noemi Grossen und Manuel Gnos
Melchenbühl 8
3113 Bern
031 931 35 35
www.imklee.ch

Tipp: Schräg, sympathisch, grandios. Ein Haus, Garten, fünf individuelle Zimmer – Details auf der umfangreichen, detaillierten Website. Chapeau!

Einkaufskorb
Le Sirupier de Berne
Mathias Wirth und Mathias Wirth jun.
Waffenweg 9
3014 Bern
031 352 99 78
www.sirupier.ch

Tipp: 29 Sorten Sirup, darunter Exoten wie Orangen-Hopfen und Bergamotte, produzieren mittlerweile Vater und Sohn Wirth in Bern. Ihr Erfolg ist einzigartig, vor allem auch dadurch, dass so viele Restaurants der Schweiz die Sirupe kaufen und vor allem verkaufen. Wer benötigt da noch Sinalco? Ich empfehle Granatapfel, Garrigou (Aufguss von Provencekräutern) und Zitrone.

GNAGI TRIFFT AUF PRADA

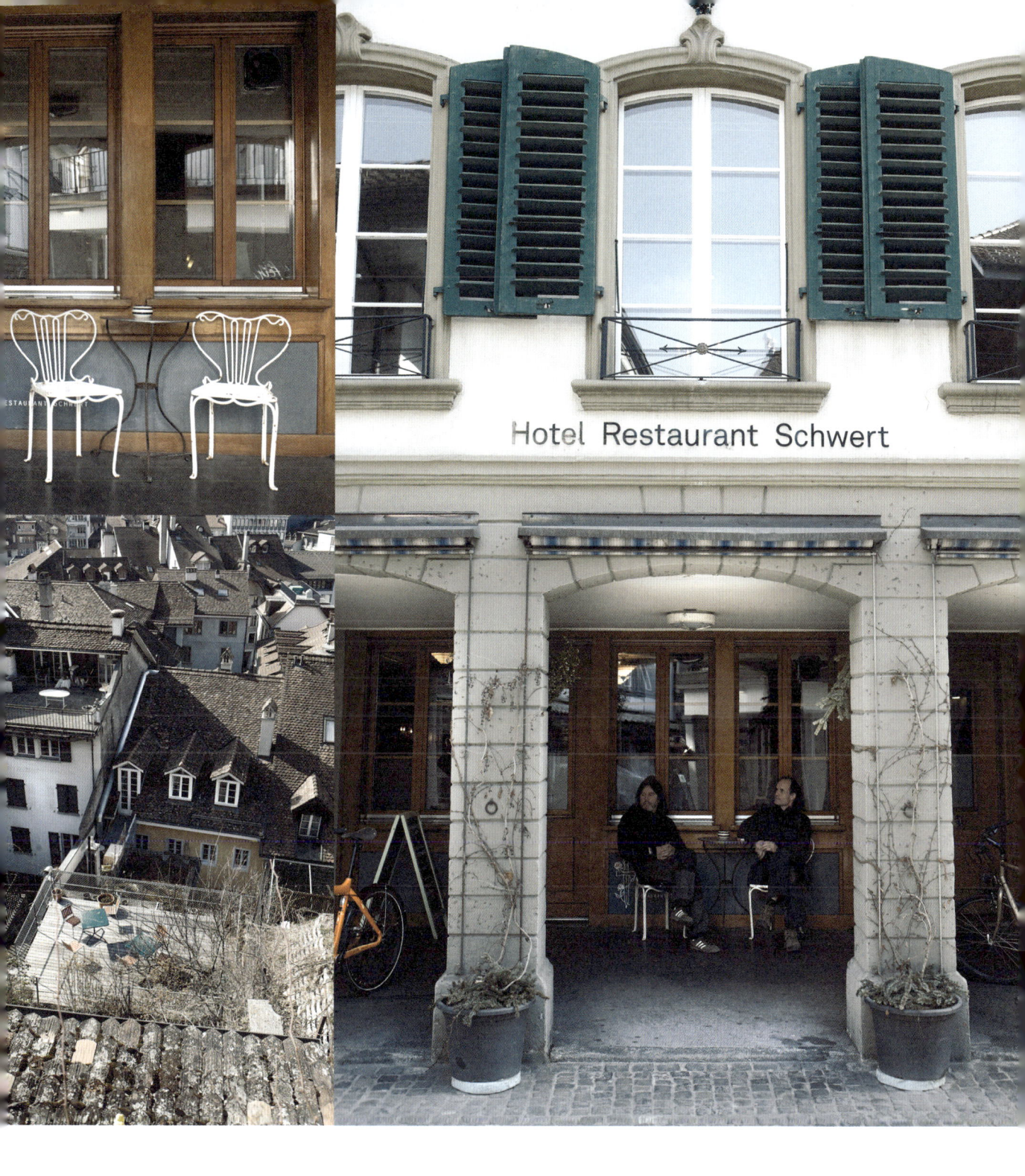

Ob verträumter Romantiker, passionierter Beizengänger, zivilisierter Fleischtiger, weltoffener Vegetarier, umgänglicher Trendsetter oder pointierte Prada-Trägerin ... das «Schwert» in Thun lieben alle. Ich auch.

Das Hotel Restaurant Schwert liegt hinter den Arkaden an der Unteren Hauptgasse in Thun. Schon der Eingang, die Fenster und ein flüchtiger Blick ins Innere schaffen Vertrauen, das auch bei den Speisen nicht verloren geht. Das Angebot zeugt von einem selbstbewussten Koch, von Frische und saisonalem Denken. So lockt der regionale Spargel tatsächlich im Mai, und zum Kalbsbraten gesellen sich keine Büchsenchampignons sondern frische Morcheln. Immer im Angebot sind Mistkratzer und Gnagi mit Brot oder mit Erbsensuppe. Klassiker, die seit jeher zum «Schwert» gehören.

Seit vier Jahren haben die Geschäftspartner Dana Ebert und Andreas «Endo» Schäublin das «Schwert» als stimmungsvolle Beiz mit ansprechender Küche in Thun neu positioniert. Von Anfang an mit dabei ist Christian «Chrigu» Baumann, der locker auf 13-Gault-Millau-Punkte-Niveau kocht. Nur haben die roten Spürnasen ihn noch nicht entdeckt, oder das «Schwert» ist ihnen zu einfach. Zumindest wird hier kein unsäglicher Handtaschenschemel-Kult für die Dame, sondern eine unkomplizierte grundehrliche Gastfreundschaft zelebriert, was dazu führt, dass sich eine bunt durchmischte Kundschaft an der patinierten Beiz erfreut.

Und sonst? Im Keller versammeln sich Weine aus der Schweiz, aus Deutschland und Österreich. Dana Ebert verzichtet bewusst auf italienische Provenienzen. Die ausgebildete Sommelière bringt den Thunern lieber das Rieslingtrinken bei, in all seinen Facetten. Mit Erfolg.

Alles perfekt? Eigentlich schon. Schade ist nur, dass die Beiz nachmittags geschlossen hat, wäre sie doch eine ideale Oase, um den Tag mit einer Flasche zu vertrödeln. Doch die Zeiten der zivilisierten Zecher und Müssiggänger

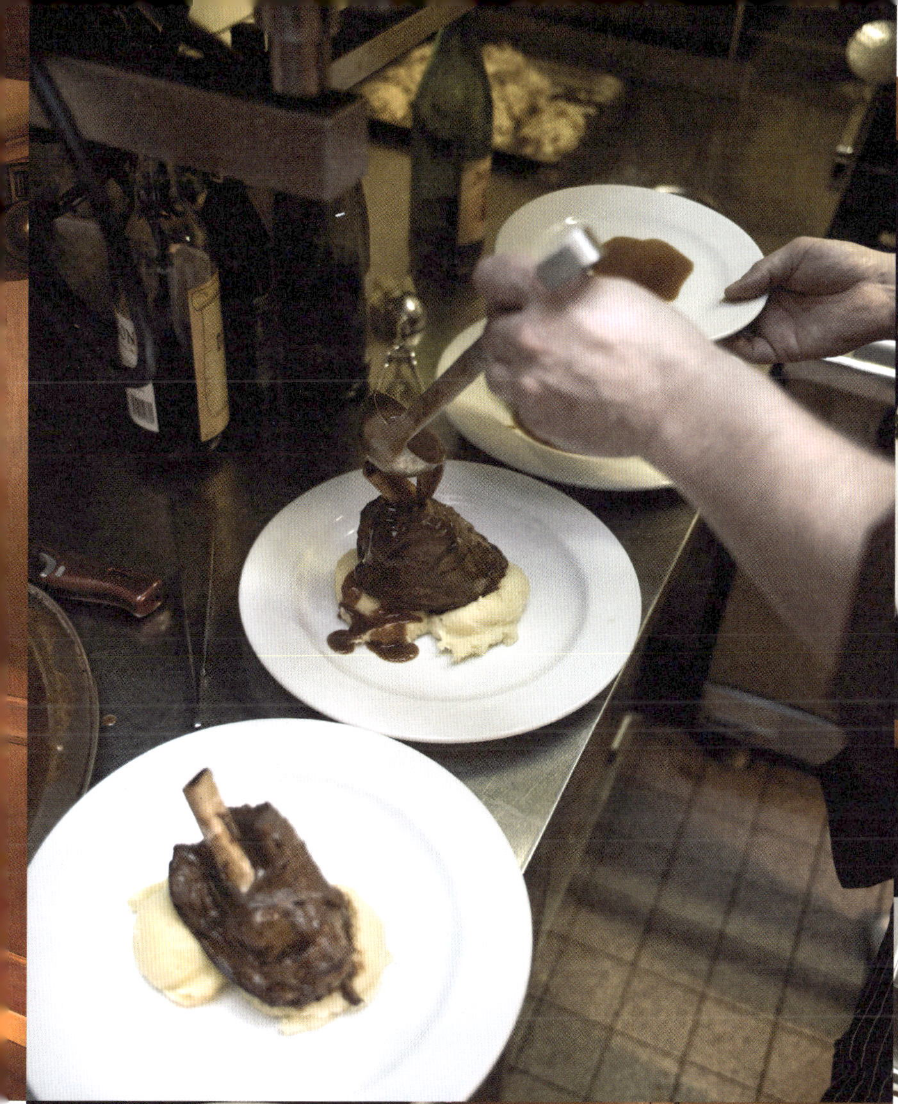
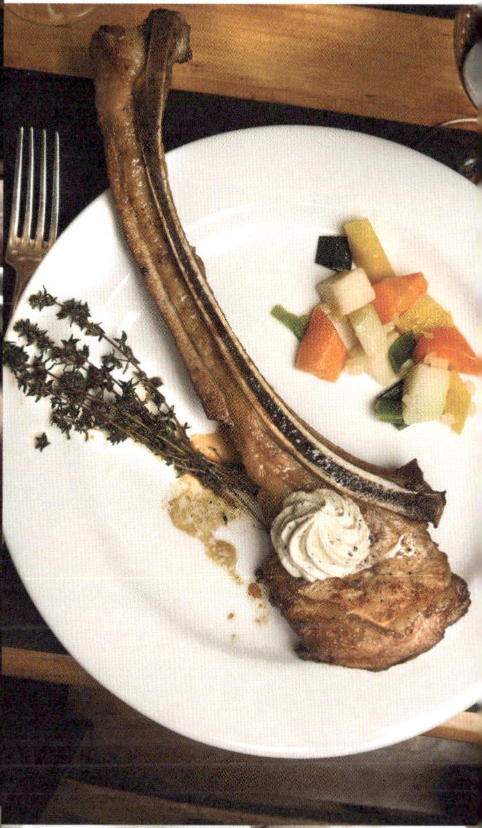
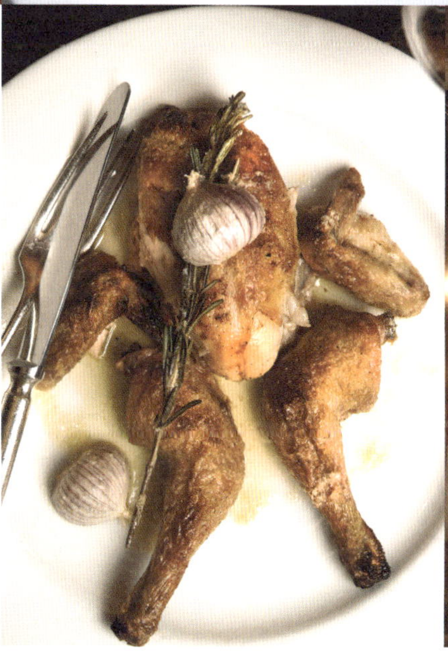
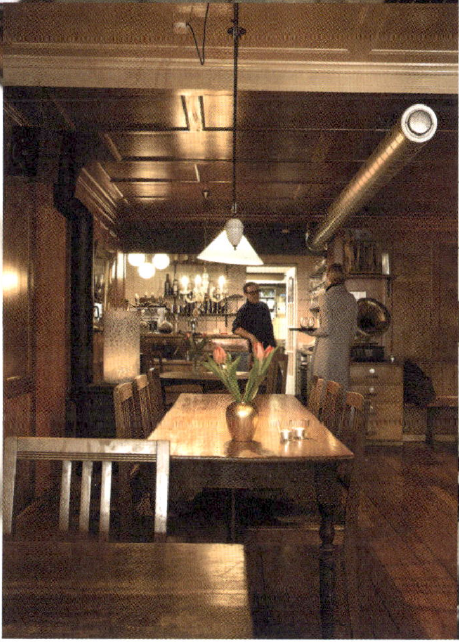
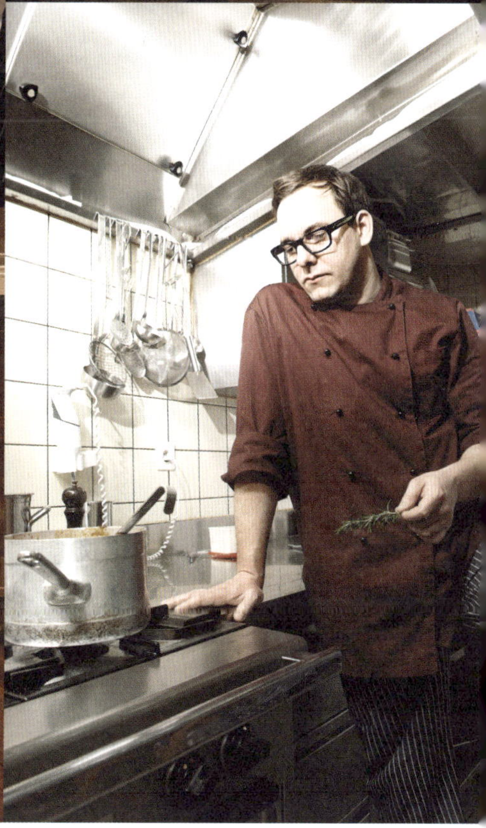

scheinen eh vorbei – und wer in Thun als Beiz keinen Gunstplatz an der Aare hat, wird an milden Tagen sowieso weniger frequentiert.

Der Träumer
«Die Kochideen kommen Chrigu Baumann oft spätnachts. Entweder wenn er nicht schlafen kann oder wenn er tief schläft und von Brombeeren mit Rahm träumt und am nächsten Tag geschmorte Randen mit Meerrettichschaum auf die Karte setzt und zuerst gar nicht weiss warum. Was er kocht, gefällt. Sei das nun ein zartes Kalbskotelett mit einem Erbsenflan, eine Polenta mit Tomatenherz auf Rahm-Spitzkohl oder Mönchsbart auf grünem Spargel an einer Senfsauce. Chrigu Baumann kocht nach Tageslaune, mischt seine Markteinkäufe munter durcheinander und überrascht sich mit seinen Ideen manchmal selbst. Das lange Fazit: Wer im «Schwert» am Tisch sitzt, glaubt wieder an das Gute im Menschen, bestellt eine zweite Flasche, lässt das Auto im nahen Parkhaus und zieht sich in eines der schönen Gästezimmer zurück. Klar, ist das «Schwert» Thuner Beizen-Inventar. Seit es Dana, Endo und Chrigu übernommen haben, gehört es zu meinen Schweizer Lieblingsbeizen. Was schreiben die drei innovativen Macher auf ihrer Homepage? «In einer der ursprünglichsten Altstadtbeizen von Thun wird Schweizer Küche modern interpretiert und ehrlich aufgetischt, begleitet von kantigen Weinen und persönlichem Service.» Dem ist nichts mehr beizufügen.

Schwert

Untere Hauptgasse 8
3600 Thun
033 221 55 88
www.schwert-thun.ch

Geöffnet: Dienstag bis Freitag am Mittag und am Abend, am Samstag ab 18 Uhr
Geschlossen: Samstagmittag, Sonntag und Montag
In der Beiz: Dana Ebert, Andreas «Endo» Schäublin
Am Herd: Christian «Chrigu» Baumann
Küche und Keller: Sellerieflan auf Kastanien-Linsen-Püree mir Rahmwirz, Moules et Frites, Kalbssteak mit Orangenbutter, Semmelknödel an Holundersauce, Wildschweinragout und und und ... je nachdem, was die Saison hergibt. Bei den Weinen ist es nicht minder spannend: Blaufränkisch, Schiefer Riesling, Petite Arvine, Grauer Burgunder, Rosenstolz, Dicker Franz ...
Gäste: Passionierte Beizengänger, Romantiker, Historiker, Künstler und Lebenskünstler, Banker, Politiker und andere interessante Zeitgenossen.
Atmosphäre: Patiniert und einfach nur schön. Wer sich hier nicht wohlfühlt, hat noch ganz andere Probleme.
Frischluft: Unter den Arkaden.
Nicht verpassen: Gnagi, Markknochen und Sauerkrautisotto.
Applaus: Für den unkomplizierten, zuvorkommenden Service und die taufrische Küche.
Na ja: Wie gesagt, eigentlich müsste das «Schwert» den ganzen Tag über geöffnet haben. Zumindest im Winter.
Und da wäre noch: Das Haus ist das ideale Basislager, um die Region besser kennenzulernen.

Stuhl und Bett

Direkt im «Schwert» in einem der stilvollen Gästezimmer, die der Heimatschutz in seinen Guide «Die schönsten Hotels der Schweiz» aufgenommen hat.
Tipp: Gleich die ganze Ferienwohnung mit Blick über die Dächer von Thun mieten.

Einkaufskorb

Frischprodukte-Märit Thun, samstags von 8 bis 12 Uhr auf dem Rathausplatz
Tipp: Hier findet man ökologische und biologische Produkte aus der Region Thun: Gemüse, Früchte, Blumen, Oliven, Käse, Milchprodukte, hausgemachte Pasta, Speiseöle, Grünsprossen, Fleisch, Fisch, Bauernbrot, Gebäck, Sirup, Konfitüren und noch so einiges mehr – alles ist da, alles in bester Qualität und zu zahlbaren Preisen. Kurz, ein Markt für Besseresser.

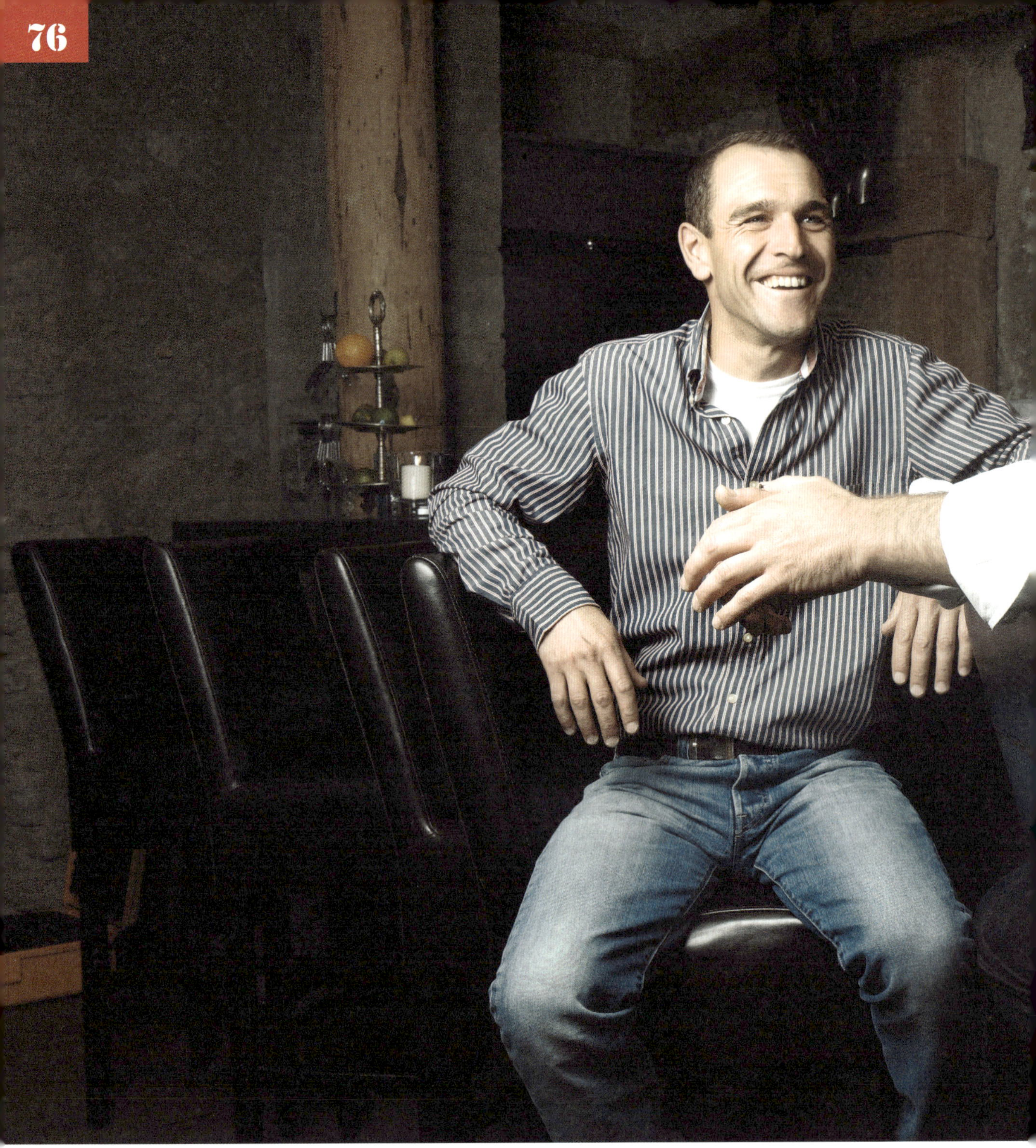

Der Schöpfer war's. Sein Handabdruck schuf das Saanenland. «Art 16» schuf nicht er, sondern Nik und Simon Buchs, die zwei sympathischen Jungunternehmer vom Berghaus Wasserngrat.

ERSTE SAANE

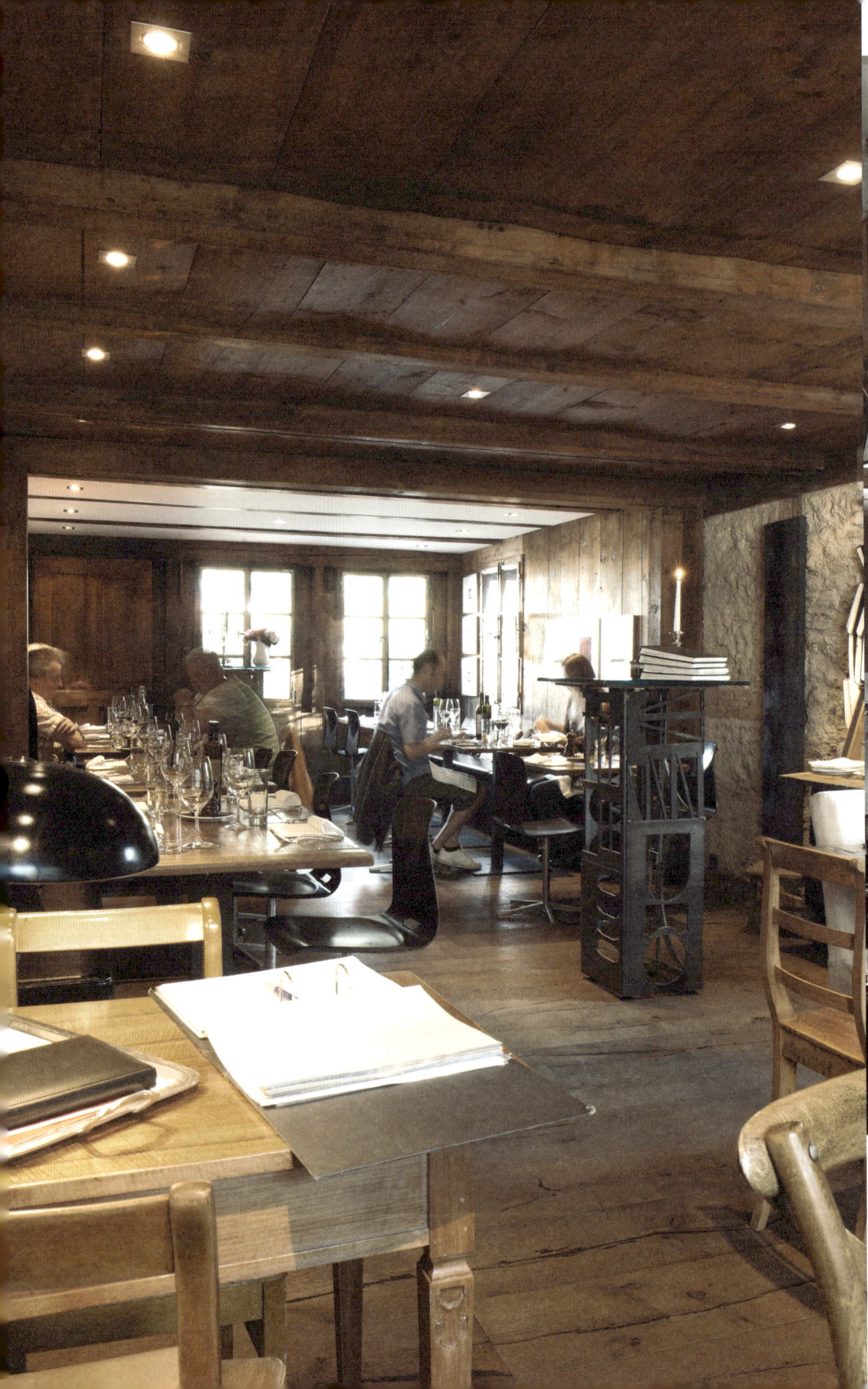
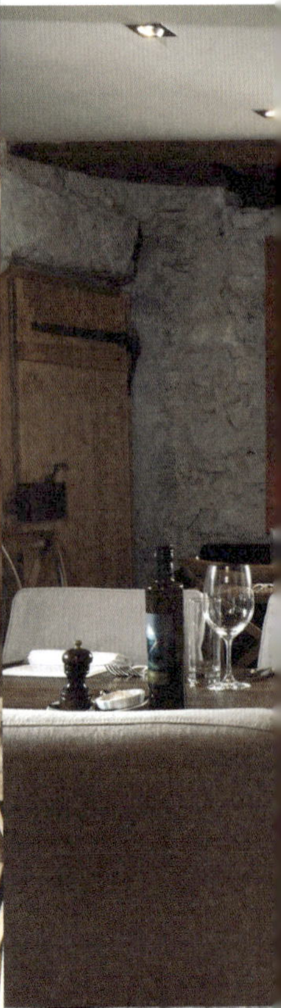
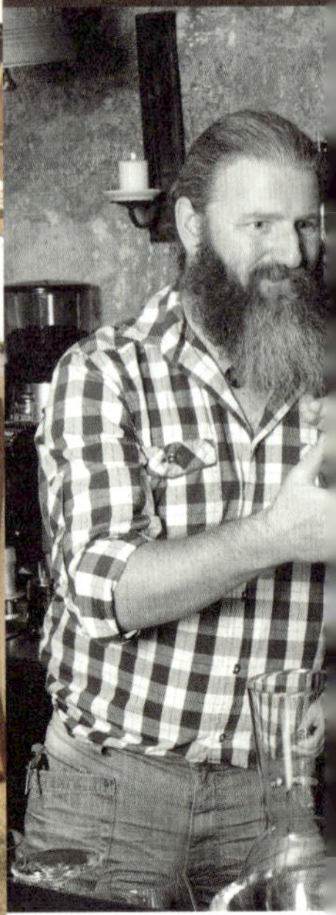

Dort, wo seine Handfläche auflag, stehen die Dörfer Saanen und Gstaad. Die Einbuchtung, die der kleine Finger hinterliess, ist das Kalberhöni. Der Ringfinger schuf das Tal für Gsteig, der Mittelfinger Lauenen und der Zeigefinger das Turbachtal. Der Daumen bereitete den Boden für Schönried und Saanenmöser. Na also. Die Saaner haben ein reich bedachtes Land, obwohl heute nicht der liebe Gott ihnen Reichtum bringt, sondern die Haute-Volée. Und die gibt sich im «Art 16» in Saanen erstaunlich normal. Keine steifen Oberlippen, kein Gehabe, kein gar nichts. Würde auch nicht zu einer ehemaligen Glockengiesserei, zu ihrer Geschichte und zu Nik und Simon Buchs passen. Dabei regieren im Saanenland die Gegensätze. Rund 6500 Kühe teilen sich den Platz mit 6500 Einwohnern, und 300 Landwirte teilen sich den Boden mit 300 Millionären. Aber trotz des allgegenwärtigen Reichtums haben die Landwirte den Sinn für das Pragmatische nie verloren. Und genau diese sympathische Einstellung ist im «Art 16» gut spürbar. Die Beiz ist angenehm normal (zumindest meistens), die Tische teilen sich Einheimische, Touristen, Geldadel und mitunter auch der Adel. Und selbst die Rechnung bleibt normal. Kompliment.

Kunst, Kultur und Genuss

Glocken werden am Mittelgässli 16 keine mehr gegossen, aber an der Bar werden Cocktails gerührt und geschüttelt. Im Kamin kracht das Feuer (knistern wäre untertrieben), bis die Glut steht und über ihr die Gstaader Lammkoteletts dem Garpunkt entgegenfiebern. An den Wänden hängt die Kunst von Papa

«Herbie» Buchs, während Mama Sophie Buchs feenhaft durch das Restaurant schwebt, die einen oder anderen Nippes zurechtrückend. Die Küche von Nik Buchs richtet sich nach der Saison, nach Lust und Laune des Teams, es sei denn, ein Tisch wünscht sich eine heimische Spezialität. Gerichte, die viele junge Saaner gar nicht mehr kennen. «Ravgchöch» zum Beispiel, ein Wintereintopf aus «Raven» (die auch Bodenkohlrabi, Steckrüben, Navets oder Turnips heissen), Kartoffeln und Speck, verfeinert à la Nik Buchs. Im «Art 16» wird mit einer erfrischenden Selbstverständlichkeit gekocht, die Freude macht. Durch alle Gesellschaftsschichten hindurch.

entsprechende Preise. Mit einer Petite Arvine von Serge Roh den Abend zu beginnen, ist eine gute und zahlbare Idee.

Gäste: Jung, Alt, Einheimische, Geldadel und Adel, Künstler, Arbeiter, Romands, Briten und einige Unterländer.
Atmosphäre: Frech, kunstvoll, eine gelungene Verbindung zwischen Klassik und Moderne.
Frischluft: Kleine, edle Gartenterrasse mit viel Kerzenlicht.
Nicht verpassen: Die grünen Saubohnen mit Kalbsbries.
Applaus: Für den zarten Turbot auf jungen Artischocken.
Na ja: Die hypermodernen Toiletten sind platztechnisch gesehen nur für Leichtgewichte ideal.
Und da wäre noch: In der Wintersaison treffen sich die Stammgäste der Buchs-Brüder am Tag im Berghaus Wasserngrat, am Abend im «Art 16». Was für ein Leben!

Stuhl und Bett
La Vache bleue
Mättelistrasse 6
3792 Saanen
033 821 02 22
www.lavachebleue.ch
Tipp: Vier Zimmer, von denen vom Interieur und Preis die «Chambre verte» obenaus schwingt.

Einkaufskorb
Fromagerie Fleurette
Michel Beroud
Les Praz
1659 Rougemont
026 925 82 34
www.tommefleurette.ch
Tipp: Mit dem Tomme Fleurette ist Käser Michel Beroud schweizweit bekannt. Daneben gibt es aber noch diverse andere exzellente Produkte zu entdecken. Le Rubloz zum Beispiel. Details auf der Homepage.

Art 16
Mittelgässli 16
3792 Saanen
033 748 16 16
Geöffnet: Donnerstag bis Montag ab 17 Uhr
Geschlossen: Dienstag, Mittwoch
In der Beiz: Simon Buchs
Am Herd: Nik Buchs
Küche und Keller: Von der verfeinerten bodenständigen Saaner Küche bis hin zur Weltküche. Die Weinkarte ist umfassend, hat kleine und grosse Namen und dem-

77

IM WINTER IMMER

Geld regelt vieles. Aber das Glück, zum richtigen Zeitpunkt am richtigen Tisch zu sitzen, ist nicht käuflich. Selbst in Gstaad nicht. Luxus kann kalt sein, im Berghaus Wasserngrat habe ich Wärme gefunden.

Rindszunge, Schafshirn, Kalbskutteln oder doch lieber Entenleber, Kalbstatar, Côte de bœuf. Mit Nik und Simon Buchs ist alles möglich, was in Gstaad auch nicht weiter erstaunt. An einem Ort, wo die Welt verkehrt, Welsch und Deutsch zusammenkommen und ihre Vorlieben pflegen. Mit Dekadenz hat das nichts zu tun. Im Berghaus Wasserngrat lässt es sich für fünfzig oder für fünfhundert Franken tafeln. Der Gast wählt nach Lust und Laune, das Angebot ist durchdacht und gefällt. Auch dem renommierten Nachbarn, dem 1957 gegründeten Eagle Ski Club Gstaad, dessen erster Präsident der Earl of Warwick war. In der Wintersaison werden bei Schönwetter rund dreihundert Essen serviert. In bester Qualität und mit einem grundehrlichen Lächeln, das die Mitarbeiter sich nicht einmal antrainieren müssen. Die können gar nicht anders, die sind so nett, was heute in der Gastronomie eher die Ausnahme ist.

Gastfreundschaft alla piemontese

Die Philosophie der Brüder und Jungunternehmer Nik und Simon Buchs ist einfach. Dem Gast dienen mit Leib und Seele, aber ohne diese zu verkaufen. Sie setzen Grenzen, sind aber auch fähig, auf jeden Gast einzugehen und ihm die bestmögliche Gastfreundschaft zu bieten. So wie es auch im Piemont Usus ist. Dort sagt der Wirt dem Gast, wo er sitzt und was er isst. Nämlich das, was der Wirt am besten kochen kann. Und genau diese Art von Gastfreundschaft wird im «Wasserngrat» gepflegt und noch so einiges mehr.

Die Pommes frites sind Handarbeit, für den selbstgemachten Jus wird ein Berg voll Knochen geröstet, das Gemüse kommt aus der Erde und nicht aus dem Tiefkühler, die Rösti ist frisch, und das aromatische Wurzelgemüse wird im Ofen langsam geschmort. Zum Dessert kann es schon einmal ein warmer «Tomme fleurette» mit gehobelter Trüffel sein, günstiger wird's mit dem luftig leichten Apfelkuchen oder mit einer Runde Meringues samt «Double crème» aus dem nahen Greyerzerland. Die Leichtigkeit der Macher überträgt sich auf die Gäste, den Rest macht die Lage, die Natur, das

Haus. Wer es sich leisten kann, reserviert sich als Gesellschaft einen Abend mit seinen besten Freunden auf dem Wasserngrat und entrückt dem Alltag mit bestelltem Sternenhimmel, knisterndem Kaminfeuer und einem Tafelspitz der besseren Art.

Berghaus Wasserngrat
3780 Gstaad
033 744 96 22
www.wasserngrat.ch
Geöffnet: Von Dezember bis Mitte März sieben Tage in der Woche. Im August Donnerstag bis Sonntag 9 bis 16.30 Uhr.
Geschlossen: April bis Juli und September bis November
In der Beiz: Simon Buchs und Reto Lamprian
Am Herd: Nik Buchs
Küche und Keller: Ein Cocktail aus regionalen AOC-Produkten mit einer Prise Welt. Beeindruckender Weinkeller mit grossen und unbekannten Namen aus Italien und Frankreich, Österreich und der Schweiz. Die Domaine Cornulus aus Savièse und ihre Provenienzen lohnt sich kennenzulernen.

Gäste: Trendsetter, Millionäre, Multimillionäre, Unternehmer, Esoteriker, Lebenskünstler, Maler, Bildhauer, Ausflügler, Einheimische, Skifahrer. Kurz, die Gesellschaft in all ihren Facetten.
Atmosphäre: Unkompliziert, fröhlich, herzlich.
Frischluft: Terrasse mit Weitsicht in die Natur und zum Adlerhorst des Eagle Ski Clubs Gstaad.
Nicht verpassen: Aus dem Lautsprecher Lou Reed, aus dem Humidor eine «Montechristo» und im Glas ein Bitter des Diablerets.
Applaus: Die herzliche Gastfreundschaft, auch wenn der Laden bis auf den letzten Platz besetzt ist.
Na ja: Die raren Öffnungszeiten.
Und da wäre noch: Für Gesellschaften mit dem nötigen Kleingeld fährt die Sesselbahn und öffnet das Restaurant auch ausserhalb der regulären Öffnungszeiten.

Stuhl und Bett
Alpine Lodge
Wyssmülleriweg 10
3792 Saanen
033 748 41 51
www.alpinelodge.ch
Tipp: Die Alpine Lodge ist alles ausser gewöhnlich und sehr beliebt. Die Qualität und die Grösse des Hauses stimmen, die Preise für das Gebote ebenso.

Einkaufskorb
Cigares Tobacco
Promenade 65
3780 Gstaad
033 744 47 00
Tipp: Hans Alexander Fuhrer ist ein Könner seines Fachs. Seine Pfeifentabakmischungen sind auch bei der Gstaader Prominenz gefragt. Er ist auch ein profunder Kenner von Zigarren und Schnupftabak.

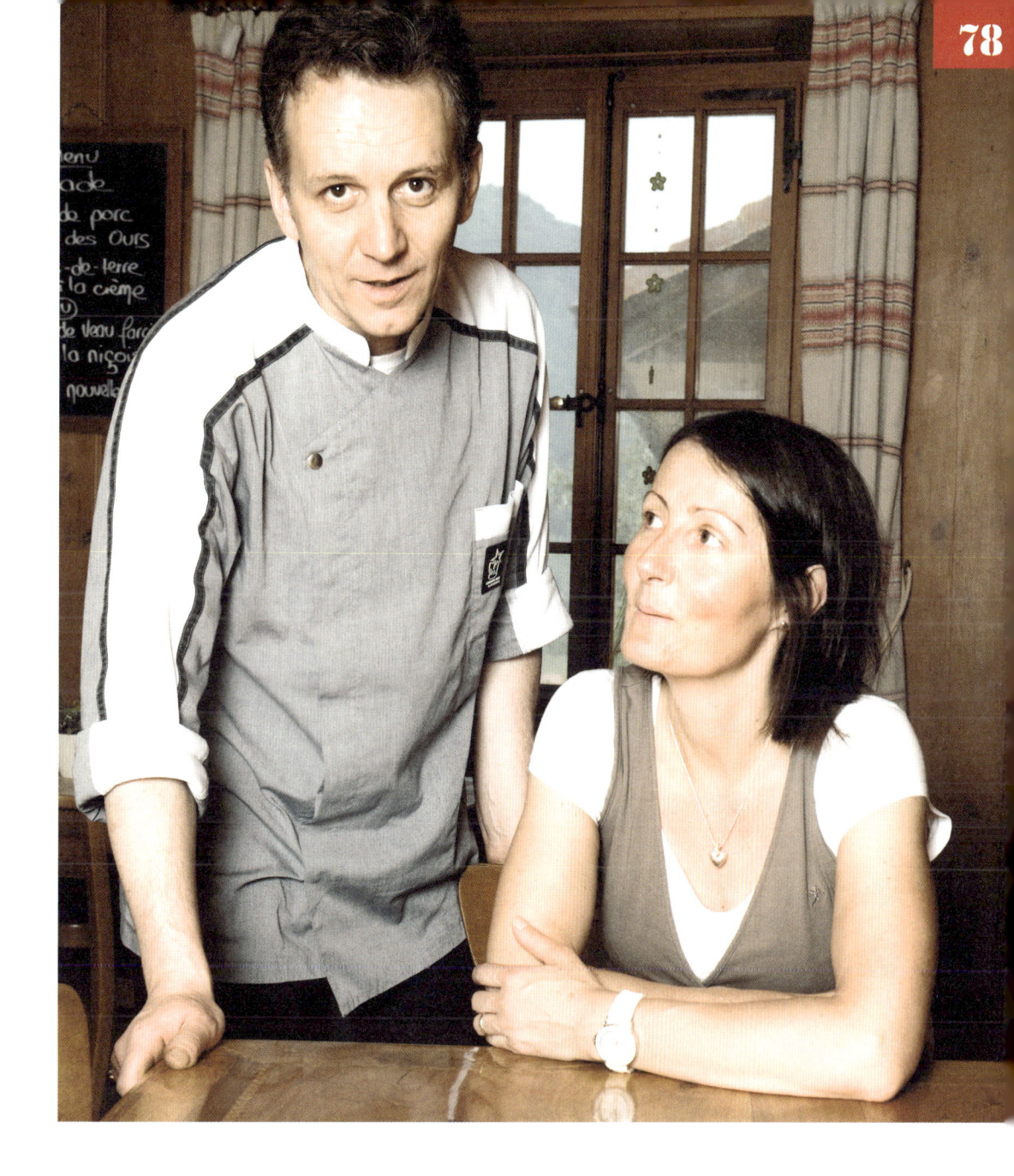

WUNDER IN LESSOC

Lessoc wäre ein völlig unbekannter Flecken im Greyerzerland, wenn es da nicht seinen berühmten achteckigen Brunnen und seine wundervolle Dorfbeiz mit herzallerliebsten Gastgebern gäbe, die für die kulinarischen Wunder im Ort besorgt sind.

Carte des boissons
Suggestion du moment:
* Foie de Veau à la lyonnaise
* Rognons de Veau à la crème
Bon Appetit!

Ein Besuch des Dorfbrunnens mit Zwiebeldach und einem Becken aus Lessoc-Marmor gehört bei einer Stippvisite des malerischen Greyerzer Dorfes Lessoc einfach dazu. Vor oder nach dem Essen ist egal. Auch der kurze Spaziergang zur Pfarrkirche Saint-Martin, die zwischen 1627 und 1635 erbaut wurde, lohnt sich. Lebendiger und wahrhaft wunderbar wird es aber im Restaurant de la Couronne. Vornehmlich am Sonntag nach der Kirche. Dann, wenn sich die Tische unter dem Sonntagsbraten biegen. Na ja, nicht nur. Philippe Milleret, Koch und Patron, beherrscht die leichte wie die üppige Küche. Seine Terrinen, der vom Knochen geschnittene Beinschinken, die Forelle, das Wildragout oder das «Millefeuille» mit frischen Pilzen, seine «Tarte au Vin cuit» (Mürbeteigkuchen mit eingedicktem Birnensaft) sind Gerichte, die einem auf der Zunge haften bleiben. Nichts Spektakuläres fürs Auge, aber kleine kulinarische Wunder für den Gaumen. Gutes Brot, respektable Weine, die stille Herzlichkeit von Marielaure Milleret und die wunderschöne Gaststube sind weitere Annehmlichkeiten dieses sympathischen Ortes.

Eine «Charcuterie» von einer «Charcuterie»

Ein weiterer Pluspunkt in der «Couronne», ist das Zusammenspiel zwischen Vater und Sohn Milleret, die beide gelernte Metzger sind. Alle in der Beiz servierten Fleischspezialitäten stellen sie selber her: Der Speck, die Hirsch- und Rauchwürste, die Terrinen und der Presskopf basieren auf alten Familienrezepten. Zwei weitere Höhepunkte finden in der «Couronne» immer im Spätherbst statt. Dann wenn im Freiburgerland die «Bénichon», das «Chilbiessen», zelebriert wird. Eine Metzgete von Lamm und Schwein, die in Lessoc ein Festschmaus ist, der Appetit erfordert. Ist Wild angesagt, pilgert die ganze Region in die «Couronne». Hier werden keine gezüchteten Massenprodukte aus dem Osten aufgetischt, sondern ausschliesslich Wild aus heimischer Jagd. Gämse, Reh, Hirsch und Wildsau kommen auf den Teller, je nachdem, was die Jäger geschossen haben. Der Altweibersommer ist genau die richtige Zeit, um die Küche der Familie Milleret und ihre «Couronne» kennenzulernen. Ein schöner Einstieg dazu ist, vor dem Eingang auf der Hausbank zu sitzen, in der milden Mittagssonne eine «Suze» zu schlürfen und sich auf die Dinge zu freuen, die da kommen werden. Wohlan.

Restaurant de la Couronne
1669 Lessoc
026 928 23 98
www.la-couronne.lessoc.ch
Geöffnet: Donnerstag bis Montag ab 9.30 Uhr
Geschlossen: Dienstag, Mittwoch
In der Beiz: Marielaure Milleret
Am Herd: Philippe Milleret
Küche und Keller: «Bourgeoise» Küche der guten Art mit wunderbaren Spezialitäten aus der Region. Diverse Schweizer Weine und vom Patron ausgesuchte französische Provenienzen, im Speziellen der knackig mineralische Roussette de Savoie aus der Heimat von Philippe Milleret.
Gäste: Geniesser, Wanderer, Ausflügler, Puristen und Träumer.
Atmosphäre: Die gute Stube aus vergangenen Tagen.
Frischluft: Unbedeutend, mit Plastikmobiliar.
Nicht verpassen: Zum Aperitif eine Terrine, die Philippe Milleret gemeinsam mit seinem Vater produziert.
Applaus: Für die sorgfältige Zubereitung der Speisen, die Qualität und den unkomplizierten Service von Marielaure Milleret.
Na ja: Das Leben findet in der Beiz statt, die Terrasse kann man getrost auslassen.
Und da wäre noch: Die «Bénichon» ist noch eines der wenigen archaischen kulinarischen Erlebnisse in der Schweiz.

Stuhl und Bett
Dormir Ailleurs
Fred Pasquier
Devin 11
1625 Maules
079 219 50 52
www.dormirailleurs.ch
Tipp: In einem geräumigen Zelt mit Komfort und Holzheizung wie in der Savanne nächtigen. Dies in der Nähe von Bulle. Das Frühstück wird gebracht, Essen gibt's auch. Perfekt für frisch verliebte Naturmenschen.

Einkaufskorb
Fromagerie de Marsens
Marc-Henri Horner
1633 Marsens
026 915 28 42
Tipp: Ein hervorragender Käser in einer kleinen «Fromagerie» auf dem Lande mit einer grossartigen Auswahl an Vacherins aller Reifegrade und erstklassigem Gruyère. Ein aromatischer Einstieg nach dem morgendlichen Ausstieg im nah gelegenen Maules (siehe Stuhl und Bett).

Was war das «Café du Marché» einst für eine pulsierende, legendäre Beiz bevor es für zwei Jahre seine Pforten schloss. Nun! Seit einem Jahr geht es wieder sehr lebendig zu und her. Das Freiburger Relikt erlebt seine Wiedergeburt. David Munt, der zwei Jahre lang das «Café de la Marionette» geführt hat, führt die Beiz zu neuen Höhenflügen. Nicht kulinarisch, da bleiben er und sein Team auf dem Boden, dafür gesellschaftlich. Es ist ein Kommen und Gehen. Studenten reichen sich die Klinge, trinken Tee, Egger- oder lokales Bier, Limonade oder ein Glas Wein. Am Philosophenstammtisch ist oft kein Platz frei, die Köpfe rauchen, und der flinke Service bedient unaufdringlich, herzlich und kompetent. Freiburg ist eine katholische Stadt und zweisprachig, wobei hier weitaus mehr französisch gesprochen wird als zum Beispiel in Biel. Auch im «Café du Marché». Die Kulturgeschichte des Essens und Trinkens ist reich befrachtet mit Kuriosem. Der Christenmensch schwankt zwischen Fasten und Feiern, er will asketisch sein und bleibt doch ein Schlemmer, schreibt der Schweizer Theologieprofessor Josef Imbach in seinem Buch «Geheimnisse der kirchlichen Küchengeschichte», was sehr gut zum Freiburger passt. Diesem Zwiespalt trägt Patron David Munt Rechnung. Er hält seine Beiz den ganzen Tag offen und heisst auch Gäste mit kleiner Brieftasche und ohne Appetit willkommen, was ihn umso sympathischer macht, gehört doch der geistige Austausch zu einer lebendigen Beiz dazu.

FÜR ASKETEN UND SCHLEMMER

Lebendiger kann eine Beiz nicht sein. Im Café du Marché an der Hochzeitsgasse geht es hoch zu und her. Philosophen philosophieren und Zecher zechen.

Solide marktfrische Küche

David Munt hat dem jungen Paul Loup sein Vertrauen ausgesprochen. Er kocht zwar noch etwas schüchtern und für mich mit leicht angezogener Handbremse, doch die Gerichte sind durchaus gut, allen voran sein «Coq rustique de la Gruyère». Der Jungkoch hat sein Handwerk im bekannten «Aux 4 Vents» gelernt, dementsprechend solide ist sein Können. Exzellent sind auch seine Suppen und sein Quittenparfait. David Munt kauft lokal und regional ein, achtet auf Qualität und ist selbst ein Meister diverser Kuchen und Torten, die ihn nach dem ersten Bissen als Engländer entlarven. Zumindest als halben. Das bilde ich mir auch bei der delikaten Hühnerleberterrine ein, die für mich seine Handschrift trägt. Auf alle Fälle schmeckt sie mir genauso, wie ich sie vom «Halzephron Inn» in Gunwalloe in Cornwall im Gaumen in Erinnerung habe. Fehlt nur noch das «Pint of Bitter», und ich werde Stammgast in der Hochzeitsgasse.

Café du Marché
Rue des Epouses 10
1700 Freiburg
026 321 42 20
www.cafedumarche-fribourg.ch
Geöffnet: Dienstag bis Samstag ab 9 Uhr
Geschlossen: Sonntag, Montag
In der Beiz: Patron David Munt mit der Tessinerin und angehenden Psychologin Irene Maffiosette und dem spanischen Kunststudenten Alexandre Varela, der mit viel Grandezza aufträgt und irgendwie an Salvador Dali erinnert. Hinzu kommen noch einige andere Studenten, die den beiden an Herzlichkeit in nichts nachstehen.
Am Herd: Paul Loup
Küche und Keller: Frische, saisonale Küche, die monatlich wechselt und die durch die «Pièce

Café du Marché

de Résistance» aller Freiburger Beizen, das Fondue, ergänzt wird. Die Weinkarte ist sehr klein, einige lokale Biere ergänzen das Angebot.
Gäste: Philosophen, Tagträumer, Professoren, Gourmets, Studenten, Lehrer, Jazzer, Pensionierte und Arbeiter.
Atmosphäre: Klein, persönlich, stimmungsvoll.
Frischluft: Vor dem Haus in der Hochzeitsgasse.
Nicht verpassen: Die Tartes von Patron David Munt, mit einem «Taste of England». Übrigens: Mama ist Schweizerin, Papa Engländer, der Sohn greift auf die Rezepte seiner englischen Grossmutter zurück.
Applaus: Für die herzliche Gastfreundschaft. Wie lässt sich hier wunderbar ein Tag vertrödeln!
Na ja: Wenn das Weinangebot noch um einige regionale Flaschen (z. B. Javet & Javet) erweitert wird, stimmt alles.
Und da wäre noch: Das Leben findet in der Gaststube statt, obwohl auch die Nebenstube ihren Reiz hat.

Stuhl und Bett
Auberge aux 4 vents
Grandfey 124
1763 Granges-Paccot
026 321 56 00
Tipp: Mehr Traumpark als Garten mit Seitenblick auf die Kathedrale. Dazu eine wundervolle Beiz, die mehr Stube als Lokal ist, und acht Gästezimmer der anderen Art.

Einkaufskorb
Cidrerie du Vulcain
Jacques Perritaz
Impasse de la Tuilerie 5
1724 Le Mouret
079 663 42 45
www.cidrelevulcain.ch
Tipp: Neben den grandiosen Cidres produziert Jacques Perritaz aus der berühmten kleinen Botzi-Birne einen exzellenten «Cidre liquoreux», der zur (Geflügelfreunde bitte mal weglesen!) Gänseleber eine Offenbarung ist.

ÜBERLEBT!

Noch vor dreissig Jahren war Freiburg voll mit urigen, patinierten, kleinen Pinten, in denen man sich auf ein Glas oder zwei traf. Nur eine hat überlebt.

Tilleul, Freiburg

Landesweit drohen Eventlokale mit Krokodilragout und Springbockrücken, selbst die Jakobsmuschel hat die Quartierbeiz erreicht. Blasse Tomaten werden das ganze Jahr als Dekor missbraucht, Weihnachtserdbeeren kaschieren nur allzu oft einen faden Industrieschokoladenkuchen. Täuscher gibt es an allen Ecken und Enden, solche, die entweder mit Folklorebarock oder mit rauchigen Showelementen und vielen Türmchen auf den Tellern zu imponieren versuchen. Das Traurige am Ganzen ist, dass der Gast nur allzu oft auf ihre Lügenkonstrukte hereinfällt und dabei vergisst, dass hinter der Marzipanglasur kein Fundament steht. Diese Blender kommen und gehen, richten aber immensen Flurschaden an. Ganz anders die einfache Beiz, deren Reiz einem erst auf den zweiten oder dritten Blick bewusst wird oder eben gar nie. Das «Café du Tilleul» ist so eine Lebensoase, die im Zeitalter von Twitter und Facebook so quer in der Landschaft steht wie keine zweite. In ihr findet das Leben in all seinen Facetten statt. Schöne Momente wechseln sich mit traurigen, witzige lösen schräge ab. Tagediebe, Augenmenschen, Schwätzer, Zuhörer, Hobbypsychologen, Schöngeister, Zecher und Trinker, Uniformierte und Musiker treffen sich, tauschen sich aus, streiten, versöhnen sich oder lauschen der Musik von Patron Thierry Christinaz, der manchmal aufspielt.

Das Leben halt

Er und Josianne Brügger, die gute Seele des Hauses, bieten ihren Gästen eine sehr einfache Küche, deren «Pièces de Résistance» aus Raclette, Fondue und «Jambon de la borne» bestehen. Kutteln und Cordon bleu gehören genauso zum kulinarischen Programm, wie ein Pot-au-feu oder ein Poulet mit Frites. Was gewöhnungsbedürftig ist, sind die Glasteller, die so gar nicht zur Beiz passen, aber irgendwie dazugehören und nicht weiter stören. Die Beiz ist ein lebendiger Treffpunkt im Quartier, wo sich Jean-Pierre, Jean, Harry, Paul und Co. an den Weinen von «Bubu» laben, ein lokaler «Copain», der von seinem Rebberg im Wallis die Beiz mit Wein beliefert. Abends leuchtet über dem ersten Stock der Beiz, direkt auf dem Balkon, ein rotes Herz, was aber nicht für lokale Minnesänger, Casanovas und Cyranos, sondern mehr für auswärtige Berner gedacht ist. Übrigens: Die sympathischen Herzen im Parterre kommen ohne Leuchtreklame aus.

Café du Tilleul
Rue du Tilleul 5
1700 Freiburg
026 322 78 97
www.cafeletilleul.ch
Geöffnet: Dienstag bis Sonntag ab 11 Uhr
Geschlossen: Montag
In der Beiz und am Herd: Josianne Brügger, Thierry Christinaz
Küche und Keller: Jambon à la borne, Raclette, Fondue, Tripes, einfache, preisgünstige lokale Weine und einige Flaschen aus Frankreich, Italien und Spanien.
Gäste: Passionierte Beizengänger, Profi-, Hobby- und Lebenskünstler und solche die es gerne werden wollen.
Atmosphäre: Die ultimative Pinte Freiburgs.
Frischluft: Vor dem Café mit Seitenblick zur Kathedrale.
Nicht verpassen: Das Raclette.
Applaus: Für den Mut, solch ein Relikt mit Elan am Leben zu erhalten.

Na ja: Die grünen Glasteller sind so schlimm, dass sie schon wieder gut sind. Aber eben nur beinahe. Wie wäre es mit ganz einfachem Grossmutter-Geschirr aus dem Brockenhaus? Das würde weitaus besser passen.
Und da wäre noch: Ab und zu finden Hauskonzerte statt oder Patron Thierry tritt als DJ auf. Wie das tönen kann, ist auf seiner Website zu hören.

Stuhl und Bett
Heidi Meier
Römerswil 7
1717 St. Ursen
026 322 11 74
www.heidis-bed-and-breakfast.ch
Tipp: Die Engländerin Anne Ken meint zu dieser Adresse, dass es der schönste Ort sei, um in der Schweiz zu verweilen. Das ist doch eine Ansage, auch wenn sie mir leicht übertrieben scheint. Auf alle Fälle hat es seinen speziellen Reiz, im Garten oder vor dem offenen Kamin zu sitzen, dazu ein Stück Kuchen aus der Küche von Heidi Meier zu essen und die Zeit mit einem Buch zu verlesen. Wissen Sie was, Anne Ken hat irgendwie doch recht.

Einkaufskorb
Boucherie Nicolas Bertschy
Rue de la Neuveville 25
1700 Freiburg
026 322 12 86
Tipp: Fleischliebhaber pilgern in Freiburg zur Metzgerei von Nicolas Bertschy, die sich als eine einzige Schlaraffia entpuppt. Die Tagesform entscheidet über den Einkauf. Wer im Sommer kommt, nimmt von zuhause die Kühltruhe mit. Es lohnt sich!

DAS LEBEN IST UNGERECHT

Das wissen wir und ist nichts Neues. Vornehmlich für Frösche, die statt dem küssenden Prinzen dem klassisch-französisch kochenden Bratkünstler über den Weg hüpfen.

Endlose Weiden, grasende Kühe, vereinzelte Dörfer mit wundervollen alten, geschichtsträchtigen Häusern und bunten, lieblos dahingepflanzten Bungalows, die so überhaupt nicht in die Landschaft passen wollen. Erbaut von Architekten, die besser Goethes Farbenlehre studiert hätten oder Jahrmarktfahrer geworden wären. Dort ist es auch bunt, aber dort passt es. In dieser endlosen Weite, hier in der Mitte von nirgendwo und doch nur eine Autoviertelstunde von Yverdon-les-Bains entfernt, steht mitten in Bioley-Magnoux die «Petite Auberge». Ein altes Haus mit grunen Holzklappladen, die der zweite Blick als pulverbeschichtete Aluminiumläden entlarvt. Schade, aber nicht so störend wie der lieblose Steinboden in der Beiz. Da hat die Gemeinde als Besitzerin gepfuscht und auf die praktische Nutzung gesetzt, obwohl ein Holzboden genauso pflegeleicht gewesen wäre. Versöhnt wird das Auge durch die zum Teil schönen Holztische, die türkisfarben gestrichene halbhohe Holzverkleidung der Wände und die liebevoll eingedeckten Tische. Das Wichtigste aber, warum man sich hierher verirren soll, ist die geradlinige Küche von Jean-Marcel Riond.

Huhn und Frosch

Wer mit Appetit nach Bioley-Magnoux kommt, bestellt sich das Menü der «Petite Auberge», das sich an diesem Abend aus einer Hühnerleberterrine mit marinierten Eierschwämmen, einem knackig-frischen Endiviensalat mit hervorragendem Nussöl, einem «Coq rôti au four» und lokalem Käse zusammensetzt. Die Beiz ist brechend voll und mehr als sechzig Prozent der Gäste laben sich an – Amphibienfreunde bitte mal weglesen – «Cuisses de grenouilles à la provençale» und – jetzt wieder reinlesen – an «Le petit Coq rôti au four mit pommes alumettes». Die Karte ist übersichtlich, alles ist frisch, gut und mit Liebe zum Beruf zubereitet. Die Teller sind angenehm rund und weiss, die Aromen sind wohl dosiert, das Ganze stimmt. Für dieses Beizenglück sind seit über zehn Jahren Manue und Jean-Marcel Riond verantwortlich. Madame serviert, Monsieur kocht; er hat sein Handwerk unter anderem bei Giradet und Ravet gelernt, was so einiges erklärt. Die «Soupe de poisson de mer», die mit gerösteter Brot und einer «Rouille maison» aufgetischt wird, ist ein weiterer bemerkenswerter Klassiker dieser exzellenten Traditionsküche.

Dass die «Auberge» von morgens bis abends durchgehend geöffnet hat, ein lebendiger Treffpunkt für das Dorf ist, in dem diskutiert, getrunken und getafelt wird, macht die Gastgeber umso sympathischer. Auf der Weinkarte stehen vorwiegend Provenienzen aus der Waadt, viele davon sind lokal wie etwa der süffige Chasselas der Cave Bonvillars, der zum Freundschaftspreis von 12.50 Franken pro halben Liter ausgeschenkt wird. Kein Kopfwehwein, sondern ein süffiger, guter Gutedel. Chapeau und santé!

A La Petite Auberge
Place du Village 9
1407 Bioley-Magnoux
024 433 11 78
Geöffnet: Montag, Dienstag und Donnerstag bis Sonntag ab 8.30 Uhr
Geschlossen: Sonntag- und Dienstagabend, Mittwoch ganzer Tag

In der Beiz: Manue Riond
Am Herd: Jean-Marcel Riond
Küche und Keller: Im Mittelpunkt stehen das Coquelet und die Waadtländer Weine in all ihren Facetten.
Gäste: Einheimische, Bauern, Arbeiter, Banker, die Region und ab und zu ein verirrter Tourist.
Atmosphäre: Patiniert, mit einigen schönen Holztischen.
Frischluft: Auf der Terrasse direkt vor dem Haus.
Nicht verpassen: Das «Coquelet rôti au four» ist hier Programm, dazu eine Flasche Mondeuse, perfekt.
Applaus: Für die exzellent zubereiteten Klassiker.
Na ja: 1. Vielleicht lässt sich der Besitzer der Beiz (die Gemeinde) überzeugen, dass ein Holzboden das Tüpfchen auf dem i wäre. 2. Die Vorhänge an Fenstern und Balken müssen nicht sein.
Und da wäre noch: Jean-Marcel Riond hat bei grossen Namen der Szene gekocht, wie Girardet, Ravet und Co. Das sieht das Auge und spürt der Gaumen.

Stuhl und Bett
Du Théâtre
Avenue Haldimand 5
1400 Yverdon-les-Bains
024 424 60 00
www.hotelyverdon.ch
Tipp: Schade, dass eine Spur zu modern oder eben zu wenig modern renoviert wurde. Halogen ist vergänglich und austauschbar. Trotzdem ist das «Du Théâtre» eine feine, schöne Adresse zu Grossstadtpreisen.

Einkaufskorb
La Ferme
Produits du Nord-Vaudois
Plaine 15
1400 Yverdon-les-Bains
www.lafermeyverdon.ch
Tipp: Was für eine Schlaraffia voller regionaler Produkte. Unglaublich! Hingehen, staunen, einkaufen und noch mehr staunen über die Freundschaftspreise. Die Achillesverse ist die Brotauswahl. In Ordnung zwar, aber nicht so zwingend wie der Rest.

ZUM DURCHATMEN

Ein Tag Jura statt Europapark, ein herzlicher Gastgeber statt steife Oberlippe, eine urige Beiz statt Nippes und reine Natur statt künstliches Biotop.

Auberge La Petite Échelle, Rochejean (F)

Leben als Bergbauer, der auch schon mal sechzig Gäste bewirtet, von den Solarzellen, die er installiert hat, oder von früheren Zeiten. Es sind die kleinen Dinge, die diesen Ort einzigartig machen. Selbst ein Sommerregen oder ein Gewitter wird bei einer Flasche Poulsard zum Erlebnis. Und im Spätherbst die letzten Sonnenstrahlen im Gesicht zu spüren, bevor es am Abend zur Sache geht, gehört zu den kleinen Höhepunkten, weitab von Pomade und Promenade. Fazit: Jura beruhigt.

Die kleine Traumbeiz liegt nicht am Ende der Welt – aber fast. Eine kleine Strasse, die im Winter zur Langlaufloipe mutiert, führt zum Kleinod. Kühe, Felder, Wälder und Wiesen nehmen einen gefangen. Und ebenso die verträumte, urige «Auberge» mit ihrer mongolischen Jurte, in der es sich nach einem feuchtfröhlichen Abend archaisch schlafen lässt. Wer die Natur liebt, sie hautnah erleben will, wer sich an einfachen Gerichten erfreut und wer Laptop, Handy und Zeitnot zu Hause lassen kann, der möge weiterlesen. Alle anderen lassen es bleiben. Gegen den Alltagstrott hilft der Jura mit seiner grandiosen Natur: Mont d'Or, Dent de Vaulion, Vallée und Lac de Joux – alles ist da und wird doch so nebensächlich, ist man erst einmal bei Norbert Bournez angekommen. An kühlen Tagen knistert im Kaminofen das Feuer, im Sommer sitzen die Gäste an den langen Holztischen. Eine Trockenwurst zum Aperitif, gefolgt von kaltem, grob aufgeschnittem Beinschinken mit Rösti, etwas reifer Comté und zum Schluss ein Stück frischer Heidelbeerkuchen sind hier die wundervollen Zutaten für eine umgrünte Auszeit.

Im Sommer mit, im Winter ohne

Die «Auberge» ist von Frühling bis Herbst zu Fuss oder mit dem Auto, im Winter nur mit den Skiern oder Schneeschuhen zu erreichen. Es sei denn, der Winter ist so schlaff wie im letzten Jahr. Dann gehen auch normale Wanderschuhe. Apropos Winter: Früher ist in der Region das Thermometer bis auf minus 40 Grad gesunken. Noch vor dem Ersten Weltkrieg wurde das Eis des Lac de Joux in Blöcke geschnitten, in Kellern gelagert und bis nach Paris verkauft. Einst war die Gegend ein Armenhaus, im Winter völlig isoliert. Erst die Bahnlinie Vallorbe–Le Pont ermöglichte den sicheren Zugang. Die Menschen lebten von Holz- und Viehwirtschaft, von Heimarbeit, Schmuggel und der Destillation von Absinth. Vielleicht erzählt Norbert Bournez in einem ruhigen Moment – und solche gibt es hier viele – von seinem

LA PETITE ÉCHELLE
Alt. 1148 m.

Les Routes du Comté

étape

Circuit Alpage
Ferme de découverte

routard 2009   routard 201

Miel d'Acacia   Miel d'Acacia

fruits (sans g...)
Frêne, Érable

VENTE A EMPORTER
VIEUX COMTÉ
Saucisse sèche
EN APÉRITIF
Saucisse sèche
Entière

FESTIV'al

Auberge La Petite Échelle
F-25370 Rochejean
0033 (0)381 49 93 40
www.lapetiteechelle.com
Geöffnet: Das ganze Jahr. Besser immer vor einem Besuch anrufen.
Geschlossen: Spontan und bei schlechter Wetterlage.
In der Beiz und am Herd: Norbert Bournez
Küche und Keller: Fondue, Rösti mit Beinschinken, Früchtekuchen, dazu Weine aus dem französischen Jura.
Gäste: Auf- und Absteiger, Geländegänger, Wanderer, Botaniker, Bauern, Lebenskünstler, Langläufer, Schneemänner und Philosophen.
Atmosphäre: Ursprünglich, urgemütlich. Wer hier nicht verhockt, wird immer ruhelos sein.
Frischluft: Mitten in der Natur an Holztischen und Holzbänken.

Nicht verpassen: Ein Mittag in der Herbstsonne, dazu das eigenwillige lokale «Frênette» auf der Basis von Eschenblättern trinken.
Applaus: Für den ursprünglichen, naturbelassenen Ort.
Na ja: 1. Wer Design und Hochglanz-Lifestyle sucht, sucht hier vergebens.
2. Zart besaitete Beizengänger die vor einem Plumpsklo zurückschrecken, haben ein Problem, wenn sie dann mal müssen.
Und da wäre noch: Wer hierher kommt, nimmt Zeit mit und lässt sich treiben. Wohin, entscheidet der Moment.
Stuhl und Bett
Vor Ort in der mongolischen Jurte. Wem das zu rustikal ist, dem sei in Pontarlier eine spezielle Adresse empfohlen: Mehr Infos unter www.lamaison-da-cote.fr.
Tipp: Die sympathische Besitzerin der Unterkunft führt zusätzlich die gemütliche Beiz «Côté Pont» direkt am Doubs. Vielleicht für den Tag danach. Reservieren ist nötig: 0033 (0)381 46 59 53.

Einkaufskorb
Fromagerie du Mont d'Or
2, rue du Moulin
25370 Métabief
0033 (0)381 49 02 36
Geöffnet von 9 bis 12 und 15 bis 19 Uhr.
Am Sonntag von 9 bis 12 Uhr.
Tipp: Comté, Morbier und Mont'Or, den die Franzosen noch mit Rohmilch produzieren dürfen, im Gegensatz zu ihren Schweizer Nachbarn, die den Vacherin Mont d'Or per Gesetzesbeschluss thermisieren müssen.

Wer mehr Lust auf Jura hat, dem empfehle ich mein Buch «Französischer und Schweizer Jura», erschienen im Oase Verlag.
Mehr Infos unter www.oaseverlag.de

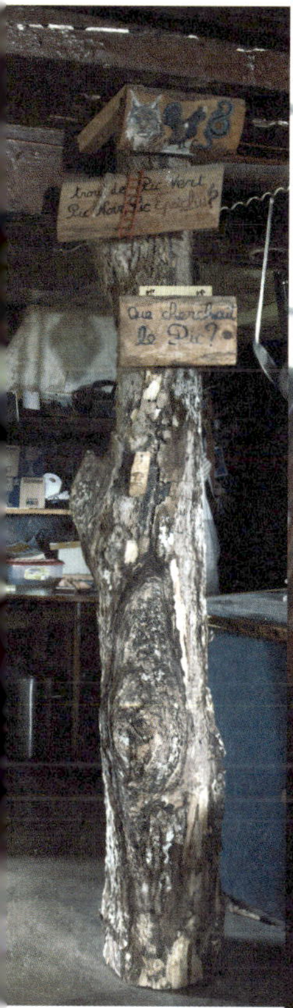
Que cherchait le Pic?

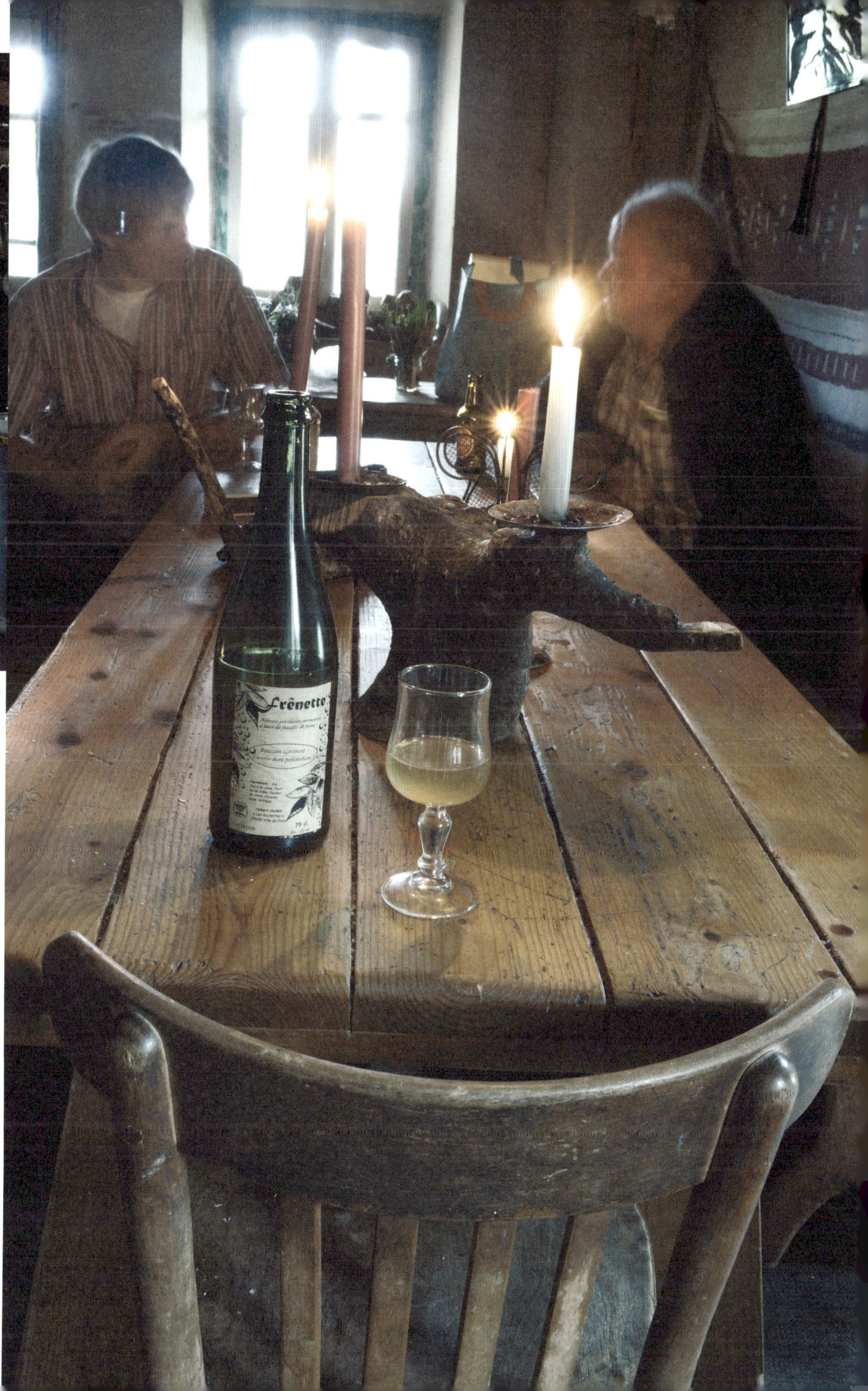
Frênette

83

EINE RUNDE PILGERN

Zumindest in der Geschichte pilgern, sie spüren und sehen. An einem nebligen Sonntag im Priorenhaus mit klassischer Musik im Ohr und Kaninchenterrine im Mund.

Wer das erste Mal nach Romainmôtier reist, kommt aus dem Staunen nicht mehr heraus. Er wird fasziniert sein von der Aura dieses beeindruckenden Juradorfes und sich bei einem Rundgang in und um seine bedeutende romanische Kirche sattsehen. Sie wurde zwischen 990 und 1028 von Mönchen aus dem burgundischen Cluny aus den Ruinen des Klosters aus dem 5. und 7. Jahrhundert aufgebaut. Der zweistöckige Narthex stammt aus dem 12. Jahrhundert, die wunderschönen gotischen Säulen, Fresken und Wandmalereien aus dem 14. Jahrhundert. Hier ein Konzert erleben zu dürfen, ist Balsam für die Seele. Gegenüber der Kirche, im Dîme-Haus, befindet sich die Orgel des berühmten französischen Komponisten Jehan Alain. Seine Werke gehören zu den meistgespielten Orgelstücken weltweit. Über den Innenhof des ehemaligen Klosters gelangt man zum Haus des Priors, des einstigen Klostervorstehers, das zur Blüte der Pilgerzeit erbaut wurde.

Das Priorenhaus, ein Lebenswerk

Das Priorenhaus ist ein beeindruckender baulicher Zeitzeuge aus dem 12. Jahrhundert. Dies ist vor allem der mittlerweile verstorbenen Katharina von Arx zu verdanken, die an diesem Haus stets festgehalten hat, obwohl sie ihr Lebenswerk mehrmals an den Rand des Ruins getrieben hat. Heute ist «La Maison du Prieur» ein lebendiges Kulturgut. Seit über einem Jahrzehnt ist der Gastronom Ueli Indermühle für die kulinarischen und kulturellen Belange des Hauses verantwortlich. Seine Küche ist grandios, ihr gelingt der Spagat zwischen Haute und bourgeoiser Cuisine mühelos, je nach Vorliebe der Gesellschaft. An diversen Sonntagen finden im grossen Saal vor dem mächtigen offenen und erfreulich oft genutzten Kamin öffentliche Konzerte und Schauspiele statt. Mit vielen kleinen kalten und warmen Leckereien aus der Küche von Ueli Indermühle. Dazu hervorragende Weine aus der Region, kredenzt von zuvorkommendem Personal. Wer fürs Erste einmal unter der Woche etwas Priorenluft schnuppern will, der findet im Parterre eine Teestube in einem getäfelten Salon, wo bei klassischer Musik und Räucherstäbchenduft Tee und Kleinigkeiten wie Pastete oder Zitronenkuchen von feenhaft gewandten Damen serviert werden, die einen auch gerne zum sakralen Teil des Priorenhauses führen. Fazit: Ein aussergewöhnlicher Ort mit Eigenheiten.

La Maison du Prieur
Cour du cloître
1323 Romainmôtier
022 366 01 53
www.eventsetsaveurs.ch

Geöffnet: Zu musikalischen und kulinarischen Sonntagsveranstaltungen, zu verschiedenen Soirées wie «Meurtres et Mystères» und «Médiévales». Aktuelle Infos auf der Website.
Im Priorenhaus und am Herd: Ueli Indermühle
Küche und Keller: Je nach Thema der offiziellen Anlässe. Bei privaten Gesellschaften je nach Wunsch, zum Beispiel Foie gras, pochierter Hecht, Morchelragout, Felchenfilets aus dem Genfersee, Kapaun, ein Ochs am Spiess und andere schöne Dinge.
Gäste: Historiker, Puristen, Musiker, Maler, Sonntagsgänger, Mystiker, Zauberer und Feen.
Atmosphäre: Historisch, sakral.
Nicht verpassen: Der öffentliche Sonntag im Advent und ein Konzert in der Abteikirche.
Applaus: Kultur und Genuss unter einem Dach.
Na ja: Leider hat die schönste Unterkunft von Romainmôtier, das Hotel «Au Lieutenant Baillival», seit Januar 2012 für Einzelgäste geschlossen. Das dazugehörende Nebenhaus «Junot» ist für Gesellschaften als Ganzes relativ preiswert zu mieten. www.baillival.ch

Und da wäre noch: 1. La Maison du Prieur ist eine Zeitreise: Die Aura, der Raum, die überall spürbare Historie, der wuchtige Kamin, das Dorf. Hier lässt es sich für Romantiker und Hobbyhistoriker stilvoll feiern.
2. Der Caterer und Traiteur Ueli Indermühle ist Spezialist für gehobene Küche in historischen Gemäuern im Kanton Waadt.
Events et Saveurs
Route d'Arzier 12
1273 Le Muids
www.eventsetsaveurs.ch

Einkaufskorb
Fleur de Farine
Rue du Bourg
1323 Romainmôtier
024 453 16 06
www.fleurdefarine.ch
Tipp: Hervorragendes Brot und diverse regionale Spezialitäten. Die Bäckerei vermietet auch ein kleines, sehr einfach eingerichtetes Studio mit offenem Kamin und kleinem wildem Garten mit Traumblick auf die Abteikirche.

Stuhl und Bett
L'Auberge
Rue de l'Hôtel-de-Ville
1446 Baulmes
024 459 11 18
www.lauberge.ch
Tipp: Auf Nebenstrassen eine halbe Autostunde von Romainmôtier entfernt. Modern und mit Geschmack renovierte Auberge mit subtil feiner Küche und eigenwillig eingerichteten vier Gästezimmern. Ich empfehle das Zimmer «Cosmos».

Chalet des Croisettes, L'Abbaye

IM FRÜHTAU ZU BERGE

Völlig abgelegen, ohne grosse Aussicht, dafür mit Tannenbäumen und saftigen Wiesen, so weit das Auge reicht, am Ende einer windigen Strasse, steht die unscheinbare «Ferme Les Croisettes». Muss man dorthin? Man muss!

Raus in die Natur, sich am Stamm eines Baums anlehnen, die erste Flasche köpfen, mit dem Partner, der Partnerin philosophieren, gemeinsam lachen, sich am Wasser nicht über das Badeverbot ärgern, sondern den Glockenfröschen zuhören, welche die älteren Rechte haben – bis der Fischreiher kommt. Im «Chalet Les Croisettes» bei einer zweiten Flasche verhocken, ohne zu grübeln, geht aber auch. An einem Sonntag beobachtete ich in Le Pont beim Frühschoppen nicht Frösche, sondern Sommerfrischler, die sich anschickten, den Lac de Joux zu erobern. Nach einer Stunde kam ich zum Schluss, dass Nebeltage im November auch ihren Reiz haben. Begegnet sind mir vier lustlose Motorradfahrer in schwarzem Outfit und mit schwarz gefärbten Haaren, eine Gruppe reifer Herren in Heilandsandalen, farbigen Kurzarmhemden und verblassten kurzen Hosen. Hinzu kam eine Familie in der Reihenfolge: Vater, Lücke, Mutter, Lücke, Lücke, Lücke, Siruptrinker, Siruptrinker. Auf dem Boulevard kam es zum Zusammenschluss. Die Eltern diskutierten, wo nun was essen, die zwei Siruptrinker murmelten etwas von einem beschissenen Sonntagsausflug. Als friedlicher Gegenpol diskutierten drei Juragänger über ihren Ausflug auf den Mont d'Or, über die bevorstehende Einkehr und über Enzian und Absinth. Den Höhepunkt bildete eine Horde Kampfausflügler, die in Zweierkolonne (ich schwöre) um die Ecke bogen und zu allem bereit schienen, nur nicht für eine Pause in der Beiz. Der Anführer, jedenfalls führte er sich so auf, ausgerüstet mit Wanderkarte, Trillerpfeife (!) und Kompass, lief an mir vorbei, seinen Arm gegen Westen streckend. Das gab mir den Rest, und ich flüchtete in die Berge zur «Buvette d'Alpage».

Archaisch, wild

Archaisch, wild, grob, deftig und schön ist es hier. Das Fondue dampft, das Raclette läuft, die Früchtetarte verlässt mit knusprigem Rand den Holzofen, ich sitze in der Mitte des Hauses und lass es mir gut gehen. Menschen beobachten verursacht Appetit. Eigenartig. Keinem der Spätsommerfrischler kam es in den Sinn, sein Programm zugunsten eines spontanen Zwischenhalts zu unterbrechen, was ich natürlich respektiere, aber nie verstehen werde. Hier, im «Les Croisettes» besteht Sitzbleibgefahr, verursacht durch einfache Spezialitäten

in Spitzenqualität. Kompliment an Roseline und Louis-François Berney für ihre Oase für beschauliche Momente ohne Kompass und Trillerpfeife.

Chalet des Croisettes
1344 L'Abbaye
021 841 16 68 in der Saison,
ausserhalb 021 845 46 02
www.lescroisettes.ch
Geöffnet: Mittwoch bis Sonntagabend von Mitte Mai bis Mitte Oktober
Geschlossen: Montag, Dienstag und von November bis April
In der Beiz und am Herd: Roseline und Louis-François Berney
Küche und Keller: Alles, was auf den Tisch kommt, wird frisch und vor Ort zubereitet. Regionale Produkte, so weit das Auge reicht, das Ganze ungekünstelt angerichtet.
Gäste: Kanadier (die gibt es hier aus der Region Québec tatsächlich), Einheimische, einige scheue Deutschschweizer, Botaniker und passionierte Juragänger.
Atmosphäre: Archaisch, wild, einfach, aber nicht ohne Charme.
Frischluft: Vor dem Haus in freier Natur mit viel Holz, farbigen Sonnenschirmen und neu mit einer Kinderschaukel.
Nicht verpassen: Die wundervollen Highland Cattle auf dem Weg zum Chalet.
Applaus: Für die unverkrampfte Gastfreundschaft, für das Raclette und die herausragende Aprikosentarte.
Na ja: Vielleicht dürfte die Beschilderung des Wegs etwas diskreter sein (siehe unten).
Und da wäre noch: Beim Col du Mollendruz, bevor es an den Lac de Joux nach Le Pont hinuntergeht, fährt man auf dem Seitenweg der sichtbar ausgeschilderten Route nach. Keine Angst, das Ganze ist alles andere als eine ausgeschilderte Touristenfalle.

Stuhl und Bett
H2ôtes
Sandrine Weber und Fabien Chappuis
Route de Moiry 6
1148 Cuarnens
079 434 70 46
www.h2otes.ch

Tipp: Rustikale Übernachtung mit Charme, direkt an der rauschenden Venoge gelegen. Es warten zwei Gästezimmer, einfach, liebevoll eingerichtet, vor dem Haus am Fluss ist ein Jacuzzi installiert. Eine sympathisch unkonventionelle Adresse.

Einkaufskorb
Cavé du Pelerin
Jean-Michel Rochat
Rue du Mont-d'Or 17
Les Charbonnières
021 841 10 14
www.vacherin-le-pelerin.ch
Tipp: Altmeister Jean-Michel Rochat ist für mich der Affineur der Region. Sein Keller ist nicht nur stimmungsvoll, sondern in ihm schlummern auch diverse fantastische Käse, die er mit Sachverstand und Liebe hegt und pflegt. Von September bis März ist sein Laden täglich geöffnet, in dem man sich nebst Käse mit Weinen und anderen Spezialitäten eindecken kann. Zum Haus gehört ein kleines Museum, das die Geschichte rund um den Vacherin Mont d'Or dokumentiert.

TISCHGESPRÄCH

Marianne Lehmann und Verena Eichelberger haben nur selten Zeit für ein Tischgespräch. Ihr Café du Centre brummt. Kein Wunder bei einer Beiz, die sich selbst treu bleibt, nicht abhebt und täglich gut kocht.

Verena Eichelberger ist kein Mensch vieler Worte. Lieber kocht sie. Für die Gespräche und die Bestellungen ihrer Gäste ist Madame Lehmann zuständig, die resolut-herzlich das Kommando im Café du Centre in Pully führt und dynamisch, freundlich auftischt. Nahe bei Lausanne und doch wohltuend in der Provinz, zieht das Café eine grosse Stammkundschaft an. Nur selten verirrt sich ein Fremder in diese wundervoll patinierte Beiz, in der man den Chasselas im Eindeziliterglas trinkt, was das Augenmass der getrunkenen Menge für jeden neu hinzukommenden Tischnachbarn schwieriger macht. Am Mittag überbordet das Café, alle Plätze sind belegt, die Gäste kommen und gehen. Manche mit viel, andere mit wenig Zeit, Marianne Lehmann hat sie alle im Griff. Man kennt sich und weiss, wie der Gast tickt, was er trinkt und isst. So einfach geht das hier. Das Café du Centre ist eine klassische in sich ruhende Beiz mitten in Pully.

Eine chichi-freie Zone

Die «Pinte» existiert seit 1869 und sieht auch so aus, sieht man einmal von dem grünen Plastikgartenmobiliar ab. Sie hat alle Trends schadlos überstanden und zeigt sich heute patiniert wie eh und je. Fast verkörpert das Café ein Stück heile Welt, in der die einfache, gute und grundehrliche Küche zelebriert wird: Ein taufrischer Salat mit pochiertem Ei und gebratener Hühnerleber, danach ein gut abgehangenes Entrecôte de Bœuf, 220 Gramm schwer, mit frischen Frites, das Ganze zum Freundschaftspreis, so lautet die Ansage. Was natürlich nicht fehlen darf, sind die exzellenten Waadtländer Würste, in der Saison die Saucisse aux choux und die Saucisse au foie, die sich bei Verena Eichelberger auf ihrer

Höhe präsentieren. Wer nur etwas zum «Picken» will, bekommt eine grosszügig bemessene «Planchette valaisanne» aufgetischt, mit bestem Trockenfleisch, Rohschinken, Salami, Käse und Garnitur. Nicht zu vergessen das gute Weissbrot, von dem man immer zu viel isst. Im Café du Centre fühlen sich all jene wohl, denen eine stimmungsvolle Einkehr wichtiger ist als eine dick aufgetragene Chichi-Palette von Schäumchen und Häubchen. Das ländlich-städtisch-regionale Stammpublikum ist um diese Beiz zu beneiden, erst recht, wer gleich in Pully wohnt. Ich würde wohl täglich hingehen.

Café du Centre
Rue du Centre 16
1009 Pully
021 729 02 11
Geöffnet: Montag bis Freitag ab 9 Uhr
Geschlossen: Samstag und Sonntag
In der Beiz: Marianne Lehmann
Am Herd: Verena Eichelberger

Küche und Keller: Waadtländer Gerichte wie Papet vaudois und andere einfache Köstlichkeiten. Aus dem Keller kommen vorwiegend regionale Weine aus dem Lavaux.
Gäste: Beizenhocker, Stammgäste, Pensionäre, Einheimische, Lausanner.
Atmosphäre: Patiniert, ursprünglich.
Frischluft: Vor der «Pinte» mit Blick auf das Dorfgeschehen.
Nicht verpassen: Die Morgenstunden, wenn die Beiz nur schwach besetzt ist, und zusehen, wie sich die Stammgäste langsam zum Aperitif einfinden und aus der Küche wunderbare Düfte die Gaststube einhüllen.
Applaus: Für eine aufrichtige Gastlichkeit und eine grundehrliche gute Küche.
Na ja: Ich will doch keinen Krach mit Madame Lehmann ... Nein, das will ich nicht.
Und da wäre noch: 1. Gilbert Salem und Dominique Gilliard haben 2005 das wundervolle Buch «Pintes vaudoises» herausgegeben. Was in den vergangenen Jahren an Beizenkultur verloren gegangen ist, stimmt nachdenklich. Das Buch lohnt sich trotzdem. Mehr Informationen unter www.enbas.ch.
2. Der Schweizer Heimatschutz hat das Café du Centre entdeckt und stellt es in seinem neu erschienenen Guide «Die schönsten Cafés und Tea Rooms der Schweiz» vor: www.heimatschutz.ch.

Stuhl und Bett
Le Bourg 7
Rue du Bourg 7
1095 Lutry
021 796 37 77
Tipp: Wundervolles Kleinod zu sattem Preis, mitten in Lutry. Ob Doppelzimmer oder Loft, ob Frühstück oder Lounge, alles stimmt. Hinzu kommt die hauseigene Weinbar mit Jazz nach Feierabend. Eine reizvolle Adresse in unmittelbarer Nähe der Seepromenade.

Einkaufskorb
La Boucherie du Gymnase
Olivier Gilliand
Chemin de Somais 2
1009 Pully
021 728 95 41
www.boucherie-du-gymnase.ch
Tipp: Maître Boucher-Charcutier klingt schon einmal besser als Metzgermeister. Und die Metzgerei in Pully ist tatsächlich auch eine Fleischoase mit Delikatessen von fein bis grob, je nach Vorliebe und Appetit. Nicht entgehen lassen sollte sich der Genussmensch die Saucisse aux choux, die hier ihre Perfektion erreicht. Von der Boutefas ganz zu schweigen, aber auch die im Hause produzierten Charcuterie-Spezialitäten haben es in sich.

GEHT DOCH!

Armes Frankreich, wenn ihm so gute Gastgeber abhanden kommen wie Monsieur Olivier, der in Perroy von Tisch zu Tisch wirbelt und seine Gäste glücklich macht. Von solch einer Dorfbeiz kann der Nachbar, die Grande Nation, nur träumen.

Auberge de la Passade, Perroy

Die kulinarische heile Welt ist in Frankreich mehr Mythos als real, gerade in der einfachen Pinte oder in der bürgerlichen Mittelklasse gehen die Lichter aus. Staatliche Reglementierungen, hohe Steuern und Personalkosten machen ihnen zu schaffen. Grosse Flaggschiffe vermögen das besser abzufedern, zumal es immer noch genug finanzkräftige Sternejäger auf der Genusspiste hat. Aber auf dem Land, im Dorf, in der Kleinstadt muss sich der Reisende oft in Selbsthilfe üben und den Picknickkorb packen, will er nicht Hunger und Durst leiden. Nur selten hat er das unverschämte Glück und findet noch eine der klassischen Beizen, die zum ordentlichen «Plat du jour» und zur gefüllten Karraffe «Vin du patron» animieren. Glückliche Waadt, in der sich noch diverse «Pintes» finden, die zum Verweilen verführen und zur kurzweiligen Tafelrunde einladen, obwohl auch hier zahlreiche grandiose Einkehren von der Bildfläche verschwunden sind, wie etwa das unvergessene «Café National» in Suchy von Madame Mimi Buchs.

Ein Hoch auf Le Bourgeois

Olivier Dalmier stammt aus der Region Toulouse, die berühmt für ihre nahrhafte Küche ist und sich mit der nicht minder üppigen Waadtländer Traditionsküche problemlos vereint. In fünf Jahren hat er sich als beliebter Nachfolger des legendären Nicolas Sautebin in der «Auberge de la Passade» in Perroy etabliert. Zum Essen: Wer sich mit Appetit niederlässt, lässt sich auf das Menü ein, alle anderen wählen vorsichtiger und weniger. Vielleicht fangfrische Egli- oder Felchenfilets, zuvor etwas Rohschinken mit Blattsalat und danach eine Tartelette au citron, selbst gemacht, versteht sich. Auch das Rindsfilet an einer aromatischen Pinot-noir-Sauce ist einen Versuch wert, ich halte mich eher an die deftigere Abteilung des Hauses und wähle in der Saison Saucisse aux choux, Zunge an Kapernsauce oder setze mich mit einem wundervollen Beinschinken auseinander. Fazit: Stubenstimmung, Leben und gutes Essen, warum nicht überall so. Ein Hoch auf die «Pintes vaudoises».

Auberge de la Passade
Grand-Rue
1166 Perroy
021 825 16 91
Geöffnet: Mittwoch bis Sonntag täglich ab 10 Uhr
Geschlossen: Montag und Dienstag
Am Herd: Alain Torrens
In der Beiz: Geraldine Bittel und Olivier Dalmier

Küche und Keller: Bourgeoise Küche, gepaart mit heimischen Spezialitäten und diversen lokalen Waadtländer Provenienzen sowie solchen aus Genf und dem Wallis.
Gäste: Das Dorf, Bauern, Lebenskünstler, Winzer, Käser, Familien.
Atmosphäre: Angenehm, ursprünglich.
Frischluft: Nein.
Nicht verpassen: Die lebhafte Beiz, «complet» mit Einheimischen und der gute Mittagstisch. Applaus: Für das butterzarte Confit de canard.
Na ja: Wer den Kontakt mit den Einheimischen scheut, bleibt besser draussen.
Und da wäre noch: «La Passade» ist eine typische Winterbeiz. An kalten Tagen trumpft die Küche gross auf, leichte, luftige Sommergerichte sind nicht ihr Ding.

Stuhl und Bett
La Petite Cabane
Annette und Felix Mann
Rue du Village 29
1127 Clarmont
021 800 31 41
www.lapetitecabane.ch
Tipp: Das Richtige für zwei Romantiker oder frisch Verliebte. Mit Aussicht auf Dorf, Alpen und See. Eine Kochgelegenheit gibt es auch. Der richtige Ort, um ein paar Tage zu vertrödeln und die Gegend zu erkunden.

Einkaufskorb
Domaine Henri Cruchon
Henri Cruchon
Route du Village 32
1112 Echichens
021 801 17 92
www.henricruchon.com
Tipp: Henri Cruchon ist nicht nur ein sympathischer Zeitgenosse, er pflanzt wie kein anderer Waadtländer Winzer verschiedene Traubensorten an. Das macht ihn und seine Weine auch so spannend. Wer Henri Cruchon also besuchen will (auf telefonische Voranmeldung), nimmt Zeit und Interesse auf Neues mit.

Man tritt ein und freut sich über die über Jahre gereifte Mischung aus Café, Bistro und Restaurant. Gedämpftes Licht, behagliche Stimmung, freundliche Bedienung und der Adlerblick von Madame.

«UN RESTAURANT SYMPA»

Café du Raisin, Begnins

Marie-José Defferrard wacht resolut und bestimmt über ihr Café Raisin, das täglich brummt und stets «complet» ist. Hier trifft sich die Schickeria, hier treffen sich die Namen von Nyon, und hier trifft sich die Dorfbevölkerung von Begnins. Alles vermischt sich zu einer spannenden Konstellation von Blaunasen, Handwerkern, Prominenz und Bourgeoisie. Alle plaudern miteinander, als ob sie sich schon seit Jahren kennen würden. Es ist ein gewöhnlicher Mittwoch, und das Café ist bis auf den letzten Platz besetzt. Die Gäste tafeln im Wintergarten, im kleinen Saal, auf der Empore und mitten in der Stube. Zwar ist das verwinkelte Haus nicht ein Ausbund an Schönheit, aber man fühlt sich automatisch wohl in dieser lockeren Atmosphäre, in der Küche und Keller im Mittelpunkt stehen. An den Tischen werden Stücke von Foie gras weggeputzt, Hausterrinen und Schnecken aufgetragen, Fischsuppen geschöpft, auf grossen Silberplatten wird einer der Hausklassiker serviert, fangfrische Felchen vom Genfersee mit «Frites faites maison», in der Küche wird zartes Fleisch geschmort, gebraten und pochiert, während das quirlige Personal die verlockenden Desserts an die Tische befördert.

«Chez Marie-Jo»

Die Korken der Weinflaschen ploppen, der Champagner schäumt, Gläser treffen klirrend aufeinander, Toasts werden in Französisch und Englisch ausgesprochen, was nicht weiter erstaunt – Nyon und die Uefa sind nah. Trotz diverser Fussballgrössen, die im «Raisin» neben Persönlichkeiten aus Wirtschaft, Politik und Showbusiness verkehren, sind die Preise für das Gebotene fair und normal. Und keiner der Servicemitarbeiterinnen käme es in den Sinn, mit steifer Oberlippe das Menü vorzulesen, sondern sie empfehlen und erklären mit Charme und Kompetenz, wenn es nicht gerade Madame selbst ist, die da spricht. Das Café du Raisin ist eine inspirierende, quicklebendige und lebensfrohe Adresse, die problemlos ohne Punkte von Gault Millau auskommt, nicht aber ohne Madame Marie-José Defferrard, der Dreh- und Angelpunkt des Hauses. Ihr zu Beginn sehr diskreter Charme wird im Verlaufe des Abends milder, was vielleicht auch mit der Konsumation einer zweiten Flasche zu tun hat. Wer weiss?

Café du Raisin
Grand Rue 26
1268 Begnins
022 366 16 18
www.cafeduraisin.com
Geöffnet: Mittwoch bis Sonntag ab 8.30 Uhr
Geschlossen: Montag, Dienstag
In der Beiz: Marie-José Defferrard
Am Herd: Yannick Cuhendet
Küche und Keller: Beste Traditionsküche mit verfeinerten Waadtländer Spezialitäten und französischen Klassikern.
Gäste: Politiker, Reiche und Neureiche, Bürger, Arbeiter, Bauern, Banker, grosse Namen, Fussballer, Musiker und Lebenskünstler.
Atmosphäre: Stimmungsvoll.
Frischluft: Angenehme Terrasse.
Nicht verpassen: Etwas Platz für eines der delikaten saisonalen Desserts muss schon noch sein.
Applaus: Für die fangfrischen Felchen vom Genfersee und die von Hand frisch zubereiteten Frites.
Na ja: Der Stilcocktail der Einrichtung.
Und da wäre noch: Seit einem Vierteljahrundert eine zuverlässige Adresse. Kompliment!

Stuhl und Bett
La Cour Pavée
Catherine Indermühle
Chemin du Village-Suisse 15
1272 Genolier
079 660 29 98
www.lacourpavee.ch
Tipp: Mit reichlich Geld umgebautes und professionell, stilvoll eingerichtetes ehemaliges Bauernhaus. Die Betreuung schwankt zwischen routiniert und herzlich, die Auswahl der Konfitüren beeindruckt.

Einkaufskorb
Chocolatier Tristan
Tristan Carbonatto
1172 Bougy-Villars
021 807 21 25
www.chocolatier-tristan.ch
Tipp: Einer der Besten seiner Zunft. Für Schleckmäuler besteht Besuchspflicht.

BEI MADAME

Marie-Josèphe Raboud erinnert an Bianca Castafiore, die berühmte Operndiva aus den Comic-Abenteuern von Tim und Struppi. Nur dass Madame nicht singt, sondern eine einfache Landküche mit den besten Ingredienzien der Region zelebriert. Ein Schauspiel für spezielle Momente.

Rund zehntausend Restaurants zu viel gibt es in der Schweiz. Locker. Eine Nation jammert landauf, landab und flüchtet zu den Nachbarn. Kein Wunder, bei dem Eurokurs. Die Qualität sei in Helvetien schlecht, die Preise zu hoch, das Personal schlecht gelaunt. Nun, jeder Gast will heute kulinarischer Experte sein, mit einem Wissen, das er sich oft vor dem Fernseher, mit Tiefkühlpizza, Schlemmerfilet, Bier aus der Dose und Wein aus dem Tetrapack aneignet. Klischee? Kann sein, aber wie auch immer … es rumort im Gastgewerbe, das Image leidet, auch wegen Köchen, die billig einkaufen und teuer verkaufen, tarnen und täuschen. Andere vergessen, dass Kräuter rezept- und kostenfrei sind und der Gast nicht beim Naturheilpraktiker oder Apotheker sitzt, sondern beim Koch isst, wobei der Gast erst noch freie Wahl hat und die Klasse wählen kann. Es gibt mehr als genug Könner unter den Profis, die Achtung verdienen, was dieses Buch zur Genüge darlegt. Die Gastronomie ist ein hartes Geschäft, und der heutige Gast eine tägliche Herausforderung.

Das beste Huhn

Jeder passionierte Beizengänger weiss, dass eine Beiz kein Basar ist, und zwar preiswert, aber nie billig sein kann. Das wissen auch alle Stammgäste, die bei Marie-Josèphe Raboud einkehren. Sie kocht, wie die Lieblingsoma zu Hause, nur eine Prise besser, mit regionalen Produkten, Butter, Öl und noch mehr Geschmack. Ihr zartes, saftiges Huhn mit goldbrauner Kruste zu sattem Preis ist legendär, genauso wie ihr delikater Zwetschgenkuchen, dessen Rezept sie charmant dem Westschweizer Fernsehen verraten hat. Auch ist sie eine der «Ambassadeurs du Terroir genevois», die mit ihrer Überzeugung und Arbeit für die regionalen Genfer Produkte einstehen – was Madame allerdings nicht davon abhält, zwischendurch ins Mediterrane abzuschweifen und das eine oder andere Rezept des französischen Nachbarn zu verwenden. Wo kämen wir sonst denn auch hin, in einer Region, in der die Grenze schon einmal durch den Gemüsegarten gehen kann. Wohlan! Auf nach Gy ins Hinterland, das so nichts mit der pulsierenden Weltstadt Genf zu tun hat.

Auberge de Gy, Gy 341

Auberge de Gy
Route de Gy 134
1251 Gy
022 759 21 22
Geöffnet: Donnerstag bis Montag jeweils mittags und abends
Geschlossen: Dienstag und Mittwoch
In der Beiz und am Herd: Marie-Josèphe Raboud
Küche und Keller: Hasenterrine, Ratatouille, Kaninchen, Huhn, Weine vom Nachbarn aus Savoyen, diverse exzellente Genfer Weine.
Gäste: Der französische Nachbar, der besser essen will als zuhause, Touristen, Weingänger, Stadtgenfer, Puristen und ab und zu der eine oder andere VIP.
Atmosphäre: Patiniert, klein, 35 Plätze inmitten von Kunst und Plunder.
Frischluft: Kleine Gartenterrasse, in der ich mir Blechtische und Holzstühle wünsche. Es würde so gut passen.
Nicht verpassen: Das zarte, knusprige Huhn.
Applaus: Für die Einfraushow.
Na ja: Manchmal hat der Service so seine Launen.
Und da wäre noch: Es kommt auf den Tisch, was Madame kocht.

Stuhl und Bett
Maison Le-Fort
Anne-Laurence de Blonay
Chemin Le-Fort 1
1223 Cologny
Tipp: Herrschaftlich das Haus, graziös die Gastgeberin, patiniert die Zimmer, von denen die im ersten Stock zu empfehlen sind, zwei davon sind Suiten. Der Park besticht mit altem Baumbestand. Das Ganze eignet sich für Bohemiens oder solche, die es werden wollen.

Einkaufskorb
Jacques et Christophe Dupraz
Chemin des curiades
1233 Lully-Genève
022 757 28 15
www.curiades.ch
Montag, Dienstag, Donnerstag und Freitag 9 bis 11 Uhr und 16.30 bis 18.30 geöffnet.
Tipp: Nicht nur über 400 französische Winzer sind mittlerweile Verfechter von «Vin naturel» (siehe auch www.vinsnaturels.fr), sondern auch die Genfer Familie Dupraz folgt mit ihrem Chardonnay und Sauvignon sowie gleich mit vier Rotweinen dieser sympathischen Philosophie.

BOURG OHNE STRESS

Der Nachbar ist die Familie von Alt Bundesrat Couchepin, das «Trois Couronnes» selbst stammt aus dem 17. Jahrhundert und wurde leider einmal zu viel renoviert.
Macht nichts. Hier geht es nicht mehr um Architektur und Geschichte, sondern um das, was auf den Teller kommt.

Der Koch Jean-François Avenel stammt aus der Normandie, der Patron Angelo Dell'Essa aus dem Friaul, gefunden haben sie sich im Wallis, zusammengespannt im «Trois Couronnes» in Martigny Le Bourg. Ihre Küche ist das Ergebnis einer vorzüglichen kulinarischen Verbindung zweier Länder. Leider ist die innenarchitektonische Hand des Patrons nicht ebenso talentiert. Bei der Renovation ist sein italienischer Geschmack mit ihm durchgegangen, wobei es schlimmer hätte kommen können. Schade, aber egal, denn was im «Trois Couronnes» zählt, sind die Tafelfreuden. Die Karte ist auf die Jahreszeit ausgerichtet – bei meinem Besuch hielt der Frühling Einzug: Die Kalbsmilken werden mit Zitrone und Honig mariniert, kurz angebraten und mit einem Zwiebelconfit serviert, die pochierte Kalbsleber mit einer Feigenvinaigrette beträufelt, die Ravioli sind mit Burrata und Sauerampfer gefüllt und liegen in einer Emulsion von Frühlingskräutern, das Lammgigot schmort in Lavendel und Knoblauch, Erdbeeren und Rhabarber bilden in drei Variationen den Schlusspunkt. Die Weinkarte bleibt im Wallis und ist mit zahlreichen Provenienzen vertreten.

Dame mit Hut

In der Beiz herrscht eine familiäre Stimmung, am Mittag brummt der Laden, der «Plat du jour» ist sehr beliebt. Am Abend verhält sich der Patron so, wie sich ein italienischer Patron zuhause oder in der Fremde verhält: Er überwacht, grüsst und greift dort ein, wo er will oder seiner Ansicht nach muss. Er geht von Tisch zu Tisch, freundlich lächelnd, beratend oder nur auf ein Wort. In der Beiz und im Saal harmonieren an den Tischen das Kommunikative und das Kulinarische, die Gäste bilden ein bunt gemischtes Sammelsurium an Alter, Stand und Geschlecht. Unvergessen sind die vier älteren Damen am Tisch, die sich mit viel Hut und noch mehr Schmuck, Witz und Charme an «Fricassé de grenouilles aux herbes» labten und dazu zwei Flaschen Petite Arvine von Lokalmatador Gérald Besse leerten. Fellini hätte es nicht besser inszenieren können. Was mich überrascht und nicht so recht zum Patron passen will, ist die Herkunft von Pferd, Poulet und Egli: Kanada, Ungarn und Lettland müssen nicht sein, schon gar nicht im Wallis. Regionale Anbieter hat es zu Genüge. Auch für den Fisch. Fazit: «Les Trois Couronnes» ist eine putzmuntere Quartierbeiz, in einer interessanten Kleinstadt.

Les Trois Couronnes
Place du Bourg 8
1920 Martigny-Bourg
027 723 21 14
www.les3couronnes.ch
Geöffnet: Dienstag bis Samstag täglich ab 9 Uhr
Geschlossen: Sonntag, Montag
In der Beiz: Angelo Dell'Essa und Missilia Lugon-Moulin
Am Herd: Jean-Christophe Avenel
Küche und Keller: Ein gekonnter Cocktail aus der klassisch französisch-italienischen Küche.

Respektable Weinkarte mit Spezialitäten aus dem Wallis.

Atmosphäre: Es war einmal so wunderschön. Wie es war, lässt sich an einigen Details noch erkennen.

Frischluft: Boulevard auf dem Platz.

Nicht verpassen: Das Ragoût d'escargots à l'ail, das Risotto und das Zwerchfell vom Rind.

Applaus: Für die perfekte Küche.

Na ja: Wie wäre es mit Holz, Blech und Stoff, statt Plastik und bedruckte Gratissonnenschirme.

Und da wäre noch: Früher war «Les Trois Couronnes» ein Hotel, ein historischer Zeitzeuge, ein kulturelles Ereignis – heute spielt die Musik in der Küche. Auch gut.

Stuhl und Bett
Gîte La Casita
Jacqueline Volorio
1925 Giétroz
079 714 11 14
www.gite-casita.ch

Tipp: Wer hierher kommt, bleibt länger. Wegen der sympathischen Gastgeberin, wegen der Atmosphäre des Hauses mit seinen zahlreichen kleinen Details aus der Gründerzeit. Witzig, unkompliziert eingerichtet, plastikfrei. Und gut kochen kann Madame erst noch.

Einkaufskorb
Cave Gérald Besse
Route de la Combe 14
Les Rappes
1921 Martigny-Combe
027 722 78 81
www.besse.ch

Tipp: Finessenreiche Weine mit Charakter. Gérald Besse keltert einen exzellenten Fendant, eine erfrischende Petite Arvine und einen grossartigen Gamay.

HELVETIA FÜR FORTGESCHRITTENE

346 Café Helvetia, Sierre

Sierre liegt im Windschatten von Sion, was die Einheimischen natürlich anders sehen. Sicher ist, dass die «Üsserschwiiz» die Winzer westlich von Sion besser kennt als jene östlich. Höchste Zeit, ins Café Helvetia zu gehen.

Vor einigen Jahren forderten die beiden Grossräte Gabriel Bender (SP) und Narcisse Crettenand (FDP) die Walliser Regierung auf, eine Studie in Auftrag zu geben, welche die Vor- und Nachteile einer Teilung des Wallis in zwei Halbkantone aufzeigt. Das Postulat sorgte für rote Köpfe, obwohl die beiden Grossräte Humor bewiesen. Sie rechtfertigten ihren Vorstoss, den zehn weitere Parlamentarier unterzeichnet hatten, mit dem Argument, dass damit das Oberwallis von der Unterdrückung durch das Unterwallis befreit würde. Tatsache ist, dass im 13. Jahrhundert das Oberwallis das Unterwallis unterjochte. Aber was sagt das Mittelwallis dazu? Es ist als Fremder nicht einfach, die Walliser zu verstehen. So oder so. Sicher ist nur, dass die Kulturgrenze der Col de Forcletta bildet. Zwar nicht offiziell, aber wer sich von Gruben über den Pass nach Zinal begibt, wandert vom deutschsprachigen in den französischen Teil des Wallis. Politiker und Historiker diskutieren nun, was der richtige Weg für ihren Kanton ist. Die Antwort findet sich im Café Helvetia in Siders, pardon, in Sierre. Eben!

Von Genf nach Sierre

Albert Mathier ist Sierrvois aus Passion, berühmt wurde er aber vielmehr in Genf in der Brasserie de la Nasse mit seinem «Entrecôte Sauce Nasse». Tempi passati. Er hat der Weltstadt Genf den Rücken gekehrt und ist in seine Heimat nach Sierre zurückgekehrt, hat das Café Helvetia entstaubt und einen eigenwilligen Stilcocktail kreiert. Das «Helvetia» ist eine beliebte Anlaufstelle, die bereits ab sechs Uhr in der Früh offen hat. Das Leben findet aber in den späteren Nachmittags- und Abendstunden statt. Oft sind Musiker zu Gast, die trinken, scherzen, musizieren, oder Maler stellen ihre Bilder aus, natürlich nicht ohne feucht-fröhliche Vernissage. So richtig los geht es an den monatlichen Abenden mit lokalen Winzern, die ihre Weine kredenzen und für ihre Gäste Raclette vom Laib streichen. Und sonst feiert das Baguette-Sandwich im Café Helvetia seine Wiedergeburt. Mit verschiedenen Füllungen und in zwei Grössen. Wem das nicht passt, weicht auf einen Walliser Teller mit Käse und Trockenfleisch aus. Dazu werden immer einige Weine von Winzern der Region ausgeschenkt. Winzer und Weine ändern monatlich, die Region bleibt sich gleich.

Albert Mathier ist es gelungen, in Sierre einen Treffpunkt für «tout le monde» zu installieren. Das Ganze ist sehr eigen, sehr speziell und besticht mit viel Charme, zu dem auch seine Geschäftspartnerin Danielle Tschopp beiträgt. Noch eine kulinarische Randnotiz: In den Wintermonaten kann man «la bonne conserve» über die Gasse kaufen: «Coq au vin de Cahors», «Cassoulet au confit de canard» und andere Köstlichkeiten im Einmachglas. Immer 380 Gramm schwer und 20 Franken leicht.

Café Helvetia
Chemin du Monastère 2
3969 Sierre
027 455 12 96
Geöffnet: Montag, Donnerstag und Freitag ab 6 Uhr, Samstag ab 8 Uhr, Sonntag ab 9.30 Uhr
Geschlossen: Dienstag, Mittwoch
In der Beiz und am Herd: Albert Mathier und Danielle Tschopp
Küche und Keller: Vorwiegend Kleinigkeiten und eine formidable Auswahl an exzellenten, ausschliesslich lokalen Weinen rund um Sierre.
Gäste: Einheimische, Frühaufsteher, Nachteulen, Winzer, einige Touristen, Beizengänger, Musiker, Literaten und Lebenskünstler.
Atmosphäre: Unkonventionelle helvetische Bistrokultur.
Frischluft: Im Sommerpalais und hinter dem Haus.
Nicht verpassen: Ein Abend mit den lokalen Winzern.
Applaus: Für das unkomplizierte, vielschichtige Programm mit Kultur, Kunst und Gastronomie.
Na ja: Baguette und Tatar haben Verbesserungspotenzial.
Und da wäre noch: 1. Einmal im Monat laden die Winzer gemeinsam mit dem Patron zu Raclette oder Fondue ein.
2. Sierre hat sein eigenes Bier namens «Sierrvoise». Das «Rousse» empfehle ich sehr.

Stuhl und Bett
La Grande Maison
Pascal Siggen und Alain Praz
Route du Sanetsch 13
1965 Chandolin-près-Savièse
027 395 35 70
www.lagrandemasion.ch
Tipp: Denkmalgeschütztes Haus, geschmackvoll eingerichtet, mit diversen Räumlichkeiten und einer vorzüglichen Table d'Hôtes.

Einkaufskorb
Domaine Cornolus
Stéphane Reynard und Daby Varone
Route de Savièse
1965 Savièse
027 395 25 45
www.cornolus.ch
Tipp: Die Vinothek hat am Donnerstag und Freitag von 9 bis 12 Uhr und von 14 bis 18 Uhr, am Samstag von 9.30 bis 12 Uhr geöffnet. Die Weine der Domaine sind hervorragend, ihr Cornalin ist Extraklasse, ich rate dringend zur Degustation der Weine. Der Weg von Sierre über Sion nach Savièse lohnt sich, womit wir wieder im Westen wären.

VON BERG UND TAL

Endlich eine Speisekarte, die überrascht, verblüfft und gefällt. Endlich ein Koch, der ohne mediterranes Gesäusel auskommt, dafür Alpenleckereien auftischt, was hoffnungsvoll stimmt.

Aldi, Lidl und Co. expandieren in der Schweiz. Das überrascht, isst doch unser Land offiziell bewusst, gesund und gut. Billiganbieter hätten in der Schweiz keine Chance, hiess es bis vor kurzem. Die Realität zeigt ein anderes Bild. Und obwohl das «Kulinarische Erbe der Schweiz» im Trend liegt, an jedem helvetischen Stammtisch mittlerweile mehr über Terroir und Authentizität als über Fussball und Politik diskutiert wird, isst die Schweiz nicht besser als einst unsere Grosseltern. Ist es ein finanzielles, ein zeitliches Problem, dass bei vielen Familien Tiefkühl- und Büchsenkost auf den Tisch kommt? Kann es sein, dass beim hauseigenen Budget falsche Prioritäten den Vorrang haben? Siruptrinker kommen ohne Handy aus, nicht aber ohne frisches Gemüse. Richtig kochen verlangt Zeit, die muss man sich nehmen, sonst geht es nicht. Dicker werden wir früh genug, es muss nicht schon im Kindesalter sein. Statt vor der Mikrowelle am Herd zu stehen, zeitigt das bessere Resultat. Weg mit dem Schlemmerfilet aus der Tiefkühltruhe, hin zum lauwarmen Randensalat mit frischem Meerrettichschaum. Und Eier von Hühnern, die nicht im Mist aufwachsen, sondern auf dem Miststock scharren dürfen, schmecken nun mal besser. Wenn denn die Schweiz tatsächlich so gesund und bewusst isst, wie sie sagt, dann müssten Restaurants wie die «Mühle» in Geschinen permanent ausgebucht sein. Sind sie aber nicht. Dies, obwohl sich Klaus Leuenberger im Goms wie kein anderer für eine schmackhafte regionale Küche einsetzt. Nicht grossspurig, nicht theoretisch, nicht überteuert, sondern pragmatisch, reell, zahlbar und ohne jeglichen Schnickschnack. Nun hat er sich auf das Wagnis eingelassen, zwei Beizen gleichzeitig zu führen. Das «St. Georg» in Ernen und neu die «Mühle» in Geschinen. Nicht weil es ihm langweilig ist, sondern weil ihn das schöne Lokal gereizt hat. Ohne gute Mitarbeiter geht das aber nicht.

Ein junges Team mit Ehrgeiz

Giordano Accardo ist Italiener, geboren in der Provinz Pavia, aber mehr Berg- als Strandgänger. Das Meer interessiert ihn nicht, die Alpenküche schon. Steinbock, Fuchs, Dachs, Murmeltier sind Tiere, die ihn für den Kochtopf reizen. Und bei Hirn, Hode, Herz und Lunge wird ihm nicht anders, sondern er überlegt sich, was, wo und wie mit wem im Teller harmoniert. Schlachtabfälle kennt er nicht, genausowenig wie sein Chef Klaus. Übrigens: Wenn das Kochtalent nicht am Herd steht, so sitzt er auf zwei Rädern, die ihn schon mal auf Seitenpfaden nach Bulgarien und in den Irak führen. Ein sympathischer Verrückter, der mit seinem alten Mercedes selbst im tiefsten Winter jedes Ziel im Wallis erreicht. Die Zeit ist reif für mehr Accardos und Leuenbergers. Solche, die Löwenzahn-Hamburger auf Mairüben kochen oder Spargel mit Kalbskopf und Hirn.

Mühle
3985 Geschinen
027 973 19 20
www.muehle-geschinen.ch
Geöffnet: Im Sommer Mittwoch bis Sonntag 11 bis 22 Uhr.
Im Winter Montag und Dienstag 10 bis 16 Uhr, Mittwoch bis Sonntag 10 bis 22 Uhr.
Geschlossen: Im Sommer Montag, Dienstag
In der Beiz: Michaela mit ihrem jungen Team
Am Herd: Giordano Accardo
Im Hintergrund: Klaus Leuenberger
Küche und Keller: Alpensushi, Kampfkuhbraten, Ferkel-Krustenbraten, Kalbskopf mit Hirn, Schlüsselblumensuppe, Berghuhn, Fuchs (!), kurz eine Urküche von Berg und Tal. Im Keller finden sich zahlreiche Weine von Walliser Winzern.
Gäste: Gutmenschen, Älpler, Käser, Alternative, Wanderer, Sportler, Touristen, Ausflügler und «Üsserschwizer».
Atmosphäre: Das Haus gehört einer Schreinerei. Das Ganze ist mit viel verschiedenem Holz, Holzmöbeln und Kaminofen ausgestattet.
Frischluft: Traumhaft mit Blick in die Natur.
Nicht verpassen: Alpenleckereien in mehreren Gängen. Schlüsselblumen, Wachtel, Alpenegli, Gommer Kalb, Löwenzahn, Morcheln und, und, und ...
Applaus: Für die spezielle Weinkarte, mit zum Teil unbekannten Winzern.
Na ja: Für Folklore-Barock-Sucher ungeeignet.
Und da wäre noch: Diverse Kunstausstellungen und andere kulturelle Zwischentöne.

Stuhl und Bett
Alpshack
Rita und Gérald Kiechler-Müller
3985 Münster
032 426 50 60
www.alpshack.ch
Tipp: Die Telefonnummer irritiert, stimmt aber. Die Besitzer leben im Jura und vermieten in Münster, in einem modern und geschmackvoll umgebauten Walliser Haus von 1553 zwei sehr spezielle Wohnungen («Alpshack» und «Alploft») für je zwei Personen.

Einkaufskorb
Bio-Bergkäserei Goms
Furkastrasse
3998 Gluringen
027 973 20 80
www.biogomser.ch
Tipp: Gleich einen Laib Raclette-Bergkäse samt «Raclettezange» kaufen, den Käse halbieren, in der Zange montieren und am offenen Feuer schmelzen. Ein Gedicht, das Talent und Fingerspitzengefühl erfordert. Alte Pfadfinder werden im Vorteil sein.

KNORRIG UND ZÄH ...

... sind die Gommer. Das wird einem spätestens in der «Zertanna», einer Urbeiz in Biel-Grafschaft bewusst, in der die Wirtin bei Mineralwasser Chinesisch versteht.

Anita Schmidt lacht. Eigentlich lacht sie immer. Sie ist eine fröhliche und herzallerliebste Wirtin, die für ihre Stammgäste täglich von 11 bis 23 Uhr da ist. Manchmal auch etwas länger. Bis die Polizei kommt. Die kommt aber nie, und wenn sie kommt, dann auf ein Bier. Schliesslich ist die «Zertanna» eine Walliser Beiz, und im Wallis ticken die Uhren anders, was als Kompliment zu verstehen ist.

Die «Zertanna» ist ein Überbleibsel vergangener Tage, patiniert und urig. Es befremdet und macht ratlos, dass in dieser «Knille» nicht mehr geraucht werden darf. «Krumme» und Brissago gehören hier einfach dazu. Trinken darf man aber noch. Manchmal über den Durst, meistens zum Genuss. Die «Zertanna» ist auch eine Informationsbörse. Trotz Facebook, Twitter, Radio, TV und

«Walliser Bote» wird hier erzählt, was Sache ist. Das ist ein Reflex, zu oft schon wurde das Dorf eingeschneit, die Zufahrtswege von Lawinen blockiert. Also traf und trifft man sich in der Beiz zum Gespräch – nach der Kirche. Und Beten hat schon immer Durst verursacht. Im Winter 2011/12 war es wieder einmal so weit. Ausgerechnet an Silvester gab es kein Durchkommen mehr. Eine Lawine machte alles dicht und bescherte den Wintergästen eine unvergessliche Silvesternacht in der «Zertanna». Mit Fondue, Wein, Gesang, viel Kerzenlicht und Anita Schmidt.

Am Sonntag will Paul

35 Jahre lang haben die Eltern von Anita Schmidt, Paul und Trudi, ihre «Zertanna» geführt. Verschiedene Bilder und vergilbte Fotografien an den Wänden zeugen von dieser Zeit. Auch die patinierten Horgen-Glarus-Stühle an den Tischen, die etwas Lack ab haben, aber nicht ihre Klasse. Und sonst? Der Sonntagmorgen ist Chefsache in der «Zertanna». Dann kredenzt Paul Schmidt, der unter der Woche als Oberstufenlehrer in Brig arbeitet, die Weine, schenkt Bier aus und unterhält sich mit den Stammgästen seiner Frau Anita. In der Stadt wäre die «Zertanna» Kult, im Goms ist sie fast vergessener Alltag.

Zertanna
3989 Biel-Grafschaft
027 973 11 49
Geöffnet: Freitag bis Mittwoch ab 11 Uhr
Geschlossen: Donnerstag sowie Juni bis Mitte Juli, Januar und Februar
Am Herd und in der Beiz: Anita und am Sonntag Paul Schmidt
Küche und Keller: Dies und das, genauer legt sich die Wirtin jeweils erst am Morgen fest. Trockenfleisch gibt es immer, meistens auch ein Fondue. Im Keller lagern einige Flaschen Pinot Noir und Fendant, getrunken wird vornehmlich Bier, Kaffee Schnaps und Goron.
Gäste: Einheimische, erschreckte Nordlichter (Hamburger), Wanderer, Langläufer, Wildheuer, Gamsjäger, Lehrer und Metzgersfrauen.
Atmosphäre: Behäbig gemütlich. Der Holzboden unter dem sich auflösenden Linoleum schreit nach Erlösung und Luft.
Frischluft: Zwei Tische neben dem Haus mit Blick auf alte Häuser, Speicher und die Strasse.
Nicht verpassen: Der Sonntagmorgen nach der Kirche.
Applaus: Für die hervorragende «Cholera», das Gommer Traditionsgericht. Die gibt es aber nur auf Vorbestellung.
Na ja: Sind die Locken der Gastgeberin wirklich echt?
Und da wäre noch: Für ein Teekränzchen ist die «Zertanna» ungeeignet.

Stuhl und Bett
Baumhaus
Lilian Schmidt
Schulhausstrasse 2
3984 Fiesch
027 971 01 93
www.baumhausfiesch.ch
Tipp: Der Name ist Programm: Lärche, Kirschbaum, Eiche, Nussbaum, Erle, Arve, Weisstanne, Esche und Fichte, und Gastfreundschaft heisst das Erfolgsrezept von Lilian Schmidt. Obwohl das Haus neun unterschiedliche Gästezimmer hat, entsteht nie das Gefühl in einem Hotel zu sein. Bezüglich der Zimmerwahl entscheidet die persönliche Holzpräferenz.

Einkaufskorb
Metzgerei Eggs
Beat Eggs
3998 Reckingen
027 973 11 47
Tipp: Eigentlich wollte Beat Eggs Maschineningenieur werden. Der Tod seines Vaters brachte ihn zur Metzgerei. Gottlob. Sein Walliser Trockenfleisch, seine Würste, allen voran Holunder- und Randenwürste sind exzellent.

93

ANGEKOMMEN!

Ob von Domodossola oder von Locarno, wer in der Osteria Grütli ankommt, hat einige Kurven hinter sich – und bleibt, was das Beste ist.

Christa Hunziker und Roland Hächler, zwei Deutschschweizer Künstler, haben es sich in den Kopf gesetzt, im Tessin ihre Osteria als Kunstprojekt zu führen. Mit klaren Vorgaben an sich und ihre Gäste. Es lohnt sich, vor einem Besuch ihre informative Website zu lesen, wobei Freude statt Skepsis aufkommen wird. Einige Eigenheiten bleiben, die aber nicht weiter stören. Christa Hunziker ist auch in der Küche Künstlerin, sie ist keine Köchin, obwohl sie gut kocht. Warum das so ist, erklärt sie gerne persönlich. Ihre Kochsprache ist nicht spektakulär, sondern es sind die Produkte, die Herkunft, der Geschmack und das Detail, das bei ihr den Unterschied zum Tessiner Allerlei ausmacht. Roland Hächler schaut, dass selbst beim grössten Gästeansturm ihr Kunstprojektgedanke nicht verloren geht. Seine Malkunst hängt an den Wänden, ihre zahlreichen Musikinstrumente stehen im Raum. Um auf den Beginn zurückzukommen, eine Osteria im Tessin als Kunstprojekt zu führen, geht das überhaupt? Es geht. Ihre Gäste holen sie mit Charme vom Gaspedal, und wenn das Unwort «Entschleunigen» für einmal seine Berechtigung hat, dann hier. Passionierte Beizengänger mögen sich zurücklehnen, sich entspannen, es ist gut, wie es hier ist. Der Genuss, die feine Lebensart stehen im Vordergrund, auch wenn das eine oder andere eigenwillig ist – wer darüber nachdenkt, hat schon gewonnen. Eigenwillig zu sein, in einer Zeit, die in unnötigen Vorschriften zu ertrinken droht, ist eine gute Idee. Und um als eigenwillig zu gelten, reicht heute schon ein runder Gemeinschaftstisch, was vor noch nicht allzu langer Zeit Alltag in jeder Beiz, in jeder Osteria war.

Im Dutzend am Tisch

Das lange Fazit: Die Osteria Grütli bewirtschaften zwei lebensfrohe Menschen, die sich mit Mut, Leichtsinn (je nachdem, aus welcher Position man das Ganze sieht), Dickköpfigkeit und einer gehörigen Portion Selbstvertrauen anschicken, die Tessingänger dieser Welt zu verzaubern, ohne dabei ihre Vorstellungen zu verleugnen oder von ihnen abzuweichen. An der Frischluft erwartet den Gast eine bezaubernde Gartenterrasse zum Tafeln und Trinken, oder wer Lust hat, philosophiert im Liegestuhl, mit einem langen Blick in die gegenüberliegenden Kastanienwälder. In der Osteria warten ein offenes Kaminfeuer und ein runder Tisch – ein einziger runder Tisch, ausgerichtet für elf, maximal zwölf Gäste. Basta. Apropos … die Pasta ist hervorragend, die Antipasti sind delikat, das Weinangebot ist spannend und setzt sich aus unbekannten Winzern aus dem Tessin und aus Italien zusammen, deren Provenienzen mit subtilen Aromen verblüffen, ohne den Gaumen gleich zu überfordern. Nur wenn der Patron den Kamin einheizt und zur Grillzange greift, wird's kulinarisch eigenwillig. Auf der Website der Künstler steht, dass Musik den Abend beenden wird. Eine klare Ansage mit leisen Tönen. Im Hintergrund knistert das Feuer, im Vordergrund

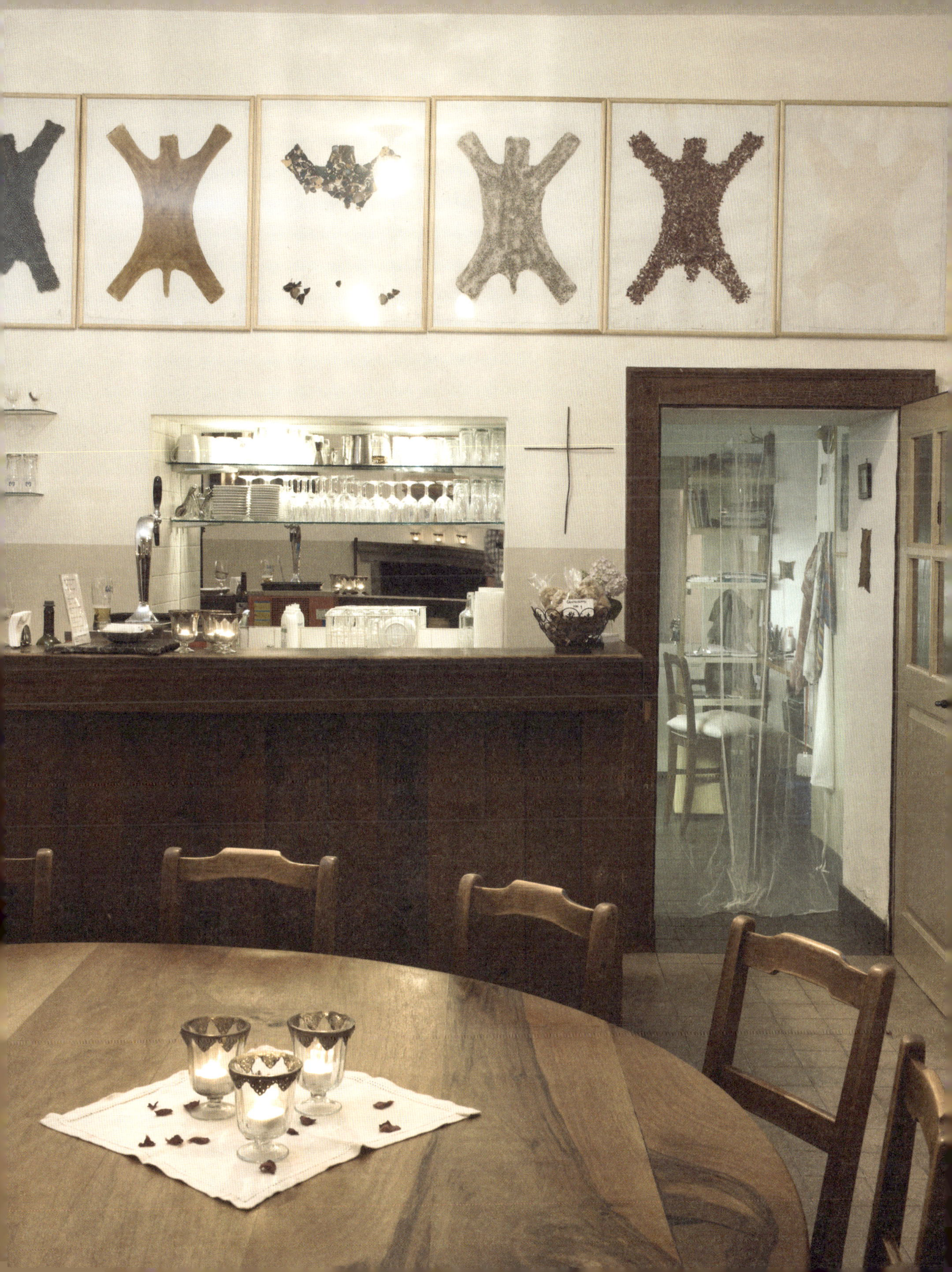

spielen Christa und Roland Gitarre. Wem es gefällt, bleibt, wem nicht, zieht sich in den separaten Aufenthaltsraum oder in sein Zimmer zurück. Das Ganze passt an den Ort und zu seinen Gastgebern. Zuhören, schweigen und reden beim letzten oder zweitletzten Glas über die Kunst, das Tessin, den nächsten Tag. In die Nacht hinein träumen oder noch ein Schlummerbecher ohne Grübeln geht aber auch. Der nächste Morgen kommt bestimmt. Zahlreiche Gäste bleiben eine zweite, eine dritte Nacht. Das Kunstprojekt wirkt, wie das Essen, die Weine, die Musik, der Raum, der runde Tisch, der Garten, der Tag, der Abend, die Gastgeber, kurz, die Osteria Grütli.

Osteria Grütli
Via Cantonale
6659 Càmedo
091 798 17 77
www.osteriagruetli.ch
Geöffnet: Zwischensaison: Donnerstag bis Sonntag 10 bis 14 Uhr und ab 17 Uhr; Ferienzeit: Dienstag bis Sonntag ab 10 Uhr
Speziell: Ostern, Auffahrt und Pfingsten durchgehend geöffnet
Geschlossen: November bis Februar, mit Ausnahmen an Weihnachten und Silvester
In der Beiz: Christa Hunziker und Roland Hächler
Am Herd: Christa Hunziker
Küche und Keller: Saisonal, nach Lust und Laune der Künstlerin. Mit einem Mittagsteller und abends mit einem Menü, serviert in fünf Gängen. Intelligent ausgewählte Weine, Tessiner Bier, frisch gezapft, und Kaffee von «Pausa Caffè» aus Rivera.
Gäste: Maler, Musiker, Träumer, Frau Bürgermeister, Metzger, Reisende, Stammgäste, Touristen.
Atmosphäre: Sakral, stimmungsvoll, patiniert, wundervoll.
Frischluft: Traumterrasse mit Blick ins Tal.
Nicht verpassen: Ein Abend am runden Tisch vor dem flackernden Kaminfeuer.
Applaus: Für die feine Lebensart.

Na ja: 1. Die Osteria ist eigenwillig und nicht mehrheitsfähig.
2. Joghurts vom Grossverteiler zum Frühstück passen nicht zum Qualitätsdenken der Gastgeber.
3. Das mit dem Fleisch auf dem Grill von und mit «Maestro» Roland Hächler ist eine Überlegung wert. Wobei, wie heisst es so schön: Übung macht den Meister.
Und da wäre noch: 1. Die Künstler kaufen bewusst regional ein. Ob Bachforelle, Zicklein, Fleisch, die ersten Tessiner Auberginen, Käse, Kaffee, einfach alles, kurz, sie zelebrieren ihre Produzenten, die alle auf der Website aufgeführt sind. Kompliment!
2. Weitere Infos zur Kunst von Christa Hunziker und Roland Hächler unter www.musicapoesia.ch sowie www.rolandhaechler.ch.

Stuhl und Bett
Vor Ort in der Osteria Grütli
Tipp: Vier schlichte, stilvoll nach Kunstrichtungen gestaltete Zimmer, mit Blick auf Gartenterrasse, Strasse und Tal vervollkommnen das Kleinod. Lärmempfindliche Langschläfer gehen aufgrund des kurzen, aber heftigen Pendlerverkehrs mit Gehörschutz ins Bett.

Einkaufskorb
Macelleria Salumeria Fratelli Freddi
Fabio und Nicola Freddi
6655 Intragna
091 796 12 49

Tipp: Durch die Osteria Grütli habe ich vor Jahren die Metzgerei der Brüder Freddi kennen und schätzen gelernt. Ihre rohe Mortadella, die Luganighe, ihr Salami sind reelle kulinarische Träume. Die Brüder teilen sich die Arbeit perfekt auf: Fabio ist der Geschäftsmann, schaut, dass die Kasse stimmt. Nicola beliefert mit dem fahrenden Metzgerladen das Tal und diverse Stammkunden, ist nie um einen Spruch und um eine kleine Aufmerksamkeit für seine Kunden verlegen. Das Angebot wird durch einige Alpkäse der Region ergänzt. Hier nicht anzuhalten wäre für jeden Wurst- und Fleischliebhaber etwa so, wie wenn der römisch-katholische Pilger in Rom wäre, und nicht den Vatikan besuchen würde. Falls Sie Lust auf Wild haben, fragen Sie in der Saison nach der «Violina di Camoscio».

IN DEN HÜGELN

Nur ein Fünftel der Seefläche des Lago Maggiore gehört zur Schweiz, was kaum einen Gast der Osteria Miralago interessieren dürfte. Der «Fritto misto del Lago Maggiore» dann aber schon.

Klar, diverse Tessiner Beizen sind zu Folklorestationen verkommen, und für so manches Glas Merlot kommt beim italienischen Nachbarn locker eine ganze Flasche Wein auf den Tisch. Mit jedem Kilometer weiter nach Süden steigt der Italienfaktor. Logisch. Wollen das aber alle? Ich denke nicht. Wer an einem lauen Abend auf der Terrasse der «Osteria Miralago» das Lichtermeer der westlichen Küste des Sees bestaunt und sich zufrieden an «Costini» delektiert, weiss, dass hier droben in Vairano die gastronomische Welt noch in Ordnung ist. Obwohl im Sommer das Gedränge, die Ungeduld bei einigen Gästen beträchtlich sein kann. Das sind aber Ausnahmen, vornehmlich verursacht durch Deutschschweizer, die ihre Pension im Tessin absitzen und sehnsüchtig an den Norden denken. Manchmal blitzen bei ihnen dabei beinahe kolonialistische Züge auf. Ohnehin lohnt es sich, den Sommerfrischlern aus dem Weg zu gehen, die Osteria an kalten Tagen zu besuchen und die authentische Küche des Hauses zu geniessen.

Immer donnerstags

Von Oktober bis Dezember werden in der Osteria immer donnerstags traditionelle Gerichte aufgetischt: «Fritto misto del Lago», Tatar vom Rindsfilet, «Polenta e Merlüzz» (Stockfisch), «Cazzöla» (Eintopf mit Gemüse und Fleisch), «Raviolini in brodo», von Mama Buetti in Form gebracht, und so einige andere schöne Dinge mehr. Etwas untypisch für das Tessin ist eine der Hausspezialitäten, das Cordonbleu in seiner Perfektion. Das kann manchmal ganz schön lästig sein. Zum Beispiel dann, wenn der Rindsbraten im Barbera schmort und alle Gäste den beliebten

Klassiker bestellen wollen. Und sonst? Das Brot ist eine Überlegung wert, zumal für jene Gäste, die zum Beispiel die Meisterbrote der Pannetteria Philipona in Berzona kennen. Am Mittagstisch sitzen die Handwerker der Region, essen einen Teller Pasta und trinken ein Glas Nostrano, wobei der Nostrano immer mehr dem Mineralwasser weicht. Am Nachmittag spielen Einheimische und Zugezogene Karten, eine Runde ehrenwerter Damen strickt (Sie lesen richtig), singt, trinkt, lacht, so lange, bis es Zeit für das Nachtessen ist. Dann geht's wieder nach Hause, an den eigenen Herd. Bedient werden die Gäste von Alessandra Buetti, die auch ältere, handicapierte Gäste zuvorkommend und mit einer Herzlichkeit verwöhnt, von der sich so einige Tessiner Gastgeber ein Stück abschneiden können.

Osteria Miralago
Via Bellavistta 1
6575 Vairano-San Nazzaro
091 794 16 04
www.osteriamiralago.ch
Geöffnet: Winter: Dienstag bis Samstag 10 bis 22 Uhr; Ostern bis Oktober: zusätzlich Sonntag 10 bis 17 Uhr
Geschlossen: Februar sowie Sonntag und Montag, Ostern bis Oktober nur montags
In der Beiz: Alessandra Buetti und Giulia Perito
Am Herd: Matteo Da Silva, Morena Buetti und Vladimiro Salerno
Küche und Keller: Mehrheitsfähige Kost im Sommer, Tessiner Spezialitäten im Winter.
Gäste: Im Winter das Tessin, im Sommer die Deutschschweiz.
Atmosphäre: Klein, mit Freskendecke, Ofen und Ofenrohr.
Frischluft: Vor dem Haus mit Weitblick über den Lago Maggiore.
Nicht verpassen: Die Donnerstage im Winter, wenn alte Tessiner Rezepte aufgetischt werden.

Applaus: Das Team verliert nie die Freundlichkeit, auch beim Ansturm der teilweise ungeduldigen Deutschschweizer Sommerfrischler nicht.
Na ja: 1. Im Sommer zahlt die Osteria Tribut für ihren Gunstplatz: Alle wollen hin, alle wollen ihren Tisch in der ersten Reihe, und alle haben keine Zeit.
2. Es gibt bessere Kleinwinzer, als der Weinkeller hergibt.
Und da wäre noch: 1. Das Ganze ist ein sympathischer Familienbetrieb, wie es ihn nur noch selten gibt.
2. Es muss im Tessin nicht immer Brasato sein ... Hut ab für dieses Cordon bleu!

Stuhl und Bett
Lunasole
6571 Indemini
091 780 44 70
www.lunasole.ch
Tipp: Gut, da wären noch rund dreihundert Kurven und ein Pass zu bewältigen, aber ist man erst einmal von Vairano aus heil in Indemini angekommen, will man gar nicht mehr zurück an den See. Zumindest verträumte Tessingänger nicht. Rosemarie Brennwalder und Beat Wüthrich sind die sympathischen Besitzer dieses gleich neben dem rauschenden Dorfbach gelegenen wundervollen kleinen Rustico zum Freundschaftspreis. Als literarische Einstimmung sei der Insider-Klassiker «Die Indemini Story» von Adolfo Schalk empfohlen.

Einkaufskorb
Macelleria Branca
Nicolino Branca
Via Cantonale
6574 Vira Gambarogno
091 795 14 05
Mittwochnachmittag geschlossen
Tipp: Was für ein Vollblutmetzger! Seit Jahrzehnten zuverlässig, seit Jahrzehnten eine sichere Adresse. Zu empfehlen sind seine Wurstwaren, im Speziellen die Tessiner Mortadella und die Kutteln. Und dann wäre da noch der angemachte Russische Salat. Mit Brot, Salami und einer Flasche Americano oder Nostrano vivace für ein Zvieri nicht das Dümmste ... Kalorienzähler lassen es bleiben.

AM ENDE DER WELT

Keine Metzgerei, keine Bäckerei, kein gar nichts. Aber eine Via del Ferro und das Ristorante Della Posta in Carena. Zwei Gründe genug, dass Valle Morobbia aufzusuchen.

Während des Zweiten Weltkriegs schmuggelten die Italiener Tonnen von Reis ins Valle Morobbia. Zwar blieb nach dem Krieg der Schmuggel bestehen, aber die Richtung und die Ware änderten sich. Nun wurde kein Reis, sondern Tabak über den San-Jorio-Pass geschleppt. Und an manchen Tagen waren es gut hundert Männer, die Zigaretten nach Italien transportierten. Ab und zu kam ein Schmuggler nicht durch und wurde von den italienischen Zöllnern geschnappt, die meisten erreichten aber ihr Ziel auf wundersame Weise. Das Geschäft florierte. Das Schräge an der Geschichte ist, dass am Ausgangspunkt der Tour die Schweizer Zöllner ordnungsgemäss auf den Tabak Ausfuhrzölle erhoben und der Staat an der Sache gut mitverdiente. Heute wandert nur noch der Tourist auf den Spuren der Schmuggler nach Italien, oder er widmet sich intensiv der Eisenstrasse, der Via Del Ferro (mehr dazu im Reisemagazin «Transhelvetica», Nr. 5, 2011), einer thematischen Wanderroute, die der frühen Erzförderung und Eisenverarbeitung des Tals gewidmet ist. Für Historiker und Wanderer ist das Grund genug, im «Della Posta» Quartier zu beziehen und sich von der Küche von Armanda De Capitani verwöhnen zu lassen. Am besten am Küchentisch vor dem kleinen Kamin. Wer Glück hat, trifft auf Signora Delmenico, die hier alle Nini nennen und die als ehemalige und jahrzehntelange Wirtin des «Della Casa» zahlreiche Geschichten zu erzählen weiss.

Wer Hunger hat, ruft an

Einfach schnell mal vorbeikommen kann ins Auge gehen. Wer bei Armanda De Capitani essen will, ruft vorher an. Wer als Erster zum Telefonhörer greift, kann das Tagesmenü mitbestimmen, wer spät oder spontan dran ist, isst, was auf den Tisch kommt. Gut ist es so oder so. Beste Hausmannskost, vom Brasato über das Kaninchen bis hin zu Luganighe, Polenta und mehr. Mutige Kulinariker kommen zur Jagdzeit und laben sich an Dachs, den der Nachbar im nahen Misox zur Strecke bringt. Ich halte mich da lieber an Kalbshaxen, Kuttelsuppe oder in Rotwein geschmorte Schweinsfüsse. Wer Glück hat, kann bei Signora De Capitani exzellenten Käse von der nahen Alpe Giumello verkosten, der nicht nur prämiert ist, sondern tatsächlich auch exzellent schmeckt. Fazit: Trendsetter werden sich hier nicht wohlfühlen, Beizengänger mit dem Sinn für das Wesentliche aber gewiss.

Ristorante Della Posta
6584 Carena
Valle Morobbia
091 857 22 58
Geöffnet: Dienstag bis Samstag ab 9 Uhr, Sonntag 9 bis 18 Uhr
Geschlossen: Montag
In der Beiz und am Herd: Armanda De Capitani
Küche und Keller: Einfache, schmackhafte Hausmannskost mit allem, was das Tessin hergibt. Getrunken wird Merlot oder Barbera, zur Wildzeit kommen noch einige andere Flaschen hinzu.
Gäste: Jäger, Entdecker, Wanderer, Einheimische, Schmuggler und Zöllner.
Atmosphäre: Sie kennen ja einen meiner Sprüche: «Da hat irgendwer einmal zu viel renoviert.» Trotzdem hat die kleine Gaststube ihren Charme.
Frischluft: Über die Strasse unter dem alten Baum. Auch diesen Spruch kennen Sie: «Weg mit dem Plastikmobiliar.»
Nicht verpassen: An kalten Tagen am Küchentisch vor dem Kamin zu sitzen, lohnt allein schon die Anreise. Dazu der Signora beim Kochen zusehen, die Düfte einfangen und sich auf die Köstlichkeiten freuen, die dampfend daherkommen.
Applaus: Für die Ein-Frau-Show.

Na ja: Warum keine Weine von Tessiner Kleinwinzern wie etwa Lorenzo Ostini aus Arbedo (siehe Einkaufstipp)?
Und da wäre noch: Wer zuerst anruft, bestimmt das Essen mit. Die Signora kocht nur auf Vorbestellung. Wer nicht reserviert, isst, was es gibt, oder lässt es bleiben.

Stuhl und Bett
Das Haus verfügt über einige sehr bescheidene Gästezimmer.
Tipp: Wer so weit auf der schmalen Strasse ins Tal hineinfährt, im «Della Posta» einkehrt, isst und trinkt, der nimmt sich eines der günstigen Gästezimmer, lässt sich und den Wagen für eine Nacht ruhen ... und feiert weiter.

Einkaufskorb
Lorenzo Ostini
Via alla Ganna
6517 Arbedo
091 829 17 75
Tipp: Lorzeno Ostini erzeugt keine modischen Blendwerke, sondern Gewächse, die sich durch Geradlinigkeit auszeichnen. Seine Weine sind eigenwillig und schlicht grandios, wie etwa sein Sforzato Gano rosso auf der Basis von angetrockneten Trauben der Sorten Bondola, Merlot und Freisa (!).

GIORGIO IL PRIMO

Zu seiner Hochzeit hat Giorgio alle seine Stammgäste eingeladen. Das kann man ja machen … Es sind aber alle 600 gekommen.

Nein, als Banker mit Schlips und Anzug kann man sich Giorgio Caneva nicht vorstellen. Dafür sitzt ihm die Position als Patron und Gastgeber seiner Osteria Nostranello in Neggio in der Region Basso Malcantone wie ein Massanzug. Er ist ein Energiebündel, der seine Gäste bedient, mit ihnen plaudert, scherzt, Weine kredenzt, abräumt und ab und zu zur Mandoline greift und für seine Gäste spielt. Es ist aber nicht irgendein Geklimper, das Giorgio von sich gibt, sondern ein musikalisches Erlebnis, das durchaus auf einer Saalbühne vor grossem Publikum bestehen würde. Er singt seine Lieder professionell und herzerweichend. Dies mitten in seiner kleinen Gaststube oder in der Gasse vor dem Freisitz. Die Osteria setzt sich aus einem eigenwilligen Möbelcocktail zusammen, an den Wänden hängen Kunst und Krempel dicht nebeneinander. Egal, es ist ein schöner, reeller Platz, ohne Design, dafür mit Alltag, der jeden Schöngeist dazu animiert, sich ganz auf den weissen Teller zu konzentrieren, was ohnehin jeder Gast tut, hat er erst einmal von Lilianes Kochkunst gekostet.

Ein Grappa für den balsamischen Beistand

Liliane Cavena ist eine begnadetet Köchin, die mit achtzehn Jahren von Portugal in die Schweiz kam und zu kochen begann. Heute ist sie Schweizerin und kocht immer noch: Gefülltes Perlhuhn, Kalbshaxe, Roastbeef, Krustenbraten, Wachteln mit Polenta, Gitzi mit Kräutern aus dem eigenen Garten, Kaninchen in Weisswein, zum Einstieg in den Abend kleine Artischocken oder gefüllte Tomaten, danach als Primo Tagliarini mit Kapuzinerkresse oder mit Gemüse gefüllte

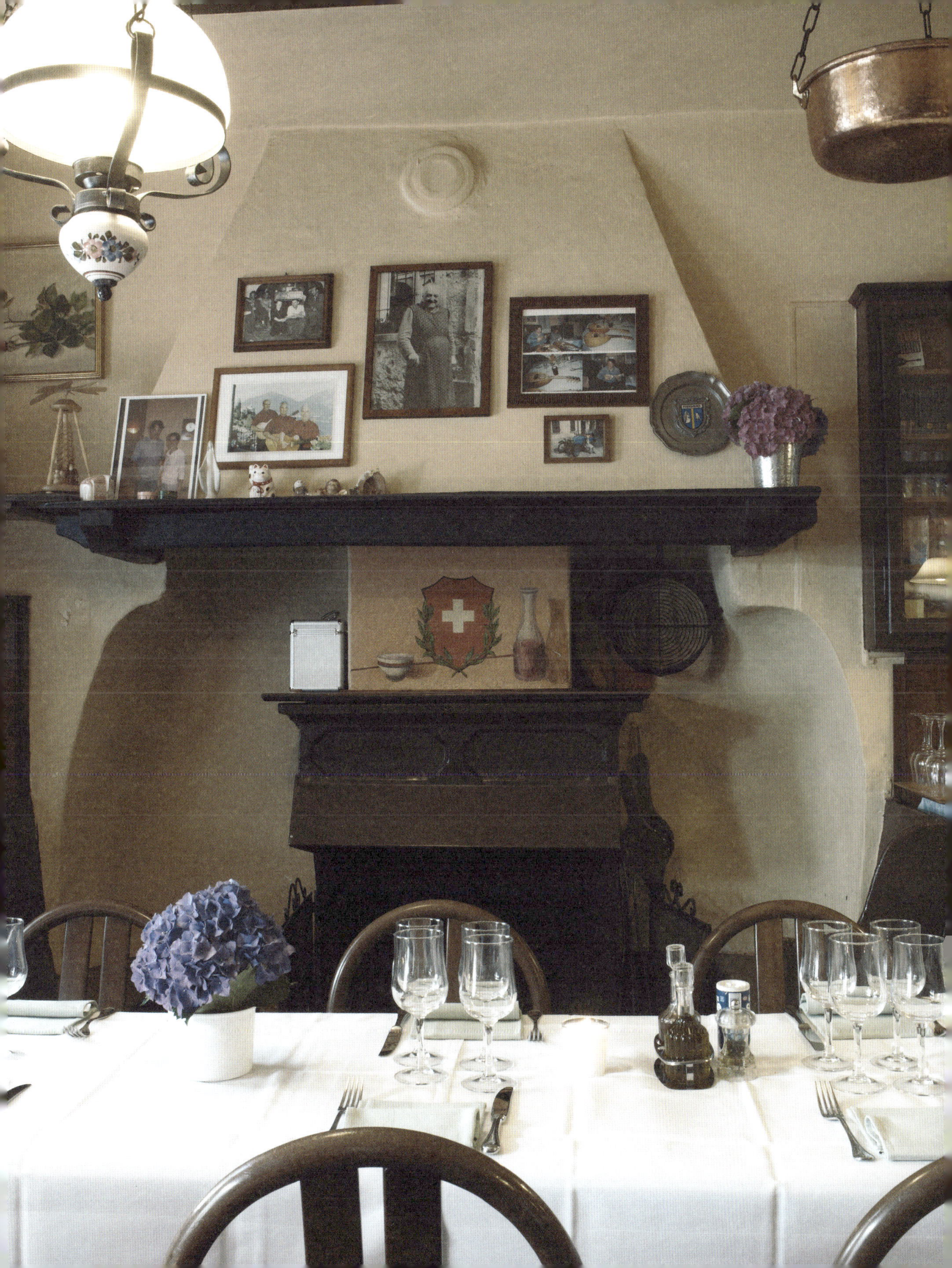

Ravioli, ein Risotto mit Sauerampfer, zum Abschluss etwas Käse und zum Dessert die beste Torta di pane, die das Tessin kennt. Und als Höhepunkt Giorgio mit einem traurigen Liebeslied, das den Einsatz eines Grappas erfordert. Fazit: Wer hierher findet, darf keinen Seeblick oder eine gestylte Osteria (ein Widerspruch in sich) erwarten, sondern ein sattes Tessingefühl mit Langzeitwirkung. Besser und reeller wird es im Kanton nicht mehr, behaupte ich mal.

Osteria Nostranello
Piazza San Domenico 7
6991 Neggio
091 600 98 94
Geöffnet: Dienstag bis Samstag ab 17 Uhr, Sonntag ab 10 Uhr
Geschlossen: Montag
In der Beiz: Giorgio Caneva
Am Herd: Liliane Caneva
Küche und Keller: Alles wird frisch zubereitet, es sei denn, es schmort seit Stunden in der Bouillon.

Gäste: Tessiner, Tessiner und ab und zu ein paar spontane Touristen, dann Stammgäste aus der Deutsch- und der französischen Schweiz und Banker, die Anschauungsunterricht nehmen, wie es Giorgio besser macht.
Atmosphäre: Schräg gemütlich.
Frischluft: In der Gasse, die Hausbank neben dem Eingang ist der Gunstplatz.
Nicht verpassen: Die Torta di pane.
Applaus: Für die unverkrampfte Atmosphäre, die Giorgio jeden Tag hinbekommt und für seine Herzlichkeit.
Na ja: Vielleicht könnte man auf dem Freisitz das eine oder andere Plastikteil und den grünen Rasenteppich entfernen. Wobei, vielleicht würde einem dann etwas fehlen.
Und da wäre noch: Immer anrufen und reservieren. Spezialitäten wie gefülltes Perlhuhn müssen im Voraus bestellt werden, Liliane sagt Ihnen am Telefon gerne, was gerade in ihrer Küche brutzelt, schmort und dampft.

Stuhl und Bett
Francesca Semprebo
Via Boggia 16
6900 Paradiso
079 567 09 41
Tipp: Farbig und reizvoll, so präsentiert sich das ehemalige kleine SBB-Bahnwärterhaus am Hang inmitten einer Wiese. Allerdings ist die Bahn auch nicht weit. Logisch.

Einkaufskorb
Pausa Caffè
Attilio und Ottavio Filippini
Capdorgno
6802 Rivera
079 407 16 86
Tipp: Kurz vor Lugano findet sich diese wunderbare Kaffeerösterei, die sich innert kürzester Zeit zum Mekka für Kaffeetrinker entwickelt hat.

ALTE ZEITEN, GUTE ZEITEN

Alles wird anders, nur das Albergo Corona in Vicosoprano bleibt sich gleich: klein, fein und eigenwillig.

Für zahlreiche Reisende ist das Bergell eine sich lang hinziehende Durchfahrt zur «Italianità» jenseits der Grenze. Ruhe- und Kultursucher mit offenen Augen und feinem Gespür bleiben und geniessen einen der letzten ziemlich unberührten Winkel der Schweiz oder, wie es der deutsche Verleger und Autor Wolfgang Abel beschreibt, ein begnadetes Abseits. Gegen Ende des Winters wirkt das Bergell schroff, kalt, abweisend, unwirklich. Die Sonne zeigt sich nur spärlich, der kalte Wind jagt einen in die wärmenden Stuben. Doch haben dann nur wenige Beizen geöffnet. Für wen auch? Das Bergell bezirzt seine Besucher im Spätfrühling oder im Bergsommer. Das Albergo Corona in Vicosporano ist, mit wenigen Ausnahmen, das ganze Jahr über für die Dorfbewohner, für die Region und für seine wintertauglichen Unterländer Stammgäste da. Das patinierte Haus aus dem 16. Jahrhundert, die gute Stube, die angenehmen, preiswerten Zimmer und Gastgeber Aldo Petti sind Grund genug, hier einzukehren und je nachdem etwas länger zu verweilen. Seit einem Vierteljahrhundert erklärt der aus der italienischen Provinz Molise stammende Inhaber und Koch in Personalunion, was bei ihm Sache ist. Mit Erfolg, auch wenn der Patron je nach Tagesform ab und zu seinen eigenwilligen Charme aufblitzen lässt.

Grenzenlos

Aldo Petti kocht solide und gut, seine Kochsprache ist ein regionaler schweizerisch-italienischer «Cocktail». Ob Risotto und hauseigene Pasta, ob geröstetes Markbein und Tafelspitz oder Schmorbraten im Saft, das Ganze hat Biss und Geschmack. Schleckmäuler werden ihre helle Freude am exzellenten traditionellen Kastanienkuchen, an der Nusstorte und an der Aprikosen-Tarte haben. Hinzu gesellt sich eine kleine Weinkarte mit guten Provenienzen aus dem nahen Veltlin. Ein Höhepunkt ist im Sommer das von Aldo Petti betriebene «Ristoro» auf dem Munt Durbegia mit Aus- und Weitblick, gutem Kaffee und Kuchen und bestem, aromatischem Ziegenkäse, der von seinen hauseigenen Viechern stammt, die sich den kurzen Sommer hindurch mit den wundervollen Bergkräutern den Bauch füllen. Kurz, eine natürliche Oase, direkt am Panoramaweg von Casaccia nach Soglio gelegen und bequem zu Fuss in einer Stunde zu erreichen. Tatsächlich ein begnadetes Abseits.

Albergo Corona
7603 Vicosoprano
081 822 12 35
www.hotelcorona.ch
Geöffnet: Durchgehend von Mai bis Oktober und ab dritter Dezemberwoche bis und mit Ostern

Geschlossen: November, erste Hälfte Dezember sowie zwei oder drei Wochen nach Ostern
In der Beiz: Ivana Sciuchetti
Am Herd: Aldo Petti
Küche und Keller: Bergeller Spezialitäten vermischt mit bester Italianità. Kleine, durchdachte Weinkarte mit einigen Provenienzen aus dem Veltlin (Grumello, Sassella).
Gäste: Fotokursteilnehmer, Wanderer, Romantiker, Hobbykünstler, Weltbürger, Giacometti-Jünger und Träumer.
Atmosphäre: Geschichtsträchtig locker.
Frischluft: Auf der Sonnenterrasse hinter dem Haus.
Nicht verpassen: Den im Hause produzierten traditionellen Nusskuchen.
Applaus: Für die unkomplizierte, manchmal etwas eigenwillige Gastfreundschaft.
Na ja: Nach einem Vierteljahrhundert droht der Patron mit Pensionierung. Da er keinen Käufer für das schöne Haus findet, bleibt vorerst alles beim Alten.
Und da wäre noch: Aldo Petti unterhält in den Sommermonaten auf dem Munt Durbegia, an einem entrückten, wunderschönen Ort auf 1440 Metern über Meer ein kleines «Ristoro» direkt am Panoramaweg Casaccia–Soglio. Ein idealer Ort, um die Zeit zu vergessen …

Stuhl und Bett
In einem der hauseigenen Zimmer, die je nachdem rustikal oder historisch eingerichtet sind. Einige Zimmer kommen ohne Bad aus und sind dementsprechend günstiger.
Tipp 1: Wer es à la Nonna mag, wählt Zimmer Nr. 4, wer es einfach und ruhig liebt, wählt Zimmer Nr. 27, das im ältesten Teil des Hauses untergebracht ist.
Tipp 2: Sommerfrischler gehen für eine Nacht im Arte Hotel Bregaglia im nahen Promontogno fremd. Nur von Juni bis September geöffnet, offenbart das wundervolle Haus Einblicke in zeitgenössische Kunst inmitten vollendeter Hotelbaukultur des 19. Jahrhunderts. Details unter www.artehotelbregaglia.ch.

Einkaufskorb
Macelleria e salumeria
Renato Chiesa
7603 Vicosoprano
081 822 12 16
Tipp: Metzgermeister Renato Chiesa schlachtet und wurstet noch selbst. Seine Spezialitäten – vom Trockenfleisch über die Mortadella mit dezenten Lebernoten bis hin zur aromatischen Salami – lassen einen an das Gute im Menschen glauben.

Wem eine gute Wurst wichtiger ist als ein Stück Filet, der findet bei Heribert Klaus in Maloja sein ultimatives Zipfelglück

ZIPFELTREFFEN

Auf die Idee, eine essbare Masse in eine Hülle zu stopfen, muss man erst einmal kommen. Vor einigen Jahrtausenden begann die Geschichte der Wurst. Der Mensch lernte, Fleischabschnitte vom Schlachtvieh zu verwenden, in Därme zu pressen, abzuschnüren und aufzuhängen. Ihre Form fand die Wurst zur Zeit der Römer, bald war sie so wichtig, dass sich selbst Dichter mit ihr auseinandersetzten. Literarisch wie praktisch. Die weltweit berühmteste Wurst ist der «Haggis», der sich aus den minderen Teilen des Schafs, gerösteten Haferflocken und diversen Gewürzen zusammensetzt. Der schottische Dichter und Nationalheld Robert Burns machte ihn mit seiner Ode «Address to a Haggis» weltberühmt, wobei heute auf der Insel heftig darüber gestritten wird, wer nun den Haggis erfunden hat, zumal sich die Engländer zu behaupten erdreisten, die wahren Erfinder zu sein, was zu heftigen Debatten und roten Köpfen führt. Keine roten Köpfe verursacht die Schweizer Wurstvielfalt mit über 400 Sorten. Im Gegenteil. Jede Region ist stolz auf ihre Spezialität: Zungenwurst, Beinwurst, Kalberwurst, Hauswurst, Randenwurst ... Würste ohne Ende, die von hervorragenden Metzgern und Köchen hergestellt werden. So weit, so gut. Aber da gibt es noch einen Heribert Klaus, Metzger, Lebensphilosoph, Gastgeber und Koch in einem.

Prädikat wertvoll

Auf die Idee muss man erst einmal kommen. Nein, nicht auf die Wurst, die Geschichte kennen wir bereits. Aber in einer Beiz mit gerade Mal fünf Tischen die Wurst als Hausspezialität zu propagieren, verlangt Mut, Können und Ausdauer. Sechs Würste von Reh, Hirsch, Gams, vom Schwein pur, mit Lauch oder Käse verfeinert, sind die Rolls-Royces im Hause Klaus. Steht das heimische Halali vor der Türe, kommen Gams und Hirsch als Pfeffer oder Schnitzel auf den Tisch. Hiesiges Kalb und Rind in verschiedenen Varianten und drei exzellente luftgetrocknete

Sorten Salsiz runden das Angebot ab. Wer die Preise auf der Karte studiert, denkt unweigerlich an den Geldadel der Region und weniger an den Arbeitsaufwand von Heribert Klaus. Ein Fehler, da die Würste mit der richtigen Denkweise doppelt so gut schmecken. Denn nichts geht bei Heribert Klaus durch den «Blitz», alles ist Handarbeit, nur Qualität kommt in die Därme. Jede Wurst ist ein Unikat, und Unikate kosten nun mal, zu Recht. Betreut wird der Gast von Marianne Klaus, die einen diskret und liebevoll durch den Mittag oder Abend und durch eine spannende Weinkarte führt, die mit einem Ruché aus dem Monferrato verblüfft. Ein Wein, der sich für Beizengänger eignet, die den Mut für eine alte im Geschmack eigenwillige piemontesische Traubensorte haben. Viva!

Bellavista
Capolago
7516 Maloja
081 824 31 95
www.bella-vista-restaurant.ch
Geöffnet: Mittwoch bis Sonntag ab 12 Uhr und abends ab 19 Uhr
Geschlossen: Montag und Dienstag
In der Beiz: Marianne Klaus
Am Herd: Heribert Klaus
Küche und Keller: Würste vom Schwein mit Käse oder Lauch, Würste von Reh, Gams und Hirsch in Spitzenqualität. In der Saison ist Wild aus heimischer Jagd angesagt. Die Weinkarte besticht mit Provenienzen aus der Bündner Herrschaft, dem Veltlin und Piemont.
Gäste: Hoteliers, Wanderer, Langläufer, Geldadel, Bonvivants und Wurstliebhaber.
Atmosphäre: Klein, stilvoll, persönlich.
Frischluft: Vor dem Haus mit Seesicht.
Nicht verpassen: Die Lebensweisheiten des Patrons.
Applaus: Für die sorgfältige Zubereitung der Speisen, für das ausgeprägte Qualitätsdenken und für den wunderbar herzlichen, professionellen Service.

Na ja: Heribert Klaus ist gelernter, passionierter Metzer, was seinen Würsten zugute kommt. Das Gemüse zur Wurst spielt eine Nebenrolle, sind doch im Februar Bohnen, Tomaten und Zucchini, wenn auch sorgfällig zubereitet, etwas gar eigenwillige Begleiter. Ich hätte da mehr Freude an einem Pastinaken- oder Petersilienwurzelpüree.
Und da wäre noch: 1. Heribert Klaus' Würste sind beste Handarbeit. Nichts geht durch den Blitz, alles wird von Hand geschnitten.
2. Im ersten Stock der Beiz hat es eine kleine Weinstube für Stammgäste oder kleine Gruppen, die sich hier mit den hauseigenen, luftgetrockneten Salsiz auf das Mittag- oder Abendessen einstimmen.

Stuhl und Bett
Ca d'Durig
Milena Frieden
Via Principale 129
7605 Stampa
081 822 11 48
www.cadurig.ch
Tipp: Sympathisch und geschichtsträchtig ist dieses alte Haus aus dem 16. Jahrhundert, im Weiler Stampa zwischen Vicosoprano und Soglio gelegen. Milena Frieden hat es verstanden, eine urgemütliche Oase zu schaffen, in der man gerne auch länger verweilt. Die Zimmer sind nicht gross, man fühlt sich in ihnen aber wie im ganzen Haus sehr wohl. Für die Gäste steht ein grosses Badezimmer zur Vorfügung.

Einkaufskorb
Pasticceria Caffè Negozio Salis
Via Pricipale 9
7608 Castasegna
081 822 18 86
Tipp: Am besten beginnt man den Einkauf nicht an der Theke, sondern im «Caffè» und degustiert sich erst einmal durch die Köstlichkeiten hindurch.

99

MITTEN DRIN

Seit über 140 Jahre Jahren steht das Hotel Piz Linard mitten in Lavin. Schön, lebendig und etwas anders als die anderen Hotels. Mit wachen Geistern und Meistern im Verwöhnen. Allen voran Hans Schmid, Dichter, Denker, Macher und herzlicher Gastgeber in Personalunion.

Zwanzig Gästezimmer bietet das «Piz Linard». Von einfach bis edel, je nach persönlichem Budget. Zur speziellen Atmosphäre im Hause tragen nebst den Gastgebern und herzlichen Mitarbeitenden auch die wundervollen Begegnungsräume bei. Seit 2014 verfügt das Hotel zudem über eine stilvolle Bibliothek mit Holzofen inklusive einer gepflegten Single Malt Whisky-Auswahl. Eingebaut im gegenüberliegenden geschichtsträchtigen Haus, das neu erworben werden konnte. Zur Bibliothek werden noch einige weitere Gästezimmer und ein spezielles Badehaus hinzukommen. Allerdings wird das rund zwei Jahre Umbau in Anspruch nehmen. Zum «Vis-à-Vis» – so hat Hans Schmid das Haus getauft – gehört ebenso ein wundervoller Garten. Neu hinzugekommen ist auch die alte Poststelle von Lavin, die zurzeit als Baubüro «missbraucht» wird. Nach dem Umbau wird sie wieder für Ausstellungen, Sitzungen, Workshops und Klausuren oder als Trödlerladen zur Verfügung stehen. Nicht verändert hat sich das Stammhaus in der im Parterre die Ustaria in ihren frechen Farben leuchtet. Die Beiz ist lebendiger Treffpunkt für den Augen-

378 Hotel Piz Linard, Lavin

blick oder länger. Für die Hotelgäste wartet zum Frühstück und am Abend der Arven-Saal, der sich in einem unaufdringlichen festlichen Glanz präsentiert. Es ist der perfekte Raum für die gradlinigen Gerichte von Claudia Kläger, die lustvoll, gehaltvoll und ohne Firlefanz kocht. Zu viel des Lobs? Auf keinen Fall!

Gaumentanz und Nachklang

Nachdem die Häubchen im Reagenzglas selbst die Bündner Täler erobert haben, wirkt die Kochsprache von Claudia Kläger angenehm klar. Rauchforellentatar, gelbe Rübensuppe, Gnocchi an Weissweinsauce mit Blauschimmelkäse und Lammrücken mit Polenta. Oder Blutwurstterrine mit Apfel-Chutney, Sauerkrautcremesuppe mit Wildschweinschinken, Kürbisrisotto mit Ziegenfrischkäse, gefüllte Kalbsbrust und Orangencremeschnitte mit Erdnusseis. Kulinarische Ansagen à la Claudia Kläger, die lieber etwas länger am Herd steht als bei den Gästen eine Runde zu drehen. So wie die Küche, so präsentiert sich der Keller. Die Weinkarte ist überlegt zusammengestellt und offeriert Provenienzen zu reellen Preisen. Da wäre aber auch noch die Teekultur des Hauses, der Kaffeegenuss (Italien ist nah), die erfrischende Limonade oder das regionale Tschliner biera engiadinaisa. Fazit: Das Hotel Piz Linard ist ein lebendiger Ort, der, so scheint es, bald einmal alles haben wird –, bis Hans Schmid, Genussmensch aus Berufung, die nächste Idee kommt. Übrigens: Miriam Bleuer entlastet Hans Schmid als Betriebsleiterin und teilt mit ihm die Gastgeberrolle. Und wer schon immer einmal von der Rolle als stiller Gönner geträumt hat, kann sich seinen Wunsch mit dem «Piz Linard» (www.pizlinard/splerin) verwirklichen. Denn kreative Ideen kosten. Auch in Lavin.

Hotel Piz Linard
7543 Lavin
081 862 26 26
www.pizlinard.ch
Geöffnet: Ganzjährig
Geschlossen: Während der Frühlings- und «Herbstputzete»
In der Beiz: Verena Schoch und Bruno Cruz
Am Herd: Claudia Kläger, Kunga Hotatsang
Gastgeber: Miriam Bleuer und Hans Schmid
Küche und Keller: Für den kleinen oder grossen Hunger warten beste einheimische Produkte. Die Weinkarte ist ein süffiger Cocktail aus bekannten und unbekannten Namen.

Gefallen an diesem oft unterschätzten Getränk finden.
Applaus: Für den Mut, diese schöne Kiste zu tragen, für das Gesamtkunstwerk «Piz Linard».
Na ja: Dass so etwas nicht in meiner Region steht ...
Und da wäre noch: Unter der Woche wird im ersten Stock am langen Tisch jeweils ein Gericht aufgetischt. Mit dampfenden Suppenschüsseln, gefolgt von gefüllten Platten, die auf Rechauds stehen. Das Menü ist immer einfach, immer gut und das Ganze ein idealer Platz für Gespräche mit Fremden.

Stuhl und Bett
In den wundervollen Hotelzimmern.
Tipp: Zu meinen Favoriten gehören die Zimmer «Bregaglia» und «La susta».

Und wer sich auf dem Heimweg noch auf einen Abstecher nach Vals einlässt, dem sei eine nicht weniger spannende Unterkunft empfohlen, die im kleinen Rahmen Grossartiges leistet. Noch eine Nacht in der Suite des «B&B Brücke 49» anzuhängen, ergänzt die Erlebnisse im «Piz Linard» und das verlängerte Wochenende perfekt.
B&B Brücke 49
Poststrasse
7132 Vals
081 420 49 49
www.brucke49.ch

Einkaufskorb
Hof Uschlaingias
7543 Lavin
079 438 50 08
www.uschlaingias.ch
Tipp: Vorkosten kann der Gast die Produkte schon einmal im «Piz Linard» oder an den Wochenenden auch im «Bistro Staziun», da beide Häuser die Köstlichkeiten des Hofs Uschlaingias führen. Einfach von daheim aus bestellen und sich die Ware per Post ins Haus liefern lassen geht aber auch.

Gäste: Die Welt.
Atmosphäre: Salopp elegant.
Frischluft: Auf der Terrasse und im wundervollen Garten.

Nicht verpassen: Ebenfalls in Betracht zu ziehen ist die Passion von Hans Schmid: Sherry vom Feinsten! Mittlerweile sind es nicht nur englische Ladies, die sich nachmittags ein Glas gönnen, sondern auch gestandene Herren, die

In Lavin findet sich zum unkomplizierten Stelldichein neben dem «Piz Linard» das Bistro Staziun. Es lässt spielerisch die alte Tradition des Bahnhofbuffets aufleben und ist wohl das kleinste und schönste, das die Schweiz kennt. Das historische Gebäude und die Engadiner Bahnlinie sind inzwischen hundert Jahre alt. Unter der Woche ist das Bistro ein stiller Wartesaal, während es an den Wochenenden zu Hochform aufläuft, versehen mit einer Gästeschar aus lokalen Exzellenzen und Unterländer Fussvolk, die sich an Suppe, Fondue oder einfach an Käse und Trockenfleisch vom lokalen Biohof gütlich tut. Wer Glück hat und zur «Metzgete» im Bistro landet, dem seien die Wollschweinwürste empfohlen. Aufgetragen wird lokal, zahlreiche Produkte stellen die Mitgastgeber Rebekka Kern und Jürg Wirth her. Das Bier ist von hier, die Weine sind aus der Bündner Herrschaft und aus dem nahen Veltlin oder wechseln je nach Lust und Laune des Gastgeberteams die Kantonsgrenzen.

Freizeit, Filme und Lesungen

Dass die Herumtreiber am Bahnhof nicht hungrig und durstig vor geschlossener Türe stehen müssen, ist der Initiative einiger Enthusiasten zu verdanken, die mit viel Herzblut einen Teil ihrer Freizeit dafür hergeben. Wer das «Staziun» besucht, wird zwangsläufig zum Wiederholungstäter und schnell zum Stammgast, der sich immer wieder für eine Lesung oder einen Film Zeit nimmt, sich von einer Weindegustation überraschen

LAVIN EINFACH

Zürich HB, Gleis 9, 16.37 Uhr ab. Zwei Stunden und zwanzig Minuten später hüstelt der Laut sprecher: «Lavin, Halt auf Verlangen.» Vorbeifahren wäre ein Fehler. Schöngeister steigen aus.

lässt oder mit einem der Gastköche mitfiebert, die sich hier mit ihren kulinarischen Eskapaden ab und zu ein Stelldichein geben. Einer, der sehr gerne hierher kommt und dies im Schweizer Reisemagazin «Transhelvetica» (Nr. 15, Rosarot) mit einer Liebeserklärung an Lavin und das «Staziun» bezeugt, ist der Schriftsteller Arno Camenisch, der lakonisch feststellt, dass er heute die Gäste zu seinen Lesungen ins «Staziun» nicht mehr reinprügeln muss, sondern dass sie freiwillig kommen. Wer heute nicht reserviert, hat oft keinen Platz. Fazit: Das Bahnhofbuffet von Lavin entwickelt sich zum sympathischen, unprätentiösen Kultplatz und wird wohl noch lange einer sein, auch dann noch, wenn der letzte Zug bereits abgefahren ist.

Bistro Staziun

Bahnhof
7543 Lavin
079 438 50 08
www.staziun-lavin.ch
Geöffnet: Freitag und Samstag 13 bis 22 Uhr, Sonntag 13 bis 18 Uhr
Geschlossen: Montag bis Donnerstag
In der Beiz und am Herd: Rebekka Kern, Werner Kupferschmid, Jürg Wirth
Küche und Keller: Suppe, Wurst und Brot mit einigen weiteren Spezialitäten, je nach Saison. Eine gute, kleine, selektive Weinauswahl.
Gäste: Reisende, Um- und Aussteiger, Bergsteiger, Kulturliebhaber, Wanderer, Biker, Schriftsteller und Bähnler.
Atmosphäre: Drei Tische, eine Bank, ein Buffet, ein paar Stühle, eine Oase für stille oder unterhaltsame Augenblicke.
Frischluft: Vor dem Bahnhof mit Blick auf Dorf und Bahngeleise.
Nicht verpassen: Mit der Bahn anreisen und direkt vor der Beiz aussteigen, hineingehen, sich ein Glas Wein bestellen und über die Leichtigkeit des Seins nachdenken.

Applaus: Dafür, den alten kleinen Wartsaal als Bistro wachzuküssen und zu beleben.
Na ja: Wenn in der Toilette das Licht nicht funktioniert, reicht es nicht aus zu sagen: «Ich weiss.»
Und da wäre noch: 1. Es finden immer wieder Lesungen und andere kulturelle Veranstaltungen statt.
2. Mitgastgeberin Rebekka Kern betreibt mit ihrem Lebenspartner Jürg Wirth den Demeterhof Uschlaingias, wo sie eine Anzahl exzellenter Käse und wundervoller Würste produzieren. Und sie ernten auf über 1400 Metern über Meer Artischocken, die man sich in der Saison nicht entgehen lassen sollte (siehe Einkaufstipp auf Seite 380).

Stuhl und Bett

Pensiun Aldier
Plaz 154
7554 Sent
081 860 30 00
www.aldier.ch
Tipp: Der Gegenpol zum «Piz Linard». Sehr charmant, etwas konventioneller, aber nicht minder aussergewöhnlich.

Einkaufskorb

Peder Benderer
7554 Sent
081 864 13 77
www.benderer.ch
Tipp: Eine Empfehlung abzugeben ist schwierig, so viele Produkte sind grandios. Unscheinbar, aber schlicht genial ist das runde Birnenbrot ohne Teig. So muss es beim Grosi gewesen sein.

Alle Angaben in diesem Buch wurden vom Autor nach bestem Wissen erstellt
und von ihm und dem Verlag mit Sorgfalt geprüft. Inhaltliche Fehler sind dennoch
nicht auszuschliessen. Die Angaben erfolgen ohne Gewähr. Weder Autor
noch Verlag übernehmen Verantwortung für etwaige Unstimmigkeiten.
Verlag und Autor freuen sich über Anregungen, Tipps und Korrekturhinweise.
Bitte richten Sie diese an:

AT Verlag
Lektorat
Bahnhofstrasse 41
CH-5000 Aarau
info@at-verlag.ch

4. Auflage, 2014

© 2012
AT Verlag, Aarau und München
Idee und Texte: Martin Jenni
Fotos: Marco Aste, Basel
Bildaufbereitung: Vogt-Schild Druck, Derendingen
Druck und Bindearbeiten: Printer Trento, Trento
Printed in Italy

ISBN 978-3-03800-810-1
www.at-verlag.ch